Management in der Gastronomie

Gründung, Steuerung und
Finanzierung von Familienbetrieben

von

Dr. Hartmut Meyer

Oldenbourg Verlag München

Bibliografische Information der Deutschen Nationalbibliothek

Die Deutsche Nationalbibliothek verzeichnet diese Publikation in der Deutschen
Nationalbibliografie; detaillierte bibliografische Daten sind im Internet über
http://dnb.d-nb.de abrufbar.

© 2011 Oldenbourg Wissenschaftsverlag GmbH
Rosenheimer Straße 145, D-81671 München
Telefon: (089) 45051-0
www.oldenbourg-verlag.de

Lektorat: Thomas Ammon
Herstellung: Constanze Müller
Titelbild: iStockphoto
Einbandgestaltung: hauser lacour
Gesamtherstellung: Grafik + Druck GmbH, München

Dieses Papier ist alterungsbeständig nach DIN/ISO 9706.

ISBN   978-3-486-58389-2
eISBN   978-3-486-70967-4

Vorwort des Autors

Das erste Bild von gastronomischen Familienbetrieben ist für Außenstehende geprägt durch verschiedene Fernsehserien und -filme. Dort wird die Geschichte eines reifen erfolgreichen Unternehmers gezeigt, ein gut geführtes Hotel und eine junge, dynamische Nachfolgegeneration, die entgegen der Familientradition neue Ideen in das Hotel einbringen möchte. Das Konfliktpotenzial ist groß und es wird um Unternehmenskonzepte und Ideen gekämpft. Gegenüber den Gästen haben aber wiederum beide Generationen viel Zeit und kümmern sich teilweise um ihre ganz persönlichen Probleme. Am Ende der Sendung zieht sich die reifere Generation aus der Unternehmensführung zurück und die jüngere Generation übernimmt das Management des Hotels.

In dem Versuch, dieses erste Bild auf das Management eines gastronomischen Familienbetriebes zu übertragen, erkennt man schnell, dass eine gastronomische Familienunternehmung nicht nur Generationskonflikte zu lösen hat. Das Zitat im Volksmund: „Wer nichts wird, wird Wirt…", stellt zwar eine oberflächliche Haltung zur Gastronomie dar, jedoch wird diese Aussage schon lange nicht mehr den Anforderungen des Managements eines gastronomischen Familienbetriebes gerecht.

Der gastronomische Familienbetrieb und dessen Herausforderungen an die Unternehmensführung ist Inhalt dieses Buches. Die Idee ist nach vielen Diskussionen in meinen Vorlesungen mit den Studenten entstanden. Die meisten Studenten hatten den Traum einer späteren Selbstständigkeit und suchten nach Informationen zur Führung eines mittelständischen gastronomischen Unternehmens. In den Vorlesungen stellten wir immer wieder fest, dass eine große Zahl der Literatur sich auf Konzepte und Strategien stützt, die in der Systemgastronomie oder in Hotelketten erarbeitet wurden. Diese Konzepte lassen sich nur begrenzt auf eine kleine gastronomische Einheit übertragen. Die Regionalität, der Charakter von gastronomischen Leistungen und die Prägung des Unternehmens durch den Inhaber geben dem Management von gastronomischen Unternehmen seinen eigenen Charakter.

Das Motto dieses Buches ist: Verstehen. Dieses Buch hat nicht das Ziel an einem tiefen wissenschaftlichen Dialog teilzunehmen, sondern vielmehr Hilfestellungen zu geben, dass Externe besser die komplexen Strukturen in der Gastronomie verstehen und Betriebsinhaber die Herausforderungen von gastronomischen Familienunternehmen besser bewältigen können. Weiterhin werden in diesem Buch die verschiedenen Instrumente und Methoden des Managements in einen gastronomischen Kontext gesetzt und sollen so einen Beitrag zum Transfer leisten, dass die Unternehmensführung das geforderte Know-how besser in die tägliche Praxis übersetzen kann.

Die Struktur des Buches ist in der folgenden Abbildung dargestellt. Nach einem Verständnis von den Aufgaben der Gastronomie und von gastronomischen Familienbetrieben beginnt das Kapitel 2 mit dem Strategischen Management Prozess in der Gastronomie. In diesen Ausführungen ist eine Analyse des gastronomischen Marktes mit eingeschlossen und die Auswirkungen für die Unternehmensführung von gastronomischen Familienunternehmen. Ausgehend von diesem Kapitel führen die nächsten Kapitel weiter in die gastronomischen Funktionsbereiche ein wie:

- Marketing
- Organisation und Qualitätsmanagement
- Personal
- Kostenrechnung
- Investition und Finanzierung

Abbildung 0: Struktur und Aufbau des Buches

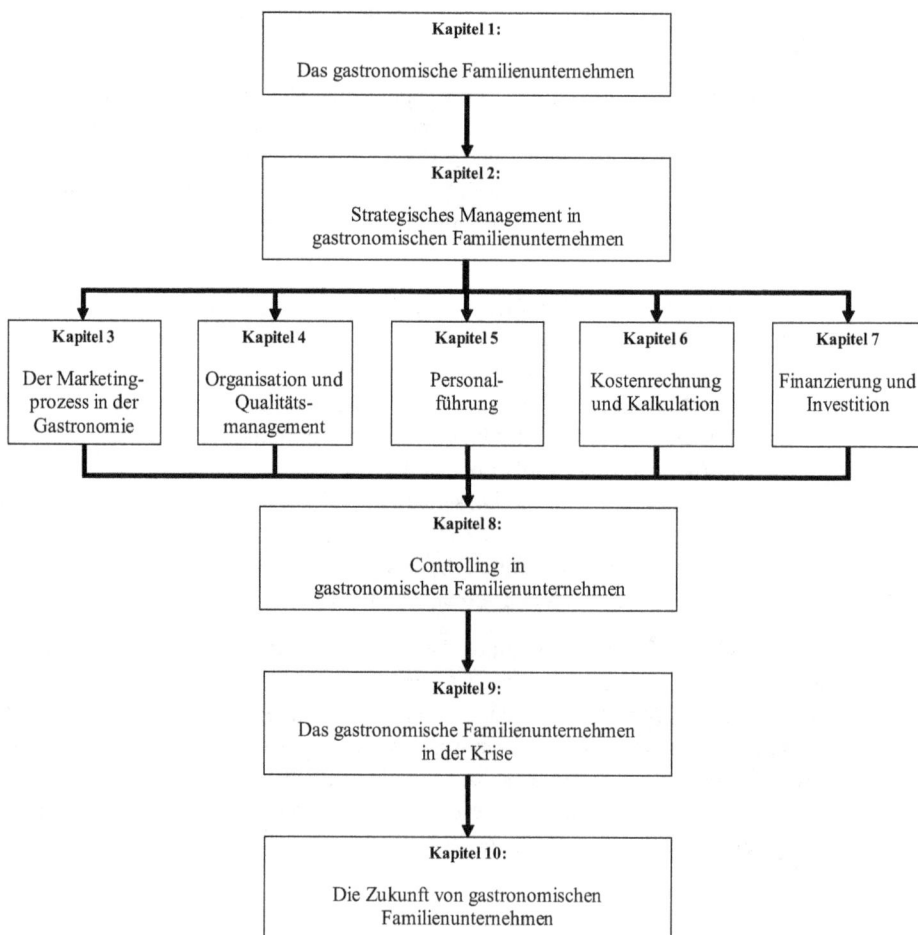

Alle Kapitel finden dann ihren Einfluss im Kapitel über das Controlling und anschließend geht das Kapitel 9 auf das Krisen - und Turnaround - Management ein. Das Kapitel 10 soll dieses Buch abrunden mit einem Blick in die Zukunft. Es ist angedacht, dass jedes Kapitel für sich alleine stehen kann. Somit sind leichte Wiederholungen zwischen den Kapiteln durchaus beabsichtigt, damit es so leichter als Arbeits- und Lehrunterlage dient.

Das Buch richtet sich in erster Linie an Studenten der Gastronomie und Betriebsinhaber, die sich speziell mit Fragen der Unternehmensführung von Familienbetrieben beschäftigen. Dieses Buch wird ständig den Versuch unternehmen, bestehende betriebswirtschaftliche Konzepte und Theorien auf die Belange von gastronomischen Familienbetrieben zu übertragen. Es soll den Lesern helfen, sich auf einen interessanten, aber auch sehr herausforderten Markt, vorzubereiten. Aufgrund dieses Zieles soll dieses Buch auch dazu beitragen, dass Mittelstandsvereinigungen, Fachverbände, Banken und die Politik besser die spezielle Problematik von gastronomischen Familienunternehmen verstehen und nicht der unkritische Versuch unternommen wird, erprobte Konzepte direkt auf Familienbetriebe zu übertragen. Aufgrund der Themenstellung wird dieses Buch auch ein Stück Tourismus- und Wirtschaftsförderung zum Inhalt haben, mit dem Ziel, dass Beratungen und Förderprogramme besser auf die Belange von gastronomischen Familienbetrieben abgestimmt werden können.

Ein besonderer Dank gilt dem Oldenbourg Verlag, die mir mit großer Geduld die Veröffentlichung dieses Buches ermöglichte. Weiter möchte ich meinen Studenten und Fachkollegen danken, die immer wieder durch konstruktive Kritik den Inhalt des Buches verbesserten und somit auch zur Verständlichkeit beitrugen. Ferner gilt ein besonderer Dank Herrn Tilmann Humburg, der mit großer Sorgfalt den Text sprachlich überarbeitete.

Ich widme dieses Buch meiner Frau und meinen Töchtern.

Stade, März 2011

Hartmut Meyer

Inhaltsverzeichnis

Abbildungsverzeichnis

Tabellenverzeichnis

Abkürzungsverzeichnis

Abb	Abbildung
Afa	Absetzung für Abnutzung (Abschreibung)
AHGZ	Allgemeine Hotel- und Gaststättenzeitung
AK	Anschaffungskosten
AO	Abgabenordnung
Bd	Bank
BGB	Bürgerliches Gesetzbuch
Bilmog	Bilanzmodernisierungsgesetz
bzw	beziehungsweise
d.h.	dass heißt
DEHOGA	Deutscher Hotel- und Gaststättenverband
DIHT	Deutscher Industrie- und Handelstag
DZ	Doppelzimmer
EDV	Elektronische Datenverarbeitung
EFQM	European Foundation for Quality Management
EK	Eigenkapital
e.V.	eingetragener Verein
EU	Europäische Union
EZ	Einzelzimmer
F & B	Food and Beverage
f	folgende
ff	fortfolgende
GastG	Gaststättengesetz
GfK	Gesellschaft für Konsumforschung
ggf.	gegebenenfalls
GmbH	Gesellschaft mit beschränkter Haftung
GWG	Geringwertige Wirtschaftsgüter
Hrsg.	Herausgeber
i.e.S.	im engeren Sinne
i.w.S.	im weiteren Sinne
IAS	International Accounting Standards
ICSB	International Council of Small Business
IfM	Institute für Mittelstandsforschung
IFRS	International Financial Reporting Standards
IHK	Industrie- und Handelskammer
incl.	inclusive
InsO	Insolvenzordnung
ISM	International School of Management
ISO	International Standard Organisation

ITB	Internationale Tourismus Börse
JIT	Just in Time
KfW	Kreditanstalt für Wiederaufbau
KMU	Klein- und Mittelbetriebe
KVP	Kontinuierlicher Verbesserungsprozess
lt.	laut
MBO	Management by Objectives
min.	Minuten
MIO	Millionen
NHGZ	Niedersächsische Hotel- und Gaststättenzeitung
Nr	Nummer
o.ä.	oder ähnliche(s)
o.Jg.	ohne Jahrgangsangabe
o.O.	ohne Ortsangabe
o.V.	ohne Verfasserangabe
p.a.	per annum
PC	Personalcomputer
REVPAR	Revenue per available Room
ROI	Return of Investment
SGB	Sozialgesetzbuch
SGF	Strategisches Geschäftsfeld
sog.	sogenannte(s)
Std	Stunde(n)
T€	Tausend Euro
Tab.	Tabelle
TQM	Total Quality Management
TUI	Tourisitik Union International
TV	Television
u.ä.	und ähnliche(s)
u.a.	unter anderem, unter anderen
USALI	Uniform Systems of Accounts for the Lodging Industry
Ust	Umsatzsteuer
USP	Unique Selling Proposition
usw.	und so weiter
vgl.	vergleiche
www	World Wide Web
WZ	Wirtschaftszweig
z. B.	zum Beispiel
ZFO	Zeitschrift für Führung und Organisation
z. Zt.	zur Zeit

Familien sind Segen und Fluch für ein Unternehmen gleichzeitig.
Der Autor

Kapitel 1: Das gastronomische Familienunternehmen

1.1   Einführung und Übersicht

Inhalt dieses Kapitels soll es sein, ein Verständnis von gastronomischen Familienunternehmen[1] aufzubauen und deren wirtschaftlicher Situation zu reflektieren. Um dieses Ziel zu erreichen, gehen wir zunächst auf Definition und Charakteristika von gastronomischen Familienunternehmen und vom gastronomischen Produkt ein. Aufbauend auf diesem Verständnis sollen in einer wirtschaftlichen Betrachtung die Probleme des Gastgewerbes analysiert werden. Der letzte Teil dieses Kapitels geht auf die Anforderungen an das Management und die Unternehmensführung von gastronomischen Familienbetrieben näher ein. Das geschaffene Verständnis zum Management von gastronomischen Familienbetrieben ist die Grundlage für die nachfolgenden Kapitel.

1.2   Das Gastgewerbe

1.2.1   Bestimmung und Abgrenzung des Gastgewerbes

Das **Gastronomie** stammt aus dem Griechischen und kommt von ‚gastér‘ (= der Bauch, der Magen und von ‚Gastronomia‘ (= Gesetz/Vorschrift zur Pflege des Bauches). Im Französischen wurde dieses Wort übersetzt mit feiner Kochkunst: das heißt, die Verköstigung von Personen mit zubereiteten Speisen. Das Wort ‚Gast‘ entstammt nicht aus diesem Wortstamm. Dieses Wort entstammt aus dem griechischen Wort ‚Xenos‘ und wird im Sinne eines Fremden benutzt.[2]

Gastronomie im heutigen Sprachgebrauch wird verstanden als ein Wirtschaftszweig, der sich mit der Herstellung und Vermarktung von Essen und Trinken befasst. Es geht darum, Gäste zu verpflegen und zu bewirten. Verpflegen wiederum bedeutet, jemanden mit verzehrfähigen

---

[1] Die Begriffe: Unternehmung, Unternehmen und Betrieb werden als Synonyme verwandt, ebenso Gastronomie, Gastronomieunternehmen oder Hotel und Hotelunternehmen. Zur besseren Lesbarkeit wird nur die männliche Form gewählt. Damit ist aber auch immer zugleich die weibliche Form mit eingeschlossen.

[2] Sölter: BWL in Hotellerie und Gastronomie, S. 3

Speisen zu versorgen, während die Bewirtung bedeutet, einen Gast aufzunehmen, so dass er in der Lage ist, sich zu restaurieren im Sinne von Erholen.

Die Beherbergung selbst ist nicht klassischer Bestandteil des Verständnisses der Gastronomie, sondern der Hotellerie. Das Wort Hotellerie entstammt aus dem Spätlateinischen ‚hospitale‘ für Gastzimmer. Ein Hotel ist ein Beherbergungsbetrieb für Gäste gegen Bezahlung.[1] Im Sprachgebrauch heute wird Gastronomie auch immer mit einer Beherbergungsleistung in Verbindung gebracht. Dies lässt sich zurückführen auf die geschichtliche Entwicklung von Gasthäusern, indem die Gäste neben der Verköstigung von Speisen auch eine Beherbergung erwarteten.

Das **Wort Gastlichkeit** geht auf das lateinische Wort ‚hostes‘ zurück und bedeutet die freundliche Aufnahme eines Gastes. Das Grundprinzip der Gastlichkeit beruht auf Gegenseitigkeit und kann im Zusammenhang mit der Gastronomie nur so verstanden werden, dass Besucher ein professionelles Angebot vorfinden, dass die Komponenten der Gastlichkeit wie Beherbergung, Bewirtung und Unterhaltung vereinen. Diese Komponenten schaffen somit die Verbindung zwischen der Gastronomie/Hotellerie und dem Tourismus.[2]

Aufgrund der engen **Verknüpfung der einzelnen Bereiche** der Gastronomie, der Hotellerie und des Tourismus wäre es nicht richtig, z.B. der Gastronomie eine reine Speisen- und der Hotellerie eine vorrangige Beherbergungsorientiertheit zuzuordnen. Die Berührungspunkte sind einfach zu eng. Auch das Catering-Gewerbe (to cater = verpflegen) hat sich in den letzten Jahren stark entwickelt und beinhaltet häufig neben der reinen Verpflegung bereits verschiedene Konzepte des Veranstaltungsmanagements oder übernimmt ganze Verpflegungsbereiche.

Inhalt dieses Buches ist das gastgewerbliche Unternehmen, das die drei Komponenten Beherbergung, Bewirtung und Veranstaltung einzeln oder zusammen zur Aufgabe hat. Aus diesem Grunde wurde das Gastgewerbe definiert als eine Gruppe von Unternehmen, die in dieser Branche tätig sind, d.h. die Aufgaben der Beherbergung, Verpflegung und Unterhaltung zum Inhalt haben. Die genutzte Definition für dieses Buch entspricht der Definition des Deutschen Hotel- und Gaststättenverband (DEHOGA) sowie des Statistischen Bundesamtes.[3]

Die Unternehmen des Gastgewerbes stellen sich sehr heterogen dar und werden nach verschiedenen Gesichtspunkten geordnet, wie die folgende Tabelle zeigt:

---

[1] AHGZ: Von der Gastfreundschaft zur Hotellerie, 16.10.2010

[2] Sölter: Grundlagen der Tourismuslehre, S. 61f; Mundt: Tourismus S. 4ff

[3] siehe Fachserie 6: Binnenhandel, Gastgewerbe und Tourismus des Statistischen Bundesamtes sowie des DEHOGAs (Deutscher Hotel- und Gaststättenverband). siehe www.dehoga-bundesverband.de

Tabelle 1: Das Gastgewerbe nach Betriebstyp und Betriebsform

Einteilung nach Betriebstyp	Einteilung nach Betriebsform	Einteilung nach Betriebskonzept
Beherbergungsgewerbe:	**Kapitalherkunft:**	**Kultur und Länderbezoge-ne Gastronomie z. B:**
Hotellerie:	Familienunternehmen	
		• Asiatische Küche
• Hotels (ohne garni)	Filialunternehmen	• Italienische Küche
• Hotel garni		• Französische Küche
• Gasthöfe	**Rechtsform:**	
• Pensionen		
	Personengesellschaft:	**Dauer/Zeit des Angebots wie z.B.**
Beherbergungsgewerbe		
	• Einzelunternehmen	• Eventgastronomie (einma-lig)
• Jugendherbergen	• Gesellschaft bürgerlichen Rechts	• Traditionsgastronomie
• Campingplätze	• OHG	• Saisongastronomie
• Erholungs- und Ferienheime	• KG	
Sonst. Beherbergungsgewerbe		
	Kapitalgesellschaft:	
Gaststättengewerbe:		**Zielgruppenorientierung wie z.B.:**
	• Limited Company	
Speisengeprägte Gastronomie:	• GmbH	• Seniorenmarkt
	• AG	• Firmenkunden / Messen
• Restaurants mit herkömmlicher Bedienung		• Sportstätten
• Restaurants mit Selbstbedienung	**Grad der Unabhängigkeit:**	• Vereine
• Cafés		
• Imbissbuden	• Handelsgastronomie	**Managementkonzept**
	• Einzelunternehmen	
	• Franchiseunternehmen	• Individualgastronomie
Getränkeorientierte Gastronomie		• Systemgastronomie
• Schankwirtschaften		
• Diskotheken und Tanzlokale		
• Sonstige getränkeorientierte Gast-ronomie		
Kantinen		
Caterer		

Quelle: Statistisches Bundesamt sowie eigene Auswertungen und Darstellungen

Für statistische Zwecke und Auswertungen wird sich dieses Buch auf die Einteilung nach Betriebstyp entsprechend dem Statistischen Bundesamt konzentrieren. Diese Darstellung stellt eine genaue Erfassung der gastronomischen Aktivitäten dar und geht mit dem herkömmlichen Verständnis des Gastgewerbes einher. Verschiedene statistische Auswertungen anderer Quellen gehen zurück auf die Definition des Statistischen Bundesamtes.[1] Die Summe der wirtschaftlichen Aktivitäten ist somit die Summe der Wertschöpfungen des Gastgewerbes.

---

[1] Die gewählte Definition des Statistischen Bundesamtes zur Erfassung von gastronomischen Leistungen wird auch von der Creditreform Deutschland, DEHOGA und dem deutschen Industrie- und Handelstag (DIHT) für Berichtszwecke übernommen.

1.2.2   Das gastronomische Produkt

Die **Wertschöpfung** der Gastronomie wird nach dem Statistischen Bundesamt als Dienstleistung erfasst und somit dem tertiären Sektor zugeordnet, zusammen mit dem Handel, den Versicherungen und Banken. Dienstleistungen werden in der volkswirtschaftlichen Gesamtrechnung verstanden als Güter mit immateriellem Charakter. Das immaterielle Gut ist Gastlichkeit, dass sich zusammensetzt aus der Zubereitung von Speisen, dem Service von Getränken und dem Angebot von Unterhaltung. Die gastgewerbliche Leistung in die Zubereitung von Speisen selbst und ein Ergebnis eines Umformungsprozesses bzw. der Kombination der volkswirtschaftlichen Produktionsfaktoren: Boden, Arbeit und Kapital, die nach dem ökonomischen Rationalprinzip eingesetzt werden.

Der **Faktor Boden** wird im Sinne des Standortfaktors eingesetzt. Darunter sind die geografischen Eigenschaften, die örtliche Lebensmittelproduktion sowie die Infrastruktur zu verstehen, einschl. der Geschichte und Kultur des Standortes. Diese Standortfaktoren sind für das gastgewerbliche Unternehmen unveränderliche Rahmendaten für die Leistungserstellung. Nur in der Gründungsphase hat ein Unternehmer Einfluss auf diesen Produktionsfaktor. Die Wahl des Standortes ist für ein gastronomisches Unternehmen existenziell und sollte sich nach der Infrastruktur (Freizeitmöglichkeiten, Sehenswürdigkeiten, Anbindung an das Verkehrsnetz) und bestehende Tourismus- und Freizeitströme richten.

Arbeit ist im Gastgewerbe der zentrale Umformungsfaktor und Träger der Gastlichkeit. Aufgrund des persönlichen Charakters der gastgewerblichen Leistung ist es nur begrenzt möglich, Arbeit durch Kapital zu ersetzen. Dieser Produktionsfaktor fordert aber auch die Ausbildung von Personen als Leistungsträger. Arbeit ohne Ausbildung ist im Gastgewerbe nur bedingt einsetzbar.

Kapital als derivativer Produktionsfaktor sollte im volkswirtschaftlichen Sinne als Vermögen verstanden werden. Da der Gast die Dienstleistung Gastlichkeit nur in den besuchten Räumlichkeiten wiederfinden kann, ist das benötigte Kapital im Gastgewerbe sehr hoch. Diese Notwendigkeit stellt im Gastgewerbe einen langfristigen Investitionsbedarf dar.

Betrachtet man das gastronomische Produkt näher, stellt man fest, dass die Klassifizierung als Dienstleistung dem gastronomischen Produkt nicht gerecht wird. Das gastronomische Produkt stellt sich aus Teilen oder im Ganzen wie folgt dar[1]:

- Beherbergungsleistung: Vermietung von Räumen und Einrichtungen,
- Handelsleistung: Verkauf von Getränken, Bereitstellung von touristischen Angeboten,
- Produktion von Sachgütern: Zubereitung von Speisen,
- Personelle Dienstleistungen: Arbeitsleistungen durch das Servieren von Speisen.

---

[1] Diese Darstellung des gastronomischen Produktes ich auch wiederzufinden u.a. bei Sölter: BWL in der Gastronomie (2009); Hänssler: Management, S. 100f, Hentschel: Hotelmanagement, S. 70; Schneider Erfolgsfaktoren S, 51; Henslek: Hotelmanagement, S. 5

Somit ist die Zuordnung des gastronomischen Produktes als Dienstleistung eher oberflächlich, da die Erstellung der Speisen auch die Umformung von Sachgütern, also eine reine Produktionstätigkeit beinhaltet. Dieser Umformungsprozess ist in der Speisenzubereitung vorzufinden, der wiederum häufiger Bestandteil der gastronomischen Gesamtleistung ist.

Das **gastronomische Produkt** ist somit die Kombination eines Produktions- und eines Serviceprozesses, der in der professionellen Gestaltung der Gastlichkeit nur als Einheit zu erfahren ist. Selbst besondere Formen im Tourismus oder im Catering / Partyservice sind nur in der Kombination erhältlich. Das Verständnis des gastronomischen Produktes als reine Dienstleistung beruht auf der Eigenschaft, dass dieses Produkt nur auf Anforderung geschaffen und für jeden Konsumenten individuell erstellt wird. Dies sind typische Kennzeichen einer Dienstleistung, die mehrheitlich dazu führen, Gastronomie als Dienstleistung zu betrachten.

1.2.3 Eigenschaften der gastronomischen Leistungen und Auswirkungen auf die Unternehmensführung

Der Dienstleistungscharakter von gastronomischen Leistungen hat eine wesentliche Konsequenz für die betriebswirtschaftliche Führung eines Gastronomieunternehmens: Sämtliche Einrichtungen, wie auch das Personal, müssen vorab bereitgestellt werden, um eine gastronomische Leistung anzubieten. Dies bedeutet, für den jeweiligen Auslastungsgrad des Unternehmens eine Betriebsbereitschaft zu organisieren. Das gastronomische Produkt beinhaltet eine Reihe von **Faktoren**, die sich **entscheidend auf die Unternehmensführung auswirken** und sich ohne Anspruch auf Vollständigkeit wie folgt zusammenfassen lassen:[1]

- Der Leistungserstellungsprozess ist **zeitpunktbezogen**. Die Leistung wird von dem Gastgeber für einen bestimmten Anlass in Auftrag gegeben (Hochzeit, Firmen - Tagungen, Produktpräsentation) und kann nicht verschoben werden. Dies bedeutet, dass der Zeitpunkt der Leistungserstellung nicht durch betriebliche Störungen verschoben werden kann. Diese Ursachen der Störungen könnten sein: Lieferverzug bei Lebensmitteln oder Getränken, Ausfall von Personal oder technische Störungen.
- Gastronomische Leistungen unterliegen einer **hohen Elastizität** (Einkommens- und Preiselastizität) und Saisonalität. Besonders Eingriffe in die Konsumbereitschaft der Gäste haben direkte Umsatzeinwirkungen. Die Elastizität der Nachfrage in der Gastronomie ist für einige Angebote auch stark von externen Einflüssen, wie z.B. dem Wetter abhängig.
- Eine Erstellung und Vermarktung einer gastronomischen Leistung bedeutet insbesondere das Management von Prozessen nach dem **UNO-ACTO-Prinzip**. Das bedeutet, dass der Prozess der Leistungserstellung erst nach dem Eintreffen der Bestellung beginnt. Abgesehen von einigen vorbereitenden Arbeiten (im Gastronomiebereich: ‚mis- en-place') sowie Reinigungsarbeiten, ist die Erstellung und der Verbrauch der gastronomischen Leistung zeitgleich.

---

[1] Henschel: Hotelmanagement, S. 352 ff; Gewald: Hotelcontrolling, S. 4ff und in Anlehnung an Meffert/Bruhn: Dienstleistungsmarketing, S. 74ff; Schneider: Erfolgsfaktoren, S. 41f

- Die gastronomische Leistung ist **nicht lager- und transportfähig**. Somit ist es für den Gastronomiebetrieb nicht möglich, in umsatzschwachen Zeiten Leistungen vorzuarbeiten oder das Absatzgebiet unabhängig von der Produktionsart auszuweiten. Dies bedeutet für das Management eine umsatzsynchrone Leistungserstellung. Aufgrund der geografisch gebundenen Leistungserstellung ist vom Gast eine Mobilität gefordert.
- Für eine gastronomische Leistung gibt es **keine zweite Chance**. Mängel in der Ausführung können nicht im Nachhinein korrigiert werden. Daraus folgt ein erheblicher Anspruch an das Qualitätsmanagement im Unternehmen.
- Die **Qualität** einer gastronomischen Leistung wird aufgrund der Produkteigenschaften in dreifacher Weise beurteilt:
  a) Kernleistung: Qualität der Speisen
  b) Serviceleistung: Art und Weise der Kommunikation mit dem Gast
  c) Umfeld: Aufenthalt des Gastes in den Räumlichkeiten des Unternehmens
- Die Dienstleistung wird erbracht aufgrund einer **persönlichen Interaktion** zwischen dem Mitarbeiter und dem Gast. Diese Interaktion findet mehrheitlich in der Abwesenheit des Arbeitgebers statt. Der Einsatz von Instrumenten der Personalführung, Motivation und Personalentwicklung sind entscheidend für den gastronomischen Erfolg.

Der Charakter der gastronomischen Leistung beinhaltet weiterhin den Anspruch der Fürsorge gegenüber den Kunden, die sich auch in einer Reihe von gesetzlichen Vorschriften im Lebensmittelbereich und in der Sicherheit von Gästen widerspiegeln. Besonders der Lebensmittelbereich ist stark reglementiert und stellt hohe Anforderungen an den Produktionsprozess.

Für das Management bedeuten diese Eigenschaften in Bezug auf das Sachziel eines gastronomischen Betriebes vor allem ein anspruchsvolles Qualitätsmanagement. Qualität ist in der Gastronomie wie auch in anderen Wirtschaftsbereichen ein Wettbewerbsfaktor, der über die Wiederholung der Nutzung von Angeboten entscheidet. Jedoch im Gegensatz zu anderen Wirtschaftsbereichen lassen sich Qualitätsmängel im Dienstleistungsbereich im Nachhinein nicht mehr korrigieren.

Das ‚UNO-ACTO Prinzip‘ in der Gastronomie bedeutet für die Wirtschaftlichkeit eines gastronomischen Betriebes besonders ein gutes Management der Kosten der Betriebsbereitschaft. Aufgrund dieses Prinzips sind die Fixkosten in der Gastronomie sehr hoch, zum einem bedingt durch die Kosten der Betriebsbereitschaft und zum anderen durch die Kosten des Anlagevermögens. Die Kostenstruktur in der Gastronomie bedeutet für das Management eine genaue Planung der betrieblichen Auslastung und die Steuerung der Ressourcen in der betrieblichen Leistungserstellung.

Für die Vermarktung einer gastronomischen Leistung bedarf es eines **Dienstleistungsmarketings**. Man verkauft ein immaterielles Gut, welches erst nach der Erstellung für den Konsumenten definiert ist. Dies bedeutet für das Management zu kommunizieren, dass das Unternehmen in der Lage ist, die gewünschte Dienstleistung zu erstellen.

1.3 Familienunternehmen

1.3.1 Definition Familienunternehmen

Familienunternehmen werden verstanden als eine Organisation, die von einer Familie gegründet wird, mit dem Ziel, für die Familie eine Einkommensquelle zu schaffen und ein Vermögen aufzubauen. Der Kernaspekt in der Definition von Familienunternehmen ist die **Eigentümerschaft** und **Führung des Unternehmens**. Das Eigenkapital des Unternehmens wird mehrheitlich von Familienmitgliedern gestellt, unabhängig von der Rechtsform.[1]

So stehen in der Unternehmensführung von Familienunternehmen folgende Kriterien im Vordergrund:

- Schaffung einer Einkommensquelle für die Familie
- Erhalt des geschaffenen Vermögens
- Übertragung des Vermögens auf die nächste Generation innerhalb der Familie
- Unabhängigkeit von Kapitalgebern
- Priorität der Belange des Unternehmens gegenüber den Bedürfnissen der Familie.

Unternehmerfamilien stellen ein **Sozialsystem** dar, in dem der Eintritt durch Geburt oder Eheschließung und der Austritt durch Scheidung oder Tod definiert wird. Das Unternehmen ist das Zentrum der Familie. Dies bedeutet auch, dass die einzelnen Familienmitglieder ihre Bedürfnisse den Anforderungen des Unternehmens unterordnen müssen. Diese Unterordnung betrifft teilweise auch die Berufs- und Partnerwahl.[2]

Ausgehend von diesem Verständnis, lässt sich schnell die geringe Bereitschaft nachvollziehen, externe Gesellschafter in ein Familienunternehmen aufzunehmen. Aufgrund der engen Verzahnung zwischen dem Einkommen und der Versorgung der Familie sowie dem Vermögen des Unternehmens und der Familie ist der **Wunsch nach Unabhängigkeit** und **Entscheidungsfreiheit** des Unternehmens sehr hoch. Dies führt aber auch dazu, dass der Unternehmensführer eine Doppelrolle einnimmt. Er nimmt häufig die Rolle des Familienoberhauptes und die des Firmenchefs ein. Der Interessenausgleich schafft für den Inhaber dieser Rolle eine Vielzahl von Konfliktfeldern.[3]

Das Verständnis von Familienunternehmen weicht inhaltlich von der allgemeinen Definition von Klein- und Mittelbetrieben ab, die sich stark an Umsatzgrößen bzw. Mitarbeiterzahlen orientiert.[4] Das gewählte Verständnis von Familienunternehmen stellt die **Familie als Ent-**

---

[1] Meyer: Unternehmerfamilie S. 12, Schlembach: Familienunternehmen, S. 13 ff, Klein: Familienunternehmen, S.2ff, Nordqvist: Familienunternehmen, S. 64, Witt: Management, S. 3ff; Haak: Familienunternehmen, S.3; Hennerkes/Hund: Familienunternehmen, S. 256ff

[2] Klein: Familienunternehmen, S. 76

[3] vgl. hierzu auch Abschnitt 1.5.4

[4] In der Mehrzahl von Forschungsarbeiten werden Klein- und Mittelbetriebe nach Umsatzgrößenklassen und Mitarbeiterzahlen eingeordnet, die sich nach den Vorgaben der Rechnungslegung oder der Förderrichtlinien richten. Nach Beschäftigungsklassen werden Kleinstbetriebe mit 5 bis 49 Beschäftigen, Kleinbetriebe mit 50 bis 249 Beschäftigen und Mittelbetriebe mit 250 bis 500 Beschäftigen klassifiziert. Siehe auch Pfohl: Betriebswirtschaftslehre, S. 4ff

scheidungszentrum in den Vordergrund. Dass eine große Anzahl der Familienbetriebe zu den Klein- und Mittelbetrieben gezählt wird, zeigt sich vor allem daran, dass Familienunternehmen ohne Aufnahme externer Gesellschafter nur einen begrenzten Zugang zum Kapitalmarkt haben. Dies schränkt die Innovationskraft von Familienunternehmen stark ein.

Verfolgt man jedoch die Literatur über Familienunternehmen, so stellt sich sich die Frage: Was prädestiniert die Familie für die Unternehmensführung?[1]

In der Beantwortung dieser Frage stellt man fest, dass die größten Vorzüge in der **Kopplung zwischen Familie und Unternehmen** gesehen werden. Die Familie als ökonomische Lebenseinheit hat eine Jahrtausende alte Tradition und Erfolgsgeschichte aufzuweisen. Die Versorgung der Familie und deren Reproduktion führt zu einer Arbeitsteilung, die sich auch auf das Unternehmen übertragen hat.[2] So ist es in vielen Unternehmen typisch, dass der Mann Aufgaben der Produktion und Vermarktung und die Frau Personalaufgaben und die Rechnungslegung übernimmt.

Familienunternehmen stehen aufgrund ihrer Ziele für Tradition im Sinne von **Verlässlichkeit, Kontinuität, Zukunftsorientiertheit** und **Sicherheitsstreben**.[3] Diese Werte werden nicht nur im Familienunternehmen gelebt, sondern werden auch auf die Beziehungen zwischen dem Unternehmen und den Kapitalgebern, Lieferanten, Kunden und Mitarbeitern übertragen.

Die Beziehung zwischen Familie und Unternehmen setzt Energien frei, sodass die Aufgaben im Unternehmen mit besonderem Engagement bearbeitet werden. Unternehmerische Probleme und Anliegen werden auch außerhalb der Geschäftszeiten im privaten Bereich der Familie diskutiert, und es werden weitere Familienmitglieder in den Prozess mit einbezogen, die nicht direkt im Unternehmen beschäftigt sind. Dies erlaubt einem Familienunternehmen kurze Reaktionszeiten bei Entscheidungen, die eine strategische Stärke darstellen. Aus diesem Zusammenhang lassen sich aber keine Rückschlüsse auf die Qualität der Entscheidung ziehen.

Ein weiterer markanter Punkt in einem Familienbetrieb ist die enge Verzahnung der Unternehmerfamilie mit dem Unternehmen und dessen Umfeld. Status und Ansehen des Unternehmens ist auch der Status der Familie und umgekehrt. Nicht selten gehen geschäftliche Beziehungen in private Beziehungen über. Dieses **soziale Umfeld** verschafft Familienunternehmen erhebliche Vorteile im Marketing und Vertrieb gegenüber anderen Unternehmensformen, aber erzeugt auch einen erheblichen Druck auf das einzelne Familienmitglied. Dieser Druck führt im positiven Sinne dazu, dass ständig ein überdurchschnittlicher Einsatz aller Familienmitglieder erwartet wird. Diese enge Verzahnung in Familienunternehmen schafft in Krisenzeiten die Fähigkeit auf Einkommen und Freizeit zu verzichten, um somit das Überleben des Unternehmens zu sichern. Der verbundene **soziale Druck des Scheiterns** ist in Familienunternehmen sehr hoch.

Die **Erfolgseinheit Familie und Unternehmen** schafft im Gegenzug auch viele Problembereiche, die die Stärken von Familienunternehmen relativieren. Als Erstes ist das Sozialgefüge

---

[1] Domayer/Vater: Familienunternehmens – Erfolgstyp, S. 2
[2] ebenda
[3] Weissman/Schultheiss: Familienunternehmen, S. 74ff

Familie zu betrachten und die Funktionalität als ökonomische Lebenseinheit. Das Sozialgefüge Familie ist heute schon lange nicht mehr eine lebenslange Einheit, wie die Statistiken
über Scheidungen, Singlehaushalte und Alleinerziehende zeigen. So kann z.B. Ehescheidung
das Scheitern eines Unternehmens bedeuten,[1] wenn die Scheidung erhebliche Forderungen
nach sich zieht und die Liquidität des Unternehmens somit beeinträchtigt. Dieser Prozess
kann auch Auswirkungen auf die Motivation zur Unternehmensführung haben.

In Familienunternehmen haben Familienmitglieder grundsätzlich gute Chancen auf eine
Position im Unternehmen, ungeachtet der Qualifikationen. Dies kann zu Qualitätsverlusten
und fehlendem Know-how in den unternehmerischen Entscheidungen führen. Die Faktoren
Loyalität und Leistungsbereitschaft sind hohe Werte in Familienunternehmen, die auch auf
die Mitarbeiter übertragen werden. So kann es zu Überforderungen und Konflikten kommen,
da die Grenze zwischen Familie und Mitarbeiter nicht immer klar definiert wird. Aufgrund
der Arbeitsplatzgarantie für Familienmitglieder sind mitarbeitende Familienmitglieder nicht
kündbar. Dies bringt Konfliktsituationen mit sich und erhöht es den wirtschaftlichen Druck
auf das Unternehmen.

Ein besonderes Problem ist das „Management der Übergänge". Laut einer Studie von Zucker[2] gehen nur 50% der Familienunternehmen die nächste Generation und nur 10-20% die
dritte Generation. Der Grund ist darin zu sehen, dass der Gründer häufig beides will: die
Übergabe an die Nachfolgegeneration sowie aber auch das Scheitern des Nachfolgers, um
seine eigene Einzigartigkeit zu unterstreichen. Bedingt durch den **Generationsfokus** werden
unternehmerische Entscheidungen nicht immer in Abhängigkeit von den wirtschaftlichen
Entwicklungen getroffen.[3] So ist es typisch für Familienunternehmen, Investitionsentscheidungen mit der Verpflichtung der nächsten Generation zu koppeln. Erst wenn die Ausbildung und Eingliederung der nächsten Generation erfolgt ist, wird in die Zukunftsfähigkeit
des Unternehmens investiert. Diese Wartehaltung kann dazu führen, dass Marktentwicklungen nicht beachtet werden und, dass das Unternehmen große Entwicklungssprünge während
der Nachfolge zu bewältigen hat.

1.3.2   Familienunternehmen und Entrepreneurship

Der Gedanke von Familienunternehmen wird sehr eng mit der Idee des Entrepreneurship verbunden. Entrepreneurship wird im Volksmund verstanden als **Unternehmertum** (Entrepreneur (frz) = Unternehmer). Ein Entrepreneur wird verstanden als eine Person, die Marktchancen nutzt und neue Unternehmensleistungen aufbaut.[4] Marktchancen ergeben sich aufgrund
von Versorgungslücken oder infolge gesellschaftlichen Wandels. Diese Chancen fließen dann
in ein Unternehmenskonzept ein. Entrepreneurship wird auch im Sinne von Innovationen verstanden, da besonders in unseren hoch entwickelten Volkswirtschaften neue Marktchancen nur

---

[1] vgl. Insolvenzstatistiken. Die Konsequenzen einer Ehescheidung ist heute ein Insolvenzgrund. Bei der Verbrau-
cherinsolvenz ist dieser Grund neben Arbeitslosigkeit eine Hauptursache für Insolvenzen. Siehe Jahresbericht
Creditreform 2007 und 2008.

[2] Zucker: Zukunft für Familienunternehmen (1990)

[3] Haack: Familienunternehmen, S. 5ff und die dort angefertigte Übersicht zu Studien über Familienunternehmen.

[4] siehe z.B. für die Gastronomie Schneider: Erfolgsfaktoren, S. 27

durch neues Wissen, z.B. in Bezug auf Herstellungstechniken, Servicetechniken oder Marke-ting eröffnet werden. In der volkswirtschaftlichen Lehre nach Joseph A. Schumpeter wurde Entrepreneurship als die Quelle volkswirtschaftlichen Wachstums betrachtet.[1]

Der Zusammenhang zwischen Familienunternehmen und Entrepreneurship liegt im zentralen Aspekt des **Strebens nach Unabhängigkeit und Selbstbestimmung**. Forscher des Entrepre-neurship stellen sich immer wieder die Frage nach den Gründen des Strebens nach Selbststän-digkeit. In vielen Forschungsarbeiten wird bestätigt, dass Existenzgründer im hohen Maße nach Autonomie streben sowie eine Überzeugung besitzen, dem Verbraucher eine bessere Lösung bzw. besseres Konzept zu bieten.[2] Existenzgründer leben eine unternehmerische Idee und sehen in dieser Idee auch die Quelle ihrer eigenen wirtschaftlichen Existenz. In diesen Punkten liegen Parallelitäten zu Familienunternehmen, wobei das Streben nach Autonomie ein Familienunternehmen über die eigentliche Phase der Existenzgründung hinaus trägt.[3] Auf der anderen Seite ist der Übergang eines Familienunternehmens als eine Existenzgründung der jeweiligen nächsten Generation zu betrachten. An den Nachfolger werden dann die gleichen Anforderungen dann die gleichen Anforderungen an den Gründer oder Entrepreneur stellt.

Aufgrund der engen Verbindung zwischen Familienunternehmen und dem Entrepreneurship erlauben es die Forschungsergebnisse zum Entrepreneurship, die Charakteristika von Fami-lienbetrieben noch tiefer kennenzulernen. Die Forschung des Entrepreneurship teilt sich derzeit in folgende Gebiete auf:[4]

- Management von Innovation und Gründung
- Gründungsumfeld
- Ausbildung des Existenzgründers/Unternehmers
- Persönlichkeit des Unternehmers
- Management des Wachstums
- Ursachenforschung des Scheiterns

Einige Gedanken aus den Inhalten dieser Arbeiten sollen hier kurz vorgestellt werden, mit dem Ziel, das Verständnis zu vertiefen.

Im Forschungsfeld von Innovation und Gründung geht man verstärkt den Ansätzen von Joseph Schumpeter nach und untersucht die Entstehung und Durchsetzung von technischen und orga-nisatorischen Neuerungen, ohne dabei die **Produktidee** selbst zu untersuchen. Schumpeter

[1] Joseph A. Schumpeter betrachtete den innovativen Unternehmer (Entrepreneur) als die Quelle des wirtschaftlichen Wachstums. Seine Ansätze gehen dabei auf die Kontratieff Wellen zurück. Im Jahre 1926 stelle der Russe N.D. Kondratieff die Theorie auf, dass sich die marktwirtschaftliche Wirtschaft in Form „langer Wellen" fortentwickel-te. Die Ursachen dieser so genannten „Kondratieff-Wellen" liegen in tief greifenden strukturellen Wandlungen der Wirtschaft, die durch technische Neuerungen hervorgerufen werden (Dampfmaschine, Eisenbahn, Flugzeuge, Raumfahrt, Computer). vgl. weiter Bontrup: Volkswirtschaftslehre, S. 586 ff
[2] siehe weiter Pleitner: Entrepreneurship, S. 149f
[3] Meyer: Familienunternehmen, S. 31
[4] Das International Council of Small Business Management (ICSB) verkörpert eine große Gruppe von Mittelstands-forschern und Forschern des Entrepreneurship. In den jährlichen Konferenzen werden weltweit die Forschungser-gebnisse ausgetauscht. Weitere Informationen sind zu finden unter www.icsb.org. Siehe Abstracts of the ICSB World Conference, Turku 2007. siehe www.icsb.org

geht davon aus, dass der innovative Unternehmer durch seine Innovation eine kurzfristige Monopolstellung auf dem Markt hat, die er für den Auf- und Ausbau seines Unternehmens nutzen kann.[1] Diese Innovationskraft ist grundsätzlich nicht abhängig von der Unternehmensgröße, jedoch aber von der Bereitschaft des Unternehmens, etwas Neuartiges umzusetzen.

Aufgrund des Ziels der Sicherung des Vermögens in Familienunternehmen stößt der **Innovationsgedanke** auf ein positives Umfeld. Ergebnisse der Forschungsarbeiten zum Entrepreneurship fließen im Innovationsmanagement[2] ein, das sich grundsätzlich in drei Phasen gliedert: Impulsphase (Entwicklung von zukunftsweisenden Technologien), Bewertungsphase (Umsetzungsmöglichkeiten), Technologietransfer (Umsetzung der Innovation in marktfähige Produkte). Diese Forschungsarbeiten unterstreichen jene Faktoren mit der Forderung von Innovation und Innovationstransfer wie z.B. Networking, Vermarktung von Innovationen, der Notwendigkeit zur Förderung durch Finanzhilfen von Innovationen.

Aus beschäftigungspolitischen Gründen werden diese Arbeiten um die Frage erweitert: Welches Umfeld sollte geschaffen werden, damit Unternehmer ihre geplante **Existenzgründung** auch umsetzen? Fragen wie Zugang zur Beratung, notwendige Infrastruktur, Coaching während der Existenzgründungsphase, Erstellung eines Business-Plans waren Gegenstand der Forschungsarbeiten. Ergebnisse dieser Arbeiten resultierten in eine Reihe von Existenzgründer-, Beratungs- und Schulungszentren für Existenzgründer bis hin z.B. zu verschiedenen Patenschaftsgedanken, wo erfahrene Unternehmer jüngeren Unternehmern helfen.

In Bezug auf die Gastronomie bedeutet dies, dass gerade Existenzgründer ein Unternehmenskonzept auf der Grundlage einer bestimmten Serviceidee, unter Berücksichtigung regionaler Chancen oder/und mit Blick auf eine spezielle Kundengruppe begründen und zunächst einmal eine Marktlücke schließen. Sofern die Qualität des Hauses stimmt, ergibt sich dann später ein Umsatzwachstum. Jedoch werden verschiedene Unternehmenskonzepte nicht auf deren langfristige Nachhaltigkeit geprüft mit der Folge, dass Unternehmenskonzepte nach kurzer Zeit scheitern.

Angesichts der **hohen Insolvenzrate** bei Existenzgründern wurden eine Reihe von Forschungsarbeiten in Auftrag gegeben, die sich mit der Frage beschäftigten: warum sind auch gut ausgebildete Manager so schlechte Unternehmer, bzw. warum sind manchmal auch Quereinsteiger so gute Unternehmer? Die Forschungsergebnisse führten dazu, dass Unternehmern neben dem Fehlen von fachlichen kaufmännischen Kenntnissen die Fähigkeit fehlt, Entscheidungen unter Druck, bzw. Unsicherheit zu fällen. Das Training dieser Fähigkeit, unter wirtschaftlichem Druck Entscheidungen zu treffen, wird heute immer mehr in Ausbildungen aufgenommen und führte auch zu neuen Unterrichtsmethoden, wie z.B. der Simulation.[3]

Ausgebildete Betriebswirte haben gute Kenntnisse über betriebswirtschaftliche Prozesse und Methoden. Jedoch bei der Umsetzung des erlernten Wissens in die gastronomische Praxis ist

---

[1] siehe z.B. Bontrup: Volkswirtschaftslehre, S. 586, Heilbroner: Die Denker der Wirtschaft, S. 285ff

[2] ebenda

[3] Neben den technischen Lehreinheiten werden heute verstärkt der Prozessgedanke und die Entscheidungsfähigkeit anhand von Fallstudien trainiert. Besonders in den neueren Studiengängen: Entrepreneurship und Innovation ist die Vermittlung dieser Fähigkeit ein Bestandteil der Ausbildung.

die **Fähigkeit des Wissenstransfers** eher schwach ausgebildet.[1] Die Entrepreneurship- und die Insolvenzforschung zeigen in neueren Arbeiten auf, dass der Mensch nicht der typische „homo oeconomicus" ist und Entscheidungen nicht immer einem strengen Rationalprinzip, sondern auch Emotionen unterliegen. Dies zeigt sich besonders im Umgang mit Krisensituationen. Unternehmer versuchen auch dann noch ihre Unternehmensidee weiter zu verfolgen, selbst wenn diese ökonomisch nicht mehr tragbar ist. Der Umgang mit wirtschaftlichen Misserfolgen ist derzeit noch nicht wertungsfrei in unserer Gesellschaft und ruft eine Reihe von Reaktionen hervor, die bewirken, dass bestehende gastronomische Konzepte auf dem Markt weiter verfolgt werden trotz negativer Ergebnisse.[2]

Abbildung 1: Problembereiche des Wachstums

Quelle: Meyer: Management Consultancy. S. 437

[1] vgl. hierzu auch das Abschnitt 1.5
[2] vgl. Meyer: Insolvency and Restart(2009); Pfaffenholz/Kranzusch: Insolvenzplanverfahren, S. 45f

Unternehmerisches **Wachstum** ist ein Ziel von Unternehmensgründern. Wachstum selbst in der Gastronomie ist das Produkt einer guten Leistungsqualität, eines marktgerechten Leistungsangebots und vorhandener Nachfrage. Da Wachstum in der Gastronomie mit der Finanzierung neuer Sachanlagen verbunden ist, ist das Management dieses Prozesses eine erhebliche Herausforderung für die Unternehmensführung. So gilt es im Individualfall im Spannungsfeld zu entscheiden zwischen den Chancen durch Wachstum und der Sicherheit des Unternehmens. Der grundsätzlich langfristige Charakter solcher Investitionen und die derzeit reservierte Haltung der Finanzbranche gegenüber der Gastronomie führen dazu, dass das benötigte Kapital teuer gekauft wird.[1]

In Abbildung 1 wird ein Wachstumsmodell skizziert, das sich aufgrund des Unternehmensberatungsbedarfs und der Insolvenzforschung in Deutschland und Großbritannien ergab. In der Untersuchung wurden jeweils 150 Unternehmen nach ihren Beratungserfahrungen gefragt und diese in Beziehung zur der Unternehmensgröße gesetzt. Ein Ergebnis dieser Untersuchung war es, dass Unternehmen im Verlauf ihres Wachstums unterschiedliche Probleme zu lösen hatten und hier einen Beratungsbedarf bekundeten.[2] Ergänzt man diese Ergebnisse durch die Insolvenzforschung, so stellt man fest, dass eine unzureichende Lösung dieser Entwicklungsstufe auch das Scheitern eines Unternehmens bedeuten kann.[3] Besonders der Umgang mit unternehmerischem Wachstum, aber auch der Umgang mit Krisen ist ein Bereich, der noch weitere wissenschaftliche Fragen erforderlich macht.

1.4 Das gastronomische Familienunternehmen in Deutschland

1.4.1 Die Bedeutung des Gastgewerbes in der Volkswirtschaft[4]

Das Gastgewerbe ist laut dem Statistischen Bundesamt 2006 – 2008 mit 1,6% am **Bruttoinlandsprodukt** beteiligt. Aufgrund der Personalintensität finden 4,6% aller Erwerbstätigen einen Arbeitsplatz in der Gastronomie.[5] Davon waren 2006 von den 1.315.631 Beschäftigten 58,0% Frauen und 43,9% waren Teilzeitbeschäftigte. Der Frauenanteil war deutlich höher im Beherbergungsgewerbe als im Gaststättengewerbe.

---

[1] siehe Kapitel 7

[2] Meyer: Management Consultancy (1999)

[3] Meyer: Insolvency and Restart (2009) sowie auch die Jahresberichte der Creditreform 2007 und 2008.

[4] Die Daten für die Analyse der Bedeutung des Gastgewerbes wurden aus folgenden Quellen des Statististischen Bundesamtes genommen: Statistisches Jahrbuch 2009, 2008, 2007 sowie Fachserie 6: Dezember 2008, September 2006, Juni 2008, Jahr 2006, Statistisches Bundesamt: Wirtschaft und Statistik 2006

[5] Statistisches Jahrbuch 2009, Volkswirtschaftliche Gesamtrechnung S. 649 und Arbeitsmarkt S. 82

Von besonderem Interesse ist, dass 13,3% der Beschäftigten in der Gastronomie tätige Inhaber sind.[1] Dies zeugt von dem **starken mittelständischen Charakter** der Gastronomie und der hohen Dominanz von Familienbetrieben in diesem Wirtschaftszweig. Der Prozentanteil von mithelfenden Familienangehörigen würde sicher noch höher ausfallen, wenn bei allen Teilzeit- und Vollzeitbeschäftigten die Familienzugehörigkeit im Unternehmen hinterfragt wird. Folglich ist die Familienorientiertheit noch höher einzustufen.

Diese Zahl von 175.496 tätigten Inhabern deckt sich auch fast mit der Zahl der Unternehmen von 179.782. Dies lässt darauf schließen, dass viele Unternehmen als Personengesellschaft geführt werden, da ein Geschäftsführer einer GmbH aufgrund der Rechtsform ein Entgeltempfänger ist. Auch die große Anzahl von Franchiseunternehmen in der Bundesrepublik sind häufig Personengesellschaften aufgrund der juristischen Stellung des Franchisenehmers als Einzelunternehmer. In 2006 wurden insgesamt 197.310 gastronomische Betriebe gezählt. Die Differenz sind Unternehmen, die auch rechtlich als Filiale bzw. Außenstellen geführt werden. Als **Arbeitgeber** nimmt das Gastgewerbe selbst einen höheren Platz ein, da 3,4% aller Beschäftigten in der Bundesrepublik Deutschland ihren Arbeitsplatz in der Gastronomie finden.

Weiterhin ist festzustellen, dass 58,0% der weiblichen Beschäftigten im Gastgewerbe bzw. 43,85% aller Beschäftigten einer Teilzeitbeschäftigung nachgehen.[2] Die Attraktivität für weibliche Beschäftigte und Teilzeitbeschäftigte ist besonders in den antizyklischen Arbeitszeiten des Gastgewerbes begründet. Somit ist die Gastronomie **regional ein wichtiger Arbeitgeber**, da Teilzeitbeschäftigungen immer in Wohnortnähe nachgefragt werden und als Zusatzeinkommen für die Familien dienen. Dieses Zusatzeinkommen stärkt die Kaufkraft der Familien und geht sofort in den Konsum zurück.

Tabelle 2: Das Gastgewerbe nach Beschäftigungs- und Umsatzgrößenklassen

Umsatzgrößen-klassen	Umsatz in 1000 Euro 2006	% vom Umsatz 2006	Beschäfti-gungsgrößen-klassen	Sozial-versicherungs-pflichtige Beschäftige 2006	% von Total
< 1Mio. €	250.600	97,64	0 – 9	250.146	94,39
1 – 2 Mio. €	3.711	1,45	10 – 49	13.248	5,0
2- 10 Mio. €	2.103	0,81	50 – 249	1.524	0,58
10– 0 Mio. €	207	0,08	250 und mehr	84	0,03
> 50 Mio. €	48	0,02			
Total	256.669	100	Total	265.002	100

Quelle: Statistisches Jahrbuch 2009 und eigene Berechnungen.

[1] Statistisches Bundesamt, Fachserie 6, Reihe 7.3, 2006, Tabelle 1.5 Beschäftigte im Gastgewerbe
[2] Statistisches Bundesamt: Wirtschaft und Statistik 6/2006

Von besonderer Bedeutung ist die **Ausbildungsleistung im Gastgewerbe**. Im Jahre 2008 wurden 103.574 Ausbildungsverträge in der Gastronomie geschlossen. Somit hat das Gastgewerbe einen Anteil von 11,02% an der Ausbildung in der Bundesrepublik Deutschland, der in den letzten Jahren ständig erhöht wurde.[1]

Die wirtschaftliche regionale Bedeutung des Gastgewerbes verschiebt sich in der Bundesrepublik Deutschland je nach lokaler Wertschöpfungsstruktur erheblich. In rein touristischen Gebieten und in ländlichen Gebieten ist das Gastgewerbe ein zentraler Arbeitgeber. In gewerblich orientierten Gebieten und in Ballungszentren ist das Gastgewerbe jedoch stark abhängig von der wirtschaftlichen Entwicklung und Intensität des Raumes. Auf der anderen Seite ist das gastronomische Angebot und dessen Ausbau ein Standortfaktor für Ansiedlungen.

1.4.2   Die wirtschaftliche Situation im Gastgewerbe

Die Struktur der **Umsätze des Gastgewerbes** 2008 wurde in Abbildung 2 dargestellt. Demnach stellt die speisenorientierte Gastronomie mit 45% den stärksten Sektor dar, gefolgt von der Hotellerie mit 30%. Interessant ist hingegen, die **Strukturveränderung** innerhalb des Gastgewerbes zu beobachten wie in Abbildung 3 dargestellt. Obwohl das Gastgewerbe selbst einen realen Umsatzverlust auf 94,7% hatte, musste die speisenorientierte Gastronomie einen

Abbildung 2: Umsatzverteilung im Gastgewerbe 2008

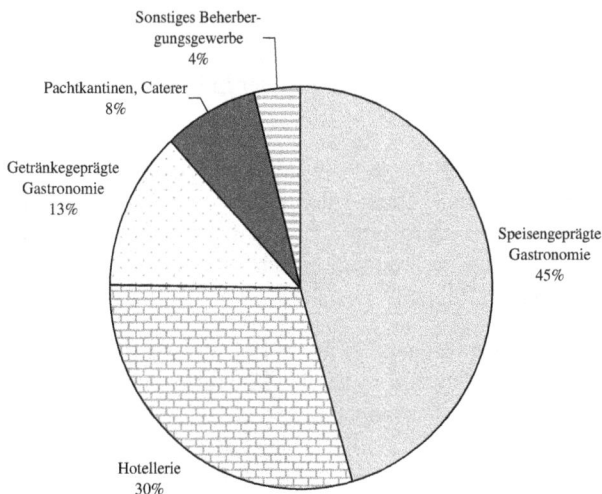

Quelle: Statistisches Jahrbuch 2009

---

[1] DIHT: Ausbildungsstatistik 2008 entnommen: www.diht.de, siehe auch www.dehoga.de: Ausbildung im Gastgewerbe

Abbildung 3: Umsatz- und Beschäftigungsstruktur im Gastgewerbe 2006 - 2008

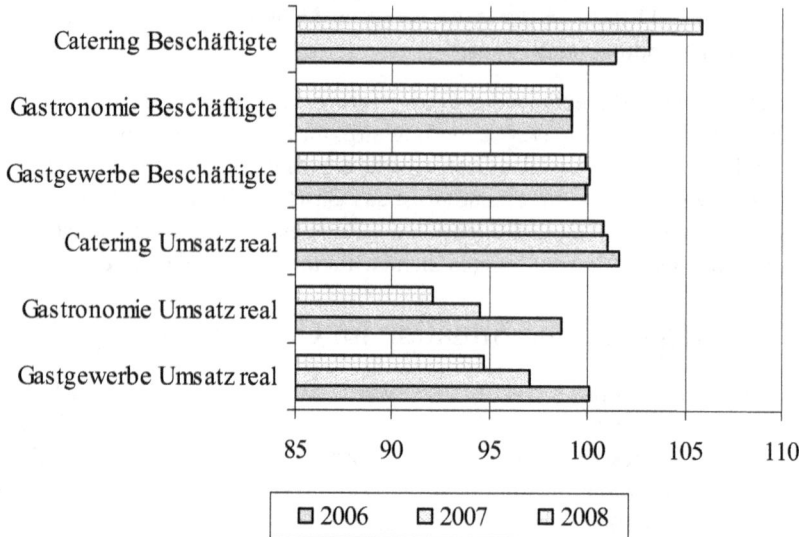

Quelle: Statistisches Bundesamt, Fachserie 4, Reihe 7.4 Januar 2009, Basisjahr 2005

Umsatzverlust auf 92,1% zum Basisjahr 2005 verzeichnen. Auf der anderen Seite konnte die Cateringbranche ihr Umsatzniveau halten bzw. leicht ausbauen um 0,8% zum Basisjahr.[1] Ein weiterer Verdrängungswettbewerb zeichnet sich ab zwischen der Individualgastronomie[2] und der Systemgastronomie.

Diese Zahlen sind nicht nur Ausdruck einer **Verschiebung der Nachfragesituation** zugunsten neuerer Anbieter, sondern auch Ausdruck eines erheblichen Verdrängungswettbewerbs innerhalb der Gastronomie, die insgesamt einen Umsatzrückgang von 8,1% zwischen den Jahren 2006 und 2008 zu verzeichnen hat. Es lässt sich unschwer erkennen, dass Konzepte und Ideen in der Gastronomie einen hohen Stellenwert haben.

Die **wirtschaftliche Situation** im Gastgewerbe ist gegenwärtig als kritisch zu betrachten, wie Abbildung 4 zeigt. Das Gastgewerbe hat in den letzten 10 Jahren einen stetigen realen Umsatzverlust zu verzeichnen und wurde besonders hart von dem letzten Konjunkturtiefstand 2003 getroffen. Diese Auswirkungen der Finanz- und Wirtschaftskrise lassen sich derzeit noch nicht exakt messen.

Als besonders bemerkenswert ist hier anzuführen, dass es trotz eines wirtschaftlichen Aufschwungs von 1996 bis 2000 und später von 2003 bis 2006 in der Bundesrepublik Deutsch-

---

[1] AHGZ: Systemer legen erneut zu vom 18.03.2006

[2] Die Begriffe Individualgastronomie und gastronomische Einzelunternehmen wie auch Familienunternehmen werden synonym verwandt.

Abbildung 4: Umsatzentwicklung im Gastgewerbe seit 1997 im Vergleich zum Wachstum des Bruttoinlandsprodukts

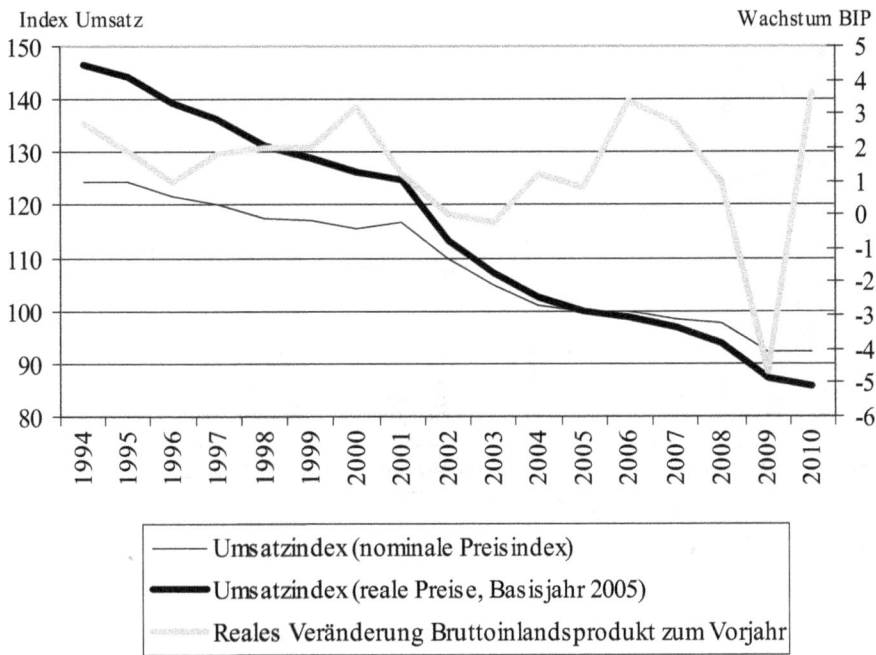

Quelle: Statistisches Bundesamt: Fachserie 6 vom 25.02.2011. Die Daten für das Bruttoinlandsprodukt ab 2008 sind vorläufige Daten.

land für das Gastgewerbe nicht möglich war, daran zu partizipieren. Diese **enorme Zurück-haltung der Verbraucher** lässt sich nur damit begründen, dass sich der Aufschwung nicht im verfügbaren Einkommen der Verbraucher widergespiegelt hat. Der reale Umsatz im Gastgewerbe ist um 41,6% zurückgegangen. Kostensteigerungen der Haushalte in den Bereichen Energie, Gesundheit etc. wurden durch den Verzicht an gastronomischen Leistungen kompensiert.[1] Diese Zahlen unterstreichen die Feststellung der **hohen Einkommenselastizität in der Gastronomie.** Sie zeigen aber auch, dass die Gastronomie selbst Kostensteigerungen nicht über Preise weitergeben konnte, was die Ertragslage verschlechtert und die Investitionstätigkeit stark beeinträchtigt.

Dieser **hohe Kostendruck** wird noch deutlicher, wenn man berücksichtigt, dass das Gastgewerbe grundsätzlich ein stark anlagenintensiver Wirtschaftszweig mit einem daraus resultierenden **hohen Fixkostenblock** hat. Neben den Wareneinkäufen, die einen variablen Charakter haben, sind im Gastgewerbe aufgrund des Dienstleistungscharakters die Personalkosten ein Hauptkostenfaktor.

---

[1] AHGZ: Aufschwung geht an vielen vorbei vom 05.01.2008

Abbildung 5: Beschäftigungsentwicklung(Index) im Gastgewerbe 1994 – 2010

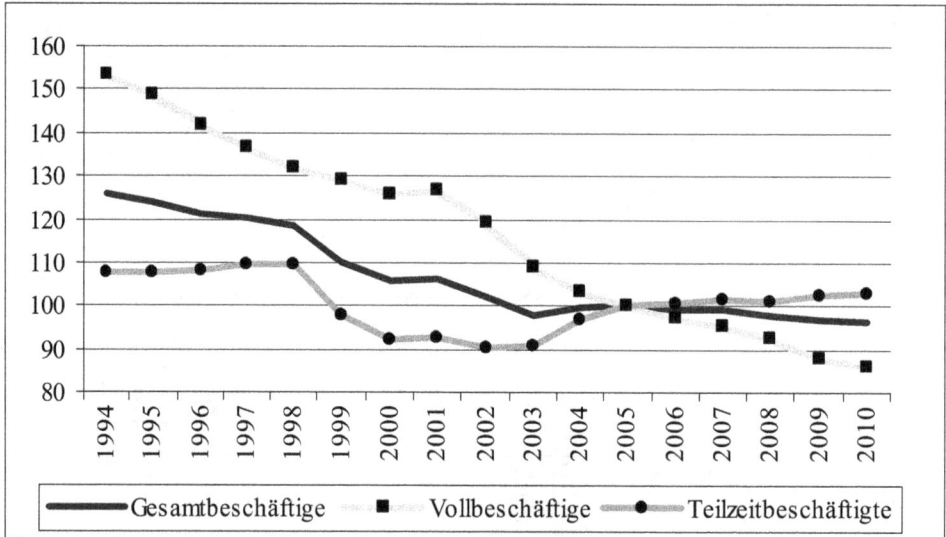

Quelle: Statistisches Bundesamt, Gastgewerbe, Stand 25.02.2010, Basisjahr 2005

Abbildung 6: Insolvenzen im Gastgewerbe seit 1999

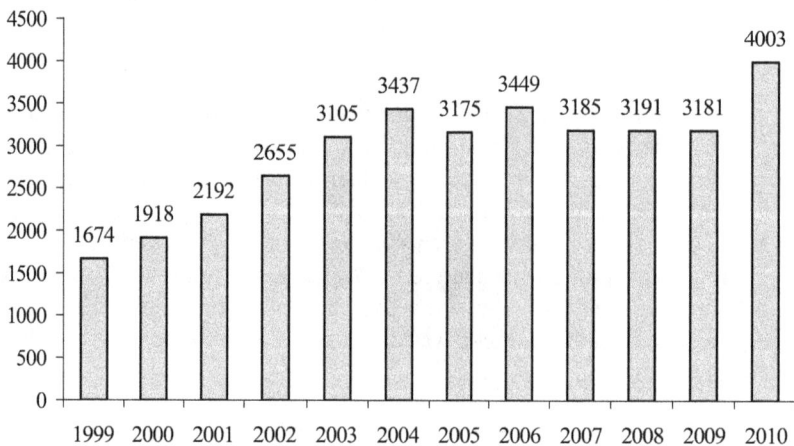

Quelle: Statistisches Bundesamt, Fachserie 6 2009, 2008 und 2006. Für 2010 liegt nur eine vorläufige Zahl vor.

Auch die **Beschäftigungszahlen** zeigen einen erheblichen Rückgang in den Jahren 1998 bis 1999, begründet durch den erheblichen Rückgang der Teilzeitbeschäftigung im Jahre 1999. Neben dem Umsatzrückgang als Ursache der Beschäftigungsentwicklung ist hier auch die Änderung der Pauschalversteuerung einer Teilzeitbeschäftigung (besonders geringfügige Beschäftigung) zu sehen. In der Gesamtbetrachtung zwischen der **realen Umsatzentwicklung** und der Beschäftigungsentwicklung in den Jahren zwischen 2008 und 2004 kann auch die Vermutung geäußert werden, dass Personaleinsparungspotenziale ausgeschöpft sind und weitere Einsparungen zulasten der Betriebsbereitschaft gehen. Bemerkenswert ist weiterhin, dass sich im Verlauf die Vollzeitbeschäftigten im Gastgewerbe fast halbiert haben.

Den Kostendruck in der Gastronomie aufgrund des realen Umsatzrückgangs spiegelt im Gegenzug auch die **Insolvenzhäufigkeit** im Gastgewerbe seit 2002 wieder. Ein Rückgang konnte nur in den Jahren 2005 und 2007 verzeichnet werden, wobei mit den Auswirkungen der Finanz- und Wirtschaftskrise ein Anstieg der Insolvenzen für 2009/2010 erwartet wird. Mit Änderung des Insolvenzrechts seit 1999 liegt die Insolvenzhäufigkeit im Gastgewerbe zwischen 130 und 140.[1] Damit zählt das Gastgewerbe zu den insolvenzgefährdeten Branchen. Nur das Bau- und das Verkehrsgewerbe hat eine höhere Insolvenzhäufigkeit.[2] Von besonderem Interesse ist auch, dass im Gastgewerbe in 2007 83% aller insolventen Unternehmen die Rechtsform einer Personengesellschaft hatten, davon wurden 79% der insolventen Unternehmen in der Rechtsform eines Einzelunternehmens geführt. Dies bedeutet, dass ein Neustart nach einer Insolvenz im Gastgewerbe erheblich erschwert wird, da das gesamte Familienvermögen zur Insolvenzmasse gehört. Im Jahr 2010 lag nochmals eine erhebliche Steigerung vor, die aufgrund der Konsumrückhaltung während der Wirtschafts- und Finanzkrise zurückzuführen ist.

1.4.3   Bilanzanalyse im Gastgewerbe

Die volkswirtschaftlichen Entwicklungen und die Volatilität der Inanspruchnahme der Dienstleistung führten dazu, dass das Verhältnis zwischen dem Gastgewerbe und dem Kapitalmarkt angespannt ist. Für individuelle Finanzierungsentscheidungen werden zusätzliche betriebswirtschaftliche Kennzahlen in der Entscheidungsfindung mit herangezogen. Diese Kennzahlen sollen in diesem Abschnitt vorgestellt werden.

Wie in der folgenden Abbildung dargestellt, hat sich das **Kreditengagement** aller Bankgruppen deutlich zurückentwickelt. Wenn auch zwischen 1998 – 2002 das Engagement um 117 Mrd. Euro Kreditvolumen stagnierte, so fiel es seit 2003 konstant bis auf 87,32 Mrd. Euro in 2010. Diese Entwicklung lässt schon fast die Beobachtung zu, dass das gesamtdeutsche Kreditvolumen auf das Kreditvolumen vor der Wiedervereinigung Deutschlands reduziert wurde.

---

[1] Die Berechnung der Insolvenzhäufigkeiten wird auf der Basis von 10.000 Unternehmen berechnet und berücksichtigt somit die Anzahl der Betriebe in den einzelnen Wirtschaftszweigen.

[2] Creditreform Jahresbericht 2007

Abbildung 7: Kredite an das Gastgewerbe

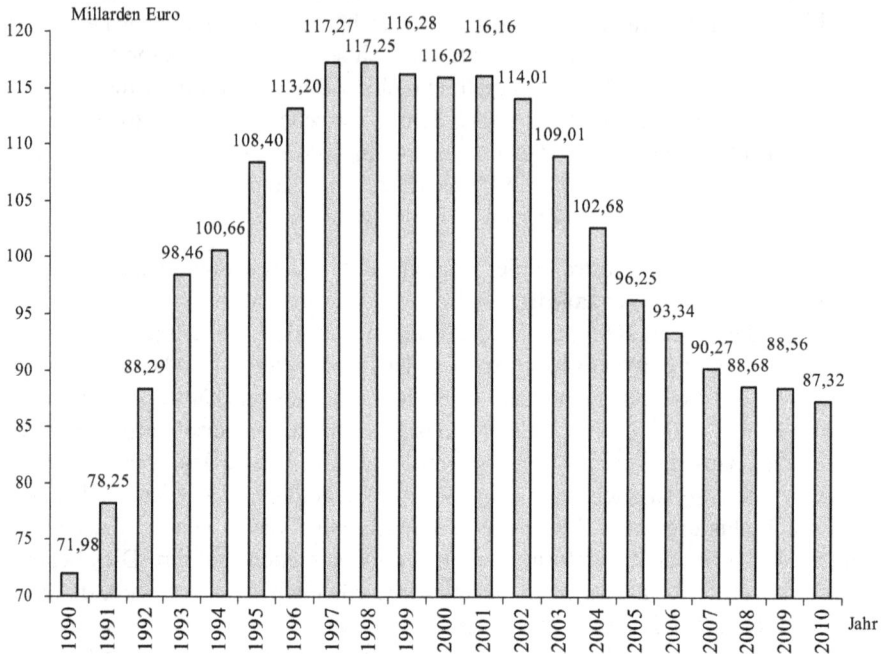

Quelle: www.bundesbank.de, Statistische Zeitreihen Stand 15.02.2011 und eigene Berechnungen. Alle Bankgruppen insgesamt.

Seit dem Jahr 2003 werden die eingereichten Unternehmensbilanzen im Gastgewerbe durch
die Bundesbank ausgewertet und für die Öffentlichkeit entsprechend aufbereitet. In der folgenden Tabelle wurden ausgewählte **Bilanz- und Finanzkennzahlen** dargestellt. Dabei sei
vorab angemerkt, dass die Unternehmensgruppe mit über 50 Millionen Euro Umsatz nicht
aufgeführt wurde, da es hier kaum zu Nennungen kam. Auf der anderen Seite wurden in
einer weiteren Spalte die Nichtkapitalgesellschaften der Unternehmensgruppe mit weniger
als 2 Millionen Euro Jahresumsatz aufgenommen, da diese hier für die Betrachtung von
Familienunternehmen von besonderer Bedeutung sind. Wie auch die Anzahl der untersuchten Unternehmen dokumentiert, stellt die Gruppe der Nichtkapitalgesellschaften den größten
Anteil an Unternehmen in der Gastronomie dar. Weiterhin sind Familienunternehmen bzw.
Unternehmen der Individualgastronomie in der Umsatzgruppe unter 2 Millionen Euro zu
erwarten. Diese Gruppe soll in den folgenden Analysen zur betriebswirtschaftlichen Situation näher betrachtet werden.

Tabelle 3: Bilanzanalyse der Jahresabschlüsse im Gastgewerbe von 2003 - 2008[1]

Betriebswirtschaft-liche Kennzahl der Bilanzanalyse	Jahr	Alle Unternehmensformen				Nicht - Kapitalge-sellschaften
		Gesamt	weniger als 2 Mio. Um-satz	2 bis 10 Mio. Umsatz	10 bis 50 Mio. Umsatz	weniger als 2 Mio. Umsatz
Anzahl der Unternehmen	2008	492	261	172	45	k.A.
	2007	437	226	165	165	k.A.
	2006	950	612	260	59	350
	2005	950	612	260	59	350
	2004	905	648	200	43	416
	2003	905	648	200	43	416
Sachanlagen (% von der Bilanzsumme)	2008	43,0	56,6	51,7	51,3	k.A.
	2007	55,3	61,1	50,9	56,5	k.A.
	2006	44,4	62,2	56,9	58,4	76,8
	2005	43,7	64	59,2	58,1	77,9
	2004	42	67,8	59,9	52,3	79,4
	2003	41,3	69,7	59,8	51,5	80,2
Eigenmittel (% der Bilanzsumme)	2008	29,1	15,0	22,7	22,1	k.A.
	2007	25,6	12,9	25,1	28	k.A.
	2006	26,4	7,1	21,1	23,5	3,6
	2005	27,5	3,3	18,4	21,5	0
	2004	27,3	-0,2	16,5	25,1	-2,1
	2003	27,8	-1,5	14,5	24,2	-2,5
Verbindlichkeiten (% der Bilanzsumme)	2008	53,3	77,4	62,5	61,4	k.A.
	2007	62,1	79,4	61,4	59,6	k.A.
	2006	55,7	84,7	67,5	58,2	91,6
	2005	58	88,8	70,9	60,7	95,4
	2004	59,6	93,5	72,2	59,3	97,7
	2003	60,1	94,9	74,5	61,3	98,4

---

[1] Die Statistikreihe: Unternehmensbilanzstatistik von der Deutschen Bundesbank erscheint im roulierenden Verfahren. Für die Auswertung werden nur Unternehmen zugelassen, deren Jahresabschluss für zwei folgende Jahre vorliegen. Für die Auswertung wurden die Jahre 2003 und 2004, 2005 und 2006, sowie für 2007 die Reihe 2006 und 2007 angewendet. Für 2008 wurden die ersten Schätzwerte der Bundesbank genommen. Die Auswertung nach Gesellschaftsform lag für 2007 und 2008 noch nicht vor. Die Auswertung hat einen Erfassungsgrad für die Jahre 2003 und 2004 von 10,3% und für die Jahre 2005 und 2006 von 13,1% des umsatzsteuerpflichtigen Umsatzes. Aufgrund des roulierenden Verfahrens und weitere Analysen verspäteter Bilanzen können sich in den Einzelwerten leichte Abweichungen ergeben. Dies berührt aber die Grundaussagen dieser Statistik nicht. Das Gastgewerbe wird durch die Bundesbank seit 2003 ausgewertet. Quelle: www.bundesbank.de

Betriebswirtschaft-liche Kennzahl der Bilanzanalyse	Jahr	Alle Unternehmensformen				Nicht - Kapitalge-sellschaften
		Gesamt	weniger als 2 Mio. Um-satz	2 bis 10 Mio. Umsatz	10 bis 50 Mio. Umsatz	weniger als 2 Mio. Umsatz
Verbindlichkeiten gg. Kreditinstituten (lang- und kurzfris-tig, % der Bilanz-summe)	2008	25,1	46,1	31,3	41,4	k.A.
	2007	27,6	47,9	30,2	37,0	k.A.
	2006	20,8	50,9	35,6	27,2	66,8
	2005	21,1	54,4	36,7	26,2	71,3
	2004	23,9	62,5	44,1	19,3	76,6
	2003	24,5	64,7	46,3	19,8	78,4
Jahresergebnis nach Steuern (% der Gesamtleistung)	2008	2,8	5,8	4,0	2,4	k.A.
	2007	2,2	5,6	3,6	0,6	k.A.
	2006	1,2	5,5	3,5	2,2	8,9
	2005	1,2	4,7	2,5	2,1	7,8
	2004	1,3	4,7	2,3	0,9	5
	2003	0,8	3,7	3	0,2	5,3
Cash - Flow : Jahresergebnis nach Steuern + Abschrei-bungen, (% der Umsatzleistung)	2008	5,8	9,6	7,4	5,7	k.A.
	2007	6,6	10,1	7,5	5,3	k.A.
	2006	4,7	10	7,9	5,9	14,7
	2005	4,6	9,5	6,3	6	13,5
	2004	5,1	9,6	6,7	4,7	14,1
	2003	4,8	9,1	7,6	4,4	13,5
Kapitaldienstfähig-keit: Cash Flow + Fremdkapitalzinsen, % Umsatzleistung)	2008	6,9	11,2	8,5	7,6	k.A.
	2007	7,9	12	8,6	6,7	k.A.
	2006	5,6	12	9,4	6,8	18
	2005	5,5	11,7	7,9	7	17,0
	2004	6,3	12,4	8,7	5,4	18,3
	2003	6,1	12,1	9,7	5,2	17,9
Personalkosten (% Umsatzleistung)	2008	33,9	34,1	33,7	35,5	k.A.
	2007	28,7	32,8	33,9	35,7	29,5
	2006	32,1	32,5	35,6	32,0	29,2
	2005	32,6	33,0	36,5	32,9	29,7
	2004	35,0	33,1	35,3	34,1	30,9
	2003	35,8	33,3	35,9	36,1	31,1

Betriebswirtschaft-liche Kennzahl der Bilanzanalyse	Jahr	Alle Unternehmensformen				Nicht - Kapitalge-sellschaften
		Gesamt	weniger als 2 Mio. Um-satz	2 bis 10 Mio. Umsatz	10 bis 50 Mio. Umsatz	weniger als 2 Mio. Umsatz
Wareneinsatz (% von Umsatz-leistung)	2008	28,7	24,5	27,0	28,0	k.A.
	2007	34,1	22,8	25,8	31,0	23,4
	2006	29,0	24,5	25,4	29,6	23,1
	2005	30,0	24,5	25,3	29,5	23,0
	2004	27,6	24,4	25,1	32,2	23,3
	2003	27,7	25,0	24,7	31,8	22,8

Quelle: www.bundesbank.de, Verhältniszahlen aus Jahresabschlüssen deutscher Unternehmen, Statistikreihe 06, Gastgewerbe, verschiedene Reihen und eigene Berechnungen

Das Gastgewerbe ist **sachanlagenintensiv**. Besonders zeigt sich dies bei nicht Nicht-Kapitalgesellschaften, wo der Wert über 75% ohne Berücksichtigung von immateriellen Werten liegt. Weiterhin ergaben die Analysen der Bundesbank, dass in der Unternehmensgruppe mit weniger als 2 Mio. Euro Umsatz die Werte teilweise sogar die 90% Marke erreichten. Das in der Gesamtbetrachtung der Wert niedriger ist, ist eher darauf zurückzuführen, dass ein Unterschied zwischen Eigentümergesellschaft und Betreibergesellschaft besteht.

Mit großer Besorgnis ist die **Eigenkapitalausstattung** des Gastgewerbes zu sehen, die in den Jahren 2003 bis 2005 sogar negativ war. In der näheren Einzelanalyse bilanzierten einige Unternehmen bis zu 30% negatives Eigenkapital und somit liegt hier der Tatbestand der Überschuldung vor. Mit zunehmender Unternehmensgröße verbessert sich die Eigenkapitalausstattung, was entweder auf langjährige Familienbetriebe, Kapitalgesellschaft oder einer Finanzierung durch Investmentgesellschaften hindeutet. Diese werden u.a. auch gegründet mit dem Ziel, durch eine negative Ergebnislage den Investoren durch Verlustzuweisungen Steuervorteile zu verschafften und so dem Kapitalgeber wirtschaftliche Vorteile zu geben. Die Zahlen dokumentieren jedoch in ihrer Gesamtheit eine niedrige Eigenkapitalquote für Familienunternehmen.

Folglich ist der **Verschuldungsgrad** in der betrachteten Gruppe sehr hoch und erreicht in der Einzelbetrachtung Werte über 95% der Bilanzsumme. Weiteres Fremdkapital bilden noch Rücklagen und Rückstellungen. Beachtenswert ist in diesen Fällen, dass vorrangig Kreditinstitute als Kapitalgeber auftreten. Sie stellen in Nicht - Kapitalgesellschaften bis zu 75% des Fremdkapitals. Weiterhin wird ein Großteil des Kapitalbedarfs über die Lieferantenkredite finanziert.

Diese Ergebnisse widersprechen dem eigentlichen Streben von Familienunternehmen nach Unabhängigkeit. Zwar greifen Fremdkapitalgeber nicht unbedingt in die Unternehmensführung ein, setzen aber aufgrund der finanziellen Verpflichtungen die Unternehmensinhaber unter einen erheblichen Druck, da die Zins- und Tilgungszahlungen unabhängig von der wirtschaftlichen Situation fällig werden. Dies kann dazu führen, dass Aufträge nur aus Liquiditätsgründen angenommen werden ohne Rücksicht auf die Wirtschaftlichkeit.

Das **Jahresergebnis** nach Steuern ist in der Gastronomie im Vergleich zu anderen Wirtschaftszweigen sehr niedrig und liegt für die gesamte Gastronomie unter 1,5%. Im Vergleich betrug das Ergebnis für die gesamte deutsche Wirtschaft 4% für 2007 mit den Spitzenreitern der Chemiebranche von 7,7% oder dem Maschinenbau von 13,4% Jahresergebnis von der Gesamtleistung nach Steuern. In der Analyse der Werte für die betrachtete Gruppe ist zu berücksichtigen, dass bei Personengesellschaften der Gewinn auch die Entlohnung für den Unternehmer bzw. Unternehmerfamilie beinhaltet. Die Entlohnung des Geschäftsführers wird bereits als Aufwendungen bei Kapitalgesellschaft geschafft und sind so bereits im Gewinn berücksichtigt. Somit lässt sich erwarten, dass die Ergebnisse für die Nicht - Kapitalgesellschaften nicht besser als bei Kapitalgesellschaft, wenn man diesen Unterschied mit berücksichtigt. Als Folge ist der Gedanke der Innenfinanzierung durch Gewinnthesaurierung in der Gastronomie als skeptisch zu betrachten.

Der Cash Flow beschreibt die **Finanzkraft** im Gastgewerbe[1]. Aufgrund der Analyse der Jahresergebnisse ist die Eigenfinanzierungskraft im Gastgewerbe gering. Es lässt sich aber an dieser Stelle festhalten, dass die gesetzlichen Abschreibungen durch die Umsatzerlöse zwar refinanziert werden, jedoch nicht zur Steigerung der Rentabilität beitragen. Betrachtet man jetzt noch, dass in den Jahresabschlüssen nur Abschreibungen der Vermögensgegenstände erfasst werden, die noch innerhalb der Nutzungsdauer liegen, und zieht die Vermögensgegenstände hinzu, die schon abgeschrieben sind aber weiterhin noch in der Leistungserstellung eingesetzt werden, so lässt sich vermuten, dass kein zusätzlicher finanzieller Raum durch die kalkulatorische Abschreibung geschaffen wird bzw. die kalkulatorischen Abschreibungen im Umsatz nicht vergütet werden.

Weiterhin wird durch den Cash Flow die **Kapitaldienstfähigkeit** im Gastgewerbe beschrieben als der Betrag, der für Verbindlichkeiten durch Fremdkapital zur Verfügung steht. Dieser liegt bei Nicht-Kapitalgesellschaften bei 18% der Umsatzleistung. Dieser Betrag des Umsatzes steht für den Kapitaldienst zur Verfügung. Orientiert sich nun die Tilgungsrate an den gesetzlich vorgeschrieben Abschreibungsbetrag, so ergibt sich für diese Unternehmensgruppe häufig noch nicht einmal ein Liquiditätsgewinn durch eine Investition. Diese ergibt sich nur dann, wenn die Tilgungsrate unter den Abschreibungsraten liegt.

Die Kostenstruktur des Gastgewerbes spiegelt den Dienstleistungscharakter wider. In der Gastronomie sind die **Personalkosten und Wareneinsatzkosten** der Hauptkostenfaktor. Obwohl diese Kosten grundsätzlich beschäftigungsabhängig sind, haben sie in der Gastronomie durch das UNO-ACTO-Prinzip einen Fixkostencharakter. Berücksichtigt man zusätzlich die Werte des Kapitaldienstes sowie einen durchschnittlichen Wareneinsatz von 30% und Personalkosten von weiteren 33% des Umsatzes sowie die weiteren **Energiekosten**, so lässt sich schnell erklären, warum in der Gastronomie nur wenig Raum bleibt zum Erhalt der Wettbewerbsfähigkeit. Dabei ist auffällig, dass die Zahlen dieser Kostenpunkte in Familien-

---

[1] Berechnung: Gewinn + auszahlungsunwirksame Aufwendungen (z.B. Afa) – nicht einzahlungsunwirksame Erträge = Cash Flow, siehe Abschnitt: 8.4.2.1 Kennzahlen im Controlling

unternehmen (Einzel- und Personenunternehmen) besser sind im Vergleich zu allen Rechts-
formen (Kapitalgesellschaften). Dennoch führt dies am Ende nicht zu einer besseren Rentabilität. Dieser Umstand liegt in sehr hohen übrigen Aufwendungen wie Energie, Abgaben
und Abschreibungen. Die Analyse der Bundesbank gibt hier nur wenig Aufschlüsse, obwohl
die übrigen Aufwendungen für diese Unternehmensgruppe im Vergleich zu Kapitalgesellschaften höher ausfallen. Ein Indiz ist sicherlich die mangelnde Marktmacht des Einzelnen
im Einkauf von Kapital, Energie oder Werbung.

Die Frage der mangelnden Rentabilität lässt viele Fragen offen, die auch auf die Gestaltung
des Wettbewerbs und den marktwirtschaftlichen Rahmenbedingungen zu berücksichtigen
sind.[1] Wären es nur die Familienunternehmen allein, so müsste dieser Wert in den anderen
Unternehmensgruppen deutlich besser sein. Es bleibt am Ende auch die Frage, welchen Wert
diese Dienstleitung in unserer Gesellschaft innehat.

1.5 Führung von gastronomischen Familienunternehmen

1.5.1 Spezifika der Führung von Familienunternehmen

In der Managementliteratur gehen wir davon aus, dass Organisationen eine Führung und
somit ein Management benötigen. Management selbst heißt: Führung mit System. Es bedeutet, dass Menschen durch Prozesse, Systeme und Entscheidungen führen.[2] Entscheidungen,
die andere Menschen wie ihre eigenen Entscheidungen übernehmen sollen. Mit anderen
Worten, wir möchten die Gegenwart oder die Zukunft gestalten auf die Weise, dass unsere
Entscheidungen, unsere Perspektiven auch andere Menschen annehmen. Somit streben wir
also an, dass uns andere Menschen folgen. Management wird als ein System verstanden, in
dem man Ziele setzt, diese umgesetzt werden bzw., deren Umsetzung gesteuert und deren
Ergebnisse kontrolliert werden. Aus den Abweichungen zwischen den Soll - Vorgaben und
den tatsächlichen Ergebnissen wird der Handlungsbedarf definiert.

Eine Organisation wird verstanden als einem Zusammenschluss von Menschen, die ein ge-
meinsames Ziel verfolgen. In Bezug auf das Management bedeutet dies, dass wir anhand der
gastronomischen Aufgabe die Aufgabenstellung und die Anforderungen an das Management
darlegen können.

Die Organisationsform in einem Unternehmen ist Ausdruck der Arbeitsteilung und Verteilung der Macht, die sich in der Gestaltung von Informationsflüssen und Gestaltung von Arbeitsabläufen zeigt. Dabei ist in der organisatorischen Arbeit die Definition der Aufgabe als
Aufforderung zur Tätigkeit die Ausgangsposition.

---

[1] DEHOGA: Verdienst 2002 www.dehoga.de vom 18.02.2008. Dieser Punkt wird noch weiter in den folgenden
  Kapiteln aufgegriffen.
[2] siehe z.B. Stähle: Management, S. 534 oder Jung/Bruck/Quarg: Managementlehre (2006)

In Familienunternehmen ist die **Organisation** sehr zentralisiert und streng hierarchisch ange-gliedert[1] aufgrund der Einheit von Kapital und Wunsch der Führung des Unternehmens. Diese Organisationsform stellt aber erhebliche Anforderungen an die Unternehmensführung, wie:

- Hohe Anforderungen an die Fachkompetenz des Unternehmers
- Hoher Kontrollaufwand
- Hohes Konfliktpotenzial im Unternehmen.

Entscheidungen sind Ergebnis eines Problemlösungsprozesses oder eines Strategieprozesses. Dies bedeutet, dass sie Ergebnis eines rationalen Vorgangs sind. Entscheidungen sind aber auch das Ergebnis eines Willensbildungsprozesses und somit unterliegen sie auch politischen Strukturen, wie Macht und Einfluss. Die Kernfrage ist hier, wer hat die Position im Unter-nehmen, seinen Willen durchzusetzen. Die notwendige Macht zur Durchsetzung kann ent-weder durch Wissen, durch Autorität oder durch organisatorische Macht erteilt werden. In Familienbetrieben kommt noch die Macht der Familienzugehörigkeit hinzu. Besonders Ent-scheidungsprozesse spiegeln somit Beziehungs- und Kommunikationsstrukturen wieder.[2]

Der **Führungsstil** in gastronomischen Familienunternehmen ist grundsätzlich durch den Inhaber geprägt und zeigt sich von einem beratenden bis hin zum einen autoritären Füh-rungsstil.[3] Dabei ist dieser Führungsstil nicht grundsätzlich generationsabhängig zu sehen, da besonders im diesen Bereich die Vorgeneration durchaus eine Ausbilderrolle übernimmt.

Somit ergeben sich im **Entscheidungsprozess** zusätzliche Spezifika. Familienunternehmen gehen grundsätzlich von einem Sich -Verstehen aus. Folglich werden in der Entscheidungs-findung verschiedene Themenkomplexe gar nicht angesprochen[4]. Die angenommene Kon-sensfiktion und Kommunikationsverknappung beeinflusst aber die Qualität der Entscheidung aufgrund der fehlenden Abstimmung der verschiedenen Dimensionen und die konsequente Umsetzung der getroffenen Entscheidung.

In der **Entscheidungsfindung** ist zudem die Trennung der Mitglieder vorzufinden zwischen Familienmitgliedern und Nicht – Familienmitgliedern. Die zweite Gruppe ist sehr häufig aus diesem Prozess unzureichend integriert und so wird unter Umständen auf wichtige Informa-tionen in der Entscheidungsfindung verzichtet.

Weiterhin werden bei Änderungen der Familienstrukturen (Eintritt der Nachfolgegeneration, Heirat oder Scheidung) Beziehungs- und Entscheidungsstrukturen geändert. Diese Änderun-gen wirken sich auf die **Kommunikationsstrukturen** aus. Sie verbergen eine Reihe von Kon-flikten, ohne dabei die sachliche Qualität der Entscheidung und deren Umsetzung zu steigern.

Aufgrund der Definition von Familienunternehmen ist Führung im Kontext der Dimension Familie, Eigentum, Unternehmen und Führung zu verstehen, wie die folgende Abbildung zeigt.[5]

---

[1] siehe hier auch vertiefend Kapitel 4

[2] Meyer: Unternehmerfamilie, S. 53f

[3] ebenda, S. 29

[4] ebenda, S. 22ff

[5] Haack: Familienunternehmen, S. 5ff; Weismann/Schultheiss: Familienunternehmen, S. 72

Abbildung 8: Dimensionen der Führung von Familienunternehmen

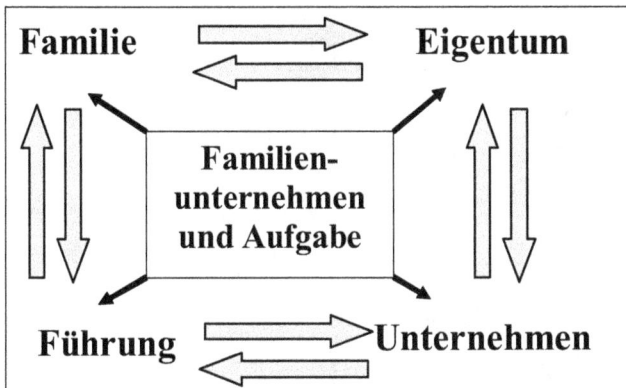

Diese Dimensionen ergeben sich im Vergleich zwischen Familienunternehmen und Nicht – Familienunternehmen. Aus den Dimensionen selbst ergeben sich eine **Reihe von Spannungsverhältnissen**, die in der Führung zusätzlich zu berücksichtigen sind.

Diese Dimensionen zur Führung von Familienunternehmen sind bei der Erledigung der Unternehmensaufgabe mit zu integrieren. Im Hinblick auf das Sachziel des Familienunternehmens gibt es keine Abweichung von den Anforderungen an ein Nicht-Familienunternehmen.

Das geforderte Erfolgs- und Risikomanagement für Familienunternehmen ergibt **8 Dimensionen der Unternehmenssteuerung,** wie in der Abbildung 9 aufgeführt. Jede Dimension wurde ergänzt durch entsprechende Managementinhalte.

Tabelle 4: Spannungsverhältnisse in der Führung von Familienunternehmen

Spannungsverhältnis	Mögliche Konfliktfelder
Familie/Eigentum	• Sicherheit • Wachstum • Risikobereitschaft • Weitergabe von Eigentum
Familie/Führung	• Generationswechsel • Verhältnis Arbeit – Familie • Interessen des Unternehmensführers • Stellung in der Familie
Unternehmen/Eigentum	• Renditeforderung • Kontrollfunktionen • Liquiditätsforderung • Balance zwischen Unternehmen und eigenen Interessen
Führung/Unternehmen	• Qualität der Entscheidungen • Mitarbeitermotivation • Zielplanungen • Prozesssteuerung • Qualität

Abbildung 9: Dimensionen der Unternehmenssteuerung

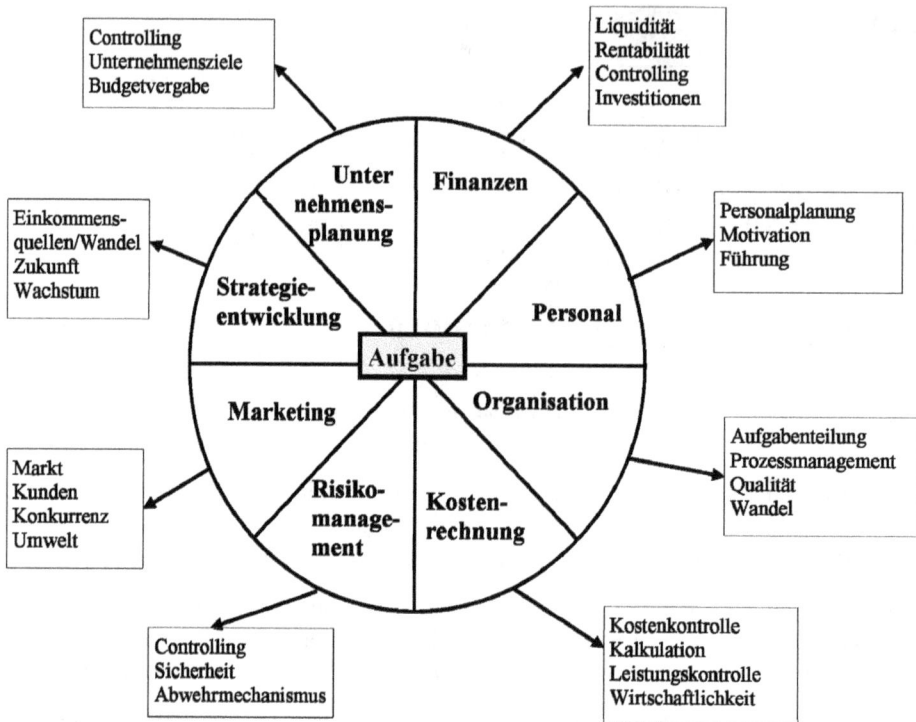

```
┌─────────────────┐                              ┌─────────────────┐
│ Controlling     │                              │ Liquidität      │
│ Unternehmensziele│                             │ Rentabilität    │
│ Budgetvergabe   │                              │ Controlling     │
└─────────────────┘                              │ Investitionen   │
                                                 └─────────────────┘

                        Unter    Finanzen
                        nehmens-
┌─────────────────┐     planung                  ┌─────────────────┐
│ Einkommens-     │                               │ Personalplanung │
│ quellen/Wandel  │   Strategie-                  │ Motivation      │
│ Zukunft         │   entwicklung                 │ Führung         │
│ Wachstum        │          Aufgabe    Personal  └─────────────────┘
└─────────────────┘

                    Marketing        Organisation
                                                 ┌─────────────────┐
┌─────────────────┐                              │ Aufgabenteilung │
│ Markt           │                              │ Prozessmanagement│
│ Kunden          │      Risiko-    Kosten-      │ Qualität        │
│ Konkurrenz      │      manage-    rechnung     │ Wandel          │
│ Umwelt          │      ment                    └─────────────────┘
└─────────────────┘

                                                 ┌─────────────────┐
     ┌─────────────────┐                         │ Kostenkontrolle │
     │ Controlling     │                         │ Kalkulation     │
     │ Sicherheit      │                         │ Leistungskontrolle│
     │ Abwehrmechanismus│                        │ Wirtschaftlichkeit│
     └─────────────────┘                         └─────────────────┘
```

Quelle: Hilse/Wimmer, Familienunternehmen, S. 93 mit eigenen Änderungen

Berücksichtigt man die schwierige wirtschaftliche Situation im Gastgewerbe, so erkennt man schnell den entstehenden Entwicklungsbedarf und die Notwendigkeit eines systematischen Managementprozess für gastronomische Familienunternehmen. In der Gesamtbetrachtung der Anforderungen an das Familienmanagement zwischen der Aufgabe der Anforderungen an das Familienmanagement und den Dimensionen der Unternehmenssteuerung ist die gesamte Komplexität der Führung von Familienunternehmen zu erfassen.

1.5.2   Wahl der Rechtsformen

Die Rechtsform eines Unternehmens entscheidet über folgende Aspekte:

- Haftung des Unternehmers
- Möglichkeiten der externen Finanzierung
- Anforderungen an das Rechnungswesen und Besteuerung
- Formale Anforderungen an die Gründung und Übergabe des Unternehmens
- Kontrollfunktion im Unternehmen

In der Gastronomie und besonders bei gastronomischen Familienbetrieben wird heute noch als die häufigste Form das Einzelunternehmen gewählt.[1] Die Gründe für diese Entscheidung sind in den niedrigen Gründungskosten zu sehen und darin, dass die Kapitalgeber zur Kreditsicherheit das Privatvermögen mit einbeziehen. Die Wahl dieser Rechtsform wurde besonders für Familienbetriebe stark beeinflusst von der Erwartung der Krisensicherheit und der eigenen unternehmerischen Idee sowie von der Schwierigkeit der externen Finanzierung, wenn die Haftung durch das Privatvermögen ausgeschlossen ist.

Die Wahl der Rechtsform **Personengesellschaft** bedeutet jedoch im Extremfall den Verlust von privatem und geschäftlichem Vermögen. Dabei wird das Vermögen nicht nur durch betriebswirtschaftliche Fehlentscheidungen allein bedroht, sondern genauso stark durch Haftungsansprüche im Reiserecht, Produkthaftungsgesetz und Lebensmittelrecht. Unter Berücksichtigung von konzessionsrechtlichen Anforderungen von gastronomischen Unternehmen ist eine Trennung zwischen privaten und geschäftlichen Vermögen zu empfehlen, um so das Privatvermögen zu schützen.

Besonders die jüngsten Entwicklungen im GmbH-Recht erlauben auch die Gründung einer juristischen Person mit geringen Anforderungen an ein Stammkapital. Im Gegensatz zur GmbH wird z. B. bei einer Limited Company oder bei der Ein-Euro-GmbH fast kein Stammkapital verlangt. Die Gründungskosten beschränken sich auf die Gestaltung eines Gesellschaftsvertrages und Eintrag in das Handelsregister, Ausgaben, die eine wichtige Investition für den Erhalt des Privatvermögens sein können. Der Mehraufwand zur Erfüllung der erhöhten Publikationspflichten, die eine Kapitalgesellschaft zu erfüllen hat, lassen sich durch die Vorteile der Haftungsbeschränkung rechtfertigen.

Bisherige Entwicklungen zeigen noch eine geringe Tendenz zur Gründung einer Kapitalgesellschaft. Die Gastronomie entspricht hier immer noch sehr stark den Wünschen der Finanzgeber, die ihre Forderungen mit Privatvermögen absichern möchten. Jedoch gerade aus der Perspektive eines Familienunternehmens und in Hinblick auf die Risiken eines Gastronomiebetriebes wird man sich über eine Trennung zwischen dem Unternehmens- und Privatvermögen auseinandersetzen müssen. In anderen Wirtschaftsbereichen ist zu beobachten, dass diese Trennung stärker vollzogen wird, eine Entwicklung, die durch das Gesellschaftsrecht unterstützt wird. So kann das notwendige Gründungskapital jetzt in der Gründungsphase angespart werden, ohne dass dabei auf die Vorteile einer Kapitalgesellschaft verzichtet werden muss.

Das Erbschaftssteuergesetz erlaubt auch weiterhin gute Möglichkeiten[2], das Vormögen im Unternehmen zu halten und vor staatlichem Zugriff zu schützen. Weiterhin ist im Insolvenzfall ein leichterer Neustart möglich.[3]

---

[1] vgl. hier die Ergebnisse in Abschnitt 1.4.3; Klein: Familienunternehmen (2010), S. 113ff

[2] Das Erbschaftssteuergesetz in 2008 sieht vor, dass eine Übertragung von Vermögen steuerfrei auf die nächste Generation besser möglich ist besonders dann, wenn das Kapital im Unternehmen bleibt. Für erbberechtigte Familienmitglieder, die aber nicht im Unternehmen mitarbeiten, sollten Vereinbarungen getroffen werden, so dass das Kapital zunächst im Unternehmen bleibt bzw. eine Auszahlung nicht die Existenz des Unternehmens gefährdet.

[3] siehe Kapitel 9

1.5.3   Rolle und Anforderungen des Unternehmensinhabers

Die Organisationsform und die gewählte Arbeitsteilung beschreiben die Anforderungen an die Unternehmensführung eines Unternehmens. In einer Linienorganisation, der klassischen Organisationsform eines familiengeführten gastronomischen Betriebes, finden wir auch die **Anhäufung von Anforderungen.**[1] So sollte die Unternehmensführung mindestens Kenntnisse besitzen in:

- Personalführung, Entlohnung und Arbeitsrecht
- Hygiene Vorschriften sowie baurechtlichen Fragen
- Organisation von Serviceprozessen
- Entwicklung und Vermarktung von Serviceprodukten
- Rechnungswesen und Controlling einschl. Kalkulation
- Marketing
- Wirtschaftsrecht
- Strategieentwicklung und deren Umsetzung
- Versicherungsrecht
- Einkauf
- Veranstaltungsmanagement
- Tourismusentwicklung
- Menü- und Serviceproduktentwicklung

Somit kann man erkennen, dass das **Anforderungsprofil an die Unternehmensführung** vielschichtig ist. Vielmehr noch lässt sich feststellen, dass Stärken und Schwächen des Unternehmers zugleich Stärken und Schwächen des Unternehmens werden. Weiterhin sollte ein Unternehmer noch weitere folgende Kompetenzen besitzen:

- gute Fähigkeiten in der Organisationsarbeit
- Improvisationsfähigkeiten
- Krisenfähigkeit und Management von Konfliktsituationen
- Motivator

Sicherlich wird eine Vielzahl der Anforderungen nicht unbedingt exklusiv an einen Unternehmensführer der Gastronomie gestellt. Wie es typisch ist für den Mittelstand, wird jedoch für den Unternehmer eine höhere Verantwortung verlangt, und es gibt wenig Raum für die Reflexion von Entscheidungen. Weiterhin ist der Entscheidungsdruck, dem gastronomischen Unternehmer ausgesetzt sind, immens hoch, schon alleine aufgrund des Charakters der gastronomischen Leistung.

---

[1] Meyer: Familienunternehmen, S. 172ff; Klein: Familienunternehmen, S. 235ff, siehe auch Jung/Bruc/Quarg: Managementlehre, S. 64. Hier wird besonders das Rollenspektrum eines Managers nach Mintzberg dargestellt als Basis der Aufgabendefinition einer Führungsperson.

Aus diesem Grunde sollte die Ausbildung eines künftigen Unternehmers in der Gastronomie auf die Vermittlung von Soft Skills eingehen und folgende Ziele beinhalten:

- Aufbau und Stärkung des Wunsches der Führung
- Selbstsicherheit
- Überzeugungskraft
- Fachwissen: technischer und kaufmännischer Art
- Vermittlung relevanter Marktkenntnisse
- Selbstmanagement und zielorientierte Arbeitsweise.

Ein weiterer Problembereich ist in der **Ausbildung der Unternehmer** zu finden. Allseits bekannt ist zwar, dass Köche und Restaurantkräfte Probleme in der Unternehmensführung haben. Das Phänomen, das Existenzgründer ein Unternehmen gründen, aufgrund ihrer guten Service- oder Kochkünste und dabei Funktionen wie Kostenkontrolle und Kalkulationen übersehen, ist bekannt. Aus diesem Grunde wurden in einer Reihe von Seminaren die o.a. Aspekte in der Ausbildung mit aufgenommen. Jedoch auch ausgebildete Betriebswirte scheitern in der Gastronomie. Wie die Insolvenzforschung[1] derzeit feststellt, liegen die Ursachen neben den klassischen Insolvenzgründen wie z.B. Marktentwicklungen, Finanzierungsfehler liegen die Ursachen auch in folgenden Bereichen:

- fehlende Fähigkeiten der Umsetzung des erlernten Wissens in die betriebliche Praxis
- zu langes Festhalten an Konzepten, Ideen und Träumen, die nicht mehr vom Markt angenommen werden bzw. fehlende Kompetenzen oder Handlungsräume Wandel im Unternehmen durchzuführen
- richtiges Management von Krisensituationen

Die Frage z. B. wie führe ich in meinem Unternehmen eine Deckungsbeitragsrechnung aus? Wie errechne ich anhand der BWA eines Steuerberaters meine Kosten für den Betriebsvergleich? Wie übertrage ich meine Kosten auf die Kostenträger? In den theoretischen Übungen wurde es häufig verstanden, jedoch im Transfer in die eigene betriebliche Praxis bereitet dieses große Schwierigkeiten. Auch gut ausgebildeten Betriebsinhabern mit vorherigen praktischen Erfahrungen in Großbetrieben fällt dieser Transfer schwer.

1.5.4   Generationskonflikte

Generationskonflikte werden typischerweise mit Familienunternehmen verbunden. Bei Kapitalgesellschaften, die von mehreren Investoren gegründet werden und die Geschäftsführung durch einen externen Geschäftsführer im Angestelltenverhältnis ausgeübt wird, werden diese Konflikte aufgrund einer unterstellen Generationsneutralität nicht erwartet. In diesen Fällen wird das Innehaben von Führungspositionen als Ausdruck der Leistungsfähigkeit gesehen und kann auch kurzfristig geändert werden. Diese Möglichkeit ist in Familienunternehmen nicht gegeben.

---

[1] vgl. hierzu Kapitel 9 und die dort angegebene Literatur

Generationskonflikte werden somit mit Familienunternehmen verbunden, da der Übergang zwischen den Generationen unabhängig von der Altersgrenze stattfindet und als Ausdruck des Vertrauens gegenüber der nächsten Generation verstanden wird.[1] Für die abgebende Generation bedeutet der Übergang vorrangig die Abgabe der Verantwortung, aber nicht die Aufgabe der eigenen Mitarbeit.

Generationskonflikte sind Ausdruck von **Entscheidungskonflikten** zwischen den Generationen über die künftige Richtung eines Unternehmens.[2] Sie ergeben sich aus der unterschiedlichen Bewertung von künftigen Marktchancen und Einsatz von neuen Techniken, wie z.B. der IT-Technik, Einführung von Planungs- und Kontrollsystemen oder der Einsatz von Convenience - Produkten. Die Ursachen von Generationskonflikten lassen sich nachvollziehen, wenn man die unterschiedlichen persönlichen Perspektiven sieht:

- die ältere Generation möchte das Vermögen und ihr Lebenswerk erhalten.
- die jüngere Generation sucht nach Einkommensquellen, die ihr Erwerbsleben bestimmen und tragen.

Auf der anderen Seite erscheint es, dass wir von Familienunternehmen sehr viel lernen können, da das Generationsproblem selbst unsere Gesellschaft beschäftigt und auch immer stärker in Investor geführten Unternehmen Einzug hält. Aufgrund des demografischen Wandels in unserer Gesellschaft, der drohenden Altersarmut sowie der Implikationen einer Wissensgesellschaft, müssen wir ein Leben lang lernen und arbeiten. Schon heute wird darüber diskutiert, Erwerbsbiografien zu entwickeln, die zeigen, welche Tätigkeiten wir in jüngeren Jahren ausüben sollten leisten können und welche Arbeit wir im Alter leisten können. Die gegenseitige Abhängigkeit zwischen den Generationen wird immer deutlicher, da durch das Ausscheiden der älteren Generation ein erheblicher Verlust von Wissen und Erfahrung entsteht. Neben der Ausbildung der Nachfolgegeneration sind für ein Unternehmen Konzepte des organisatorischen Lernens von großer Bedeutung, sodass im Unternehmen Wissen weitergeben und erhalten bleibt.[3]

Der Wunsch nach dem Erhalt des Erreichten und der Wunsch, auf eigene Akzente sowie auf Marktänderungen zu reagieren, spiegeln das Spannungsverhältnis unter Generationen wieder. Dabei wird ein Konflikt verstanden als ein Zustand, in dem beide Seiten gleiche Ziele auf verschiedenen Wegen erreichen wollen und sich dabei gegenseitig behindern können.[4] Für eine erfolgreiche Unternehmensführung benötigen wir jedoch das Wissen und Motivation von beiden Generationen. In der betrieblichen Wirklichkeit entwickelt die **Konsensbil-**

---

[1] Generationskonflikte innerhalb der Unternehmerfamilie wird mit Familienunternehmen verbunden und somit in verschiedenen Quellen thematisiert. Vgl. z.B. Meyer: Unternehmerfamilie, S. 103, Picot: Handbuch Familienunternehmen: S. 211ff, Nordquist: Familienunternehmen. S. 63, Peters: Succession, S. 12ff, Hack, Familienunternehmen S. 6, May: Strategie, S. 113 ff

[2] Klein: Familienunternehmen (2010), S. 85ff

[3] Argyris und Schön haben den Begriff des organisionales Lernen 1957 geprägt, indem sie eine Organisation personifiziert und dann der Organisation eine Lernfähigkeit bescheinigt haben. Somit bekommt Wissen eine zentrale Bedeutung in Organisationen, und gerade in Familienunternehmen kommt dem Wissen eine besondere Form zu. In der Gastronomie sind auch Familienrezepte und besondere Serviceprozesse Ausdruck organisatorischen Lernens. siehe Argyris/Schön: Organisionales Lernen (1999)

[4] Weibler: Personalführung, S. 279ff

dung im Entscheidungsprozess durch politische Faktoren wie Macht und Einfluss. In der Regel werden hier verschiedene Konfliktsituationen hervorrufen und viel Energie im Unternehmen verschwendet.

Die **Lösung** eines solchen Konfliktes ist in der gemeinsamen Unternehmensplanung und in der Organisation des Unternehmens zu finden.[1] Klare und gemeinsam formulierte Unternehmensziele schaffen eine Orientierung in den Diskussionen und in der Bewertung von Lösungsansätzen. Durch ein Planungs- und Kontrollsystem ist es möglich, eine Rationalität in der Entscheidungsbildung zu erreichen.[2] Besonders wichtig ist im Falle der Strategiebildung, dass beide Seiten die Nachhaltigkeit der gewählten Erwerbsquellen bestimmen und sie somit einer gemeinsamen Verantwortung zu unterstellen. Die gewählte Strategie setzt dann auch den notwendigen Entscheidungsrahmen, die aufgrund des bindenden Charakters nicht wieder von den einzelnen Familienmitgliedern ständig infrage gestellt werden darf.

Weiterhin erlaubt eine klare Organisation auch eine Aufgabenteilung innerhalb des Unternehmens, die auch entsprechend der Leistungsfähigkeit der Familienmitglieder gegliedert sein kann. Eine solche Aufgabenteilung erlaubt den Unternehmern für jeden autonomen Teilbereich klare Teilziele zu vereinbaren, die dann jedes Familienmitglied eigenverantwortlich umsetzen kann.[3] In der Abweichungsanalyse kann dann der Transfer von Erfahrung und Neuem erfolgen, weil so der notwendige Handlungsbedarf definiert wird und ein gezielter Wissenstransfer möglich wird.

Eine klare Unternehmensorganisation erlaubt weiterhin eine Stellenbeschreibung und eine Bewertung der Stelle für die jeweilige Entlohnung. Eine als gerecht empfundene Entlohnung der jeweiligen Arbeitskraft von Familienmitgliedern ist entscheidend für die Vermeidung von Generationskonflikten.

Besonders in kleineren Organisationen wird häufig ein sog. Altenteil angesetzt, die sich auf die geschaffenen Vermögenswerte beziehen und die mögliche Ertragskraft in der Zukunft ungeachtet lassen. Diese sog. Altenteilszahlungen bilden wiederum für die ausscheiden Unternehmer einen Teil seines Einkommens im Alter. Hier entstehen Konflikte, wenn diese Zahlungen zulasten eines möglichen Einkommens des Inhaber-Unternehmers gehen. Somit ist es ratsam, eine prozentuale Beteiligung am Ertrag festzulegen und nicht einen Festbetrag allein zu bestimmen. So ist das Einkommen für beide Seiten definiert und reduziert das Konfliktpotenzial.

Entlohnung ist ein Kernproblem in der Führung eines Familienunternehmen und eine Konfliktvermeidung ist nur praktikabel bei entsprechender **Transparenz** durch ein Rechnungswesen und eine Trennung von Familien- und Unternehmensvermögen. Dies kann erreicht werden durch eine juristische Regelung, die auch verschiedene Modelle der sozialen Absicherung vorsieht mit entsprechenden steuerlichen Vergünstigungen.

---

[1] Peters: Succession, S. 12f
[2] siehe Kapitel 8: Controlling, AHGZ: Der Nächste bitte vom 09.08.2008
[3] Meyer: Unternehmerfamilie, S. 43f

Generationskonflikte können nur durch Transparenz und klar definierte Prozesse in der Entscheidungsfindung gelöst werden, sowie eines Risikoschutzes zum Erhalt eines Einkommens jedes mitarbeitenden Familienmitgliedes. In der Willensbildung ist aber eine spezielle Schwierigkeit in Familienunternehmen zu sehen, da die Fähigkeiten, Werte und Normen des Der Wellnessgedanke (Wellness = Ausdruck für Wohlbefinden und Gesundheit) bestimmt heute die Erwartungshaltung und somit die Wahl des Hotels. Teilweise bestimmen diese Angebote die Wahl des Hotels unabhängig vom eigentlichen touristischen Standort. Somit wird die reine Beherbergungsaufgabe durch den Anspruch auf Regeneration und persönliches Wohlbefinden ergänzt. Die Wellnesseinrichtungen wie z.B. Schwimmbad und Fitnessstudio spielen hier eine entscheidende Rolle. Dabei ist es besonders auch für kleine Hotels von Bedeutung, hier Kooperationen zu schaffen und auch natürliche Wellnessangebote (wie Möglichkeit der Natur, Wanderwegen etc.) mit in ihr Angebot aufzunehmen.

1.6   Zusammenfassung und Schlussgedanke

Dieses Kapital hatte zum Inhalt, die Komplexität der Unternehmensführung von gastronomischen Familienunternehmen darzustellen. Der Spruch im Volksmund: „Wer nichts wird, wird Wirt...." hat hier keine Berechtigung gefunden. Aufgrund des Dienstleistungscharakters und der Ziele eines Familienunternehmens hat ein Unternehmensführer sogar zusätzliche Prozesse zu steuern, die in Nicht – Familienunternehmen keineswegs vorzufinden sind. Dies ist vorrangig in der Eigentümerschaft von Familienunternehmen zu sehen. Die Problematik in der Führung von gastronomischen Familienunternehmen erhöht sich stark aufgrund der schwierigen wirtschaftlichen Situation im Gastgewerbe. Dies bedeutet besonders für die Unternehmensführung die Steuerung eines strukturierten Management- und Entscheidungsprozess. Aus diesem Grunde soll in den folgenden Kapiteln jede Dimension der Unternehmensführung einzeln betrachtet werden.

Im Geschäftsleben ist der Rückspiegel
immer klarer als die Frontscheibe.
Warren Buffet

Kapitel 2: Strategisches Management in gastronomischen Familienbetrieben

2.1 Einführung und Einleitung

Der unternehmerische Erfolg in der Marktwirtschaft bzw. in der Sozialen Marktwirtschaft wird bestimmt im freien Wettbewerb durch den Austausch von Angebot und Nachfrage auf dem Markt. Der Markt hat dabei die Funktion der Preisbildung sowie die Aufgabe des Austausches von Informationen zu Bestimmung des Verhaltens der Unternehmen als Anbieter und der Konsumenten als Nachfragenden. Neben dem Austausch von Informationen bestimmt sich das Konsumentenverhalten durch deren Bedürfnisstruktur und dem Einkommen; das Angebotsverhalten der Unternehmen durch die Kostenstruktur, der Wettbewerbssituation, der Verfügbarkeit von Produktionsfaktoren und die erfassten Chancen auf dem Markt. Das Angebotsverhalten eines individuellen Unternehmens drückt sich in der gewählten Unternehmensstrategie aus. Nach unserem Verständnis eines Marktes sollen u.a. die Unternehmen erfolgreich sein,[1] die

- die beste Faktorallokation bieten,
- die Bedürfnisse auf dem Markt erkennen,
- eine Innovationskraft besitzen,
- ihre Wettbewerbsvorteile nutzen,
- ihre Ressourcen und Chancen in einer Strategie vereinen,
- Konsequenz in der Umsetzung einer Strategie vorweisen.
- die Fähigkeit besitzen, schnell auf einen Wandel im Markt zu reagieren.

Der gastronomische Markt ist grundsätzlich ein **polypolistischer Markt**. Dies bedeutet, dass der Einzelne keine Marktmacht besitzt, den Marktpreis oder die Angebotsstruktur zu bestimmen. Das einzelne Unternehmen hat nur die Möglichkeit, auf die Nachfrage und Markttrends durch die Leistungsmenge zu reagieren. Der gastronomische Markt ist ein unvollkommener Markt und erlaubt dem Unternehmen, aufgrund von Präferenzbildung und Ausbau

---

[1] siehe z. B. Porter: Wettbewerbsvorteile (1989), Hinterhuber, Strategische Unternehmensführung (1998), Meffert: Marketing (2009), Gälweiler: Strategische Unternehmensführung (1990)

bzw. Nutzung von Wettbewerbsvorteilen, eine Strategie zur Sicherung seiner unternehmerischen Ziele zu entwickeln. Strategien geben die Stoßrichtung von geschäftlichen Aktivitäten
vor. Sie zeigen den Mitarbeitern und der Unternehmensleitung an, welche Erwerbsquellen in
der Zukunft das Unternehmen tragen sollen.

Inhalt dieses Kapitels ist der **Prozess der Strategiebildung** in gastronomischen Familienunternehmen unter besonderer Berücksichtigung der Marktstrukturen. Somit werden in diesem Kapitel Modelle und Techniken zur Strategiebildung vorgestellt und in einen gastronomischen Kontext gestellt. Ziel und Inhalt dieses Kapitels soll es sein, den strategischen
Managementprozess auf die Individualgastronomie zu übertragen. Ohne dabei den Anspruch
auf Vollständigkeit zu erheben, werden die Aussagen durch eigene Beobachtungen des Autors ergänzt mit dem Ziel, dem Leser die Möglichkeit zu geben, die Problematik der Strategiebildung im Gastronomiemarkt besser zu verstehen.

2.2   Strategiebildung in Familienunternehmen im Modell

2.2.1   Grundgedanken des Strategischen Managements

Strategie kommt aus dem Griechischen und heißt hier „Stratos", was so viel bedeutet wie der
Weg. Strategiebildung im Unternehmen ist ein Entscheidungsprozess darüber, wie das Unternehmen in der Zukunft seine Unternehmensziele erreichen will.[1]

Die **Aufgaben des Strategischen Managements** skizzieren das Spannungsfeld zwischen
den Anforderungen und Chancen des Marktes und den Möglichkeiten des Unternehmens. Es
ist die Aufgabe **des Ausgleichs zwischen den Unternehmen und der Umwelt** und gleichzeitig das Unternehmen ständig auf neue Erfolgspotenziale hin auszurichten. Dabei gilt es,
das unternehmerische Risiko durch eine systematische und analytische Denkweise zu minimieren, indem man die eigenen Wettbewerbsvorteile definiert und ausbaut. Die Definition
einer Strategie symbolisiert dabei die Werte und Normen innerhalb eines Unternehmens, die
Kultur, das Wissen, die Stärken und Schwächen sowie Chancen und Risiken des Unternehmens. Das Ergebnis dieses analytischen Prozesses bestimmt die Kommunikation mit dem
Markt, die Allokation von Ressourcen sowie den notwendigen Wandel im Unternehmen als
Reaktion auf geänderte Marktsituationen.

Kerngedanke im strategischen Management ist es, die **Erfolgspotenziale** eines Unternehmens neu auf die veränderten Marktbedingungen auszurichten, um Existenz und Einkommen
langfristig zu sichern. Es ist z.B. die Frage nach der Positionierung bestehender Produkte,
nach Innovationen von neuen Produkten, Integration von neuen Technologien und Änderung
der Leistungserstellungsprozesse im Unternehmen unter Berücksichtigung der eigenen öko-

---

[1] zur Definition des Strategiebegriffs siehe auch Jung/Bruck/Quarg: Managementlehre, S. 274f

nomischen und ökologischen Ziele. Der Gedankengang im Strategischen Managementprozess versteht sich vom Grundsatz her als eine Gap-Analyse. Das heißt, man versucht die Fragen wie in der Tabelle 1 dargestellt zu beantworten.

Tabelle 5: Fragen im Strategischen Managementprozess

Frage	Inhalt der Frage
Wo stehen wir heute?	Strategische Analyse: Markt- und Unternehmensanalyse
Wo wollen wir in 5 bzw. 10 Jahren stehen?	Zukunftsanalyse, Identifikation künftiger Erwerbsquellen, Unternehmensvisionen
Wie kommen wir dahin?	Strategieentwicklung: Sicherung der zukünftigen Erwerbsquellen unter Berücksichtigung der Ressourcen, Management des Wandels
Wie setzten wir die Strategie um?	Operationalisierung der Strategie, Auswahl von strategischen Geschäftsfeldern, Übertragung der Strategie auf neue oder bestehende Geschäftsfelder.
Wie wollen wir den Erfolg unserer Strategie messen?	Messung des Erfolges anhand ausgewählter Kennzahlen.
Was kann uns auf dem Weg passieren?	Risikoanalyse und Einleitung von präventiven Maßnahmen.

2.2.2 Der Strategische Managementprozess in gastronomischen Familienunternehmen

In gastronomischen Familienunternehmen wird das strategische Denken durch eine Unternehmensnachfolge und durch vorgegebene Standortfaktoren beeinflusst. Aufgrund der raschen Veränderung von Produkt-Lebenszyklen, den Folgen der Globalisierung und deren Einflüsse auf unsere Lebensgewohnheiten, dem demografischen Wandel sowie des steigenden Anteils von Migranten in der Gesamtbevölkerung haben sich die Herausforderungen an die Unternehmensführung in der Gastronomie stark verändert. Das gastronomische Familienunternehmen ist wie jedes andere Unternehmen gefordert, sich ständig neu auf dem Markt zu positionieren. Infolgedessen ist es für Familienunternehmen schon lange unzureichend, in Generationszyklen zu denken, sondern es ist notwendig, die Erwerbsquellen in kürzeren Zeiträumen zu reflektieren.

In Abbildung 10 wird der **Strategische Managementprozess** schematisch dargestellt.[1] Auch wenn das Ziel des Strategischen Managementprozesses die Identifikation von künftigen

---

[1] siehe z.B.: Kotler/Meffert: Marketing-Management, S. 425ff, Hahn: Strategisches Management, S. 110ff, Steinmann: Management, S. 151 ff, Korf: Strategieentwicklung, S. 7ff; Hentschel: Hotelmanagement, S. 138f; Pfohl: Betriebswirtschaftslehre, S. 91ff

Erwerbsquellen ist, beginnt der Entscheidungsprozess in der Strategiebildung bei den vorhandenen Ressourcen. Beim Versuch, dieses Prozessmodell auf gastronomische Familienunternehmen zu übertragen,[1] bekommen folgende Faktoren eine besondere Bedeutung:

1. Standortfaktoren: Aufgrund der Produkteigenschaften der Gastronomie ist die Leistung standortgebunden.
2. Familiensituation: Der prägende Einfluss der Unternehmerfamilie durch die gelebte Kultur in der Familie sowie die ökonomischen Ziele der Familie.
3. Unternehmensziele: Die Unternehmensziele decken sich häufig mit den ökonomischen Zielen der Familie und dem Wunsch nach dem Fortbestand und dem Ausbau des Unternehmens.

Familiensituation, Unternehmensziele, Standort und regionale Rahmenbedingungen sind für die Strategieentwicklung Ausgangspunkte von gastronomischen Familienbetrieben und haben einen normativen Charakter. Die Standortgebundenheit erlaubt nur sehr bedingt eine Übertragung von erfolgreichen Strategien aus anderen Bereichen/Unternehmen auf das eigene Unternehmen. Die Unternehmerfamilie selbst beeinflusst in einem großen Maße die Unternehmensziele. Dieser Einfluss ist nicht allein von ökonomischen Größen bestimmt sind sondern auch durch persönliche Charaktereigenschaften wie z. B. Erhalt von Familientraditionen oder Risikobereitschaft.[2] Auf der Grundlage dieser Faktoren beginnt die strategische Analyse in den folgenden Bereichen:

- Umweltanalyse: Faktoren zur Analyse des wirtschaftlichen Umfeldes des Unternehmens. Hierzu zählen die Markt- und Produktanalyse sowie Konkurrenz- bzw. Wettbewerbsanalyse.

- Unternehmensanalyse: Definition eines Stärken – Schwächen - Profils des Unternehmens.

- Vision/Leitbilder/   Ein kreativer Prozess der Zukunftsbilder, die die Familien-
  Zukunftsanalyse: und Unternehmenskultur sowie künftige Erwartungshaltungen mit einbindet. In diesem Punkt wird aber auch der Grundstein der Definition eines nachhaltigen Erfolges durch Schaffung einer sozialen Verbindlichkeit zwischen Unternehmenszielen und Mitarbeitern/Familienangehörige gelegt.

---

[1] vgl. May: Strategie, S. 120f; Jung/Bruck/Quarg: Managementlehre, S. 279f
[2] vgl. Schneider: Erfolgsfaktoren, S. 38, Schlembach: Familienunternehmen, S. 22ff

Abbildung 10: Der Strategische Managementprozess

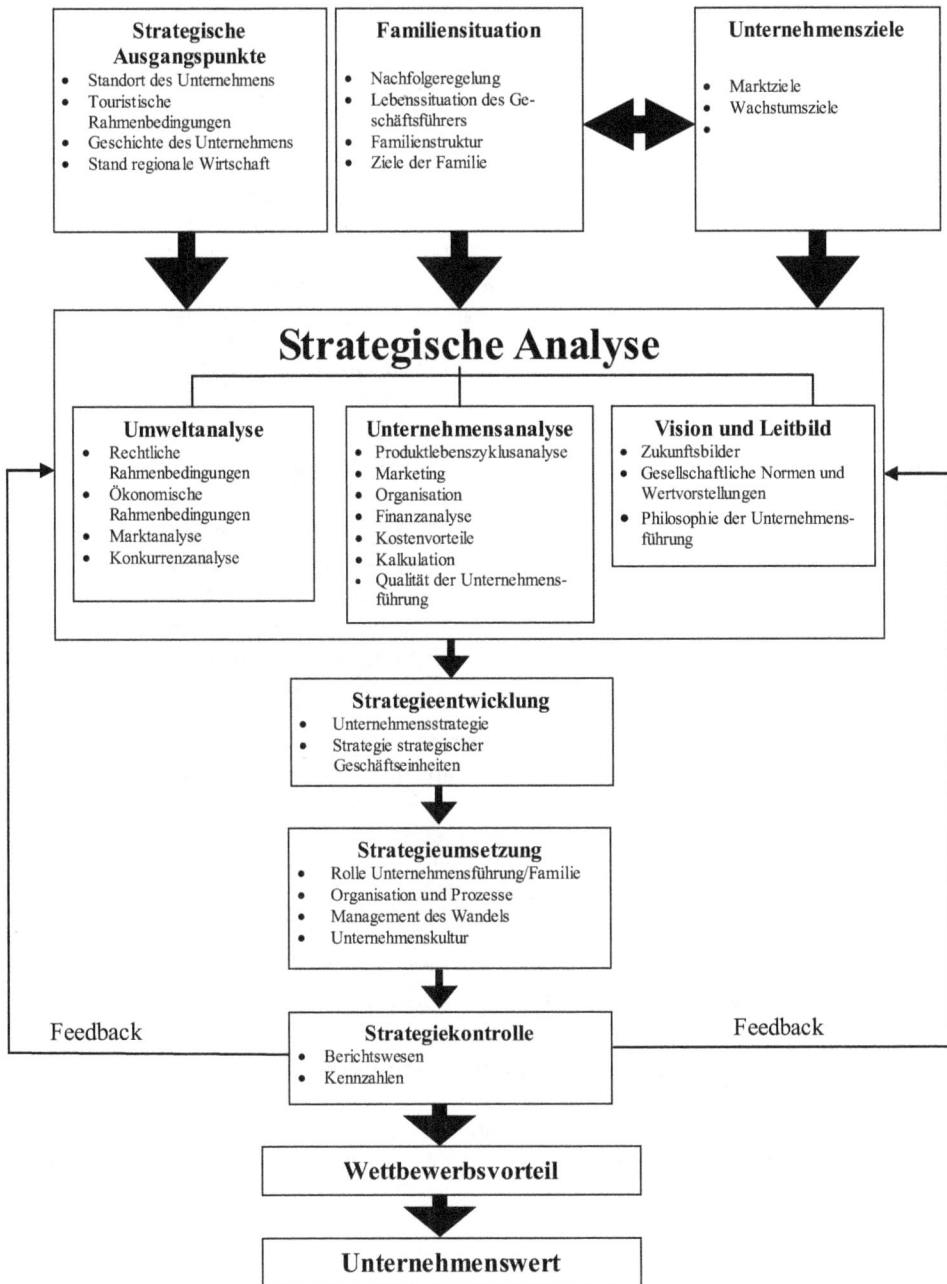

Strategische Ausgangspunkte	Familiensituation	Unternehmensziele
• Standort des Unternehmens • Touristische Rahmenbedingungen • Geschichte des Unternehmens • Stand regionale Wirtschaft	• Nachfolgeregelung • Lebenssituation des Geschäftsführers • Familienstruktur • Ziele der Familie	• Marktziele • Wachstumsziele •

Strategische Analyse

Umweltanalyse	Unternehmensanalyse	Vision und Leitbild
• Rechtliche Rahmenbedingungen • Ökonomische Rahmenbedingungen • Marktanalyse • Konkurrenzanalyse	• Produktlebenszyklusanalyse • Marketing • Organisation • Finanzanalyse • Kostenvorteile • Kalkulation • Qualität der Unternehmensführung	• Zukunftsbilder • Gesellschaftliche Normen und Wertvorstellungen • Philosophie der Unternehmensführung

Strategieentwicklung
• Unternehmensstrategie
• Strategie strategischer Geschäftseinheiten

Strategieumsetzung
• Rolle Unternehmensführung/Familie
• Organisation und Prozesse
• Management des Wandels
• Unternehmenskultur

Feedback   **Strategiekontrolle**   Feedback
• Berichtswesen
• Kennzahlen

Wettbewerbsvorteil

Unternehmenswert

Aufgrund der gastronomischen Produkteigenschaften sind die Antworten in zweifacher Form zu beantworten:

- regional: Wie entwickeln sich die Erwerbsquellen in Abhängigkeit von der regionalen wirtschaftlichen Tätigkeit? Es ist die Frage nach den makroökonomischen Daten der Region und die Frage nach den regionalen Marktstrukturen und der Wettbewerbssituation.

- überregional: Wie entwickelt sich das eigene gastronomische Produkt als Teil des regionalen Tourismuskonzepts? Es ist die Frage nach dem Verhältnis zwischen dem Unternehmen und dem Tourismuskonzept, die sich beide gegenseitig beeinflussen und bedingen. Weiterhin ist zu berücksichtigen, wie sich der gastronomische Markt als solches weiterentwickelt.

Die Ergebnisse der **Umweltanalyse und Unternehmensanalyse** bilden später die Informationsbasis zur Bestimmung der Ist-Situation des Unternehmens und zur Definition bestehender Wettbewerbsvorteile. In Familienunternehmen findet man hier häufig eine Symbiose zwischen den Stärken der Familie und des Unternehmens. In der Zukunftsanalyse hingegen werden die **künftigen Einkommensquellen** unter Berücksichtigung der Visionen und Werte im Unternehmen definiert und auf ihr Risiko hin analysiert. Die Kombination der drei Bereiche der strategischen Analyse bildet die Grundlage der Strategieentwicklung. Es ist ein kreativer, aber auch rationaler Prozess, in dem die Chancen und Risiken sowie Stärken und Schwächen gegeneinander abgewägt werden. Das Ergebnis ist die Definition der Strategie. Diese Definition ist dann die Grundlage des künftigen unternehmerischen Handelns, operativer Entscheidungen sowie eines begleitenden Controllingprozesses.

Mit der Definition einer Strategie werden **Leitsätze und Gesamtunternehmensziele** definiert, die im operativen Management in messbare und nachprüfbare Ziele für das Tagesgeschäft umgesetzt werden. Dies bedeutet, dass die Ziele für jeden Geschäftsbereich mit Zielinhalt, Zielausmaß und in einen Zeitbezug definiert werden müssen. Das operative Management umfasst die Prozesse der Mitarbeiterführung, der finanziellen Führung, des Verhaltens auf dem Markt sowie des Qualitätsmanagements und weisen eine starke Ergebnisorientierung auf. Dabei haben die strategischen Vorgaben normativen Charakter und bilden sozusagen die Leitplanken im Tagesgeschäft. Der begleitende Controllingprozess unterstützt dabei den Führungsprozess durch Planungs- und Informationssysteme.[1]

2.2.3 Strategische Analyse- und Planungsinstrumente

Mit dem Ziel eine strategische Analyse durchzuführen und strategische Entscheidungen treffen zu können, bietet die Literatur[2] eine Reihe von **Techniken und Instrumenten** an. Im Folgenden werden ausgewählte Techniken vorgestellt und für den Einsatz in der Gastronomie präzisiert.

---

[1] siehe Kapitel 8

[2] vgl. Meffert/Bruhn: Dienstleistungsmarketing, S. 178ff, Timmreck: Strategisches Innovations- und Finanzmanagement, S. 343 ff; Hentschel, Hotelmanagement, S. 146ff

Chancen und Risiken Analyse

In diesem Modell werden die verschiedenen Umwelteinflüsse, die im künftigen strategischen Konzept von besonderer Bedeutung sind, definiert und antizipiert. Marktrisiken in der Gastronomie sind z.B. Veränderungen des realen Einkommens der Bevölkerung, Wertewandel in der Freizeitindustrie oder staatliche Eingriffe in die unternehmerische Freiheit der Gastronomie. Chancen wären z.B. der Trend zu regionalen Produkten oder stärkere Bedeutung von Zusatzangeboten in Tagestourismus (Value Added Services). Ergänzen kann man diese Technik noch durch eine unterschiedliche Gewichtung der Umwelteinflüsse.

Stärken und Schwächen Analyse

In dieser Analyse sollen die Wettbewerbsvorteile und -nachteile auf dem Markt definiert werden. Sie ist eine interne Vergleichsanalyse zum stärksten Wettbewerber auf dem Markt bzw. im ausgewählten Marktsegment. Diese Analysetechnik dient zur Definition der Stärken im Unternehmen und auch dazu, die eigenen Schwächen zu erkennen. Der methodische Ansatz beruht auf die Technik des Profilings und erlaubt somit, die Triebfedern der eigenen Wettbewerbsvorteile. Analysepunkte sind z.B. Service, Öffnungszeiten, Ausstattung, Marketinginstrumente, Aktionen, Gästestruktur etc.

Positionierungsanalyse

Eine zweidimensionale Analyse mit dem Ziel, die wahrgenommenen Kundeneigenschaften mit den Soll-Eigenschaften in Übereinstimmung zu bringen.

Lebenszyklusmethode

Die Lebenszyklusmethode geht davon aus, dass jedes Produkt oder jede Dienstleistung einen vergleichbaren biologischen Lebenszyklus von der Geburt bis hin zum Tod hat. Innerhalb einer jeden Phase dieses Zyklus unterscheiden sich das Absatzvolumen sowie das strategische Verhalten des Unternehmens.[1]

Portfolioanalyse

Die Portfolioanalyse versucht, zweidimensional, die externe und interne Attraktivität der Produkte zu analysieren, um daraufhin strategische Stoßrichtungen vorzugeben. Diese Analyse ist ein Hilfsmittel, um über künftige Leistungen zu entscheiden.[2]

SWOT Analysis (Strengths, Weaknesses, Opportunities, Threats)

Die Chancen-Risiken-Analyse wird in diesem Instrument kombiniert durch die Stärken-Schwächen Analyse. Diese Analysetechnik berücksichtigt die Ressourcen des Unternehmens. Es ist eine qualitative Analyse mit dem Ziel, genauer die Wettbewerbsvorteile eines Unternehmens herauszufiltern und die Gefahren im Wettbewerb zu definieren und somit entsprechende Handlungs- und Verteidigungsstrategien festzulegen. In Bezug auf die Gastronomie könnte wie in sie sich wie in Abbildung 11 darstellen.

---

[1] siehe Beispiel in Kapitel 3
[2] siehe Beispiel in Kapitel 3

Abbildung 11: SWOT Modell-Matrix am Beispiel der Gastronomie

SWOT-Analyse		Interne Analyse	
		Stärken (Strengths)	**Schwächen (Weaknesses)**

E x t e r n e A n a l y s e	**Chancen (Opportunities)**	Mit welchen Stärken können wir unsere Chancen nutzen?
		• 1. Adresse z. B. im Bereich
		  a) Kaffee und Kuchen
		  b) Familienfeiern bis 60
		  c) bestimmte Zielgruppen
		• Gutes Direktmarketing
		• Aktive Mitarbeit in dem Tourismusverbänden
		• Hoher Anteil an Stammgästen
		
		Zielsetzung:
		Verfolgung der Marktchancen, da sie gut zum Unternehmen passen.
			Welche Chancen können wir nicht wahrnehmen aufgrund bestehender Schwächen?
			• Geringe Anzahl an Fachpersonal für einen gehobenen Service
			• Konflikte: neue Produkte und neue Gäste kollidieren mit der bestehenden Gästestruktur
			• Fehlender Zugang zum Markt
			• Hohe Kostenstruktur
			
			Zielsetzung:
			Elimination der Schwächen zur Nutzung der Chancen.

	Gefahren (Threats)	Welche Stärken haben wir, um den Gefahren entgegen zu treten? • Hoher Anteil an Stammgästen • Gutes unternehmerisches Wissen • Fähigkeit des schnellen Wandels • Gute Servicequalität • Hohes und flexibles Angebot für Veranstaltungen • Hohe Motivation der Unternehmensführung Zielsetzung: Die Stärken nutzen, um somit die Gefahren abzuwenden.	Welchen Risiken sind wir aufgrund unserer Schwächen ausgesetzt? • Standort des Unternehmens • Zimmerlautstärke • Kleines Marketingbudget • Mangelnder Bekanntheitsgrad in der Region Zielsetzung: Abwehrmechanismen entwickeln, damit die Bedrohungen nicht den Erfolg in- frage stellen.

Szenario-Analyse

Die Szenario-Analyse betrachtet strategische Ausgangspunkte und spiegelt die Entwicklungen dieser Strategien in verschiedenen Modellen wieder. Diese Analysemethode dient dazu, Risiken aufgrund von Best and Worst – Case - Analysen zu identifizieren. Diese Ergebnisse werden später auch in der Finanzanalyse eingesetzt.

Wertkettenanalyse

Die Wertkettenanalyse beruht auf der Betrachtung der Wertschöpfung im Unternehmen, um somit in der Prozessanalyse weitere Problemfelder aber auch Wettbewerbsvorteile zu definieren. Diese strukturierte Abbildung der Prozesse im Unternehmen kann auch zur Umsetzung neuer Strategien dienen. Hierbei kommt es aber nicht nur auf die interne Wertschöpfung an, sondern auch auf die Integration der verschiedenen Prozessebenen im Unternehmen wie Unterstützungsprozesse, Beschaffungsprozesse und begleitende Prozesse. In der Gastronomie zählt hierzu die Analyse der Serviceketten, die Zusammenarbeit mit den Lieferanten, die Geschwindigkeit der Speisenzubereitung usw.[1]

Ein **Problem im Umgang mit diesen Instrumenten** stellt in vielen Unternehmen die Datenbeschaffung und auch die Aufbereitung dieser Daten dar. Oftmals wird dabei der eigene große Datenpool im Unternehmen, der durch ein elektronisches Kassensystem entsteht, verkannt. Weiterhin werden nur selten die Erfahrungen und Beobachtungen der Mitarbeiter für qualitative Analysen eingeholt. Das Streben nach Perfektion gekoppelt mit einem mangelnden Verständnis des Transfers der Instrumente auf das eigene Unternehmen verhindern hier manchmal den Einsatz. Dabei kann bereits der Versuch des Einsatzes wertvolle Informationen bieten, die schon als Entscheidungshilfen genutzt werden können.

2.2.4 Die Strategische Analyse in der Gastronomie

2.2.4.1 Marktanalyse

Die Marktanalyse untersucht die Stärken und Schwächen des Unternehmens auf dem Absatzmarkt. In Bezug auf die Gastronomie sollte die **gastronomische Marktanalyse**, die drei folgenden Bereiche abbilden:

- das gastronomische Produkt
- den Gast (wie z. B. Gästeverhalten, Konsumverhalten, Erwartungshaltungen)
- Trends in der Esskultur und in der Geselligkeit

2.2.4.1.1 Das gastronomische Produkt

In diesem Abschnitt wollen wir der Frage nachgehen: **Wie entwickelt sich das gastronomische Produkt auf dem Markt?** Unter Berücksichtigung der Definition der gastronomischen Leistung findet die Analyse in den Bereichen:

1. Restauration
2. Veranstaltungen/Bankett
3. Beherbergung bzw. Hotel
4. Catering

statt. In verschiedenen Werken wird der Begriff „Restauration und Veranstaltungen/Bankett", teilweise auch das Catering unter dem Begriff „Food & Beverage" zusammengefasst. Da diese Bereiche jedoch bei näheren Betrachtungen unterschiedlichen Einflussgrößen ausgesetzt werden, wird jeder Bereich hier einzeln betrachtet.

Restauration

Nach den Ergebnissen des BAT Forschungsinstitutes Opaschowski wird die Freizeitindustrie in den nächsten Jahren zweistellige Wachstumsraten erfahren. Der Restaurantbesuch wurde bei einer Mehrfachnennung mit 87% als die erste Freizeitbeschäftigung genannt.[1]

---

[1] siehe Beispiel in Kapitel 4

Grundsätzlich kann man davon ausgehen, dass der Restaurantbesuch ein Stück Lebensqualität ist, aber auch ein Spiegelbild unserer geänderten Lebensgewohnheiten, wie in der nachfolgenden Tabelle dargestellt.

Tabelle 6: Entwicklungen im Food und Beverage Markt[2]

Angebot	Entwicklungen
Frühstück	Das Frühstück hatte die Rolle der Tagesgrundlage am Morgen. Entwicklungen in der Arbeitswelt und in den Lebensgewohnheiten haben in Restaurationsbereich das Frühstück über das normale Angebot für Übernachtungsgäste wachsen lassen. Besonders die Singlehaushalte haben bewirkt, dass die Frühstücksmahlzeit eine immer stärkere Bedeutung erhalten hat. Frühstück ist schon längst nicht mehr die Mahlzeit, die in den frühen Morgenstunden die Tagesgrundlage legt, sondern ist zu dem sozialen Event geworden, gemeinsam den Tag zu beginnen. Diese Mahlzeit ersetzt immer häufiger ein Mittagessen und wird in der Freizeit später eingenommen.
Mittagstisch	Das Mittagessen ist traditionell eine warme Mahlzeit und die zentrale Mahlzeit am Tag. In der Restauration ist der Mittagstisch ein „Problemkind" und spielt immer mehr eine unterordnete Rolle. Betrachtet man die Situation etwas genauer, so lässt sich feststellen, dass die Bedeutung des Mittagstisches stark vom Standtort abhängig ist. Der Mittagstisch hat für die Betriebe eine Bedeutung, die ihren Standort in der Nähe des Arbeitsplatzes ihrer Gäste haben wie z.B. eine Lage in der Innenstadt oder im Gewerbegebiet. In der ländlichen Gastronomie ist der Mittagstisch stark abhängig von den touristischen Angeboten. Dabei ist zu berücksichtigen, dass der Mittagstisch sich in der Wertigkeit verändert hat. Aspekte wie Schnelligkeit und Preissensibilität spielen hier eine vorrangige Rolle. In der Regel wird ein preisgünstiges Stammessen von verschiedenen Gastronomieunternehmen angeboten, um so den kurzen Mittagspausen und dem Wunsch, mittags ein Essen der täglichen Küche einzunehmen, Rechnung zu tragen. Selbstbedienungsrestaurants und andere Systemketten haben hier einen entscheidenden Vorteil, da sie den Anspruch der Geschwindigkeit Rechnung tragen und durch den Verzicht auf den individuellen Service Kostenvorteile an die Gäste weitergeben können. Im Bereich der Geschäftsessen bestehen nach wie vor die traditionellen Werte in der Restauration: Qualität, Exklusivität sowie die Möglichkeit der Diskretion sind von großer Bedeutung. Dieser Bereich ist sehr stark vom Standort und der jeweiligen Konjunkturlage abhängig.

---

[1] AHGZ: Wofür die Deutschen Geld ausgeben, 2. September 2009 Nr. 35

[2] Siehe www.abseits.de/kaeufermarkt.htm: Gastronomie als Käufermarkt vom 20.05.2009. Danach verzichten rund 36% der Bundesbürger auf eine Mittagsmahlzeit und essen zwischendurch nichts. Weitere 41% haben hingegen eine Zwischenmahlzeit in Abhängigkeit vom Tagesablauf und den Möglichkeiten einer Verpflegung. Der Trend geht hier zu Fingerfood und kleinen Gerichten für den Sofortverzehr.

Angebot	Entwicklungen
Abendkarte	Das Abendessen vollzieht in der Bundesrepublik immer stärker einen Wandel von einer reinen kalten Mahlzeit zu einer warmen Mahlzeit. Dies trifft besonders für den bürgerlichen Haushalt zu und ist Ausdruck der geänderten Lebens- und Arbeitsgewohnheiten beider Geschlechter. Das Abendessen ist häufig die Mahlzeit, die in der Familie gemeinsam eingenommen wird und bildet den Höhepunkt des Tages. Aufgrund dieses Wandels hat das Restaurant als Alternative zur eigenen Küche eine immer größere Bedeutung bekommen. Gefragt sind im Abendbereich verschiedene Küchen und Angebote für unterschiedliche Einkommensgruppen. Neben dem Preisaspekt sind hier das Ambiente und die gelebte Gastlichkeit wichtig. Man will mit dem Besuch im Restaurant den Abschluss eines Tages feiern, entweder allein, mit dem Partner oder mit Freunden. Auch persönliche Tage, wie z.B. Geburtstage, Hochzeitstage, Bestehen einer Prüfung lässt man gern mit einem Essen mit Restaurant ausklingen.[1]

Der Hotelbereich

Der Hotel- oder Übernachtungsbereich in der deutschen Gastronomie ist stark vom inländischen Reiseverkehr abhängig.[2] In Bezug auf das Management ist dieser Erwerbszweig stark abhängig von der Infrastruktur am Standort (Gewerbe, touristische Anreize, Erholungswert des Standortes). Dies sind Faktoren, die der einzelne gastronomische Betrieb nicht verändern kann, sondern hier in Abhängigkeit der regionalen Wirtschafts- und Tourismusförderung steht. Dabei ist der Erfolg des eigenen Leistungsangebotes stark vom Standortmarketing sowie von weiteren volkswirtschaftlichen Einflussgrößen wie z.B. Konjunktur und Einkommen des Reisenden abhängig.

In Bezug auf die Stellung des Hotels oder die Auswahl des Hotels am Ort gibt es wiederum eine Reihe von Messgrößen wie Hotelausstattung, Leistungsangebot und Freizeitangebot.[3] Diese Größen sind dann auch unternehmensindividuell beeinflussbar. In diesem Leistungsangebot gibt es klare Definitionen durch die Hotelklassifizierungen, die für den Gast eine gute Markttransparenz schaffen und auf der anderen Seite den Wettbewerb klar definieren.

Der Wellnessgedanke (Wellness = Ausdruck für Wohlbefinden und Gesundheit) bestimmt heute die Erwartungshaltung und somit die Wahl des Hotels. Teilweise bestimmen diese Angebote die Wahl des Hotels unabhängig vom eigentlichen touristischen Standort. Somit wird die reine Beherbergungsaufgabe durch den Anspruch auf Regeneration und persönliches Wohlbefinden ergänzt. Die Wellnesseinrichtungen wie z.B. Schwimmbad und Fitness-

---

[1] Dieses Aspekt wurde u.a. durch den Slogan der DEHOGA aufgenommen „Alles andere als Alltag" Es sollte hier der Unterschied zum Alltagsleben symbolisieren und die Individualität stärker herausstellen.

[2] Statistik kurz gefasst: Der europäische Durchschnitt betrug 1,4 Übernachtungen pro Einwohner. Im Europäischen Vergleich stellt Deutschland mit 20,8% die höchste Anzahl an Übernachtungen von Inländern. In Industrie, Handel und Dienstleistungen 38/2004, in AHGZ: Zweitreisen fallen weg vom 14.02.2009

[3] vgl: Sobik: Hotelgäste suchen Superlative, Welt am Sonntag vom 27.01.2008

studio spielen hier eine entscheidende Rolle. Dabei ist es besonders auch für kleine Hotels von Bedeutung, hier Kooperationen zu schaffen und auch natürliche Wellnessangebote (wie Möglichkeit der Natur, Wanderwegen etc.) mit in ihr Angebot aufzunehmen.

Tabelle 7: Kriterienkatalog der deutschen Hotelklassifizierung

Hotelklasse	Ausgewählte Kriterien (keine Vollständigkeit)
Tourist 1 Stern	• Einzelzimmer 8m² • Doppelzimmer 12m² • Alle Zimmer mit Dusche/WC/TV • Tägliche Zimmerreinigung • Restaurant • Öffentliches Telefon für die Gäste
Standard 2 Sterne	• Einzelzimmer 12m² • Doppelzimmer 16m² • Frühstücksbuffet • Angebot an Hygieneartikeln im Hotel • Kartenzahlung möglich
Komfort 3 Sterne	• Einzelzimmer 14m² • Doppelzimmer 18m² • 10% Nichtraucherzimmer • Zweisprachige Mitarbeiter • Waschen und Bügeln der Gästewäsche • Systematischer Umgang mit Gästebeschwerden • Internetzugang
First Class 4 Sterne	• Einzelzimmer 16m² • Doppelzimmer 22m² • Frühstücksbuffet mit Roomservice • Minibar • Lobby mit Sitzgelegenheiten • Á la Carte-Restaurant • Internet-PC
Luxus 5 Sterne	• Einzelzimmer 18m² • Doppelzimmer 26m² • 24 Std. Rezeption besetzt mit Concierge • Mehrsprachige Mitarbeiter • Internet-PC auf dem Zimmer • Bügelservice innerhalb einer Stunde Personalisierte Begrüßung mit frischen Blumen oder Präsent auf dem Zimmer.

Quelle: Deutscher Hotel- und Gaststättenverband 2009, Hotelklassifizierung (www.dehoga.de). Die Angaben in der Tabelle wurden verkürzt mit dem Ziel, die steigenden Anforderungen an die nächste Hotelklasse zu dokumentieren.

Das Buchungsverhalten selbst ist weiterhin nicht nur von dem Angebot an regionalen Veranstaltungen (Messen, Kulturevents) abhängig, sondern auch von saisonalen Einwirkungen (wie Jahreszeiten oder Ferienzeiten). In beiden Fällen gilt es, entsprechende Angebote vorzubereiten, sodass der Kunde ein vorgefertigtes Konzept für seinen Urlaub/Aufenthalt vorfindet.[1]

---

[1] vgl. AHGZ: Hotelpackages müssen stimmig sein vom 01.07.2006

Auf der anderen Seite gewinnt der Bustourismus eine immer stärkere Bedeutung[1], auch aufgrund des demografischen Wandels und der günstigen Angebote durch Pauschalreiseanbieter. Hier bestehen gerade für Familienhotels gute Chancen, sich auf dem Markt zu platzieren. Jedoch führt die Marktstellung der Reiseanbieter zu einem Preisverfall, sodass die wirtschaftliche Attraktivität dieses Marktsegments stark leidet.

Veranstaltungsmanagement

Veranstaltungen sind Ereignisse, die auf einem bestimmten Anlass beruhen und an eine Person bzw. ein Ereignis gebunden sind. Die Nachfrage ist von der Qualität der Räumlichkeiten und dem jeweiligen Speisenangebot abhängig.

In der Gastronomie hat die Familienfeier im Veranstaltungsmanagement eine zentrale Position.[2] Von der Taufe bis hin zur Trauerfeier begleitet die Gastronomie alle persönlichen Ereignisse im Leben eines Menschen. Dieser Bereich hat besonders die Individualgastronomie ihre Stärke aufgrund der Fähigkeit individuell auf die Nachfrage einzugehen. Familienfeiern sind relativ konjunkturunabhängig und bieten der Gastronomie durch langfristige Buchungen eine feste planbare Umsatzgröße.

Auf der anderen Seite stellt dieser Bereich aber auch hohe Anforderungen an die Qualität der Veranstaltungsorganisation, das Ambiente des Veranstaltungsraums und die Qualität der angebotenen Speisen. Aufgrund des einmaligen Charakters dieser Veranstaltungen gibt es hier keine zweite Chance bzw. Möglichkeiten der Korrektur bei Mängeln in der Leistungserstellung.

Zu diesem Bereich zählen weiterhin Firmenveranstaltungen sowie Veranstaltungen verschiedener Organisationen und Vereine, die in der Gastronomie Räumlichkeiten und eine Bewirtung suchen. Dieser Leistungsbereich unterliegt jedoch einem starken Wettbewerbsdruck, da verschiedene Einrichtungen - teilweise auch öffentliche Einrichtungen - Räume zur Vermietung anbieten.[3]

Der Tagungsbereich ist ein besonderer Bereich in der Gastronomie und stellt an das Management eines Gastronomieunternehmens aufgrund ständiger Entwicklungen in der Tagungstechnik (wie z. B. Integration des Internet in die Veranstaltung, räumliche Erwartungshaltungen und begleitenden Betreuung durch das Unternehmen) hohe Anforderungen an die Hotellerie und Gastronomie. Es muss hier unterschieden werden zwischen einer eintägigen Tagung ohne Übernachtung und Mehrtages-Tagungen, bei denen dann auch der Hotelbereich angesprochen wird.

---

[1] RDA-Workshop: Marktanteil an Busreisen erneut gesteigert. Trotz der allgemeinen Konsumrückhaltung konnte der Bustourismus seinen Marktanteil um 0,5% steigern. Dies ist aufgrund der sinkenden Haushaltseinkommen eine positive Marktentwicklung. Besonders die Zahl der Kursreisen steigt gegenüber 2007 um 5,2 Mio. Euro mit einer Reisedauer von 2 bis 4 Tagen. Dieses Segment ist besonders wichtig für den innerdeutschen Tourismus. www.ahgz.de/maerkte-und-unternehmen am 17.02.2008

[2] vgl. Hänssler: Management, S. 44

[3] Siehe Abschnitt 2.2.3.2

In der Zukunft ist davon auszugehen, dass Wissen als Produktionsfaktor und somit die Personalentwicklung eine stärkere Bedeutung bekommt. Eine Buchung in der Gastronomie nicht nur eine Möglichkeit des Outsourcings dar, sondern ist gleichzeitig ein Instrument der Mitarbeitermotivation. Zusätzlich haben sich in den letzten Jahren eine hohe Anzahl von Traineragenturen etabliert, die auf die Angebote der Gastronomie zurückgreifen.

Ein weiteres wachsendes Segment im Veranstaltungsmanagement befindet sich im Freizeitbereich wie z.B. in der Organisation von Tagesausflügen oder Wochenendfahrten für Gruppen. Das Angebot ist eine Kombination von Freizeiterlebnissen und einem gastronomischen Erlebnis wie z.B. Ritteressen oder Speisen unter einem bestimmten Motto. Dieses Angebot beruht auf dem ständigen wachsenden Bedürfnis des Freizeitkonsums und dem Wunsch von Gästen, sich durch bereits ausgearbeitete Programme zu bedienen. Hier kann die Individualgastronomie besondere Marktanteile erwerben, setzt aber die starke Vernetzung des gastronomischen Angebotes mit touristischen Freizeit- und Unterhaltungsprogrammen voraus.

Catering

Unter Catering (to cater = versorgen) wird die Versorgung mit Speisen und Getränken verstanden. Es ist eine Versorgungsleistung, die entweder in den eigenen Räumen oder in fremden Räumlichkeiten angeboten wird. Aufgrund der gegebenen Definition versorgt die Catering-Industrie verschiedene Lebens- und Verkehrsbereiche mit Speisen und Getränken und das Catering stellt sich in verschiedenen Formen dar wie z.B. Schul-Catering, Schiffscatering, Autobahn-Catering, Stadion - Catering, Fight - Catering, Eisenbahn - Catering, Krankenhaus - Catering, etc. Die gestellte Versorgungsaufgabe umfasst weiterhin eine logistische Leistung, aufgrund des Transports zwischen der Produktionsstätte und dem Ort des Verzehrs der gastronomischen Leistung.[1] Dieser Markt hat in den letzten Jahren große Wachstumsraten erfahren, nicht zuletzt durch Outsourcing Maßnahmen vieler Unternehmen und Gesellschaften.

Im Kontext von gastronomischen Familienbetrieben wird Catering im Sinne von Event-Catering oder Eventmanagement (d.h. Organisation und Durchführung von Veranstaltungen in fremden Räumen) verstanden. Diese Aufgabe beinhaltet die Organisation, die Bereitstellung der Einrichtung und Dekoration des Raumes, das Personal und die Bewirtung. Das Catering selbst ist nicht mit dem Partyservice zu verwechseln, der sich allein mit der Bereitstellung von Nahrungsmitteln begnügt.

Das Marktsegment Catering spiegelt heute einen Teil der gewünschten Individualität von Veranstaltungen und den Erlebnishunger der Gäste wider. Für ein gastronomisches Unternehmen ergibt sich aus diesem Trend ein Konflikt, da die bestehenden Räumlichkeiten ungenutzt bleiben, während weitere Investitionen im Bereich der Logistik und Mobilität notwendig werden. Für ein gastronomisches Unternehmen ist hier häufig eine Grundsatzentscheidung gefordert, da beide Bereiche selbst mit erheblichen Investitionen verbunden sind. Weiterhin besteht auch die Möglichkeit für die Gastronomie, regelmäßige Catering-Leistungen für bestimmte Unternehmen anzubieten. Dieser Gedanke erscheint nur dann sinnvoll, wenn nur so eine betriebswirtschaftliche Auslastung der Ressourcen möglich ist.

---

[1] Kriegesmann: Der Catering-Markt: in Becker/Grothues: Catering Management, S. 13ff. In diesem Buch werden weiter verschiedene Bereiche des Caterings vorgestellt.

2.2.4.1.2   Der Gast

Die Nachfrage nach einer gastronomischen Leistung wird beeinflusst durch Faktoren wie:

*   die Erwartungshaltung, d.h. die Nutzenerwartung durch den Besuch der Gastronomie.[1]
*   die Einkommenselastizität, d.h. den Teil des Einkommens, der für Konsumausgaben zur Verfügung steht.
*   die Möglichkeiten der Substitution: vergleichbare Angebote.
*   die Änderung der Bevölkerungsstruktur (z.B. Entwicklung, Haushaltsgrößen und Migrationseinfluss).

In den folgenden Absätzen sollen diese Faktoren als Bestimmungsgründe der Nachfrage näher diskutiert werden.

Erwartungshaltung

Ein Gast sucht durch den Besuch eines Restaurants das Erlebnis von Esskultur und die Möglichkeit der Ruhe und Erholung. Ein Restaurantbesuch ist Freizeitgestaltung und bietet die Möglichkeit den Alltag zu vergessen. Weitere Entwicklungen einer anonymisierten Gesellschaft sowie inhumanisierenden und isolierenden Tendenzen in der Arbeitswelt stellt der Besuch in der Gastronomie immer mehr ein Stück Lebensqualität dar. Hier liegt eine Chance für die Gastronomie, besonders für die Individualgastronomie, den Wunsch nach Humanität sowie die Rückkehr zu protestantischen Werten[2] zu stärken. Weiterhin spiegelt das Streben nach Individualität auch den Wunsch wider, die Wertigkeit eines Menschen ohne Leistungsdruck zu sehen.

Diese Erwartung der Kompensation an Wertschätzung durch die Gastronomie wird aber auch mit dem Anspruch der Perfektion an eine gastronomische Leistung gekoppelt (wie z. B. Ausstattung der Räume, Frische der Zubereitung, Auswahlmöglichkeiten, Ansprüche an die Kochkunst, Präsentation der Speisen und Getränke). Aufgrund der Bilder in den Medien hat der Gast eine klare Erwartungshaltung bezüglich der Perfektion einer gastronomischen Leistung, die es zu erfüllen gilt, auch unabhängig vom Preis. Der Restaurantbesuch ist nach wie vor ein Luxusgut und ist mehr als eine Belohnung, einmal nicht mehr kochen zu müssen. Für den letzteren Zweck gibt es bereits ein großzügiges Angebot an Convenience Produkten.

Auswirkungen der Einkommenselastizität

Wie bereits in Kapitel 1 dargestellt, haben wir in den letzten Jahren erkennen können, dass der Besuch der Gastronomie durch eine starke Einkommenselastizität gekennzeichnet ist. Das Einkommen, besonders das verfügbare Einkommen, ist ständig gesunken. Ein Großteil der Haushalte hat drastische Einschnitte im Einkommen bis hin zur Arbeitslosigkeit hinnehmen müssen. Aus diesem Grunde ergeben sich auch Probleme beim Besuch der Gastronomie. Weitere Belastungen wie z.B. durch die Gesundheitskosten, die Studiengebühren, die erhöhten Abgaben zur Müllentsorgung und die öffentlichen Abgaben reduzieren das Budget für Luxusgüter wie den Gastronomiebesuch immer stärker.

---

[1] vgl. Stolpmann: In Szene setzen, S. 55ff; Hänssler: Management S. 44
[2] Soller: Finanzierungsleitfaden, S. 37f

Nur im Bereich der Luxusgüter konnten die Haushalte Einsparungen vornehmen. Hierzu gehört der klassische Restaurantbesuch in der Freizeit, d.h. der Besuch, der nicht durch einen besonderen Anlass (z. B. Geburtstag, Hochzeitstag, Jubiläum) geprägt war. Infolge dieser Entwicklung ist ein Angebotsüberhang entstanden, welche zu Preissenkungen bzw. Preisverfall geführt hat.

Folglich ist der gastronomische Markt derzeit stark gekennzeichnet von einem Preis- und Rabattkampf. Dieser Preiskampf findet seinen Ausdruck in z. B folgenden Angeboten:

- Schlemmergutscheine, bei denen das zweite Essen umsonst ist.
- Happy Hours zu besonderen Tageszeiten.
- Speisen einschl. ausgewählter Freigetränken wie z.B. Café, Aperitif etc. Diese Getränke sind klassische Zusatzverkäufe, die früher besondere Renditeträger für die Gastronomie waren.

Diese Reaktionen auf die Änderungen am Markt haben nicht nur zu einem Preisverfall geführt, sondern vielmehr auch zu einem neuen Preisverständnis von gastronomischen Produkten. Aus Konsumentensicht wird die Preisbereitschaft für gastronomische Leistungen im Food & Beverage - Bereich mit den Preisen von Convenience - Produkten verglichen. Dies geschieht im Glauben, dass die Kostendeckung und die Gewinnzone über den Getränkeverzehr erreicht wird. Gerade geändertes Konsumverhalten im Getränkebereich lässt diese Ansätze mehr als fraglich erscheinen.[1]

Änderung der Bevölkerungsstruktur

Der demografische Wandel (Abbildung 12) in unserer Gesellschaft ist bekannt. Wir leben in einer alternden Gesellschaft. In 2020 sind mehr als 60% unserer Bevölkerung über 40 Jahre alt. Diese Entwicklung hat entscheidende Auswirkungen auf die Finanzierung unsere gesellschaftlichen Systeme sowie auch auf die Nachfrage selbst. Wie die Abbildung 12 zeigt, weist die deutsche Gastronomie bereits eine starke Konzentration auf die reiferen Jahrgänge auf. Diese Entwicklung wird noch durch den demografischen Wandel verstärkt.

Diese Studie ergab, dass heute jeder 5. Gast 60 Jahre alt oder älter ist. Dies gilt besonders für die Individualgastronomie. Diese Gäste gelten als finanzkräftig, aber ihnen ist auch ihre Marktmacht bekannt. So reagieren sie stark auf Angebote und Preisnachlässe und sind in ihren Erwartungshaltungen sehr anspruchsvoll.[2] Dies bedeutet für die Gastronomie, dass sie als Kundengruppe interessant sind, jedoch auch stark umworben werden. Weiterhin ist zu bedenken, dass die erwartete Finanzkraft der reiferen Gäste im Vergleich zu den Familien mit Kindern sicherlich richtig ist, jedoch sind auch hier Einschnitte aufgrund der Rentenproblematik, der Altersarmut und der zunehmenden Privatisierung von Gesundheitsleistungen zu verzeichnen. Somit ist die zukünftige Finanzkraft dieses Kundensegments eher geringer einzuschätzen.

---

[1] vgl. Abschnitt 7.6.2

[2] AHGZ: Das Buhlen um die Silberlocken, 1. April 2006, Nr. 13, AHGZ: Seniorenteller aufs Altenteil, 13.06.2009

Abbildung 12: Altersverteilung der Gäste in der Gastronomie

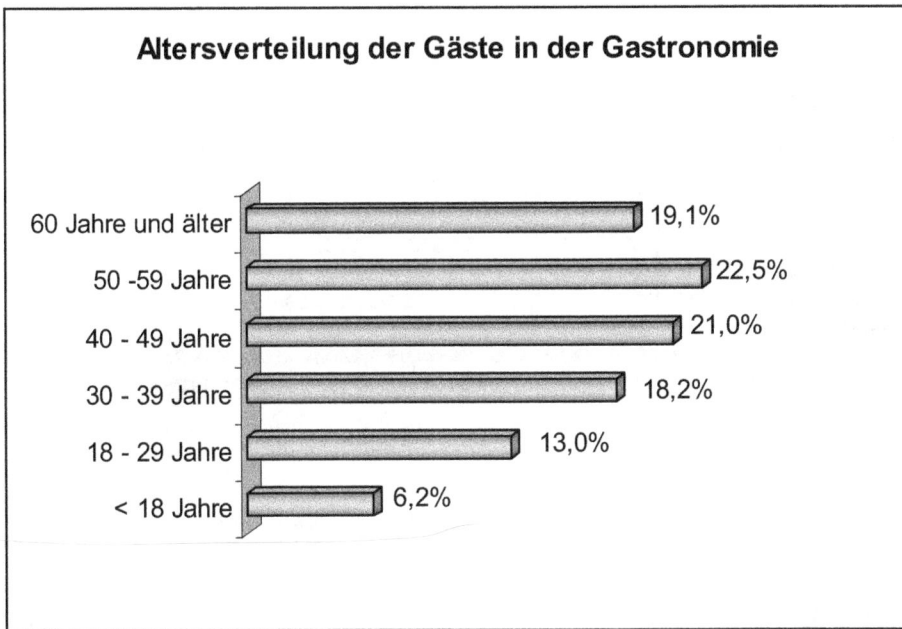

Altersverteilung der Gäste in der Gastronomie

60 Jahre und älter	19,1%
50 -59 Jahre	22,5%
40 - 49 Jahre	21,0%
30 - 39 Jahre	18,2%
18 - 29 Jahre	13,0%
< 18 Jahre	6,2%

Quelle: CHD Expert Deutschland: FACTS 2008/Studie „Gastgewerbe Deutschland 2008, Basis 922 Betriebe; entnommen: Niedersächsische Hotel- und Gaststätten Nachrichten vom 6. August 2008, Nr. 14

Demografische Untersuchungen ergeben, dass sich die Haushaltsgrößen ändern. Ein Leben heute ist von einem Wechsel zwischen Einzel- und Gemeinschaftsphasen durchzogen. In Bezug auf die Einzelhaushalte ist die Gastronomie ein Treffpunkt auf der Suche nach einem gemeinsamen kulinarischen Erlebnis. Auf der anderen Seite bietet die Gastronomie Patchworkfamilien einen neutralen Raum und kann teilweise auch eine Alternative sein bei mangelnden eigenen räumlichen Kapazitäten. Hier ergeben sich Trends in der Gastronomie, bei denen die Familie zu einem Produkt wird - ein Thema, das von der Individualgastronomie und besonders von Familienunternehmen aufgenommen werden kann.

Deutschland ist ein Einwandererland mit einem hohen Migrationsanteil. Wie in der folgenden Grafik darstellt, steigt der Bevölkerungsanteil mit Migrationshintergrund auf fast 30% in der Bundesrepublik Deutschland. Hierunter fallen auch die Mitbürger, die zwar die deutsche Staatsangehörigkeit besitzen aber trotzdem einen Migrationshintergrund aufweisen.[1]

Für die deutsche Gastronomie hat dies zur Folge, dass zusätzlich zum demografischen Wandel ein weiterer Kundenkreis abwandert, die nicht die deutsche Kultur teilen. Neben der

---

[1] Hier unterscheiden sich häufig die öffentlichen Ausländerzahlen mit den Zahlen der Migration. In der Statistik werden nur Migranten mit einem ausländischen Pass erfasst während Migranten mit einem deutschen Pass (auch Mitbürger der 2. und 3. Generation) als Deutsche erfasst werden, jedoch weiterhin in den Clustern der Migration verbleiben.

Abbildung 13: Anteil der Bevölkerung mit Migrationshintergrund

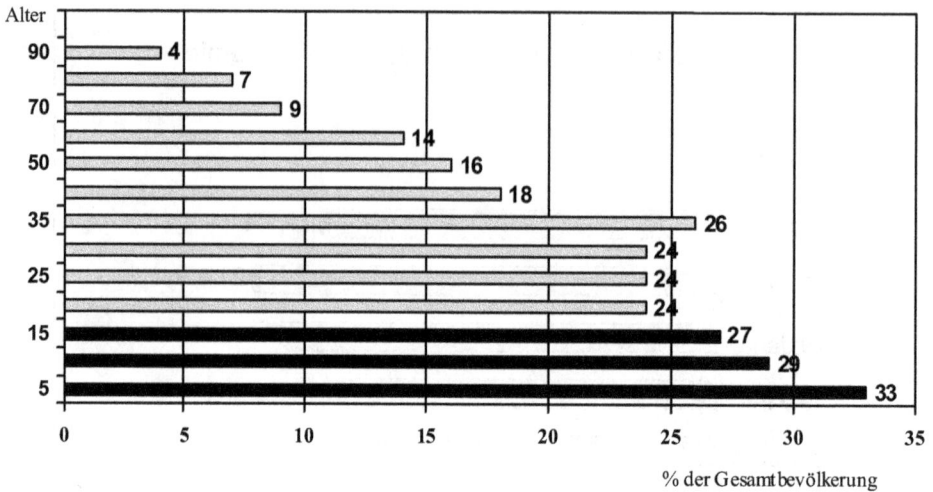

Quellen: *Meyer-Timpe: Migration in der Zeit vom 25. Juni 2009 unter Berufung der Boston Consulting Analyse sowie Statistisches Bundesamt, Mikrozensus 2007*

Restauration ist hier ebenfalls der Veranstaltungsbereich betroffen. Die Migranten selbst gelten als besonders existenzgründerfreundlich und eröffnen auch in der Gastronomie eine Reihe von Aktivitäten. Hier sind für die deutsche Gastronomie in der Form Abwanderungs-tendenzen zu beobachten, dass der deutsche Gast durchaus Interesse an der Küche der Mig-ranten zeigt, dass es jedoch umgekehrt eine Reihe von Gründen gibt, warum Migranten nicht zu Kunden der deutschen Gastronomie werden.[1]

2.2.4.1.3   Trends in der Esskultur

In diesem Abschnitt soll das veränderte Verhalten in der Esskultur diskutiert werden. Die Ausführungen der folgenden Punkte:

- Wandel in der Esskultur
- Trends im Essverhalten
- Trends in der Küche

soll Aufschluss darüber geben, wie sich das Leistungsangebot und die Bedürfnisse der Gäste geändert haben. In der Tabelle 8 sind die unterschiedlichen Trends in der Esskultur darge-stellt, die einen Einfluss auf das Verständnis von Speisen haben.

In Bezug auf das Essverhalten lassen sich mehrere Entwicklungen erkennen, ohne dass sich jedoch klare Strukturen abzeichnen. Aufgrund einer Reihe von Lebensmittelskandalen ist das Vertrauen in das Produkt gesunken. Die weiter anwachsende Anzahl an Allergieerkrankun-

---

[1] Hierunter sind vorrangig ethnische und religiöse Gründe zu verstehen. In einigen Glaubengemeinschaften ist Schweinefleisch nicht erlaubt und in anderen Rindfleisch. Weiterhin gestaltet sich der Festtagskalender unter-schiedlich und verlangt besonders zubereitete Speisen, die die deutsche Gastronomie so noch nicht kennt.

gen macht es notwendig, die Lebensmittel und deren Zubereitung genau zu kennzeichnen. Somit ist die Kreativität in der Leistungserstellung eingeschränkt und gleichzeitig auch herausgefordert. Dies bedeutet, dass für die Gastronomie eine ständige Herausforderung und Aktualisierung der Speisenkarte erforderlich ist, um so ein breites Publikum anzusprechen.

Aufgrund der Entwicklungen im Lebensmittelmarkt und der ständig wachsenden Zahl an Convenience Produkten hat sich auch die Wertvorstellung eines Essens in der Gastronomie verändert. Der heutige Geschmackseindruck bzw –vorstellungen werden immer stärker durch Convenience Produkte geprägt. Weiterhin geht aufgrund der Kürze der Zubereitungszeiten auch ein Zeit- und Wertgefühl für ein frisch gekochtes Essen vielfach verloren.

Tabelle 8: Trends in der Esskultur[1]

Trendart	Erläuterungen
Convenience-Food	Auslagerung der Produktion auf Lebensmittelhersteller. Es wird unterschieden zwischen dem Grad der Zubereitung (küchenfertig, backofenfertig etc.) und nach der Art der Haltbarmachung (eingefroren oder vakuumverpackt).
Functional Food	Lebensmittel, die einen Zusatznutzen aufweisen bzw. zusätzliche Inhaltsstoffe zur Unterstützung und Förderung der Wellness und zur Reduktion von Krankheiten haben.
Health Food	Lebensmittel, die dem Wellnessgedanken und einer gesunden Ernährung entsprechen wie z.B. vitaminreiche, fettarme, cholesterinarme Lebensmittel.
Clean Food	Nahrungsmittel ohne Konservierungsmittel, Zusatzstoffe und Hormone. Ziel ist es, Allergiker durch z.B. gluten- und laktosefreie Produkte vor Unverträglichkeiten zu schützen.
Premium Food	Qualitativ hochwertige Lebensmittel. Vielfach wird diese Definition zur Polarisierung der Märkte und zur Marken-Bildung genutzt. Die Bezeichnung bezieht sich z.B. auf die Herstellungsweise, die Exklusivität und das Prestige des Produktes.
Ethnic Food	Lebensmittel, die umweltschonend und politisch korrekt erzeugt wurden und eine gesundheitlich unbedenkliche Ernährung erlauben. Eine große Rolle spielt bei diesen Lebensmitteln auch der korrekte Umgang mit Tieren.
Regional Food	Produkte aus der Region, die lokal produziert und vermarktet wurden. Eine besondere Rolle spielen hierbei regionale Kreisläufe, die den Produkten eine eigene Identität geben.

---

[1] vgl. Bless: Erfolgreich in der Gastronomie, S. 55ff

Die Auswahl der Gastronomie weist heute auch nicht mehr die Kontinuität auf, die man gewohnt ist. Der heutige Gast wählt das Restaurant schon nach Belieben, das heißt: mittags Fast Food und am Abend die Edelgastronomie.[1] Entscheidend ist zum einen die Zeit und zum anderen der Anspruch, der mit dem Besuch in der Gastronomie verbunden ist.

2.2.4.2   Konkurrenzanalyse

Der gastronomische Markt ist in den letzten Jahren gewachsen und nimmt dem Lebensmittelmarkt jedes Jahr 1% des Marktanteils weg.[2] Der gastronomische Markt wird als Markt definiert, in dem verzehrfähige bzw. fertige Speisen angeboten werden. Im Gegensatz zum Gastgewerbe fehlt hier jedoch der Dienstleistungscharakter. Wie die Analysen bereits gezeigt haben, hat das Gastgewerbe selbst nicht an dieser Entwicklung teilhaben können.

Im Gastgewerbe treten immer mehr **branchenfremde Unternehmen** in den Markt ein, um **Diversifikationsziele** zu verfolgen oder zusätzliche Einkaufserlebnisse beim Verkauf der Hauptleistung anzubieten. Besonders aufgrund der Veränderung der Ladenöffnungszeiten ergibt sich hier eine Verschiebung hin zur System- und Handelsgastronomie, die immer in der Nähe von den Einkaufzentren ihre Leistungen anbieten. Diese Entwicklung ging zulasten der Individualgastronomie.

Abbildung 14: Das gastronomische Unternehmen in der Zwangspresse

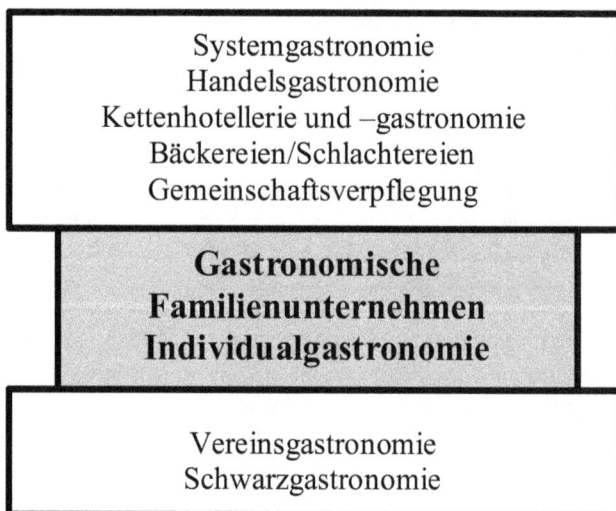

Systemgastronomie
Handelsgastronomie
Kettenhotellerie und –gastronomie
Bäckereien/Schlachtereien
Gemeinschaftsverpflegung

**Gastronomische
Familienunternehmen
Individualgastronomie**

Vereinsgastronomie
Schwarzgastronomie

---

[1] AHGZ: Schwere Zeiten für die feine Küche, 4. Juli 2009, Nr. 27

[2] www.abseits.de/kauefermarkt.htm vom 20.05.09, 14.35 Uhr: Neue Konkurrenten. Danach gewinnt zwar die deutsche Gastronomie jährlich etwa 1% der Food-Ausgaben vom Lebensmittelhandel, der nur noch rund 60% der deutschen Food-Ausgaben abdeckt. Die traditionelle Gastronomie profitiert aber davon im Gegensatz zur Systemgastronomie, Bäckereien und Metzgern, die kalte und warme Gerichte schnell und einfach konsumierbar anbieten, kaum. Ein weiterer Großteil des Umsatzes (ca. 25% des Gastronomieumsatzes) geht auf die Gemeinschaftsverpflegung zurück. Weitere 1,2 Mio. Menschen werden in Deutschland täglich durch Kliniken, Heime und Reha-Einrichtungen versorgt.

Eine Konkurrenzanalyse in der Gastronomie,[1] besonders für gastronomische Familienunternehmen/Individualgastronomie wird sehr gerne unter dem Gesichtspunkt: David gegen Goliath betrachtet. Untersucht man jedoch die Situation in der Gastronomie genauer, so zeichnet sich eher das Bild einer Zwickmühle ab, da die Individualgastronomie an zwei Fronten gleichzeitig kämpfen muss.

Im oberen Bereich dieser Zwickmühle finden wir die unternehmerischen Angebote, wie in der folgenden Tabelle 9 erläutert. Diese Wettbewerber haben das gastronomische Angebot entweder als Haupterwerb oder es ist ein wichtiges Leistungsangebot in Ergänzung zur eigentlichen Leistung. Besonders auffällig in dieser Analyse ist, dass die Wettbewerber in der Gastronomie vorrangig in der Tagesgastronomie wiederzufinden sind. Man findet hier ein beschränktes Angebot, das ohne große Zubereitungszeiten sofort verfügbar ist. Die Handelsgastronomie ist für die Individualgastronomie ein starker Wettbewerber geworden, da der Einkauf heute auch ein Teil der Freizeitgestaltung ist und dem Angebot der Individualgastronomie sehr nahe kommt. Hier ist jedoch zu beobachten, dass die klassische Handelsgastronomie sich auf dem Rückzug befindet, da sich diese Vertriebsform selbst in der Krise befindet. Die Gastronomie in den Einkaufszentren ist vom Grundsatz her eine Individualgastronomie, die aber in starker Abhängigkeit von Center-Management steht. Jedoch ist hier eine starke Repräsentanz von Gastronomieketten/Systemgastronomie zu erkennen, die aufgrund eines speziellen Angebotes auf kleinen Raum in der Lage sind, die hohen Mieten zu finanzieren.

Während im oberen Bereich der Abbildung alle Unternehmen den gesetzlichen gastronomischen Anforderungen unterliegen, treffen wir im unteren Bereich auf einen Wettbewerb mit ungleichen Markteintrittsbedingungen. Dieser Bereich spiegelt die **Schattenwirtschaft** bzw. **Schwarzgastronomie** wider. Hier werden gastronomische Leistungen ohne die notwendigen Konzessionen oder räumlichen Anforderungen angeboten. Teilweise werden diese Vorschriften umgangen, und zwar durch eine Vermietung der Räumlichkeiten an den Veranstalter oder durch die Möglichkeit des Erwerbs von Tageskonzessionen.[2]

Weiterhin besitzen viele Vereine in Deutschland ein eigenes Clubhaus, wo man je nach Vereinszweck die Geselligkeit pflegt. Aus anfänglichen Überlegungen zur Generierung von zusätzlichen Einnahmen ist für viele Vereine ein gastronomisches Angebot zum festen Bestandteil der Vereinsfinanzierung geworden. In Bezug auf Familienbetriebe tritt die Vereinsgastronomie heute in zwei Bereichen als Wettbewerber auf:

1. Veranstaltungsbereich – Vereinsfeste
2. Bereitstellung von Räumlichkeiten für Familienfeiern

---

[1] Weitere Literatur zur Umsetzung einer Konkurrenzanalyse in der Praxis: Schätzing: F & B Management, S. 123ff
[2] Tageskonzessionen können vom örtlichen Ordnungsamt ausgestellt und berechtigen den für den Tag der Veranstaltung den Verkauf von Speisen und Getränken.

Tabelle 9: Übersicht der Wettbewerber der Individualgastronomie nach Betriebstyp

Betriebstyp	Inhalte
Systemgastronomie	Die Systemgastronomie hat in das klassische Tagesgeschäft Einzug gehalten. Durch gezielte Marketingmaßnahmen der Systemgastronomie werden ausgewählte Zielgruppen wie Kinder, Jugendliche oder Familien mit Kindern besonders angesprochen. Preisaktionen sowie lange Öffnungszeiten ohne Ruhetage erlauben den Gästen ständig eine hohe Serviceverlässlichkeit. Weiterhin sind diese Restaurants in Standorten zu finden wie in Gewerbegebieten, an Verkehrsknotenpunkten oder im Innenstadtbereich und erlauben aufgrund eines hohen Wiedererkennungswertes und vergleichbaren Aufbaus der Einrichtung dem Kunden eine sofortige Orientierung. Das Angebot zeichnet sich durch ein gleich bleibendes Speisenangebot und gleiche Menge und Qualität aus, sodass der Gast keine Unterschiede zwischen den Restaurants innerhalb der Kette fürchten muss und wird durch immer wechselnde Aktionen ergänzt. Somit garantieren diese Restaurants einen hohen Grad an Verlässlichkeit für die Gäste.
Bäckereien / Schlachtereien	Bäckereien und Schlachtereien zeichnen sich besonders im Frühstücksbereich und Mittagstisch durch ein schnelles und preisgünstiges Speisenangebot aus. Verschiedene Snacks und Gerichte sind bereits verzehrfertig vorbereitet und können im sog. Straßenverzehr sofort konsumiert werden. Dies Angebot entspricht dem Trend im Tagesbereich, da für gesetzte Speisen (servierte Speisen am Tisch) die Pausenzeit häufig nicht ausreicht bzw. nicht nur für Mahlzeiten allein genutzt werden soll.
Handelsgastronomie	Die Handelsgastronomie hat vorrangig den Zweck der Verkaufsförderung und das Ziel, ein Einkaufserlebnis abzurunden. Dabei hat die Handelsgastronomie mehr Marketingziele zu erreichen und weniger Gewinnmaximierungsziele. Vor allem im Café und Mittagstischbereich werden besondere Akzente gesetzt, damit der Gast das Unternehmen betritt und auf den Weg ins Restaurant noch weitere Käufe tätigt. Mit der Ausweitung der Ladenöffnungszeiten wurde die Handelsgastronomie immer stärker auch ein Konkurrent für die herkömmliche Gastronomie, da die Ladenöffnungszeiten immer mehr den Freizeitbereich völlig ausfüllen. Weiterhin hat die Handelsgastronomie schon lange das kalte Flair eines SB-Restaurants abgelegt und tritt vom Ambiente her sehr stark auf.

Betriebstyp	Inhalte
Kantinen und Gemeinschaftsver-pflegung	Kantinen und Gemeinschaftsverpflegung waren traditionell immer nur im Tagesbereich zu finden und nur für eine bestimmte Gruppe der Firma bzw. Organisation zugänglich. Jedoch auch diese Angebote wurden für Familienbetriebe zur Konkurrenz, da die Kantinen in den Unternehmen einem Outplacementprozess unterlagen und an freie Pächter vergeben wurden. Diese freien Pächter hatten häufig das Recht, den Kundenkreis auszuweiten. Weiterhin bekamen diese Pächter die Möglichkeit, die Einrichtungen auch für einen Partyservice / Cateringservice zu nutzen, die sich aufgrund der zeitlichen Strukturen diese Aufgaben optimal ergänzten.

Vereinsfeste werden heute nur noch teilweise durch eine konzessionierte Gastronomie durchgeführt, da das Angebot von gastronomischen Leistungen (wie z.B. Verkauf von Kaffee und Kuchen, Wurst und Bier) eine gute Einnahme für den Verein geworden ist. In den letzten Jahren war es zu beobachten, dass die Zahl dieser Vereinsfeste stark angewachsen ist und sie sich hoher Besucherzahlen erfreuten. Dieser Besucheranstieg ist auch auf die niedrigen Preise zurückzuführen, da die Vereine keine Personalkosten haben und somit ohne staatliche und soziale Abgaben kalkulieren können.

Weiterhin werden die geschaffenen Räumlichkeiten heute immer den Vereinsmitgliedern, aber auch teilweise öffentlich zugänglich gemacht, ohne dabei immer die baulichen Anforderungen der gewerblichen Gastronomie zu erfüllen. Diese Räumlichkeiten werden dann für private Veranstaltungen wie Familienfeiern genutzt und stehen somit in Konkurrenz zu den Raumangeboten der klassischen Gastronomie.

Zur Förderung der Attraktivität einer Region wurden touristische Anziehungspunkte verschiedener Art geschaffen. Diese Einrichtungen wurden mit öffentlichen Mitteln teilweise oder vollständig finanziert mit dem Ziel, den Besuchern weitere Angebote zu bieten und somit auch die heimische Gastronomie zu fördern. Aufgrund des Kostendrucks der öffentlichen Hand und aufgrund des geänderten Ausgabeverhaltens im Tourismus wurden eigene gastronomische Möglichkeiten (oder Möglichkeiten der Selbstverpflegung) in den Tourismuspunkten geschaffen. Diese Maßnahmen stand nicht im Konflikt mit dem Ziel der Tourismusförderung, jedoch ist hier zu beobachten, dass besonders im Tagesgastronomiebereich die bestehende Gastronomie nur wenig Belebung erfahren hat. Teilweise entwickelten sich die gastronomischen Angebote der touristischen Einrichtungen sogar als direkte Konkurrenz zur bestehenden Gastronomie.

In der Zusammenfassung lässt sich erkennen, dass die Individualgastronomie im Wettbewerb mit den Konkurrenten im oberen Segment gute Chancen einer Profilierung hat und mit entsprechenden Angeboten reagieren kann. Da sich jedoch aufgrund der Wettbewerbssituation im unteren Bereich ganz neue Formen des Wettbewerbs mit Wettbewerbsverzerrungen ergeben, lässt sich festhalten, dass der traditionelle Bereich der Individualgastronomie hier stark angegriffen wird. Ein direkter Wettbewerb ist aufgrund der wettbewerbsverzerrenden Bedingungen kaum möglich. So ist die Individualgastronomie gezwungen, sich in dieser Konkurrenzsituation neuer Konzepte zu bedienen, die die gastronomische Kreativität fordern.

2.2.4.3   Unternehmensanalyse

Die Istanalyse des eigenen Gastronomiebetriebes bedarf zunächst einer betriebswirtschaftlichen Bestandsaufnahme oder Inventur. Exemplarisch sind hier entsprechend für die Analyse folgende Bereiche zu betrachten:

Tabelle 10: Kriterien der Unternehmensanalyse

Analysenbereich	Fragen/Kennzahlen (Auszug möglicher Punkte der Analyse)

Umsatz	• Welchen Umsatz machen wir?
	• Verteilung des Umsatzes:
	  – Monate/Wochenetage/Tageszeiten
	  – Kundengruppen
	• Umsatzträger: Renner-Penner Liste
	• Verhältnis Stammkundschaft/Neukunden

Finanzen	• Eigenkapital/Fremdkapitalquote • Cash-Flow • Liquiditätsgrade • Leasingquote • Anlagenfinanzierung • Vorratshaltung • Return on Investment • Break Even nach Gästezahlen, Zeithorizont • Selbstfinanzierungsgrad
Betriebsstätte	• Lager der Gastronomie • Stille Reserven der Gastronomie
Personal	• Ausbildungsgrad des Personals • Altersstruktur des Personals • Fähigkeiten des Personals
Unternehmens- leitung	• Ausbildung des Unternehmers • Motivation des Unternehmers • Bei Familien: Familienstruktur • Bei Gesellschaften: Gesellschafterstruktur
Planung/ Kalkulation/ Controlling	• Stand der Unternehmensplanung • Budgetvergabe • Stand der Kalkulation auf Vollkosten- und Teilkostenbasis • Berichtswesen • Risikoanalyse
Beratungen/ Kooperationen Netzwerk	• Welche Berater beschäftigt das Unternehmen? • Zugehörigkeit an Berufsverbänden, Marketinggesellschaften etc. • Einbindung in die regionale Tourismusvermarktung

Diese Fragen sind im Rahmen eines **Stärken- und Schwächenprofils** für jedes Unternehmen individuell zu beantworten. Ziel der Analyse sollte es sein, dass der Betrieb erkennen kann, wo seine Potenziale, aber auch im Vergleich zur Branche seine Schwächen liegen.[1]

Für eine Unternehmensanalyse in der Gastronomie sind Analysen der Kundenstruktur und die Bindung der Gäste an das bisherige Leistungsangebot von besonderer Bedeutung. Stammgäste bilden in der Gästestruktur die Umsatzbasis, die gepflegt werden muss und in einem stark umworbenen Markt als Vermögen zu sehen ist. Eine Neuausrichtung eines Unternehmens ohne Rücksicht auf die Wünsche der Stammgäste ist sehr kritisch für ein Unternehmen. So ist es aber genauso kritisch, wenn sich das Angebot nicht den Wünschen der Stammgäste anpasst. So ist in diesem Fall genau zu analysieren, wo die Stammgäste eine Veränderung, Erweiterung oder Eliminierung des Angebots positiv aufnehmen und welche Bestandteile des Angebots den Grund des Besuchs bestimmen. Hier gilt es vielmehr auf der Basis der Stammgäste neue Leistungsziele zu entwickeln, die Abwanderungstendenzen entgegenwirken und so neue Gästepotenziale schaffen.[2]

Aufgrund des persönlichen Charakters sind **Mitarbeiter** eine wichtige Ressource in der Definition einer Strategie und somit auch ein wichtiger Analysepunkt. Hier gilt es, Stärken und Schwächen für einen zukünftigen Schulungsbedarf zu bestimmen. Dabei ist jedoch nicht nur die Beziehung zwischen den Gästen zu betrachten, sondern auch ihr fachliches Wissen sollte man im Analyseprozess nutzen, um so wertvolle Informationen durch die Mitarbeiter zu erhalten.[3] Mitarbeiter sind in ihrer Freizeit auch Gäste der Gastronomie und können aufgrund ihres beruflichen Interesses die eigenen Leistungsbereiche in einem anderen Licht reflektieren. Dieses Wissen ist somit einzubinden, da es dem Unternehmen kostenfrei zur Verfügung steht.

Auf der Basis der Istanalyse werden später Ressourcen wie Kapital aber auch Zeit und Energie gebündelt. Aus diesem Grunde ist es von besonderer Wichtigkeit, dass das Unternehmen sich in diesem Prozess ehrliche Einschätzungen vornimmt und in dieser Phase keinem Wunschdenken unterliegt. Eine mangelnde Selbstehrlichkeit kann später zu existenziellen Schwierigkeiten führen. Ziel der Unternehmensanalyse ist es, Handlungsspielräume zu erkennen. Sie sollte nicht als Kontrolle oder Kritik der bisherigen Erfolge zu verstehen sein.

2.2.4.4 Staatliche Eingriffe in den gastronomischen Markt

Die Kostenstrukturen und auch die Gestaltung des Angebotes in der Gastronomie werden durch eine Reihe von staatlichen Eingriffen und **Auflagen** stark dominiert bzw. eingeschränkt. Besonders in den letzten Jahren hat es eine Reihe von Veränderungen gegeben, die auch die internationale Konkurrenzfähigkeit der Gastronomie einschränken. So sind in den folgenden Bereichen staatliche Eingriffe zu finden wie:

---

[1] für weitere Anhaltspunkte zur Durchführung einer Unternehmensanalyse in der Gastronomie: Schätzing: Management, S. 109

[2] vgl. Kapitel 4 und die dort angegebene Literatur. Besonders im Abschnitt 4.4.2.1 wird im Gap-Modell auf diesen Punkt näher eingegangen.

[3] vlg. Kapitel 4 und Kapitel 5

a) Arbeitsstättenverordnung: Einhaltung von Richtlinien der Arbeitsstättenverordnung wie z.B. das Vorhandensein eines Entlüftungssystems in der Küche und in den Aufenthaltsräumen der Mitarbeiter etc.

b) Verordnungen über Sanitäreinrichtungen wie z.B. die Toiletten. Deren Anzahl wird berechnet nach den Sitzplätzen im Innen- und Außenbereich. Dabei wird nicht von der Beanspruchung, sondern ausschließlich von der maximalen Nutzung der Kapazität ausgegangen. In einem Verfahren wird die Wertigkeit der Stühle nach einem bestimmten Schlüssel berechnet.

c) Hygieneverordnungen: Mit dem Ziel der Lebensmittelsicherheit wurden umfangreiche Verordnungen zur Hygiene, Lagerung und Produktion von Lebensmitteln durch die HACCP-Richtlinie[1] erlassen.

d) Baurechtliche Verordnungen: Hier werden besonders auf Fluchtwege, Brandschutzauflagen etc. Wert gelegt zur Sicherheit der Gäste.

e) Vorschriften aus dem ökologischen Bereich wie z.B. Entsorgungsverordnungen von Abwasser, Einbau von Fettabscheidern im Küchenbereich und Organisation der Mülltrennung

f) Urheberrecht: In Deutschland ist die Gastronomie bei der Beschallung der Räumlichkeiten und bei Veranstaltungen verpflichtet, GEMA oder Rundfunkgebühren zu entrichten.

Diese Vorschriften werden in der EU unterschiedlich umgesetzt und führen zu einer erheblichen Kostenbelastung für die deutsche Gastronomie und in der Ausgestaltung von Angeboten.[2]

Besondere Aufmerksamkeit hat in der letzten Zeit das Rauchverbot erfahren, da diese neuste gesetzliche Verordnung mit einem großen Eingriff in das Hausrecht eines Gastronomen einherging. In Verständnis vieler Gäste gehören Geselligkeit und der Nikotinkonsum zusammen. Auch wenn es gute gesundheitliche Gründe gibt, das Rauchen in öffentlichen Einrichtungen zum Schutz der Mitarbeiter und Minderjährigen zu unterbinden, wurde mit der Umsetzung dieses Gesetzes das Hausrecht sowie die Entscheidungsfreiheit von Gästen und Gastronomen eingeschränkt. Diese Verordnung stellt viele kleine gastronomische Betriebe vor existenzielle Probleme, da derzeit mehr Raucher der Gastronomie fernbleiben als Nichtraucher zurückkehren.[3]

---

[1] HACCP = Hazard Analysis Critical Control Point. Darunter ist ein System zu verstehen, das kritische Punkte in der Lagerung und Zubereitung von Lebensmittel identifiziert, um anschließend vorbeugende Maßnahmen zu ergreifen. So wirkte sich diese Vorschrift z.B. in den Hygienevorschriften in Küche und Kühlräumen aus oder in der Analyse der Kühlkette während der Beschaffung der Lebensmittel.

[2] AHGZ: Die Verbotskultur ist unerträglich, 26.07.2008

[3] Statistisches Bundesamt: Rauchverbote und Umsätze im Gaststättengewerbe: Pressemitteilung Nr. 207 vom 06.06.2008: In den Bundesländern mit Rauchverbot hatte besonders die getränkegeprägte Gastronomie einen Umsatzrückgang von mehr als 5,3% gegenüber den Bundesländern ohne Rauchverbot zu verzeichnen. Auch wenn der Umsatzrückgang auf die Nichtrauchergesetz zurückgeführt wird muss berücksichtigt werden, dass die Vergleichszeiträume 2006 noch vor der Umsatzsteuererhöhung lagen.
Weiter auch NRW Konjunkturbericht 2008: in 2008 hatte 46,5% der Gastronomen rückläufige Gästezahlen. Das Ausgehverhalten hatte sich auf die Ertragslage niedergeschlagen. 64% der befragten Unternehmen gaben einen Rückgang ihrer Erträge an.

Seit die Umsatzsteuer Anfang 2007 von 16% auf 19% erhöht wurde, wird vom Gastgewerbe eine Änderung des Umsatzsteuergesetzes gefordert.[1] Gastgewerbliche Leistungen sollten in Zukunft nur noch mit 7% besteuert werden. Diese Änderung würde besonders Wettbewerbsverzerrungen innerhalb Europas und auch gegenüber Caterern reduzieren.[2] Diese Einsparungen würden die Ertragslage und die Wettbewerbssituation der Gastronomie wesentlich verbessern.[3]

2.2.5 Einkommensquellen in der Zukunft für gastronomische Familienunternehmen

Betrachtet man viele Meinungen über das zukünftige Konsumentenverhalten wie auch die Zukunft unserer Arbeitswelt[4], so lässt sich festhalten, dass unsere zukünftigen Wertschöpfungsstrukturen stark wissensorientiert und serviceorientiert sein werden. Die Rolle Deutschlands wird in einer globalisierten Wirtschaft wird in der Organisation von Logistikströmen und in der Generation von Wissen und Innovation für den Weltmarkt sein. Weiterhin werden wir aufgrund des demografischen Wandels immer mehr Arbeitsplätze im Gesundheitswesen bekommen und der Bereich der Unternehmensdienstleistungen wird gegenüber der Produktion weiter an Bedeutung gewinnen. Die Arbeitsform selbst wird stark durch den virtuellen Arbeitsplatz bestimmt sein uns einen stärkeren Projektcharakter bekommen.[5] Dies bedeutet, dass Mitarbeiter keine langfristigen, sondern stärker kurzfristige spezialisierte Aufgaben erhalten werden.

Gesellschaftlich wird erwartet, dass dieser wirtschaftlicher Prozess auch die gesellschaftlichen Werte beeinflusst und das die Kulturen immer stärker zusammenwachsen. Diese Entwicklung kann für unsere Gesellschaft bedeuten, dass Werte und Normen auch stärker durch fremde Kulturen beeinflusst werden. Jedoch sind auf der anderen Seite Tendenzen zu beobachten, bei denen wir die **Rückkehr zu bürgerlichen und postmateriellen Werten** erkennen können.[6]

Wenn man den Versuch unternimmt, diese Tendenzen auf die Individualgastronomie zu übertragen, so ergeben sich mehrere **zukünftige Einkommensquellen** für die Individualgastronomie[7], die an dieser Stelle vorgestellt werden sollen. Diese Ausführungen erheben

---

[1] einige ausgewählte Ust-Sätze der beliebtesten deutschen Reiseziele: Niederlande (normal: 19%, Hotel 6%, Restaurant 6%); Österreich (normal: 20%, Hotel 10%, Restaurant 10%); Spanien (normal: 16%, Hotel 7%, Restaurant 7%); Griechenland (normal: 19%, Hotel 9%, Restaurant 9%); Dänemark (normal: 25%, Hotel 25%, Restaurant 25%); Frankreich (normal: 19,6%, Hotel 5,5%, Restaurant 19,66%); Italien (normal: 20%, Hotel 10%, Restaurant 10%); www.dehoga.de vom 11.05.2009

[2] Gastronomie-Report: Mehrwertsteuer vom 30.04.2009

[3] NRW Konjunkturbericht 2008: Die befragten Gastronomen gaben an, dass sie die Einsparungen im Falle einer Senkung der Umsatzsteuer wie folgt investieren würden: 21% in Preisnachlässe, 14% in Lohnerhöhungen, 10% in Qualifikationsmaßnahmen für Mitarbeiter, 19% in die Erhöhung der Gewinnmarge und 36% für Investitionen.

[4] Deutsche Bank Reserach: Deutschland im Jahr 2020

[5] ebenda

[6] siehe z.B. Soller: Mittelstandshotellerie, S. 37ff

[7] AHGZ: Schwere Zeiten für die feine Küche, 4. Juli 2009, Nr. 27

weder Anspruch auf Vollständigkeit noch auf eine Wertung. In der Gesamtbetrachtung lässt sich aber festhalten, dass die genannten Tendenzen folgende Ansprüche an die Gastronomie stellen:

- ein kulinarisches Erlebnis[1]
- hohen Anspruch auf Flexibilität in der Zubereitung der Speisen unter Berücksichtigung der Bedürfnisse der Gäste.
- hohen Anspruch auf Individualität
- hohen Anspruch an Professionalität
- Forderung der Spezialisierung und somit Nischenbildung

Regionalität

In einer globalisierten Welt ist in der Küche ein großer Trend der Regionalität zu erkennen. Es existiert der Wunsch, bestehende Speisen aus der regionalen Küche zu erhalten und diese neu zu erleben.[2] Da die Generationen heute keine gemeinsame Küche mehr pflegen, wird dieser Wunsch auf die Gastronomie übertragen. Da die Zubereitung dieser Speisen grundsätzlich eine große Gästezahl voraussetzt, bekommt hier die Gastronomie noch zusätzlich die Bündlungsfunktion. Aufgrund des Ziels des Erhalts der regionalen Küche als Teil eines regionalen Kulturerbes werden diese Marktpotenziale durch öffentliche Mittel unterstützt.[3] Weiterhin begünstigen die vielen Lebensmittelskandale den Wunsch, die Produktion und den Konsum der Lebensmittel im regionalen Kreislauf zu erleben. Nicht zuletzt möchten die Gäste die Kreativität der Gastronomie erfahren und die Vielfalt der Zubereitungsmöglichkeit einheimischer Produkte erleben.

Allergien und Gesundheit

Aufgrund der Vielzahl von Allergien und Erkrankungen ist es für viele Familien und Gruppen kaum noch möglich, Gäste in den eigenen Reihen zu bewirten. Die geforderte Vielfalt und die damit verbundene Sorgfalt werden so an die Gastronomie übertragen, die dann gefordert ist, Speisen in der entsprechenden Vielfalt und auch in der notwendigen Flexibilität anzubieten.

Kochkunst präsentieren und lehren

Der Zwang, immer neues Wissen im beruflichen Bereich zu erwerben überträgt sich auch auf den privaten Bereich. So besteht heute vielfach der Wunsch, die Zubereitung der Speisen zu erleben und somit die eigenen Kochkenntnisse zu vertiefen. Auch wenn es lebensmittelrechtliche Bedenken gibt, Gäste in die Küche einzuladen, so kann man diesem Wunsch bereits durch kleine Einblicke entsprechen. Dieser Trend würde weiter einer Professionalitätsstrategie der Gastronomie unterstützen.

---

[1] AHGZ: Erlebnis wird immer wichtiger, 14. Februar 2009, Nr. 7

[2] AHGZ: Man isst wieder deutsch vom 18.03.2006; AHGZ: Erfolgsrezept Regionalküche vom 18.01.2006

[3] teilweise gibt es hier geförderte EU Programme wie z.B. Cultural Hertitage oder vom DEHOGA Niedersachen: Der Niedersachsenteller etc..Weiter AHGZ: Landgasthöfe auf dem Vormarsch vom 20.06.2001 sowie in der Serie der kommenden Ausgaben über erfolgreiche Konzepte kleiner Hotel- und Gaststättenbetriebe.

Familie und Suche nach einen Schutzraum

Aufgrund eines zu beobachtenden Trends zur Rückkehr zu bürgerlichen Werten in der Ge-sellschaft ist für die Gastronomie der Wunsch nach Beständigkeit in einer sich immer stärker wandelnden Welt zu finden. Familienunternehmen stehen im Besonderen für Beständigkeit, Verlässlichkeit, Tradition und Erhalt von traditionellen Werten. Die Gastronomie könnte hier eine Alternative zur isolierenden Arbeitswelt anbieten, wenn sie dem Wunsch nach Individu-alität statt nach Uniformität, wie in den Systemhäusern, Rechnung trägt. Weiterhin ist hier zu erkennen, dass gerade traditionelle bürgerliche Gerichte, die aber professional zubereitet sind, besonders gefragt sind (Klassiker von Profis zubereitet).[1]

Globalisierung

Aufgrund der internationalen Arbeitsteilung werden der Besucherstrom und die Anzahl der ausländischen Gäste immer größer. Ein Unternehmen, das nicht über die notwendigen Sprachkompetenzen verfügt oder nicht in der Lage ist, die Speisenkarte in mehreren Spra-chen zu präsentieren, wird im Firmenkundengeschäft langfristig Probleme erwarten können. Ferner ist die Kenntnis von kulturellen Besonderheiten gefordert unter Berücksichtigung nationaler Angebote. Auf der anderen Seite fördert die Globalisierung eine Regionalität, da die Besucher immer die regionalen Gewohnheiten und Speisen erleben möchten.

Spezialisierung

So gibt es eine ganze Reihe an Spezialitätenrestaurants, die sich entweder auf bestimmte Speisen (Chicken, Sushi, etc.), eine bestimme Zielgruppe (Singles, Generation 50plus, Be-rufstätige, Vereins- oder Clubangebote) spezialisiert haben. Hier ist es möglich, sich ganz speziell auf die Wünsche und Bedürfnisse der Zielgruppe auszurichten. Voraussetzung ist jedoch, dass ein ausreichend großes Gästepotenzial erreicht wird und die Spezialisierung keinem Modetrend unterliegt.

Für die Zukunft gibt es verschiedene Entwicklungsmöglichkeiten, jedoch ist es Aufgabe der Unternehmensführung, die Spezialisierung und Nischenbildung individuell unter Berück-sichtigung der regionalen Chancen zu bestimmen. Interessanterweise zeigen hier Seitenein-steiger oft mehr Kreativität und bessere Kenntnisse in der Vermarktung. Sie treten als die cleveren Gäste[2] auf, was aber nur bedingt auf die betriebswirtschaftliche Führung von Gast-ronomiebetrieben zu übertragen ist.

2.3   Strategiebildung

Strategiebildung ist ein Entscheidungsprozess und beruht auf Intuition, Kreativität, ganzheit-lichem Denken, Realitätssinn und Professionalität. Sie ist ein kreativer Entscheidungspro-zess, da aufgrund des langfristigen Charakters viele Faktoren der Erwerbstätigkeit veränder-bar sind.

---

[1] AGHZ: Gäste verändern sich, 20. Dezember 2008, Nr. 51

[2] AHGZ: Über Umwege zum Erfolg vom 22. Juli 2006

Ein Entscheidungsprozess selbst besteht aus folgenden Stufen:

- Problemdefinition
- Zielbildung
- Informationssammlung
- Generation von Lösungen - Strategieoptionen
- Bewertung von Lösung - Strategieanalyse
- Entscheidung - Strategiedefinition
- Implementation - Strategieumsetzung
- Kontrolle

Die ersten Stufen stellt die Analysephase im Strategieprozess dar. Die Bewertung von Lösungen und Strategiedefinitionen ist dabei ein **analytischer Prozess** unter der Berücksichtigung der Chancen und Risiken, Stärken und Schwächen sowie der Ressourcen des Unternehmens. Der spätere Teil dieses Prozesses ist die Umsetzung der Entscheidung, d.h. die Planungen durch Tätigkeiten bzw. Maßnahmen umzusetzen.

An dieser Stelle ist zu betonen, dass ein Entscheidungsprozess nicht nur rationale sondern auch eine Reihe irrationaler Elemente beinhaltet. Entscheidungsprozesse selbst unterliegen Aspekten wie Macht und Einfluss verschiedener Mitglieder in der Entscheidungsfindung.[1] Wie bereits dargestellt, ergeben sich für Familienunternehmen in der Definition der zukünftigen geschäftlichen Aktivitäten unterschiedliche Sichtweisen aufgrund unterschiedlicher persönlicher Ziele und Betrachtungsweisen über die unternehmerische Zukunft. So ist die Bewertung der einzelnen Strategieoptionen nicht unfrei von persönlichen Zielen und Motivationen, die die Wahl der Strategie beeinflussen.

In der Definition einer Strategie sind folgende Punkte zu berücksichtigen:

- Definition des strategischen Handlungsspielraums
- Strategische Optionen
- Kenntnis von Erfolgsketten in der Gastronomie

Der erste Punkt beschäftigt sich nochmals mit der Komplexität in der **Definition des strategischen Handlungsspielraums**, wie in Abbildung 15 dargestellt.[2] Wie daraus zu erkennen ist, wird der strategische Handlungsspielraum stark durch die Potenziale und Werte der Unternehmerfamilie bestimmt. Dabei steht die Unternehmerfamilie selbst wiederum unter starkem Erwartungsdruck der Öffentlichkeit und hat den Auftrag, diese Erwartungshaltungen in den unternehmerischen Entscheidungen zu reflektieren.

---

[1] Meyer: Management Consultancy 1989

[2] siehe auch: Witt: Konzeption strategischer Entscheidungen (2002)

Abbildung 15: Der strategische Handlungsspielraum eines Familienbetriebes
in der Gastronomie

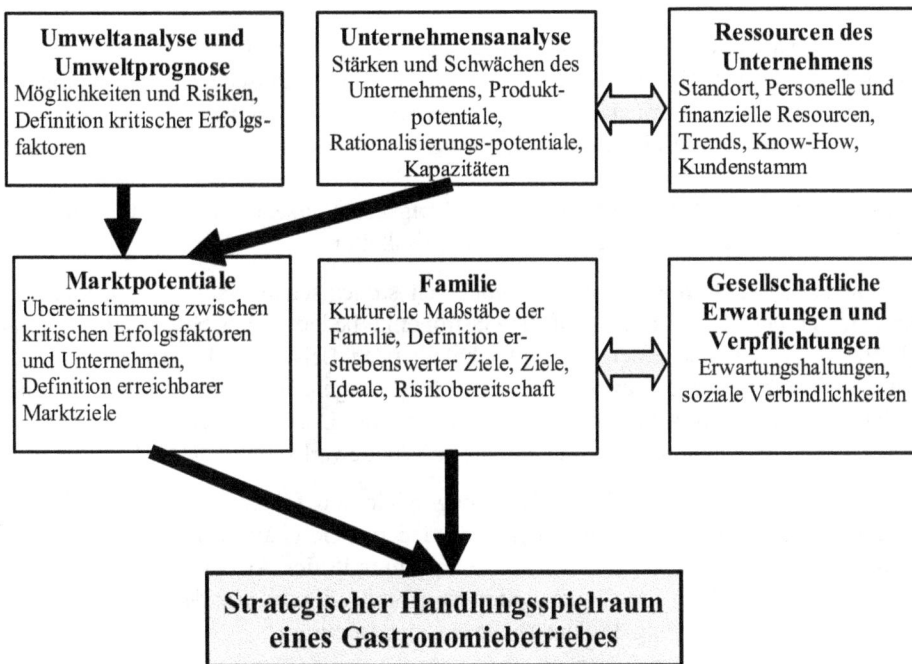

Umweltanalyse und Umweltprognose Möglichkeiten und Risiken, Definition kritischer Erfolgsfaktoren	**Unternehmensanalyse** Stärken und Schwächen des Unternehmens, Produktpotentiale, Rationalisierungs-potentiale, Kapazitäten	**Ressourcen des Unternehmens** Standort, Personelle und finanzielle Resourcen, Trends, Know-How, Kundenstamm
Marktpotentiale Übereinstimmung zwischen kritischen Erfolgsfaktoren und Unternehmen, Definition erreichbarer Marktziele	**Familie** Kulturelle Maßstäbe der Familie, Definition erstrebenswerter Ziele, Ziele, Ideale, Risikobereitschaft	**Gesellschaftliche Erwartungen und Verpflichtungen** Erwartungshaltungen, soziale Verbindlichkeiten

Strategischer Handlungsspielraum
eines Gastronomiebetriebes

Quelle: nach einer Idee von Hinterhuber: Strategische Unternehmensführung 1998

Der strategische Handlungsspielraum für das klassische Familienunternehmen selbst wird durch die gastronomische Aufgabe in den Bereichen Restauration, Beherbergung, Veranstaltungen und Catering eingeschränkt. Aufgrund der starken Gebundenheit an den Standortfaktor wird das gastronomische Konzept durch die regionalen Möglichkeiten und Konzepte der Wirtschaftsförderung eingeschränkt. Dies erlaubt dem Unternehmer nur, ihre Potenziale im Rahmen des regionalen Tourismuskonzeptes einzusetzen.

Gastronomische Familienbetriebe können ihren strategischen Handlungsspielraum in Marktnischen besonders gut entfalten. **Marktnischen** wirken wie ein Schutzraum, in dem die Unternehmen individuell auf die Bedürfnisse der Zielgruppe eingehen können und darauf genau ihre Ressourcen und Prozesse auf die Marktchancen abstimmen können. So ist es für die Unternehmen möglich, eine Marktführerschaft und Wettbewerbsvorteile innerhalb der Nische zu übernehmen, sofern diese Vorteile mit den kulturellen Maßstäben der Familie einher gehen.

Dabei können die gastronomischen Familienbetriebe von den Wettbewerbern lernen, ihre Schwächen in Stärken umwandeln und somit den strategischen Handlungsspielraum zu erweitern, wie z. B.

- aus der Systemgastronomie: Standardisierung von regulären Angeboten zur Optimierung von Prozesskosten, Gestaltung eines verlässlichen Basis-Speisenangebotes, Kommunikation mit den Entscheidern eines Restaurantbesuches wie z.B. Kinder
- aus den Vereinen: Verbindung von gastronomischen Leistungen und einem Event bzw. Thema
- aus der Handelsgastronomie: innovative Mittagstischkonzepte in Büfettform mit breiter Auswahl der unterschiedlichen Trends in der Esskultur

Ein weiteres **Qualitätsmanagement**[1] erhöht den strategischen Handlungsspielraum eines Familienunternehmens. In Bezug auf die Gastronomie bedeutet dies besonders den Wunsch nach Verlässlichkeit und einer stetig gleichbleibenden Leistung. Qualität selbst ist dabei immer das Ergebnis eines Prozesses, der vom Gast ausgeht und die Individualgastronomie hat hier große Chancen, sehr gästeorientiert zu arbeiten. Der Qualitätsprozess selbst erlaubt aber auch eine Reihe von Kostenvorteilen, die zu Wettbewerbsvorteilen werden können.

Nach der Definition des strategischen Handlungsspielraums folgen die Definition der Unternehmensstrategie und die Strategie in den verschiedenen Geschäftsfeldern. Entsprechend der Fragestellung ergeben sich hier verschiedene **Optionen in der Auswahl der Strategie** (vgl. Tabelle 11). Die Wahl der jeweiligen Option ist in Abhängigkeit von der Marktsituation und der strategischen Ausrichtung des Unternehmens zu bestimmen.[2]

In der Auswahl und Ausgestaltung der einzelnen Strategieoptionen ist die Erfolgskette der einzelnen Maßnahmen in Abhängigkeit von den Unternehmenszielen zu berücksichtigen. Erfolg in der Gastronomie ist immer ein Erfolg der Mitarbeiter- und Gästebindung, der dann auch zum wirtschaftlichen Erfolg wird.[3] Dabei ist zu betonen, dass der Unternehmenserfolg nicht direkt von der konkreten Definition einer bestimmten Strategie abhängt, sondern vielmehr von der Umsetzung dieser Strategie[4]. Somit müssen Strategieentscheidungen Konsensentscheidungen sein und von der Unternehmensführung, der Unternehmerfamilie und auch von den Mitarbeitern getragen werden. Dies setzt voraus, dass die Strategie auch im Unternehmen intern vermarktet wurde und dass das Unternehmen auf die gewählte Strategie vorbereitet ist. Eine gute Umsetzung der Strategie zu gewährleisten, d.h. durch eine hohe Mitarbeiterbindung eine Gästezufriedenheit und somit eine Anhebung der Gästezahl oder Preisbereitschaft zu erreichen ist teilweise wichtiger, als die richtige Definition der eigentlichen Strategie oder die richtige Definition einer Marktnische.

---

[1] siehe Kapitel 4

[2] Stöger: Strategieentwicklung, S. 115ff

[3] vlg hierzu Kapitel 8, Abschnitt 8.3.1: Die Erfolgskette in der Gastronomie

[4] Peters/Waterman: In Search of Excellence (1989). Sie verweisen in Ihrem Buch auf 7 Faktoren, die erfolgreiche Unternehmen von weniger erfolgreichen Unternehmen unterscheiden. Die 3 harten Faktoren sind Strategie, Organisation und Systeme und die 4 weiche Faktoren sind Mitarbeiterbindung, Führungsstil, Stammpersonal und Wissen im Unternehmen. Die konkrete Auswahl der gewählten Strategie ist nur ein Baustein des Erfolges. Hier ist es weiter wichtig, inwieweit sich die Strategie am Kerngeschäft des Unternehmens orientiert und auch von Stammpersonal getragen wird.

Tabelle 11: Strategische Fragestellung und Strategieoptionen

Geschäftsfeld-strategien	Abgrenzung strategischer Geschäftsfelder	Bildung verschiedener Geschäftsfelder anhand folgender Kriterien: • betriebliche Funktionen • Kundengruppen • Lebenszyklus des Kunden • Regionen
	Marktfeldstrategie	Grundgrundlegende Marktstrategie: • Marktdurchdringung • Marktentwicklung • Produkt-/Dienstleistungsentwicklung • Diversifikation
	Wettbewerbsvorteils-strategie	Nutzung von Wettbewerbsvorteilen: • Qualitätsvorteil • Innovationsvorteil • Markenvorteil • Programmbreitenvorteil • Kostenvorteil • Zeitvorteil
	Marktabdeckungsstrategie	Gesamtmarktstrategie oder Nischenstrategie
	Timingstrategie	Pionier der Leistung oder Nachfolger der Leistung
Marktteilnehmerstrategien	Marktbearbeitungsstrategie	Erreichen der Kunden mit einer einheitlichen, differenzierten oder Segment of One Approach Strategie.
	Kundenstrategie	• Gewinnung von neuen Gästen • Halten von Stammgästen • Rückgewinnung von Gästen
	Verhaltens-strategien — Abnehmer-gerichtet	Bildung von Kundenpräferenzen oder Erhöhung der Anzahl der Tagesgäste durch eine Preismengenstrategie.
	Verhaltens-strategien — Wettbewerbs-gerichtet	Umgang mit Mitbewerbern im Markt: • Ausweichen • Kooperation • Konflikt • Anpassung
	Verhaltens-strategien — Absatzmittler-gerichtet	Umgang mit Absatzmittler: • Ausweichen, eigener Vertrieb • Kooperation • Anpassung
Marketing-Instrumente-Strategien	Einsatz der Marketinginstrumente/ Marketing Mix aus den Bereichen der	• Leistungspolitik • Kommunikationspolitik • Distributionspolitik • Preispolitik • Public Relations • Personalpolitik

Quelle: Meffert/Bruhn: Dienstleistungsmarketing, S. 227 mit eigenen Ergänzungen und Abänderungen in Bezug auf die Gastronomie

2.4   Umsetzung der Strategie

Die Umsetzung der Strategie bedeutet vorrangig, die **strategischen Ziele in handlungsorientierte Ziele zu transferieren**, worauf die unteren Stufen der Strategiepyramide aufbauen (siehe Abbildung 16).[1] Nicht nur die Daten und Vorgaben werden in Bezug auf das Unternehmen immer konkreter, auch der Planungshorizont wird immer kürzer und es setzt eine starke Ergebnisorientierung ein. Dies bedeutet, dass viele abstrakte Größen zu messbaren und kontrollierbaren Größen werden. Somit entsteht die Grundlage für ein operatives Management, da die Strategieentscheidungen als unveränderbar gelten und den Bezugsrahmen für Entscheidungen darstellen. Dieser ist die Grundlage für verschiedene Bereiche im Management, die in den folgenden Abschnitten näher betrachtet werden wie:

- Marketing: Kommunikation mit dem Markt, um die Erwerbsquellen zu nutzen
- Organisation: Aufbau von Prozessstrukturen und Kommunikationsstrukturen zur Implementierung der Strategie
- Qualitätsmanagement: Steuerung der Prozesse, um Kundenzufriedenheit zu erreichen
- Personal: Bereitstellung der notwendigen Personalressourcen und Mitarbeiterführung entsprechend der Strategie
- Kostenrechnung und Kalkulation: Planung und Kontrolle der Wirtschaftlichkeit der Maßnahmen
- Finanzierung: Bereitstellung der notwendigen Geldmittel sowie Planung und Kontrolle der Liquidität und Rentabilität zur Existenzsicherung und Wachstum.

Mit dem Ziel, die Verbindung zwischen dem strategischen Management und dem operativen Management herzustellen, wurde von Kaplan und Norten die **Balanced Score Card** (=ausgeglichene Ergebniskarten) entwickelt. Ziel und Aufgabe der Balanced Score Card ist es, die Ausgewogenheit der Umsetzung der Strategie zu gewährleisten Ziel ist es darzulegen, welchen Beitrag jeder Teilbereich zum Strategieerfolg zu leisten hat.[2] Der Erfolg in der Umsetzung einer Strategie wurde traditionell immer sehr stark auf den finanziellen Aspekt bezogen, ohne dabei die Wirkungsbeziehungen des Erfolges zu betrachten.

Die Balanced Score Card wird somit ein Instrument des Controllings zur Steuerung und Kontrolle der Strategie. Weiterhin ist es notwendig, ein konkretes Berichtswesen aufzubauen, um eine regelmäßige Kommunikation zu gewährleisten. Der abschließende Controlling[3] - Prozess ist dann Ende und Anfang des Strategieprozesses zugleich. Auf der einen Seite muss dem Controlling vorgegeben werden, welche Kennzahlen und Werte zur Erfolgsmessung von Bedeutung sind. Auf der anderen Seite ergeben sich dann durch die Abweichungsanalyse zwischen Plan- und Ist-Zahlen den notwendigen Steuerungsbedarf bzw. eine Rückmeldung an die definierte Strategie und weitere Informationen für Zukunftsplanungen.

---

[1] Die Abbildung liegt dem Gedankengang der Hierarchie von Zielebenen von Meffert zugrunde in Meffert: Marketing, S. 71f

[2] siehe Abschnitt: 8.4.2.4

[3] siehe Kapitel 8

Abbildung 16: Strategie - Pyramide

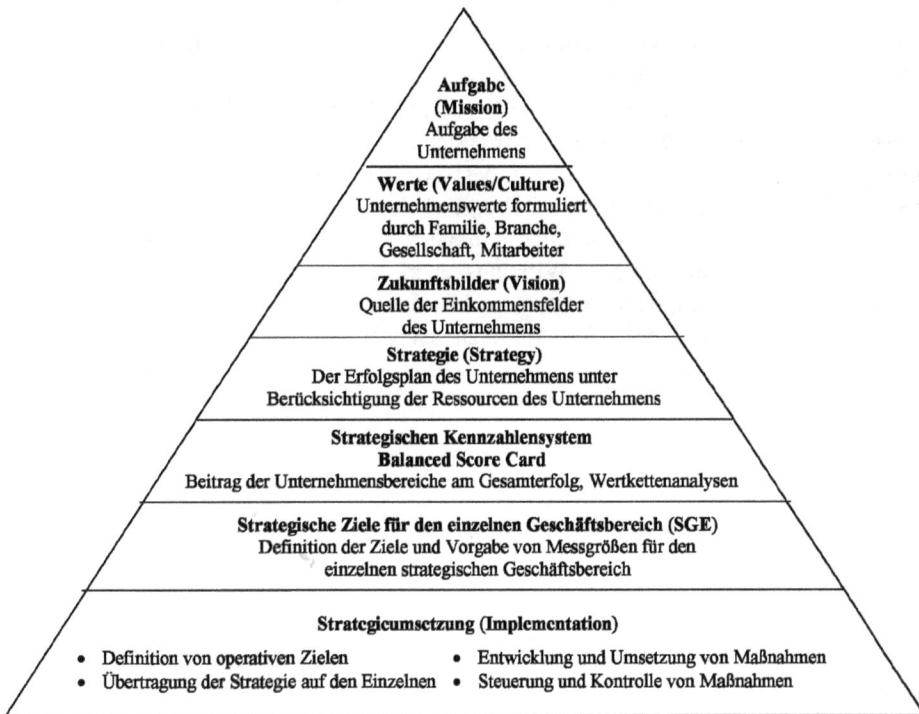

Weiterhin muss das Unternehmen auch auf die bevorstehende Strategie vorbereitet werden. Der **Management of Change Prozess**[1] beinhaltet die notwendigen organisatorischen Maßnahmen, evtl. Investitionstätigkeiten sowie die Bereitstellung von personellen Ressourcen, die künftigen Anforderungen der Einkommensquellen Rechnung tragen. Diese Vorbereitung seitens des Managements schließt die Notwendigkeit eines **internen Marketings der Strategie** mit ein.[2] Alle Mitglieder müssen die gewählte Strategie akzeptieren, um somit die Grundlage für eine zielorientierte Umsetzung zu erreichen.

2.5   Zusammenfassung und Schlussgedanke

Ziel dieses Kapitels war es, den Strategieprozess in gastronomischen Familienunternehmen vorzustellen. Die Definition der Unternehmensstrategie ist die Grundlage für viele operative Bereiche im Unternehmen, die in den nächsten Kapiteln vorgestellt werden. Somit ergeben

---

[1] siehe Kapitel 5

[2] vgl. Kreutzer/Lechner: Implementierung von Strategien, S. 5ff

sich auch immer wieder wechselseitige Prozesse und auch die Instrumente und Analysen sind in mehreren Aufgaben der Unternehmensführung wieder zu finden.

Der gastronomische Markt unterliegt einem erheblichen Wandel und die Einkommensquellen für gastronomische Familienunternehmen sind vorrangig in ausgewählten Nischen zu finden, die von Unternehmen einen hohen Grad der Individualität erfordern. Der strategische Prozess selbst ist ein rationaler Prozess, der systematisch verschiedenen gedanklichen Stufen unterliegt und einzuhalten ist, um so die bestehenden Wettbewerbsvorteile des Unternehmens auch für die Zukunft umzusetzen. Die gewählten Strategien sollten sich am bestehenden Gästepotenzial orientieren und darauf aufbauen. Es ist somit ein inkrementaler Prozess, der die Gastronomie dazu zwingt, Wirkungsketten zu berücksichtigen. Der Erfolg in der Gastronomie benötigt Zeit, da die gastronomische Leistung ein Luxusgut ist und somit keine kurzfristigen Reaktionszeiten auf dem Markt zu erwarten sind.

Kapitel 3:   Marketing

3.1   Einleitung und Überblick

In einem Lehrbuch der Betriebswirtschaftslehre des Autors stand sinngemäß zu Beginn des Kapitals Marketing folgender Satz:

„Die Ente legt das Ei still und leise, das Huhn mit lautem Geschrei. Qualitativ sind beide Eier gleich, doch warum isst die Welt nur Hühnereier?

Die Antwort ist zu finden im unterschiedlichen Verhalten der Tiere. Das Huhn macht auf ihre Eier durch lautes Gegacker aufmerksam und die Ente nicht. An diesem Beispiel sollte die Bedeutung der Werbung herausgestellt werden.

In gastronomischen Familienunternehmen wird Marketing verstanden als Werbung oder Reklame. Die Notwendigkeit einer marktorientierten Unternehmensführung wird nicht immer auf das eigene Unternehmen übertragen. Diese Haltung wird damit begründet, dass Qualität die beste Werbung sei. Auch wenn man grundsätzlich diesem Argument zustimmen könnte, macht es aber z. B. keinen Sinn eine Leistung in hoher Qualität anzubieten, die keiner kennt oder nicht den Bedürfnissen der Kunden bzw. Gäste entspricht.

Dieses Kapitel beschäftigt sich mit dem Marketing im Sinne einer marktorientierte Unternehmensführung. Die Aufgabe hat zum Ziel, die Wahlentscheidung des Gastes zugunsten des eigenen Unternehmens zu beeinflussen. Somit umfasst dieses Kapitel mögliche Strukturen der Kommunikation mit dem Markt, Instrumente des Marketings und Möglichkeiten des Marketings für gastronomische Familienunternehmen. Nach einem Verständnis des Marketings, einer Darstellung des Marketing-Prozesses und dem Verhältnis zwischen Marketing und dem strategischen Management, wird die Steuerung des Marketingprozesses in einem gastronomischen Kontext gestellt. Dabei ist es ein weiteres Ziel, dem Leser Beispiele zu geben, die zu einem Transfer in die Praxis oder weiterführenden Studien anregen sollen.

3.2   Definition Marketing in der Gastronomie

Der Begriff entstand aus dem angelsächsischen Sprachgebrauch und heißt so viel wie auf den Markt bringen. Nach Meffert[1] ist Marketing zu verstehen, als eine die bewusste marktorientierte Führung des gesamten Unternehmens oder marktorientiertes Führungsverhalten. Es beinhaltet Prozesse im Unternehmen mit dem Ziel, Kaufentscheidungen des Kunden zugunsten des eigenen Unternehmens zu beeinflussen.

Der **Gedanke des Marketings** fordert, dass alle Prozesse und betrieblichen Funktionen auf den Absatzmarkt gerichtet werden. Diese Forderung beruht auf einem Wandel vom Verkäufer- zum Käufermarkt und setzt eine starke Kundenorientierung voraus sowie die bewusste Gestaltung der Leistungen und Nutzung eines absatzfördernden Instrumentariums. Marketing ist als Kommunikation mit dem Markt zu verstehen mit dem Ziel, eine Kommunikation zwischen dem Markt und den Leistungen herzustellen. Der Inhalt dieser Kommunikation wird vorgegeben durch die Strategie des Unternehmens.

In diesem Wechselspiel zwischen Kunden und Unternehmen versucht das Marketing besonders in Wettbewerbssituationen, **Präferenzen aufzubauen** und den ökonomischen Rationalgedanken der Verbraucher der Leistung durch psychologische Einflüsse zu irritieren. Es ist dabei die Aufgabe des Marketings, mit verschiedenen Instrumenten die Nutzenerwartung der Leistung zu erhöhen, und somit die Kaufentscheidung durch Präferenzbildung zu beeinflussen. Dieser Prozess schließt die Gestaltung der Leistung mit ein.

Diese Sichtweise geht zurück auf das Gossenschen Gesetz in der Mikroökonomie und in der Theorie des abnehmenden Grenznutzens.[2] Das Marketing definiert in der Sprache des Kunden den Nutzen einer Leistung, um so Präferenzen aufzubauen. Die Präferenzbildung ist besonders für polypolistische Märkte von Bedeutung, ein Markt, wo die einzelnen Marktteilnehmer im starken Wettbewerb stehen und keinen eigenen Einfluss auf die Preisbildung haben. Durch das Marketing können aber hier **Preisspielräume durch Nischenbildung** und Präferenzbildung für das Unternehmen geschaffen werden.[3]

Dieser Gedankengang des Marketings gilt auch für die Gastronomie. Wie bereits in Kapitel 1 definiert ist das gastronomische Produkt eine Dienstleistung, dass erst nach dem Kauf entsteht und eine enge Kundenbeziehung (Customer - Relationsship) voraussetzt.

---

[1] Meffert: Marketing, S. 7

[2] Heinrich von Gossen (1801-1877). In seiner Theorie des abnehmbaren Grenznutzens stellte er in seinem ersten Gesetz folgende Bedingungen zum Kauf eines Gutes auf: 1. Ist die Nutzenerwartung gleich dem Preis, folgt der Kauf. Ist die Nutzenerwartung gleich dem Preis, folgt der Kauf. Ist die Nutzenerwartung kleiner dem Preis, folgt kein Kauf. Danach ist die Kaufentscheidung stark von der Nutzenerwartung bzw. Grenznutzen abhängig. vgl. Bontrup: Volkswirtschaftslehre, S. 40 ff

[3] In der Volkswirtschaftslehre spricht man von einem monopolistischen Preisspielraum. Ein Preisraum, wo das Unternehmen eine unelastische Nachfragefunktion findet und den Preis entsprechend seinem Gewinnmaximum bilden kann.

Nach Meffert und Bruhn ist Dienstleistungsmarketing[1] ein **Beziehungsmarketing,** das die Geschäftsbeziehungen zwischen dem Unternehmen und dem Kunden/Gast aufbaut und pflegt. Der **ökonomische Erfolg** der Leistung bzw. des Unternehmens ist folglich von der Qualität der Kundenbeziehung abhängig. Die Dauer und Intensität der Kundenbeziehung wird bestimmt durch die Kundenzufriedenheit (Prozess), den Kontakt mit dem Unternehmen (Personal) und speziell in der Gastronomie durch die Attraktivität der Räumlichkeiten (Property). Diese Faktoren stehen gleichberechtigt neben den klassischen Bereichen des Marketings wie die Leistung (Nutzenorientierung), Preis (Wertigkeit), Kommunikation (Botschaften) und Distribution (Erreichbarkeit der Leistung).

In gastronomischen Familienunternehmen wird in der Regel die **Aufgabe des Marketings** an den Inhaber bzw. Geschäftsführer geknüpft. Schon bereits aus Gründen der Konzentration der Aufgaben auf die Führungsperson werden Prozessabläufe im Marketing nicht richtig wahrgenommen, gefolgt von weiteren Problemen wie fehlende Zeitressourcen, finanzielle Mittel und fachlichem Wissen. So wird aus Gründen der Tradition und Erfahrungen eine Reihe von Maßnahmen entwickelt, die sich nicht aufgrund eines strukturierten Prozesses entwickelt werden. Die Tätigkeiten im Marketing werden als unproduktiv angesehen und Werbung als notwendiges Übel sowie verlorenes Kapital. Eine Ursache in dieser Haltung liegt im Problem der Messung von Erfolgen. Henry Ford sagte einmal, dass die Hälfte seiner Ausgaben im Marketing rausgeschmissenes Geld sei. Er wüsste nur gerne welche Hälfte.

In vielen Familienunternehmen wird ein Marketing gestaltet aufgrund von Eindrücken, Empfindungen, Gewohnheiten oder auf Empfehlungen verschiedener Berater von Printmedien. Dieser Weg ersetzt keine strukturierte Marktanalyse und als Konsequenz entsteht der Eindruck, dass viele Ausgaben für Marketingmaßnahmen nicht den gewünschten Erfolg bringen. Marketing beginnt mit der Marktanalyse und der Gewinnung von Kenntnissen was der Gast sucht und wie er sich informiert. Diese Informationen bieten dem Unternehmen Erkenntnisse über das Gästeverhalten, Leistungsbedürfnisse und mögliche Kommunikationswege sowie Möglichkeiten die Aufmerksamkeit des Gastes zu erreichen.

Aufgrund der ständigen Flut von Informationen und Eindrücken, die der Gast ausgesetzt ist, ist es um so wichtiger genaue Wege der Kommunikation zu definieren. **Gut zu sein reicht nicht mehr, es muss dem Gast auch mitgeteilt werden**. Es ist vielmehr die Aufgabe in Familienunternehmen ihre Potenziale im Marketing zu nutzen und mit Botschaften an den Gast heranzutreten, die seinen Bedürfnissen entsprechen. Diese marktorientierte Sichtweise und die Fähigkeit diesen Prozess zu steuern muss im Unternehmen vorhanden sein.

---

[1] Meffert/Bruhn: Dienstleistungsmarketing, S. 77ff

3.3   Zusammenhang zwischen Strategie und Marketing sowie der Prozess des Marketings

Eine Unternehmensstrategie bestimmt das künftige Verhalten eines Unternehmens auf dem Markt zur Sicherung seiner Unternehmensziele und seiner Existenz. Diese Strategie ist systembildend für das ganze Unternehmen und wird übertragen auf alle Bereiche und Prozesse eines Unternehmens. Marketing ist ein Teilbereich der Unternehmensführung, der sich mit der **Umsetzung der Strategie und Kommunikation auf dem Markt beschäftigt**. Aufgrund der Nutzung der gleichen Instrumente und Informationen ergeben sich hier große Analogien und Synergien in der Arbeit. Marketing hat dabei die Aufgabe, die Strategie durch Kommunikation mit dem Markt umzusetzen, indem es die Ziele des Unternehmens

- in Produkte umsetzt.
- in Kommunikation umsetzt.
- auf definierten Märkten umsetzt.
- gegenüber den Mitarbeitern kommuniziert.

Jedoch ist der Strategieprozess als Entscheidungsprozess, über die künftigen Einkommensquellen zu verstehen und Marketing als Entscheidungsprozess, über die inhaltliche marktorientierte Umsetzung dieser Strategieentscheidung zu verstehen. Somit ist der Gegenstand der Betrachtung jeweils eine andere, wie Tabelle 12 zeigt.

Der sachlogische Prozess von der Strategie bis hin zum operativen Marketing bzw. Marketingcontrolling wurde in Abbildung 17 zusammengefasst.

Tabelle 12: Beispiele der Fragestellung im strategischen Management und Marketingmanagement

Untersuchungs-bereich	Fragestellung	Analysenbereich
Unternehmens-analyse	Welche Stärkungen und Schwächen hat das Unternehmen in Hinblick auf die Sicherung der zukünftigen Erwerbsquellen?	Strategieanalyse
	Wie können wir die Stärken des Unternehmens nutzen, um eine Präferenz aufzubauen?	Marketing-analyse
Produktanalyse	Welche Produkte sind in der Zukunft gefragt?	Strategieanalyse
	Wie sollte das Produkt gestaltet sein, damit es attraktiv für die Kunden ist?	Marketing-analyse
Konkurrenz-analyse	Welche Entwicklungen liegen bei der Konkurrenz vor?	Strategieanalyse
	Wie hoch ist der Marktanteil der Wettbewerber und warum wird der Wettbewerber besucht?	Marketing-analyse

Abbildung 17: Der Marketing Prozess

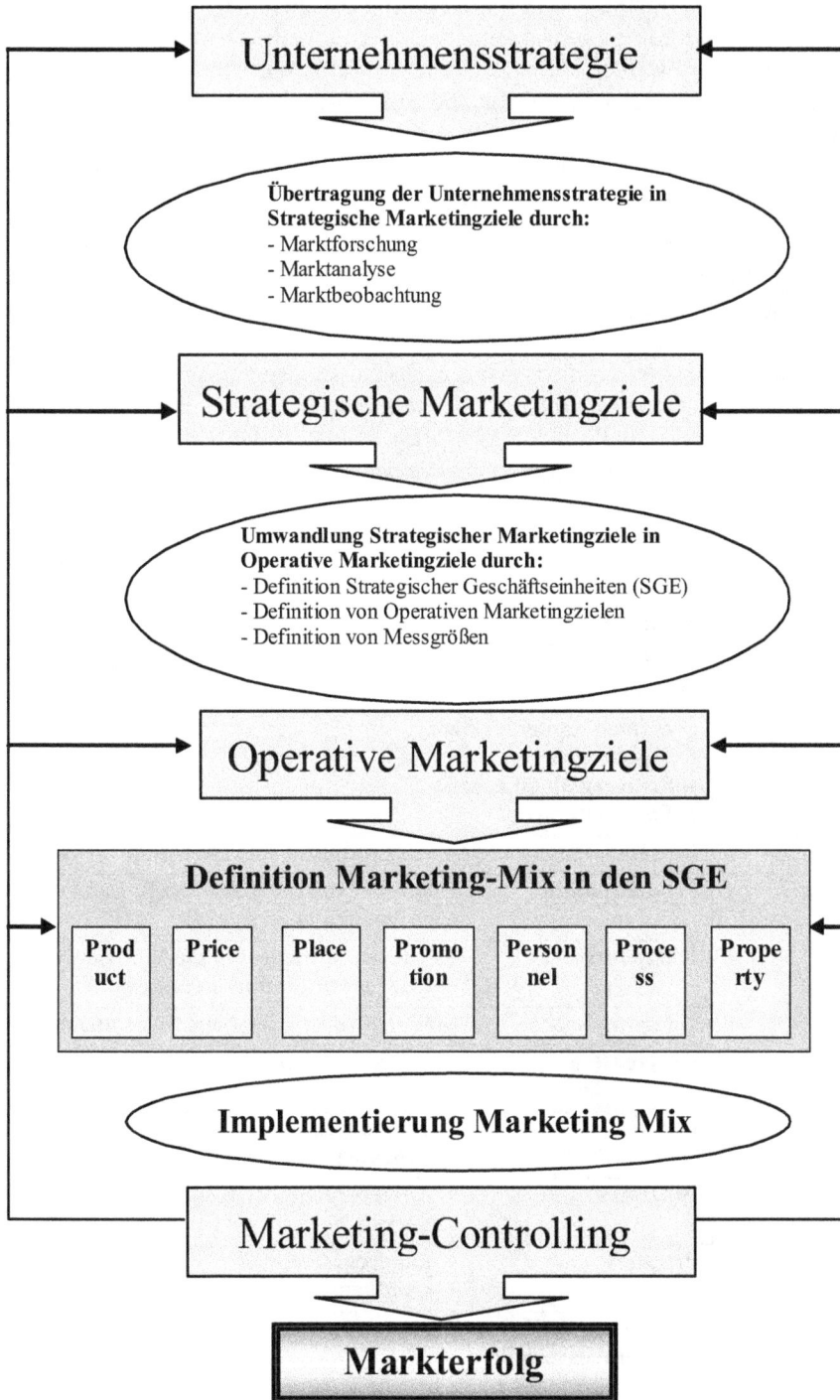

Unternehmensstrategie

Übertragung der Unternehmensstrategie in
Strategische Marketingziele durch:
- Marktforschung
- Marktanalyse
- Marktbeobachtung

Strategische Marketingziele

Umwandlung Strategischer Marketingziele in
Operative Marketingziele durch:
- Definition Strategischer Geschäftseinheiten (SGE)
- Definition von Operativen Marketingzielen
- Definition von Messgrößen

Operative Marketingziele

Definition Marketing-Mix in den SGE

| Product | Price | Place | Promotion | Personnel | Process | Property |

Implementierung Marketing Mix

Marketing-Controlling

Markterfolg

Durch Marktforschungsaktivitäten wird die Unternehmensstrategie in strategische Marketingziele übersetzt. Dies bedeutet, dass die Unternehmensstrategie in langfristige Marktziele übertragen wird und somit **künftige Erwerbsquellen operationalisiert** werden können. Die strategischen Marketingziele werden auf strategische Geschäftseinheiten übertragen. Dieses sind unabhängige Marktbereiche, die die Definition einer unterschiedlicher Verhaltensweise des Unternehmens auf den einzelnen Marktfeldern erlauben. So können die gleichen strategischen Ziele durch unterschiedliche Preisstrategien oder Distributionsstrategien entsprechend den Strukturen des Marktfeldes umgesetzt werden.

In den einzelnen Geschäftsfeldern werden die strategischen Marketingziele in operative Marketingziele (kurzfristige ergebnisorientierte und messbare Ziele) umgewandelt. In der Wahl des Marketing - Mixes werden diese Zielplanungen übertragen und Maßnahmen zur Zielerreichung entwickelt. Hier werden z. B. marktfähige Leistungen, das Preisverhalten und Maßnahmen der Kommunikation definiert. In einem abschließenden Prozess des Marketing - Controllings werden die Ergebnisse mit den Zielen verglichen, damit durch die Abweichungsanalyse der Steuerungs- und Handlungsbedarf neu ausgerichtet werden kann. Dieser Prozess soll in dem folgenden Beispiel noch einmal verdeutlicht werden:

Tabelle 13: Beispiel Umsetzung einer Strategie in einen Marketingprozess

Prozessstufe	Objekte	
Strategisches Ziel	**Regionalität in Unternehmen**	
Strategisches Marketingziel	**Der Umsatzanteil mit regionalen Produkten soll in 5 Jahren 30% betragen.**	
Strategische Geschäftseinheiten	• **Firmenkundensegment** • **Busgruppen** • **Senioren ab 60 Jahre** • **Familien**	
Operatives Ziel	**Umsatzanteil mit regionalen Produkten im ersten Jahr: 10%**	
Marketing Mix	**Produktpolitik**	**Definition von Speisen wie z.B. Lammrücken Holsteiner Art**
	Preispolitik	**Hochpreisstrategie, um die Wertigkeit des Gerichtes zu unterstreichen.**
	Kommunikation	**Mailings an Kunden bzw. Busgruppen**
	Distribution	• **Direktvertrieb,** • **Internet**
	Personal	• **Produktschulungen** • **Trachten**
	Prozesses	• **Rezepturen in der Küche fixieren** • **Speisen nur auf Vorbestellung**
	Property	• **Landschaftsbilder** • **Landhausgeschirr**
Marketing – Controlling	• **Messung des Umsatzes** • **Buchungsverhalten** • **Renner/Penner Liste innerhalb der Speisen**	

3.4 Marktforschung in der Gastronomie

Marktforschung in der Individualgastronomie ist gekennzeichnet durch die Beobachtung der Mitbewerber, Studium der Anzeigen in der lokalen Tageszeitung und Parkplatzbeobachtung. Es ist aber selten ein strukturierter Prozess mit dem Ziel, das Verhalten des Unternehmens auf die Wünsche der Gäste hin auszurichten.

Man würde es sich zu einfach machen, wenn man den Familienunternehmen eine mangelnde Marktforschung aufgrund fehlender Ressourcen unterstellt. Aufgrund der Struktur von Familienunternehmen setzen sich Unternehmer ständig mit dem Markt auseinander. Dies bedeutet aber nicht, dass man einen formalisierten Marktforschungsprozess findet, da man eine Unsicherheit vorfindet, Fragen der Marktforschung überhaupt zu definieren und anschließend Daten zu sammeln und zu analysieren zur **Beantwortung der Fragen**. Fragen wie z. B.

- Welche Leistungen sprechen den Gast an?
- Warum kommt der Gast in unser Haus? - seine Erwartungshaltung
- Was möchte er erleben? Speisen – Kommunikation – Freizeit?
- Wie möchte er ein kulinarisches Erlebnis erfahren?
- Welche Serviceleistungen entscheiden über den Besuch?
- Wie informiert der Gast sich über gastronomische Angebote?
- Welche Wünsche des Gastes sollen durch den Besuch unseres Hauses[1] erfüllt werden?
- Welche Erwartungshaltung verbindet der Gast mit einem Besuch in unserem Haus?
- Wie beurteilt der Gast die Leistungen des Hauses?
- Warum kommt der Gast wieder?
- Warum geht der Gast zur Konkurrenz?
- Was beeinflusst die Kaufentscheidung des Gastes?

In Bezug auf die Datensammlung unterscheidet die Marktforschung zwischen der **Primärforschung** und der **Sekundärforschung**.[2] In der Primärforschung werden auf gestellte Fragen eigene Daten erhoben, während man in der Sekundärforschung diese Fragen mit vorhandenen Daten zu beantwortet.

In der Beantwortung dieser Fragen ist es teilweise überraschend zu sehen, dass der Wert der **vorhandenen Informationen** für Zwecke der Marktforschung ungenutzt bleiben und ein großes Informationspotenzial ungenutzt bleibt. Diese Daten werden z. B. durch ein elektronisches Kassensystem angeboten (Sekundärforschung) oder können durch gezieltes Befragen der Gäste während einer Buchung erhoben und dokumentiert werden (Primärforschung). In der folgenden Tabelle sind hier einige Beispielfragen aufgeführt sowie die Chance, diese Fragen durch bereits vorhandene Ressourcen im Unternehmen zu beantworten.

---

[1] Mit dem Wort „unser Haus" ist in der Gastronomie gemeint das eigene Unternehmen, Restaurant oder Hotel.

[2] Für eine Darstellung der Informationsbeschaffung siehe Hentschel: Hotelmanagement, S. 362ff, Rogge: Marktforschung (1981)

Tabelle 14: Fragen der Marktforschung mit internen Daten

Frageinhalt	Vorhandene Daten/Informationen
Einkommensabhängigkeit der Besuche	Kassensystem: Umsatzunterschiede zwischen den Monaten oder Monatsanfang
Attraktivität der angebotenen Leistungen	Kassensystem: Renner/Penner Liste, Umsatz pro Gericht oder Menü
Buchungsverhalten von Familienfeiern	Zeitpunkt der Buchung und Zeitpunkt der Feier. Gibt es eine zeitliche Konzentration, wann über eine Familienfeier wie Hochzeit entschieden wird?
Neukundenwerbung/Konkurrenzanalyse	Gästezugang bei Veranstaltungen, Auslastung von Kernleistungen. Gespräche mit dem Gäste über Preisniveau, Ausstattung, Leistungsangebot, Grund des Besuchs
Qualität der Leistung	Reklamationen, Unzufriedenheit im Prozess, Trinkgelder, Anzahl der Stammgäste
Leistungspolitik, Markttrends	Anfragen der Gäste, nicht verkaufte Leistungen oder Speisen, Gründe, warum Stammgäste die Besuchsfrequenz reduzieren
Informationsverhalten der Gäste	Befragung der Gäste während einer Buchung, Reaktionen der Gäste auf die Homepage des Unternehmens, Emails, Mailings und Anzeige
Streugebiet, Einzugsgebiet der Leistung	Analyse der Autokennzeichen auf dem Parkplatz, Telefonnummern, Anschriften der Gäste
Werbecontrolling: Attraktivität von Werbeträgern	Reaktionen auf eine Anzeige, Messung der Attraktivität von Werbeträgern,

In der Primärforschung wird weiterhin das Instrument des Fragebogens eingesetzt. Der Gebrauch des Fragebogens setzt aber eine Reihe von Fachkenntnissen in der Gestaltung und anschließenden Datenanalyse voraus.[1] Der Einsatz dieses Instrumentes ist für die Individualgastronomie schon aus Zeitgründen problematisch, würde aber eine Reihe von gezielten Informationen für das Unternehmen bringen.[2]

Neben den **Daten aus dem Rechnungswesen** ergeben sich viele Möglichkeiten der Marktforschung für die Individualgastronomie durch eine Mitgliedschaft in Berufsverbänden oder Kooperationen und durch die Lektüre von **brancheneigenen Zeitungen und Zeitungen**. Auch der Austausch mit Mitbewerbern schafft viele Informationen zur Definition von eigenen Marketingentscheidungen. Es gibt hier eine ganze Reihe von Daten und Berichten, die teilweise frei im Internet verfügbar sind.

In der Auswertung dieser Daten ist aber immer auf die Kompatibilität der Daten zu achten. Dabei helfen der Einsatz von verschiedenen Instrumenten in der Strategieentwicklung und die Kennzahlen im Marketing-Controlling. Dieser konsequente Einsatz dieser Instrumente beugt Fehlinterpretationen aufgrund von eigenen Wertvorstellungen und Bildern vor. Weiterhin ist darauf zu achten, dass die Methode in der Messung der Daten konstant bleibt. In vielen Fällen ist es nicht die Perfektion der Messung von Bedeutung sondern vielmehr die Konstanz in der Methodik der Messung und dem Zeitvergleich. Damit es zu weiterhin keinen Fehlentscheidungen kommt, sollte der Kreis der Analysten zu erhöht werden und teilweise sogar auf externe Expertise zurückgegriffen werden. Die Rentabilität einer zeit- und kostenintensiveren Marktforschung, ist vorrangig für ein effektives Marketing zu sehen.[3]

3.5 Der Marketing Mix in der Gastronomie

Um die Marketingziele zu erreichen, kann das Unternehmen verschiedene Instrumente einsetzten, dass auf unterschiedliche Weise Kaufentscheidungen beeinflussen. Wie in Abbildung 18 vorstellt, gibt es **kreative und kommunikative Instrumente,**[4] um so die Marketingziele in konkrete Aktivitäten umzusetzen.

---

[1] Wolf/Heckmann: Marketing, S. 98. Sie erläutern ausführlich den Einsatz des Fragebogens für die Gastronomie.

[2] Für interessierte Gastronomen empfiehlt es sich hier, den Kontakt zu Schulen und Weiterbildungseinrichtungen zu suchen. Im Rahmen eines praxisorientierten Unterrichts sind Schüler/Teilnehmer oft dankbar, mit solchen Projekten betraut zu werden.

[3] AHGZ: Treffsicheres Marketing vom 06.06.2009

[4] Schätzing: Management, S. 408, Schrand/Schlieper in Hänssler: Management, S. 221, Grothues/Schmitz: Erlebnismarketing, S. 9

Abbildung 18: Der Marketing-Mix in der Gastronomie

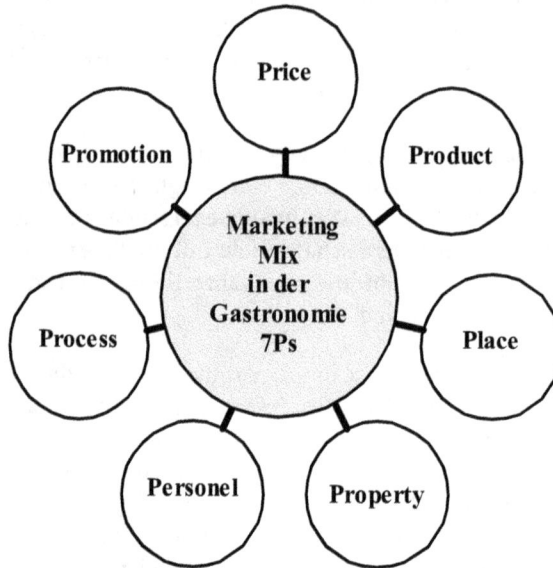

Welche Aufgaben und welchen Inhalt die einzelnen Instrumente haben, stellt Tabelle 15 dar.

In der Auswahl der Instrumente ist es von Bedeutung, dass der Einsatz einzelner Instrumente nicht zum Erfolg führt, sondern der Erfolg im Marketing durch eine **Harmonisierung und Synchronisierung der einzelnen Instrumente** wahrscheinlich wird. Kreative und gute Leistungsideen müssen kommuniziert werden und auch das Unternehmen muss die Ressourcen und Fähigkeiten haben, diese entsprechend der Idee umzusetzen. Dies erfordert m Unternehmen eine genaue Abstimmung zwischen den einzelnen Instrumenten. Ferner wird auch verlangt, dass Marketing-Aktivitäten konzentriert eingesetzt werden müssen, damit man neue Gäste erreicht.[1]

---

[1] vgl. Schätzing: Management, S. 371. Er benutzte dass Wort Marketing: mehr Aktionen richtig konzentriert eingesetzt trifft immer neue Gäste.

Tabelle 15: Inhalt der Marketing Instrumente

Art Instrument	Hintergrundfrage	Auszug aus den Inhalten
Product Produktpolitik	Welche Leistungen müssen angeboten werden, damit der Kunde sich für das Unternehmen entscheidet?	• Speisenkartengestaltung • Neue Gerichte auf der Speisenkarte • Pauschalangebote für Familien und Gruppen • Angebote für bestimmte Zielgruppen • Aktionen
Price Preis- und Konditionspolitik	Wie beeinflusst der Preis die Kaufentscheidung?	• Einführungspreise • Strategie der runden Preise • Abschöpfungspreise • Hochwertige Preise • Niedrigpreise • Rabattpolitik
Place Distributions-poltik	Wie erreicht die Leistung den Kunden?	• Vertrieb übers Telefon • Internet • Vertriebspartner • Agenturen
Property Einrichtungs-politik	Wie können wir die Ausstattung des Hauses verbessern, damit die Attraktivität des Hauses steigt?	• Ausstattung der Zimmer • Restauranteinrichtung • Gestaltung des Eingangsbereichs • Außenanlagen • Toiletten • Einrichtungen für Kinder • Einrichtungen für Behinderte • Sehhilfen im Restaurant • Ausstellungsgegenstände
Promotion Kommunikati-onspolitik	Wie erreicht die Werbebotschaft mein Gast?	• Anzeigenwerbung • Internet • Messen • Reiseführer • Zeitungsbeiträge • Rundfunk und Fernsehen
Personnel Personal- und Servicepolitik	Wie stark wird die Kaufentscheidung durch das Verhalten meines Personals bestimmt?	• Umgangsformen im Gästekontakt • Verhalten bei Reklamationen • Begrüßung und Verabschiedung des Gastes • Beziehungstiefe zwischen Gast und Servicemitarbeiter
Process Prozess- und Qualitätspolitik	Wie wird Qualität durch den Gast definiert und wie können wir diese Erwartungshaltung erfüllen?	• Strukturierung von Serviceabläufen • Reduzierung von Wartezeiten für den Gast • Transparenz der Abläufe für den Gast • Einsatz von Convenience Produkten und Auslagerung von Prozessen

3.5.1   Leistungspolitik

Leistungspolitik ist die **Übertragung der Unternehmensstrategie auf Produkte/Leistung** und wird gerne als das Herzstück im Marketing gesehen. Man gibt durch die Leistung eine Antwort auf die Trends und Bedürfnisse einerseits und auf der anderen Seite versucht man durch die Gestaltung der Leistungen die Attraktivität des Angebotes zu fördern und somit die Kaufentscheidung zu beeinflussen. Hier werden also alle Maßnahmen zusammengefasst, die sich an die Nutzenerwartung orientieren und eine marktgerechte Gestaltung von gastronomischen Leistungen erlauben. Die Leistungspolitik ist eine Antwort auf Fragen der Marktforschung und übersetzt durch die Produkte die Strategien und Marktchancen wie z. B.

- Wie stelle ich Regionalität im Speisenplan dar?
- Wie übersetze ich die Wünsche der reiferen Gäste?
- Was erwarten die Gäste von einem Besuch in der Gastronomie?
- Ist es die Suche nach einer traditionellen Küche, da diese durch Convenience Produkte im eigenen Haushalt verlorenen gegangen ist?
- Ist es die Suche nach Produkten aus der Region und traditionellen Speisen?
- Ist es die Erwartung auch für den Alltag einmal Abwechselung zu bekommen?
- Ist es die Suche nach einem kulinarischen Erlebnis?
- Ist es die Suche nach Stabilität und Gewohntem in einer schnelllebigen Zeit?

Die Leistungspolitik ist abhängig von Standort, Betriebstyp, Betriebsgröße, Struktur des Umfeldes (Industrie, Wohnort, Nähe zur Produktion von Lebensmittel, natürliche Schätze) und dem Verbraucherverhalten.

In der Gestaltung der Leistung ist zu definieren, welchen Grundnutzen der Kunde von der Leistung erwartet und welcher Zusatznutzen (z. B. Beratung, Erlebnis) und somit welche Zusatzleistung der Kunde erwartet.[1]

Diese Analyse erlaubt auch die Definition der Leistungen, die als Erfolgspotenziale für das Marketing gelten sind und welche Leistungen nicht mehr Gast erwartet werden. Somit hat die Leistungspolitik einen maßgeblichen Einfluss auf den unternehmerischen Erfolg, da sie stark über einen Wiederholungsbesuch entscheidet (Nutzenerwartung) und auf den Preis der Leistung (Leistungsumfang).

Als Analyseinstrumente in der Leistungspolitik sollen hier für die Gastronomie das **Marktwachstums- und Marktanteilsportfolio** und die Lebenszyklusanalyse vorgestellt werden.

---

[1] siehe auch hier Kapitel 4

Abbildung 19: Marktwachstums – Marktanteilsportfolio nach Ansoff

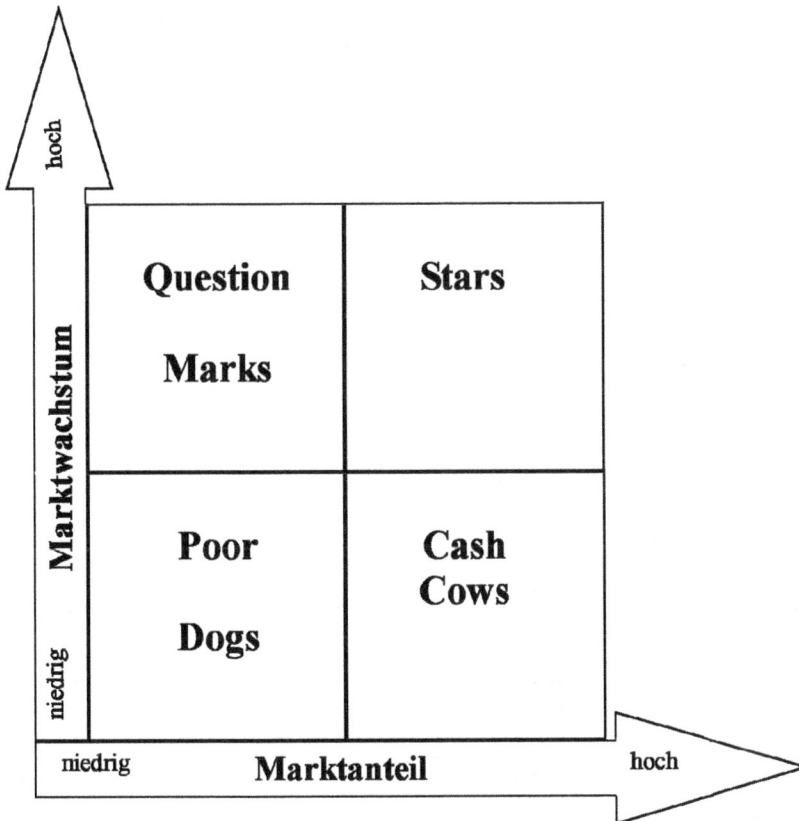

Quelle: eigene Darstellung anhand der angegebenen Marketingliteratur

Die horizontale Achse zeigt den relativen Marktanteil der Produkte auf, d.h. den Marktanteil im Verhältnis zum größten Wettbewerber.[1] Diese Kennzahl dient als Maßstab für die Stärke des Unternehmens am Markt. Die vertikale Achse zeigt das Marktwachstum der Produkte auf, d.h. das Umsatzwachstum des Produktes gemessen im eigenen Unternehmen. Die sich daraus ergebenen Felder erlauben eine Reihe von Maßnahmen, die in der folgenden Tabelle für die Gastronomie beispielhaft dargestellt werden.

---

[1] Der eigene Marktanteil wird gemessen zwischen dem eigenen Umsatz und dem Marktvolumen. Das Marktvolumen in einer Region kann durch regionale Statistiken abgelesen werden oder durch eigene Berechnungen oder Schätzungen. Beispiel: Marktanteil Übernachtungen: Verhältnis Hotelumsatz und Marktvolumen (Zimmerzahl) einer Region, gemessen in Euro.

Tabelle 16: Marktwachstums – Marktanteilsportfolio

Feld	Messergebnis des Produktes		Gründe für diese Position	Verhaltensweisen
Poor Dogs	**Markt anteil:**	**Schwach, Konkurrenz ist Marktführer**	• Nachahmerleistung eines Mitbewerbers • Leistung erfährt negative Presse. • Unpassende Ausstattung • Exot in der Speisenkarte	• Löschung der Leistung • Überlegung Änderung des Produktes (Leistungsvariation, Leistungsdifferenzierung)
	Markt wachstum:	**Schwaches, kein Umsatzwachstum**		
	mögliche Beispiele: Stammessen als Mittagstisch, Eintöpfe auf der Speisenkarte, Tanzveranstaltungen			
Question Mark	**Markt anteil:**	**Schwach, obwohl Konkurrenz**	• Leistungsangebot ist im Unternehmen neu. • Konkurrenz ist noch Marktführer aufgrund eines Innovationsvorsprungs. • Leistung ist bei den Gästen noch fremd und man sucht nach der Meinungsbildnern,	• Stärker mit dem Produkt in die Offensive gehen. • Unterschiede zu den Wettbewerbern betonen. • Aktive Empfehlung im Restaurant • Nach einer gewissen Zeit aber fragen, ob es möglich ist, den Marktanteil zu steigern und somit weitere Finanzmittel zu investieren.
	Markt wachstum	**Stark, hohe Umsatzzuwächse**		
	mögliche Beispiele: Event Abende, neue Gerichte auf der Speisenkarte, Wochenendpauschalen mit Erlebnisfaktor im Hotelbereich, Themenbüffets,			
Stars	**Markt anteil:**	**Hoch**	• Für diese Leistung ist man Marktführer, d.h. die erste Adresse. • Eine Leistung, die gut auf dem Markt angenommen wird und jetzt Empfehlungen bekommt.	• Die Position ausbauen und die Marktführerschaft verteidigen durch ständige Präsenz. • Auf Nachahmer im Markt reagieren, • In dieses Produkt weiter investieren, um den Wettbewerbsvorteil zu halten.
	Markt wachstum	**Hoch**		
	mögliche Beispiele: Gerichte der jungen deutschen Küche, Tagestouren für Busgruppen, Regionale Küche			
Cash Cows	**Markt anteil:**	**Hoch**	• Diese Leistungen sind gut auf dem Markt etabliert und das Unternehmen kann hier auf einen hohen Gästestamm. zurückgreifen. • Diese Leistungen stellen einen hohen Anteil am operativen Gewinn dar, jedoch ist der Markt für diese Leistung ausgeschöpft.	• Die Marktposition halten, jedoch nur so viel investieren, wie es zur Verteidigung der Marktposition notwendig ist. • Bei Umsatzrückgängen die Gründe prüfen. Bei Änderungen der Markttrends das Produkt/Leistung vom Markt nehmen.
	Markt wachstum	**Niedrig**		
	mögliche Beispiele: Familienfeiern, Spargelmenüs, Grünkohlessen, Wildgerichte, Gänsebraten zu Weihnachten			

Eine weitere Analysetechnik ist der **Produkt – Lebenszyklus**. Diese Methode vergleicht den Werdegang eines Produkts mit einem biologischen Evolutionszyklus. So stehen am Anfang die Einführung- und Annahmephasen in den Vordergrund. Hier ist also in Bezug auf das Marketing verstärkt Nutzenwerbung zu tätigen, um den Gast dieses Produkt näher zu bringen. In den späteren Phasen sind hier in der Reife und der Sättigung schon erste Leistungsvariationen zu planen, damit das Produkt noch länger am Markt bleibt. In den letzten Phasen ist zu überlegen, inwieweit das Produkt noch eine Bedeutung für das Unternehmen hat, da hier die Umsätze rückgängig sind. Besonders ist hier die Frage zu stellen, welche Gäste dieses Produkt verlangen. Sind es Stammgäste des Hauses kann es kritisch sein, diese Leistung aus dem Leistungsprogramm zu streichen.

Abbildung 20: Produkt - Lebenszyklus

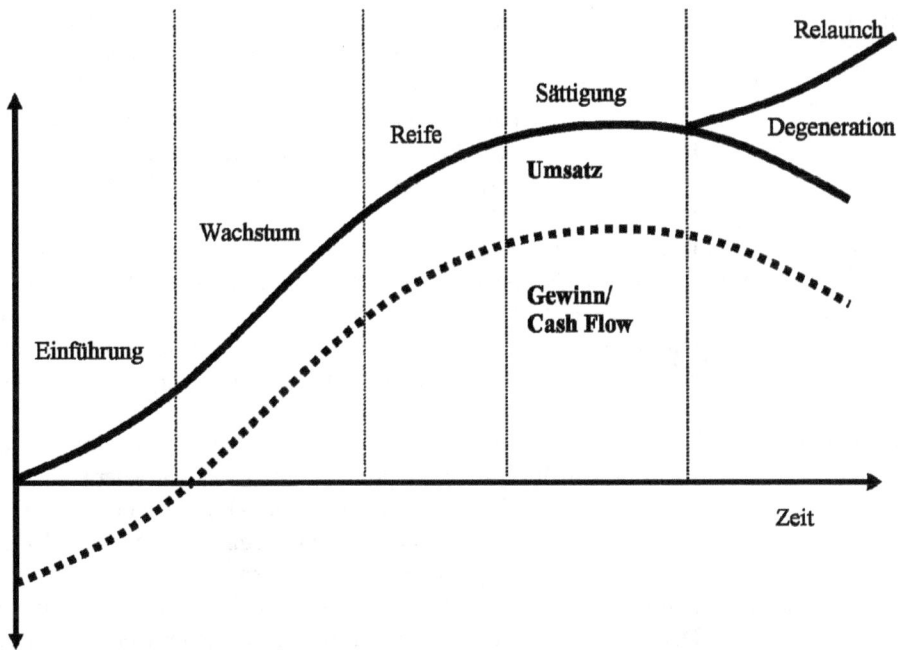

Die Leistungspolitik findet ihren **Ausdruck in der Speisenkarte**. Hier ist einmal Kreativität gefragt, die ihre Quellen finden kann aus der Beobachtung, fachlichem Wissen, Nutzung der Literatur wie Kochbücher und Zeitschriften/Gastronomiezeitungen, Fernsehsendungen. Außerdem ist das Gespräch mit Gästen von Bedeutung sowie ein intensiver Austausch mit z. B. den Lieferanten oder dem Unternehmerverband.[1]

---

[1] siehe auch Wolf/Heckmann: Marketing, S. 189ff. Hier werden weiterhin verschiedene Techniken der Ideenfindung sowie Ansatzpunkte zur Bewertung von Ideen vorgestellt.

Die Leistungspolitik wird für den Gast umgesetzt durch die Speisenkarte und ist somit eine Visitenkarte für das Haus. Aus diesem Grunde muss in der Gestaltung immer darauf geachtet werden, dass sie interessant geschrieben ist und ein gepflegtes Erscheinungsbild hat. Weiterhin ist es wichtig, dass die genauen gesetzlichen Vorschriften[1] beachtet werden und den Gästekreis ein breites Speisenangebot angeboten wird. In der Leistungspolitik sind weitere Leistungsdifferenzierungen und -variationen notwendig wie z. B. der Seniorenteller[2], vegetarische Speisen oder z. B. glutenfreie Produkte oder Speisen für Diabetiker. Nicht zu unterschätzen ist die Gestaltung von Kindertellern, da Kinder im Entscheidungsprozess über die Auswahl des Hauses eine wichtige Rolle haben. Auf der anderen Seite ist bei der Sortimentstiefe zu berücksichtigen, dass diese unmittelbar in die Vorratshaltung und dem Rationalisierungsgedanken widersprechen und somit die Kostenstruktur beeinflussen.

Weitere Ausdrucksformen der Leistungspolitik in der Gastronomie können z. B. sein:

- Büfetts: Erlaubt viel Kreativität, auch in der Präsentation der Speisen. Effekte durch Trockeneis, Eisfontänen etc. können den Erlebniswert steigern. Ferner erlauben Büfetts Experimente, da hier die Gäste einfach mal probieren können, ohne sich dabei an ein Gericht zu binden. Es bieten sich hier besonders produktbezogenen Themenbüfetts an wie z. B. Apfel, Kartoffel oder regionale Büfetts Norden – Fisch, Bayerische Büfett).

- Events: Hier findet eine Kombination zwischen dem Essen und einem Erlebnis statt. So können z. B. mehre Gänge präsentiert werden während einer Unterhaltungsshow wie Comedy-Abende, Magieabende, musikalische Abende (wie böhmischer oder maritimer Abend). Diese Leistungen als Gesamtarrangement werden von Gruppen besonders nachgefragt.

- Tagestouren: Ein Angebot für Gruppen oder im Busreiseverkehr wo aus gearbeitete Tagesausflüge in die Region angeboten werden. Hier sollten regionale Speisen mit dem Besuch von Attraktionen in der Region als Paket kombiniert werden. Das Angebot kann durch Spiele oder andere körperliche Aktivitäten ergänzt werden.

- Hotelpauschalen: Pauschale Erlebniswochenenden werden von einer Vielzahl von Deutschen Clubs gefragt. Die Pauschale beinhaltet Übernachtungen und organisierten Erlebnissen im Freizeitbereich und im kulinarischen Bereich.

Die Chancen für die Individualgastronomie liegen darin, dass diese Leistungsformen eine Leistungsbreite ermöglichen, ohne dass eine ständige Leistungsbereitschaft vorgehalten werden muss. So lassen sich viele kulinarische Erlebnisse auf Vorbestellung anbieten und somit wird die Möglichkeit geboten, die Nachfrage zu bündeln und eine gute Auslastung zu gewährleisten. Diese Maßnahmen haben in der Gastronomie sogar eine antizyklisch Wirkung. Ein schwer verfügbares Angebot oder ein volles Gasthaus zieht noch mehr Gäste an.

---

[1] wie z .B. Maßeinheiten, Inhaltsstoffe der Speisen etc.

[2] vgl. AGHZ: Seniorenteller: keiner Portionen, 13.06.2009

Der **Tagungsbereich** ist ein weiterer Leistungsbereich in der Hotellerie. Hier liegt die Leistung darin, eine Lern- und Arbeitswelt zu schaffen in der Kombination der Verpflegung und Bereitstellung einer Tagungstechnik wie Beamer, Internet-Zugang und weiteren Präsentationstechniken. Der Hotelbereich stellt weitere Ansprüche räumlicher Art.[1] Aber auch hier gibt es verschiedene Möglichkeiten der differenzierten Leistungsgestaltung wie Themenzimmer, Seniorenzimmer, Spielraum für Kinder bis hin zur Ausstattung im Freizeitbereich. Kleinigkeiten geben hier häufig den Ausschlag.

Eine besondere Stellung im Marketing nehmen noch **Aktionen in der Gastronomie** ein, d.h. ein Angebot ist nur für einen bestimmten Zeitraum verfügbar und hebt sich von bisherigen Leistungen ab.[2] Weiterhin erlaubt die Gestaltung von Aktionswochen die Möglichkeit, den Besuch im Restaurant mit einem Erlebnis zu verbinden, ohne dass es ständig vorgehalten werden muss. Jedoch hier ist zu bedenken, dass die Rentabilität von Aktionen vorsichtig zu planen ist, besonders in der erstmaligen Gestaltung von Aktionen. Mit dem Instrument der Aktionen können noch eine ganze Reihe von weiteren Zielen im Marketing verfolgt werden, wie z. B.:

- Umsatzsache Zeiten zu beleben.
- Neue Leistungsangebote einfach mal auszuprobieren.
- Neue Profile für die Öffentlichkeit zu schaffen.
- Stammgäste einmal mit einer Abwechselung zu überraschen.
- Durch das Angebot neue Gäste zu erreichen.

3.5.2   Preis- und Konditionspolitik

Aufgrund der starken Einkommenselastizität der Nachfrage herrscht eine **starke Preissensibilität** in der Nutzung von gastronomischen Leistungen vor. Weiterhin durch Marketingaktionen im Handel, ruinöse Preiskämpfe der Unternehmen, Rabattjäger wurde der Preis immer stärker in den Vordergrund gerückt und ist ein zentrales Entscheidungskriterium über Angebote. Diese Preissensibilität wurde noch während der Euroumstellung verstärkt, wo viele Gastronomen notwendige Preissteigerungen verschoben hatten und dann diese in die Euroumstellung mit eingerechnet hatten.[3]

Gerade in der Gastronomie, wo es im Markt eine Tendenz zum Überangebot gibt, wurde der Wettbewerb immer stärker über den Preis definiert.[4] Diese Entwicklung steht aber auf der anderen Seite im Gegensatz zum Dienstleistungsgedanken der Gastronomie. Der Preis definiert die Wertigkeit der Leistung und gilt auch als Qualitätsindikator. Somit werden günstige Preise mit einer niedrigen Leistungsqualität gleichgesetzt.

Zentral in der Preispolitik ist die **Preis-Absatz-Funktion**, die beschreibt inwieweit Preisänderungen auch Änderungen im Gästeverhalten nach sich ziehen. Aufgrund des wirtschaftli-

---

[1] siehe Kapitel 2

[2] Gothues/Schmitz: Erlebnismarketing, S. 18ff

[3] AHGZ: Geht's ein bisschen preiswerter? vom 08.04.06

[4] AHGZ: Billigpreise ruinieren die Hotellerie; Schätzing: Management, S. 130ff

chen Drucks in der Gastronomie reagieren viele Gastronomen sofort auf Änderungen im Markt mit Preisänderungen, ohne dabei die Reaktionen der Gäste abzuwarten. Es wird immer von einer **hohen Preiselastizität** ausgegangen und darauf verzichtet, eine eigene Funktion zu definieren. Dabei wird die Preissensibilität beeinflusst durch folgende Faktoren:[1]

- Alleinstellung der Leistung
- Möglichkeiten von Substitutionen im Umfeld
- Dringlichkeit der Nachfrage
- Dauer der Kundenbeziehung
- Möglichkeit von Zuleistungen/Zusatznutzen wie auch Imagegewinn
- Preisbewusstsein der Gäste

Die Preissensibilität wird durch den Gast anhand von ausgesuchten Eckprodukten stark bestimmt. So reagieren Gäste auf Preise wie z. B. Mineralwasser 0,2l, Bier 0,3l, Schnitzel Wiener Art mit Bratkartoffeln sehr stark. Dies sind Produkte, die vielfach angeboten werden und ein direkter Vergleich schnell möglich ist. Die empfundenen Preise werden dann auf die Preispolitik des gesamten Unternehmens übertragen.

Konzeptionell stellen sich **3 Verfahren zur Preisbildung** vor:[2]

- kostenorientierte Preisbildung: Hier wird anhand der Kalkulation (Vollkostenkalkulation) der Preis ermittelt und an den Konsumenten weitergegeben. Dies ist heute nur möglich, wenn die Leistung eine hohe Wert- oder Nutzenschätzung hat oder Vergleichsmöglichkeiten für den Gast nicht gegeben sind.
- konkurrenzorientierte Preisbildung: Hier versucht man den Konkurrenzpreis als Orientierungsmaßstab anzuwenden aufgrund der eignen Konkurrenzanalyse. Kalkulationsgrundlage ist hier oft die Deckungsbeitragsrechnung, wo anhand des Marktpreises der Deckungsbeitrag ermittelt wird als Entscheidungsgrundlage. Problem bei dieser Methode ist oft die mangelnde Vergleichbarkeit des Angebotes, die sich aufgrund von Präferenzen (Marke, Standort etc.) ergibt und in der unterschiedlichen Leistungsqualität. Im Hotelbereich ist diese konkurrenzorientierte Preisbildung transparenter durch die Hotelklassifikation transparenter.
- nachfrageorientierte Preisbildung: Hier versucht man die Preisbereitschaft des Gastes zu ermitteln und nimmt diese Preisbereitschaft als Grundlage für seine Kalkulation. Diese Art der Preisermittlung kommt der Idee des Polypols am nächsten, setzt jedoch auch hier die Fähigkeit des Gastes voraus, die Leistungen gerecht zu bewerten.

Die konkurrenzorientierte und nachfrageorientierte Preisbildung baut auf das Instrument des **Target Pricing**/Target Costing[3] auf. Der ermittelte Marktpreis ist Grundlage für eine Rückwärtskalkulation, um so die Zielkosten zu ermitteln für das eigene Beschaffungsverhalten. Diese Art der Preisbildung setzt aber voraus, dass der Preis nicht von zusätzlichen psycholo-

---

[1] Wolf/Heckmann: Marketing, S. 220

[2] Vgl. Schrand/Schlieper: Preis und Konditionspolitik in Hänssler: Management, S. 251

[3] Das Target Pricing/Target Costing wird näher in Abschnitt 6.7.1 behandelt. Mit diesem Instrument nicht nur gefragt, welche Zielkosten ein Produkt haben sollte sondern auch, welche Leistungen für den Gast von Bedeutung ist und auf welche er verzichten möchte und somit auch nicht zahlen möchte.

gischen Faktoren oder Modetrends beeinflusst wird.[1] Weiterhin ist das strategische oder auch taktische Verhalten des eigenen Unternehmens oder der Konkurrenz in der Preisbildung von ausschlaggebender Bedeutung. Marktabschöpfungsstrategien oder Marktdurchdringungsstrategien beeinflussen die Preisbildung und haben ihren Einfluss auf die Preisbereitschaft des Gastes. Weiterhin entstehen auch Verzerrungen in der Preisdefinition aufgrund der Wettbewerbssituation im Markt sowie die enthaltenen Leistungen.[2]

Bestimmend in der Preispolitik ist die **Preiswürdigkeit der Leistung**, d.h. dass der Gast die Möglichkeit hat, das Preis–Leistungsverhältnis nachzuvollziehen. Hier muss auch der Gastronom für ein Preisverständnis sorgen, indem er die einzelnen Leistungen besser auflistet, dies gilt besonders für Pauschalen. In den letzten Jahren gibt es in der Gastronomie und Hotellerie verschiedene Rabattsysteme und es ist eine Tendenz zu Aktionspreisen zu beobachten, gefolgt vom Gedanken einer Preisdifferenzierung und dem Yield-Management. Bei den Konditionen wurden hier nach:

- Zeit: Jahreszeit, Frühbucherrabatte, Tageszeit (Happy Hour)
- Zielgruppen: Alter, Berufsstand, Inhaber von Organisationen und Berufsverbänden wie Einkaufsgenossenschaften, Stammgäste, Inhaber von Gutscheinheften etc.
- Umsatz: Gruppenpreise

unterschieden und unterschiedliche Preisstaffeln angeboten. Viele dieser Sonderkonditionen ist heute üblich und werden vom Kunden erwartet. Jedoch sollte man unbedingt berücksichtigen, dass Rabatte nur gewährt werden können, die vorher mit einkalkuliert wurden. Eine Rücknahme von Rabatten stellt häufig ein Problem dar, da die Kaufentscheidung von der Gewährung von Rabatten abhängig gemacht wird. So hat der Gast häufig das Problem, die Abhängigkeit des Getränkepreises in Abhängigkeit der Tageszeit zu verstehen und könnte zur Folge haben, dass nur der Besuch nur noch in den günstigen Zeiten stattfindet. Weiter ist zu berücksichtigen, dass hohe Preise ein Anspruchsverhalten erhöhen, während sich ein später niedriger Preis nur schwer nach oben korrigiert lässt. Die Strategie für die Gastronomie kann hier nur sein, sich stärker über die Leistung und über die Nischen zu definieren, um somit der Preissensibilität entgegenzutreten.

Aufgrund des Fixkostencharakters einer gastronomischen Leistung entscheidet die Preis-Absatz-Funktion weiterhin über den wirtschaftlichen Erfolg. Aus dem Gedankengang der Deckungsbeitragsrechnung und der Break-Even Analyse ist es von Bedeutung zu messen, ob eine Preissenkung eine höhere Auslastung mit sich bringt und damit den Gesamtdeckungsbeitrag erhöht.[3] Die zentrale Frage ist dabei immer, ob wirklich eine bessere Auslastung durch Preissenkung möglich ist oder hier der verfügbare Markt bereits erschöpft ist.

Der **preispolitische Preisspielraum** spielt sich in folgendem Dreieck aus. In einer Zusammenfassung sind die jeweiligen Einflussgrößen nochmals dargestellt.

---

[1] AHGZ: Mutig rechnen, mehr verdienen, vom 10.05.2008
[2] vlg. AHGZ: Profitipps zum Pricing vom 10.05.2008
[3] siehe weiter Harmen Heymann auf www.gastro-profit-de als Beispiel für die Praxis.

Abbildung 21: Preispolitischer Spielraum

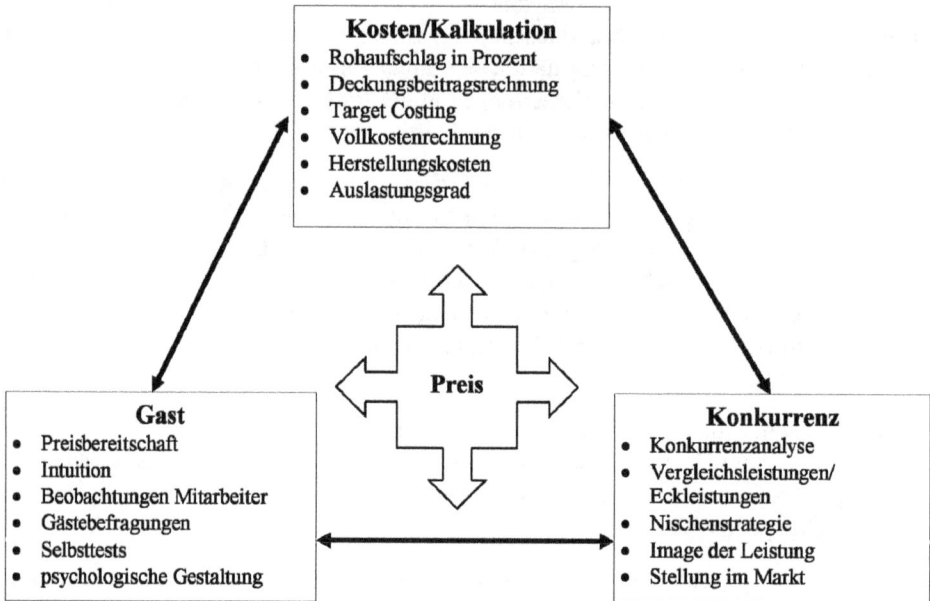

Kosten/Kalkulation
- Rohaufschlag in Prozent
- Deckungsbeitragsrechnung
- Target Costing
- Vollkostenrechnung
- Herstellungskosten
- Auslastungsgrad

Preis

Gast
- Preisbereitschaft
- Intuition
- Beobachtungen Mitarbeiter
- Gästebefragungen
- Selbsttests
- psychologische Gestaltung

Konkurrenz
- Konkurrenzanalyse
- Vergleichsleistungen/ Eckleistungen
- Nischenstrategie
- Image der Leistung
- Stellung im Markt

Quelle: Wolf/Heckmann: Marketing. S. 234 mit eigenen Änderungen

Die **Konditionspolitik** spielt in der Gastronomie aufgrund der Produkteigenschaften eine untergeordnete Rolle im Marketing. Hier ist vorrangig die Zahlungsart zu nennen und die Möglichkeiten der Nutzung von Kreditkarten. Die Möglichkeit der Akzeptanz von Kreditkarten kann den Konsum vor Ort steigern aufgrund der bargeldlosen Zahlung. Dabei sollte der Gastronom berücksichtigen, dass er mit Preisnachlässen zu rechnen hat, die der Gast nicht sieht, jedoch den Ertrag des Gastronomen mit beeinflusst.

3.5.3   Distributionspolitik

Die Distributionspolitik geht der Frage nach: Wie erreicht mein Leistungsangebot den Gast? Wie wird mein Angebot dem Gast zugänglich? Es ist die Frage nach dem Absatzweg, d.h. über welchen Weg die Leistungen erreichbar sind. In der Gastronomie herrscht der Direktvertrieb vor und das **Empfehlungsgeschäft** (Mund – zu Mund Propaganda). Im Hotelbereich oder im Tourismus setzt man zusätzlich Absatzmittler ein. Aufgrund des Charakters einer gastgewerblichen Leistung ist die Auswahl der direkten und indirekten Vertriebswege für die Gastronomie stark eingeschränkt.[1]

In der Regel verlassen sich gastronomische Unternehmen auf ihre Popularität und Bekanntheitsgrad in der Region und unterschätzen die Notwendigkeit ihre Leistungen aktiv zu ver-

---

[1] Wolf/Heckmann: Marketing, S. 307; Schrand/Grimmelmann in Hänssler: Management, S. 259f

kaufen. Vertrieb beginnt in der Gegenwart des Gastes. Hier werden teilweise die Umsatz-möglichkeiten nicht richtig ausgeschöpft, aufgrund mangelnder vertriebstechnische Fähig-keiten des gesamten Personals und teilweise des Unternehmers selbst. Es wird in der Regel nicht ausreichend auf die Angebote des Hauses hingewiesen und auf Zusatzverkäufe (zwei-tes Getränk, Vor- und Nachspeisen) geachtet. Dabei bietet gerade der **direkte Vertrieb** im Restaurant die Möglichkeit, durch Ansprache der Gäste auf das Leistungspotenzial des Un-ternehmens aufmerksam zu machen und so Umsatzchancen zu sichern. Weiterhin bilden diese Tätigkeiten und deren Ergebnisse eine Grundlage für ein späteres Marketingcontrol-ling und die Marktforschung.

Gastronomische Familienunternehmen haben aufgrund ihrer **langjährigen Kundenbezie-hung** ein enormes Datenmaterial zu Verfügung, was für ein direkten Vertrieb einsetzbar. Hier sind besonders die Möglichkeiten von Mailings aber auch die Möglichkeiten des E-Com-merce im Internet und Email anzusprechen.[1] Diese Möglichkeiten der **direkten Kommuni-kation** erlauben, zielorientiert mit dem Kunden in Kontakt zu treten. Eine weitere direkte Vertriebsmöglichkeit ist das Verkaufsgespräch auf einer Messe oder auch der Besuch von Reiseveranstaltern und Busunternehmen. Diese Möglichkeit sollte besonders für gastronomi-sche Unternehmen in umsatzschwachen Zeiten genutzt werden. Hier könnte sich für Fami-lienunternehmen eine vorteilhafte Arbeitsteilung zwischen den Generationen ergeben.

Im Bereich des indirekten Vertriebes ist der Einsatz von **Absatzmittlern** gemeint und ist im überregionalen Vertrieb von Hotelleistungen bekannt. Aufgrund der Notwendigkeit eines weiten Vertriebsgebietes von Hotelleistungen ist es hier vor Vorteil, den Bekanntheitsgrad und das Vertriebsnetzwerk von Absatzvermittlern zu nutzen. Vertriebshelfer können in der Gastronomie sein:

- Event Agenturen
- Reisebüros
- Busunternehmen
- Kooperationen für die Gastronomie
- Makler
- Verbundgeschäfte mit dem Einzelhandel

Entscheidend für die Auswahl der Vertriebspartner ist der Vergleich des eigenen Leistungs-verständnisses mit dem des ausgewählten Vertriebspartners bedeutsam. Wenn durch Ab-satzmittler falsche Erwartungen aufgebaut wurden, so gibt es später Probleme in der Leis-tungsbeurteilung und der Zufriedenheit des Gastes. Dies geschieht dadurch, dass individuelle Absprachen immer durch Dritte getroffen werden. Ferner können Problemgäste nicht abge-wiesen werden. Im Einsatz von Vertriebspartner ist zusätzlich die Höhe des Vermittlungs-preises zu prüfen. Dieser ist in der Preisbildung mit zu berücksichtigen und hat evtl. weitere Wechselwirkungen gegenüber den Erwartungshalten des Gastes. Der Vorteil liegt darin, dass die Kosten für die Vermittlung immer nur dann entstehen, wenn es zu einer Reservierung oder Buchung kommt und man dadurch neue Märkte erschließen kann, die so dem Unter-nehmen somit verschlossen bleiben.

---

[1] siehe Abschnitt 3.6

3.5.4   Kommunikationspolitik

Die Kommunikationspolitik hat die Aufgabe, die Werbebotschaft des Unternehmens an den Gast zu übermitteln mit dem Ziel, auf das Angebot aufmerksam zu machen und dem Gast die Informationen zu übermitteln, die eine Kaufentscheidung beeinflussen. Die Beeinflussung vollzieht sich einmal auf der sachlichen Ebene (Preis, Leistung oder Qualität) und auf der emotionalen oder psychologischen Ebene (Gefühle, Wünsche oder Ansprache der Sinne). Die Aufgabe des Unternehmens besteht darin, das Medium auszuwählen, die dem Gast zum Zeitpunkt der Kaufentscheidung die **Botschaft überbringt** und den Inhalt zu wählen, die die gewünschte **Verhaltensänderung** bewirkt. Bei der Auswahl der Medien ist ein komplexer Kommunikationsprozess zu berücksichtigen, der teilweise räumlich und zeitlich getrennt ist sowie auf einer unterschiedlichen Ebene des Verständnisses zwischen Sender und Empfänger vollzogen wird.[1]

Die Besonderheit in der Kommunikationspolitik im Dienstleistungsgewerbe und somit auch in der Gastronomie ist wiederum der immaterielle Charakter der beworbenen Leistung. Da das eigentliche Produkt nach dem Kauf entsteht, kann das Unternehmen in der Kommunikation mit dem Gast im Wesentlichen die **Fähigkeit der Leistungsbereitstellung, seine Kompetenzen und Erfahrungen oder das Potenzial des Unternehmens** darstellen.[2] Es ist jedoch nicht möglich, die Leistung dem Gast vorab zu demonstrieren. So kann ein Hotel z. B. dem Gast nur die Möglichkeit eines ruhigen Schlafens aufzeigen anhand der Ausstattung und Lage des Zimmers oder der Qualität der Matratzen. Es heißt aber nicht unbedingt, dass man genau der angesprochene Gast gut schläft. Ein guter Schlaf hängt von vielen Faktoren ab, die nur teilweise durch ein Hotel gesteuert werden können. Dem Hotel ist es nur möglich, durch Worte und Bilder Emotionen zu wecken, die den Gast im Entscheidungsprozess bestärken, dass das werbende Hotel das Potenzial hat, seine Erwartungshaltungen zu erfüllen.

In der Planung der Maßnahmen in der Kommunikationspolitik ist die Kenntnis eines **Kommunikationsprozesses** zwischen Sender und Empfänger entscheidend wie in der folgenden Tabelle dargestellt:[3]

Diese Stufen der Kommunikation sind dem Regelprozess der Unternehmensführung zu unterziehen, indem Werbeziele geplant werden und diese Planungen durch Handlungen umgesetzt werden. Die folgende Tabelle soll hier einige Hinweise zur Gestaltung und Auswahl in der Kommunikationsplanung geben.

In der Umsetzung und Ausgestaltung der Werbung ist viel **Kreativität** gefragt, die jedoch unter Kenntnis der Werbeziele und Werbeobjekte gesteuert wird. Eine Methode bei der Entwicklung von Werbemaßnahmen ist der Wechsel in die Rolle des Gastes und somit

---

[1] siehe auch hier die 4 Ohren Theorie von Schulz von Thun in Schulz von Thun: Miteinander Reden (1981)
[2] Meffert/Bruhn: Dienstleistungsmarketing, S. 467
[3] siehe auch Wolf/Heckmann: Marketing, S. 259

Tabelle 17: Prozess der Kommunikation in der Werbung

Stufe	Frage	Erläuterungen
Aufmerksamkeit	Mit welchen Bildern und Stichworten bekommen wir die Aufmerksamkeit des Gastes in der Werbung?	In der Informationsflut hält der Leser nach Ausschau nach Stichworten oder Bildern. Bei einer falschen Auswahl der Stichworte/Bilder bleibt der Gast nicht stehen. Beispiel: Restaurantbesuch: Bild eines gedeckten Tisches oder von einer Speise?
Wahrnehmung	Welche Botschaften erwecken die gewünschte Assoziationen beim Gast?	Die Bedeutung der gewählten Worte werden unterschiedlich zwischen Sender und Empfänger verstanden. Beispiel: Speisen nach alten Hausrezepten. Kalorienreiche Speisen oder Garant für Qualität?
Interesse	Welche Botschaften werden verstanden und lösen eine positive Einstellung gegenüber der Leistung aus?	Argumente bewirken keine Zustimmung beim Gast. Beispiel: Die positive Wirkung des Bieres.
Kauf	Welche Botschaften sind notwendig, damit eine positive Einstellung in eine Kaufentscheidung gewandelt wird?	Die Zustimmung beim Gast bedeutet noch keine Umsetzung. Beispiel: Ein Essen im Landgasthof steht in einem gutem Preis – Leistungsverhältnis. Anstoß zum Kauf durch Aufzeigen eines Anlasses.
Zufriedenheit	Welche Botschaften sind notwendig, damit der Gast eine positive Rückmeldung bekommt?	Die Suche nach der kognitiven Dissonanz. Der Gast such eine Kaufbestätigung in der Kommunikation wie z.B. Gruppe von Menschen, die auch dieses Angebot schätzen.

die Änderung des Betrachtungswinkels. Dies erlaubt zu fragen, wie die Botschaften auf einen selbst wirken. Im Folgenden soll weiter eine Auswahl von Medien angesprochen werden, die in der Kommunikationspolitik in der Gastronomie einen ständigen Platz haben.[1]

---

[1] Die Werbeträger Internet und Email werden im Abschnitt 3.6 aufgeführt um somit Wiederholungen zu vermeiden.

Tabelle 18: Werbeplanung

Gegenstand der Planung	Fragen	Inhalte
Werbeziel	Welches Ziel wird mit der Werbung verfolgt?	Werbeziele können sein Einführung eines neues Produktes, Erinnerungswerbung für Stammgäste, Werbung für eine bestimmte Veranstaltung. Bindung der Loyalität des Gastes
Werbungs-treibender	Wer macht die Werbung?	Unternehmen, Berufsverband, Tourismusver-ein, Brauerei
Werbesubjekte	Wer ist Gegenstand der Werbung?	Das gesamte Unternehmen, eine besondere Veranstaltung, Teilbereich des Unternehmen wie Hotel, Catering, Speisenangebot
Werbeobjekt	Wer soll beworben werden?	Bestimmung der Zielgruppe: Senioren, Kin-der, Firmenkunden, Hochzeitspaare, Familien
Werbebotschaft	Mit welcher Bot-schaft will ich den Gast erreichen und eine Präferenz aufbauen?	Inhalt der Aussage, die eine Aufmerksamkeit und zum Handeln motiviert. Worte die Reak-tionen beim Gast hervorrufen wie z.B. Quali-tät, Ambiente, hausgemacht, Ländlichkeit, Romantik, Vergnügen und Unterhaltung
Werbemittel	Welches Medium möchte ich zur Werbung nutzen?	Werbemittel können sein: Inserate, Plakate, Radiospots, Fernsehspots, Kinospots, Leucht-reklame, Ausleger, Werbeschreiben, Banner, Pop-Ups.
Werbeträger	Auf welchem Weg soll die Botschaft überbracht wer-den?	Werbeträger können sein: Zeitungen, Zeit-schriften, Litfaßsäule, Radio, TV, Kino, Ho-telführer, Hotelprospekt, Hausfassade, Ver-kehrsmittel, Bierdeckel, Brief, Internet
Werbebetrag	Welche finanziellen Mittel stehen zur Verfügung?	Bestimmung des Werbudget gemessen am Umsatz, Werbeziel etc.
Werbezeitraum	Wann ist der Zeit-raum für die Wer-bung?	Zeitpunkt, wann der Empfänger eine solche Botschaft sucht. Beispiel: Weihnachtsfeiern im September, Hochzeiten zu Weihnachten, Spargelessen im April
Werbe-wirksamkeit	Welche Werbung hat den gewünsch-ten Erfolg ge-bracht?	Frage nach dem Marketingcontrolling durch Messung der Reaktionen der Gäste auf das Werbemedium wie z.B. Befragung der Gäste bei der Buchung, Rabattaktionen bei Zei-tungsanzeigen

Das klassische Kommunikationsmittel in der Gastronomie ist die regionale und überregionale **Anzeigenwerbung**. Dieser Träger wird für die Werbung von Veranstaltungen aber auch die Dienstleistungsbereitschaft als Erinnerungswerbung gewählt. Entscheidend in der Auswahl ist der Leserkreis des jeweiligen Printmediums und der Gestaltung die Stichworte bzw. Bilder, um eine Aufmerksamkeit für die Anzeige zu erzeugen. Ferner ist in der Anzeigenwerbung wichtig zu berücksichtigen, dass der Wirkungsgrad einer Anzeige relativ kurz ist und einer regelmäßigen Wiederholung bedarf. Aus diesem Grunde hat eine Anzeige nur eine kurze Wirkungsdauer.

Der **Hausprospekt** ein weiterer populärer Werbeträger in der Gastronomie. In diesem relativen kostenintensiven Instrument kann die gesamte Leistungsbereitschaft dem potenziellen Gast demonstriert werden. Da dieser Hotelprospekt nur auf Anfrage oder auf Messen verteilt wird, ist dies in der Regel kein Medium mit einem großen Streukreis.

Aufgrund des engen persönlichen Verhältnisses zwischen den Unternehmen und dem Gast haben **Werbebriefe**[1] einen besonderen Stellenwert. Werbebriefe haben den Vorteil gezielt eingesetzt zu werden und dienen vorrangig zur Pflege von bestehenden Kundenbeziehungen. Die Briefe geben einen großen und kostengünstigen Raum in der Darstellung der Leistung in Wort und Bild und in der Übertragung von Emotionen. Häufig fehlt es in Familienunternehmen ein Know-how, diese Emotionen durch eine geschickte Wortwahl anzusprechen. Aus diesem Grunde sollte man am Anfang das Know – how von Experten einsetzen, damit die volle Wirkungskraft erzielt wird. Jedoch in der Nutzung dieses Trägers ergeben sich hier schnell gute Lerneffekte und durch die Nutzung der bestehenden IT-Technik ergibt sich ein rationaler Einsatz.

Verkaufsgespräche haben im Dienstleistungsmarketing einen zentralen Stellenwert, da man in der direkten Interaktion sich sofort auf die Wünsche des Gastes einstellen kann und somit die Leistungsfähigkeit auf den Gast bezogen unter Beweis stellen kann. In einem Verkaufsgespräch kann man anhand einer Bedarfsanalyse mit dem Kunden das Know-how des Unternehmens unter Beweis stellen aber auch den Verkaufsabschluss durch emotionale Ansprachen fördern. Aufgrund der direkten Interaktion zwischen beiden Seiten ist aber auch zu beachten, dass es für diese Situation keine zweite Chance gibt und somit gut vorbereitet sein sollte. Hierzu gehört auch das Messegespräch.

Mit dem Ziel die Leistungsfähigkeit des Unternehmens unter Beweis zu stellen, ist die **Hausmesse** ein geeigneter Kommunikationsträger. In einem offenen Forum wird es möglich, der interessierten Öffentlichkeit die Angebote des Hauses vorstellen. Es bieten sich hier besonders Themen Messen an, die evtl. auch mit den Partnern des Hauses vorbereitet werden können wie z. B. eine Hochzeitsmesse. Um die Attraktivität einer solchen Messe zu erhöhen, könnte man hier die Messe mit Floristen, Juwelieren, Standesbeamten, Modehäusern, Haushaltswarengeschäften etc. gemeinsam gestalten.

---

[1] Hier ist besonders zu beachten Formeln wie KISS (keep it smart and simple) oder AIDA (Attention, Interest, Desire and Action) Formen in der Werbung. Für Tipps zur Gestaltung von Werbebriefen AHGZ: So schreibt man gute Werbebriefe vom 17.05.2008

Das **Werbebudget** ist in gastronomischen Familienunternehmen sehr eng bzw. wird Werbung nicht immer budgetiert. Es ist häufig eine Mischung aus den Strategien: Prozentsatz vom Umsatz, liquiditätsorientierter Ansatz (was kann ich mir leisten?) oder man orientiert sich an den Werbeaufwendungen der Mitbewerber bzw. die für notwendig erachteten Maßnahmen. Die Planung eines Werbebudgets sollte unter der Fragestellung stehen: Wofür sollten wir werben?, Wie können wir werben bzw. erreichen den Gast? und Wann sollten wir werben? Eine rechtzeitige Werbung für eine Dienstleistung, wenn das Interesse des Gastes bereits erwacht ist, ist kostengünstiger wie eine spätere Werbung mit einem großen Streukreis. Beispiel: Weihnachtsfeiern sollten bereits im September/Oktober beworben werden, wenn viele Gäste diese Feiern bereits vom Ort und Termin planen. Hier werden dann wenige Maßnahmen notwendig sein als dann später im November/Dezember mit vielen Werbeaktionen zu versuchen, noch den kurzfristigen Bucher zu erreichen.

Public Relations (PR)

Im Rahmen der Kommunikation nimmt die **Öffentlichkeitsarbeit**, d.h. Public Relations, in der Gastronomie eine besondere Stellung ein, da hier wenige einzelne Leistungen sondern eine Beziehung zum gesamten Unternehmen aufgebaut wird. Im Rahmen der Öffentlichkeitsarbeit sollten einzelne Aktionen gesetzt werden, die dann auch werbewirksam genutzt werden können. Ziel dieser PR-Maßnahmen ist es, eine Beziehung zwischen dem Gast und dem gesamten Unternehmen und Leistungen herzustellen. Diese Beziehung sollte sich dann auf die Kaufentscheidung des gesamten Leistungsangebotes übertragen. Dieser Bereich wird in enger Verbindung mit dem Sponsoring gesehen, indem das Unternehmen bestimmte Aktionen finanziell unterstützt. Im Bereich der Public Relations ergeben sich zum Beispiel verschiedene Möglichkeiten wie z. B.

- Präsens auf Regionalen Festen
- Bewirtung von Vereinsfesten
- Kochkurse in der Gastronomie
- Verpflegungspakete für Seniorenfahrten

Sofern Maßnahmen in diesem Bereich durchgeführt werden, sollten diese Aktionen auch immer mit Texten in der Tageszeitung verbunden werden nach dem Motto: Tue Gutes und sprich darüber. Diese Texte sollten auch vom Unternehmen selbst vorbereitet werden und dann als Pressemitteilung weitergegeben werden. Dies erhöht häufig die Chance der Veröffentlichung.

3.5.5   Property

Der Gast empfängt die Dienstleistung der Gastronomie in den Räumen des Unternehmens. Die Beurteilung der Qualität und die Entscheidung, ob man die angebotene gastronomische Leistung in Anspruch nimmt, hängen im großen Maße von der angebotenen Umgebung ab. Angesprochen wird der Wohlfühlfaktor, d.h. die Ausstattung des Hotels, die Gestaltung der Einrichtung bzw. die gewählte Inneneinrichtung die den Aufenthalt mit gestalten. Generell gibt es keine Regeln und die **Ausstattung des Gastraumes** hat sich der gewählten Strategie und dem gewählten Standard anzuschließen.

Jedoch unabhängig davon gibt es verschiedene Einrichtungen, die für die Auswahl eines gastronomischen Unternehmens von Bedeutung sind wie z. B.

- Einrichtung und Pflege der sanitären Einrichtungen einschl. behindertengerechte Toiletten
- Parkplatz
- Behinderten freundliche Zugänge
- Wickel- und Stillzimmer zugänglich für Mütter und Väter
- Ausstattung der Hotelzimmer über die Hotelklassifikation hinaus wie z. B. Gestaltung der Bügel, Anordnung im Bad etc.
- Aufenthaltsräume für Hotelgäste
- Gestaltung der Außenanlagen
- Kinderspielplätze
- Kinderspielecken im Restaurant
- Qualität der Stühle
- Dekoration der Räume
- Tischdekoration

Die aufgeführten Ausstattungsmerkmale bedingen teilweise geringe finanzielle Mittel, werden aber vom Gast als angenehm empfunden werden und sind besonders für den Wiederbesuch mit ausschlaggebend. So ist der Erfolg der Systemgastronomie bei Familien nicht nur allein auf die erfolgreiche Kommunikationspolitik in der Systemgastronomie zurückzuführen. Diese Häuser haben z. B. eine entsprechende Infrastruktur für Kinder geschaffen, dass den Eltern einen ruhigen Aufenthalt erlauben und sie somit die Kaufentscheidung dominieren. Hier haben einfache praktische Lösungen einen hohen Wirkungsgrad, die einem erst bewusst werden, wenn man selbst einmal die Position des Gastes einnimmt.

3.5.6 Personnel: Personal als Marketinginstrument

Der Gast erfährt die gastronomische Leistung durch den Mitarbeiter und nicht durch die Geschäftsführung. Die Qualität der gastronomischen Leistung ist von der **Kunden-Mitarbeiter Beziehung** abhängig. Die Wahrnehmung der Qualität der Leistung beeinflusst die Bewertung dieser Leistung[1] und ist stark abhängig von:

- der Identifikation des Personals mit den Unternehmenszielen bzw. dem Verständnis der Gastlichkeit
- die Qualität der Fachkenntnisse des Personals in der Leistungserbringung.

Folglich bestimmt das Verhalten der Unternehmen und Mitarbeiter Beziehung direkt die Gast - Mitarbeiter Beziehung. Aufgrund dieser ganzheitlichen Betrachtungsweise beeinflusst die Qualität des Personals die Kaufentscheidung und wird somit zum Marketinginstrument.[2]

Besonders im Dienstleistungssektor besteht eine enge Verzahnung zwischen personalwirtschaftlichen und dem Marketing erforderlich. Dies bedeutet zunächst einmal eine enge Ver-

---

[1] vgl. Gardini: Marketing-Management in der Hotellerie, S. 393
[2] Dieser Punkt wird weiter in Kapitel 4 näher diskutiert.

zahnung personalpolitischer Instrumente und eines internen Marketings oder internen Kommunikation der Werte des Unternehmens. Diese Identifikation setzt eine Mitarbeiterzufriedenheit voraus und somit die Forderung an die Geschäftsleitung nach der Nutzung von Instrumenten der Motivation. Kunden- und Mitarbeiterzufriedenheit stehen im engen Zusammenhang.[1]

Somit werden Instrumente der Personalführung gleichzeitig Marketing-Instrumente und bedürfen einer ganzheitlichen Betrachtung.[2] Jedoch über den Aspekten der Personalführung hinaus, sind aus der Sicht des Marketings folgende Punkte von Bedeutung:

- Ausbildung und Qualität des Leistungsstands des Personals
- Personalplanung bzw. Planung des Personalbestands aus der Sicht eines optimalen Serviceablaufes
- Raum für Interaktionen zwischen Personal und den Gästen
- Förderung von individuellen Beziehungen zwischen Personal und Gast
- Maßnahmen zur Personalentwicklung

Diese Forderungen beinhalten ein hohes Konfliktpotenzial zwischen den Anforderungen aus der Sicht des Marketings und aus finanzwirtschaftlicher und kostenorientierter Sicht. Dies trifft besonders über die Qualität und Höhe des Personalbestandes zu. Aufgrund der Sensibilität der Beziehung zwischen dem Gast und dem Personal ist jedoch immer zu berücksichtigen, dass falsche Einsparungen auch finanzwirtschaftliche Ziele aufgrund der Wechselbeziehung infrage stellen können.[3] Somit verbleibt die Frage der Optimierung der Prozesse und optimalem Einsatz des Personals die auch durch den gewählten Standard und Konkurrenzsituation mit entschieden wird.

3.5.7   Process

Der **Leistungserstellungsprozess** ist ein ganzheitlicher Prozess im Unternehmen mit dem Ziel, dass die zu erbringenden Leistung in den Merkmalen, Anforderungen und Nutzenerwartung des Gastes entspricht. Der Grad der Erfüllung der Nutzenserwartungen, wird vom Gast als Qualität verstanden.[4] Dieser angesprochene Qualitätsmanagementprozess wird in Kapitel 4 beschrieben.

Aus Marketingsicht ist **Qualität** ein Ergebnis der Leistung und ein wichtiger Faktor zur Beeinflussung von Kaufentscheidungen. Das Erlebnis mit dem Unternehmen entscheidet häufig über den Wiederholungsbesuch. Im Sinne des Marketings hat Qualität eine zweifache Bedeutung.

Im Innenverhältnis hat das Marketing ein Bewusstsein und Verpflichtung aller Unternehmensbereiche zur Qualität zu schaffen. Diese Kommunikation obliegt dem Marketing.

---

[1] siehe Kapitel 8: Wirkungsketten in der Gastronomie
[2] Aspekte der Personalführung und Mitarbeitermotivation werden in Kapitel 5 erörtert.
[3] siehe Abschnitt 8.4.2.4
[4] Ranzinger: Erfolgsfaktoren, S. 42

Weiterhin ist es Aufgabe des Marketings, die Wahrnehmung und Beurteilung der Qualität aus der Sicht des Gastes aufzunehmen und zu reflektieren. Hierzu gehört auch besonders ein strukturiertes Beschwerdemanagement. Sachgerechte Kritik sollte dabei auch als Orientierung der Erwartungshaltung des Kunden verstanden werden und als Aufforderung zur Verbesserung der Qualität.

Im externen Verhältnis ist Qualität eine Komponente die Kundenerwartung steuert aber auch Kundenentscheidungen beeinflusst. Besonders hier ist von Bedeutung:

- Schnelligkeit der Aufmerksamkeit im Restaurant
- Schnelligkeit der Prozessabläufe
- Klarheit der Prozessabläufe auch gegenüber dem Gast: Was ist überhaupt leistbar?

Die Schaffung eines **Qualitätsmanagements** ist somit eine Wertkomponente im Marketing. Der Prozess der Leistungserstellung wird somit zum Marketinginstrument, da dem Gast die Fähigkeit der Leistungserstellung dargelegt wird und ein System, indem Qualität im Unternehmen möglich wird. Dies gibt dann dem Gast eine Möglichkeit, Qualität selbst zu messen als Grundlage für weitere Kaufentscheidungen.

3.6   Marketing mit kleinem Budget

Die Erfüllung von Marketing Aufgaben werden in der Individualgastronomie immer verbunden mit einer hohen finanziellen Belastung. In diesem Abschnitt sollen eine ganze Reihe von Möglichkeiten aufgeführt werden, die teilweise mit **keinem oder geringen Kostenaufwand** eine Kommunikation mit dem Markt oder Gast ermöglichen sollen.[1] In der folgenden Tabelle sind einige Ideen exemplarisch aufgeführt.

Tabelle 19: Marketing mit kleinem Budget

Tätigkeiten, die ein Marketing vereinfachen	Maßnahmen ohne Zusatzkosten für das Marketing	Spezielle Marketingmaßnahmen
• Schaffung von Unternehmensprofilen für die Kommunikation: Kaffee und Kuchen, großer Saal für Feiern, gemütliche Zimmer etc. • Kreative und Korrektheit der Speisenkarte • Persönlichkeit der Inhaberfamilie zur Schaffung von sozialen Bindungen • Gästewünsche aufzunehmen • Beobachtungen des Marktes • Kontakt zu Berufsorganisationen und Berufskollegen	• Sauberkeit des Gastraumes Ideenreiche Karte • Hinweise auf Guest-Cheques • Großzügigkeit im Verhalten bei Reklamationen • PR-Artikel in der Lokalpresse. • Personalpolitik • Nutzung von Werbegeschenken der Lieferanten für Kinder oder Stammgäste • Leihgaben zur Schaffung eines Ambientes • Schaffung von Verbundangeboten für Hotelgäste	• Gestaltung von eigenen Flyern und Hinweisen • Sponsoring der Werbung durch Lieferanten wie z.B. Außenwerbung • Mailings an Reiseveranstalter oder Unternehmen • Gestaltung eines Veranstaltungskalenders oder kulinarischen Kalenders für Gäste mit den eignen Angeboten • Nutzung von Gemeinschaftswerbungen

---

[1] siehe auch Schlembach: Familienunternehmen S. 63ff

Das **Internet** eröffnet gerade für die Individualgastronomie neue Chancen in der Kommunikation.[1] Hier können durch die Präsentation von Bildern oder ganze Video Spots die Leistungen gut präsentiert werden und erlauben so einen umfangreicheren Einblick in das Leistungspotenzial. Aufgrund der immer stärkeren Kommunikation über das Internet, hat sich das Informationsverhalten der Gäste in der Vergangenheit stark verändert. Die Nutzung des Internets wird auch immer stärker altersunabhängig.[2]

Diese Kommunikationsform/-medium ist wiederum freundlicher gegenüber der Individualgastronomie, da dieser Werbeträger größenunabhängig ist und vielmehr auf die Kreativität des Einzelnen aufbaut. Hier ergeben sich die Möglichkeiten von generationsübergreifenden Projekten und Möglichkeiten junge Mitarbeiter mit einzubinden, um so auch den Aufbau und die Pflege kostengünstig zu gestalten. Mit diesem Medium können gut Emotionen übertragen werden sowie Räumlichkeiten präsentiert werden. Dies gilt besonders für die Hotelleistung.

In der Kommunikation von Morgen ist es sicherlich auch bedeutsam,[3] die Kommunikation in den Chat-Rooms zu beobachten. Die Entwicklungen in der Politik haben es gezeigt,[4] dass diese Foren des Austausch von Informationen erheblichen Einfluss für künftige Kaufentscheidungen haben.

Zur zukünftigen Pflege der Beziehung mit Stammgästen lässt sich kostengünstig und gut über **Email** gestalten, wie z. B. durch die Gestaltung von **Newsletter** über die neuesten Aktionen und Angebote zu unterrichten.[5] Die Kommunikationskosten sind häufig gering, jedoch sind hier juristische Anforderungen wie die Einwilligung des Gastes zu beachten.[6]

Marketing mit kleinem Budget setzt vor allem Zeit und die Kenntnis im Umgang mit den Marketinginstrumenten voraus. Auch die vorangegangen Abschnitte sollten gezeigt haben, dass Marketing mehr ist als teure Werbung ist und dass es eine ganze Reihe von Aktivitäten und Möglichkeiten gibt, die eine Kaufentscheidung beeinflussen. Entscheidend im Einsatz der Instrumente ist aber die genaue Kenntnis des Marktes.

3.7   Marketing Controlling

Der Controllinggedanke[7] geht vorrangig im Vergleich zwischen den Zielen und den eingetretenen Maßnahmen aus, um somit die **Wirtschaftlichkeit im Marketing** einzuhalten.[1] Dies

---

[1] AHGZ: Professioneller verkaufen vom 23.08..2008 und AHGZ: Persönliche Daten sind tabu vom 08.09.2007; Schrand/Grimmelsmann in Hänssler: Management, S. 268f

[2] Statistisches Bundesamt: Internetnutzung, PressemitteilungNr. 60 vom 14.02.2011

[3] AHGZ: Geschichtenerzähler im Netz fangen Gäste vom 27.06.2009

[4] als Beispiel wurde in der Presse die Wahl des US Präsidenten Obama genannt. So wird berichtet, dass die Internetpräsenz entscheidend die Wahl beeinflusst hat.

[5] AHGZ: Mut zum eigenen Medium vom 10.06.2006

[6] AHGZ: Viele Mails sind Müll vom 1.07.2008

[7] vgl. hier Kapitel 8

bedeutet, dass man hier die Wirksamkeit der eingetreten Maßnahmen beurteilt im Vergleich zu den Marketingzielen.

Von großer Bedeutung sind hier die Wahl der Kennzahlen, die Messung dieser Kennzahlen und die richtige Interpretation dieser Kennzahlen. Es ist ein Langzeitprozess und man sollte sich immer wieder vor Augen führen, welche Inkubationszeit das jeweilige Angebot in der Gastronomie hat. Eine neue Speise im Restaurant unterliegt kürzeren Erfolgsbetrachtungsräumen wie das Buchungsverhalten in der Hotellerie, Familienfeiern oder im Tagungsgeschäft. Gästezufriedenheit führt auch hier zu kurzfristigen Empfehlungen, jedoch bedürfen Sie hier noch des jeweiligen Anlasses. Nur weil eine Hochzeitsfeier gut war, heiratet nicht der Nächste.

Im Rahmen des Marketing – Controllings ergeben sich eine Reihe von Kennzahlen wie z. B.

- Werbeaufwand zum Umsatz
- Umsatz pro Stuhl
- Umsatz pro Gast
- Verkaufszahlen der Veranstaltung nach einer Werbung
- Marktanteil (Verhältnis Absatzvolumen zum Marktvolumen)
- Neukundenanteil (besonders bei Firmenkunden und Reiseveranstaltern)
- Auslastungsgrad

Die Kennzahlen werden durch Daten im Rechnungswesen gebildet und erlauben eine objektive Beurteilung der getroffenen Maßnahmen oder evtl. auch eine Abkehr von Werbemitteln, die sich nicht mehr als attraktiv erweisen. Weiterhin ist im Marketing-Controlling ist zu prüfen, inwieweit die eingesetzten **Maßnahmen den erhofften Wirkungsgrad** erreicht haben. Die Schwierigkeit in der Beurteilung liegt darin, dass die Synergien zwischen den einzelnen Marketinginstrumenten schwer messbar sind. Dies kann nur durch eine intensive Gästebeobachtung oder durch eine Gästebefragung bei einer Buchung erfolgen. Weiterhin gibt das Marketing-Controlling Aufschluss darüber, inwieweit die Gäste preissensibel auf die Preispolitik des Hauses reagieren und wie sich die Gäste informieren. Hier ist es besonders wichtig, die Messung der Daten konstant zu halten und die Informationen aus dem Zeitvergleich zu ziehen.

3.8 Zusammenfassung und Schlussgedanke

Ziel des Kapitels war es, die Bedeutung des Marketings in Familienunternehmen herauszustellen sowie herauszustellen, das viele Aktivitäten im Marketing machbar sind und so den Unternehmenserfolg sicher zu stellen. In den vorangegangen Abschnitten war deutlich zu erkennen, dass verschiedene Maßnahmen nicht immer deutlich voneinander zu trennen waren. Zwischen dem Direktvertrieb und der Kommunikation gibt es verschiedene Schnittmengen, wie auch in der Leistungspolitik und der Personal- und Qualitätspolitik. Aus diesem

---

[1] Meffert: Marketing, S. 1035ff

Grunde sollte nicht angenommen werden, dass die einzelnen Maßnahmen für sich isoliert einsetzbar sind, sondern häufig in einem Mix, d.h. gebündelt bzw. durch eine Schwerpunktbildung. Die Auswahl der Maßnahmen ist immer in Abhängigkeit vom jeweiligen Marketingziel vorzunehmen unter der Berücksichtigung der Synchronität der Instrumente.

Die Ausführungen sollten aber auch gezeigt haben, dass die häufig beachtete Preissensibilität nur ein Teil in der Komplexität einer Kaufentscheidung ist. Der Preis entscheidet in erster Linie über den Erstbesuch einer Gastronomie. Die Freude über einen günstigen Preis ist nur von kurzer Dauer, wenn der Kunde anschließend enttäuscht wurde. In vielen Unternehmen werden viele der aufgeführten Marketingaktivitäten durchgeführt, sind jedoch nicht auf die Unternehmensziele ausgerichtet. Die vielen Fragen in diesem Kapitel sollten den Leser helfen, diesen Prozess zielgerecht zu gestalten.

Qualität in der Gastronomie ist
wie die Hefe für das Brot.
Der Autor

Kapitel 4: Organisationsprozess und Qualitätsmanagement in der Gastronomie

4.1 Einleitung und Überblick

Die Leistungserstellung in einem Unternehmen ist ein arbeitsteiliger Prozess, d.h. die Leistungserstellung beruht auf der Strukturierung und Koordination von Aufgaben (Aufbauorganisation) und von Tätigkeitsabfolgen (Ablauforganisation). Das Ergebnis dieses Arbeitsprozesses ist die Leistung des Unternehmens, die in Art und Qualität den Anforderungen des Kunden entsprechen muss. Die gewählte Aufbau- und Ablauforganisation im Unternehmen bildet eine entscheidende Grundlage für den wirtschaftlichen Erfolg wie u.a. die Untersuchung von Peters und Waterman zeigt.[1]

Die Schaffung von Organisationsstrukturen unterliegt einem Organisationsprozess und die Planung und der Vollzug der Organisation im Unternehmen sind Aufgaben der Unternehmensführung. Eine große Anzahl von Problemen und Faktoren des Erfolgs eines Unternehmen lassen sich auf die Organisation im Unternehmen zurückführen wie z. B.

- die Kostensituation aufgrund der Planung der Art/Menge und Nutzung von Ressourcen im Unternehmen.
- die Gästezufriedenheit durch Planung und Steuerung der Qualität im Leistungserstellungsprozess.
- die Kommunikation und Reaktionsgeschwindigkeit im Unternehmen. So steuert die Aufbauorganisation die Kommunikation im Unternehmen und erlaubt, auf Änderungen im Markt zu reagieren. Nur durch eine Strukturierung der Beziehungen der Mitglieder im Unternehmen untereinander ist ein Unternehmen in der Lage, die Prozesse zur Erreichung der Unternehmensziele zu steuern. Über die geschaffenen Strukturen und Systeme

---

[1] In dem 7s Modell ging der Faktor Structures in Sinne von Organisation als harter Faktor in das Modell zur Klassifizierung von erfolgreichen Unternehmen ein. Structures ermöglichen dem Unternehmen überhaupt, Strategien zu entwickeln und umzusetzen sowie eine Mitarbeiterführung zu ermöglichen. Peters and Waterman: In Search of Excellence (1989)

wird dem Unternehmen erst die Möglichkeit geben, den Wandel zu erkennen und entsprechend zu reagieren.

- die Mitarbeiterführung und Motivation aufgrund z. B. der Zuordnung von Aufgaben, Gestaltung der Zusammenarbeit, Aufforderung zum Handeln des Einzelnen und Bewertung der Aufgabe und Leistungserwartung als Basis zur Berechnung des Entgeltes.

Ziel dieses Abschnitts ist es, die Aufbau- und Ablauforganisation sowie den organisatorischen Prozess in gastronomischen Unternehmen darzulegen. Nach einer Darstellung der Spannungsverhältnisse in der Organisationsarbeit soll in einem ersten Schritt auf den Organisationsprozess eingegangen werden. Aufgrund der Wechselwirkung des Organisationsprozesses zwischen der Strukturierung der Arbeitsteilung im Unternehmen und der Leistungsqualität als Ergebnis des Arbeitsprozesses wird in diesem Kapitel dem Qualitätsmanagement in der Gastronomie besondere Aufmerksamkeit geschenkt. Diese Ausführungen bauen auf den Ausführungen in Kapitel 2 auf, da Qualität ein wichtiges Marketing Instrument ist. Am Ende des Abschnitts werden ausgewählte Problemstellungen der Organisation angesprochen, wie der Umgang mit organisatorischem Wandel, dem Wissensmanagement und die Möglichkeiten der Rationalisierung in der Gastronomie.

4.2   Organisation: Was ist das?

Wirtschaftliches Handeln baut auf dem **Prinzip der Arbeitsteilung und Spezialisierung** auf. Dieses Prinzip erlaubt die berufliche Spezialisierung von Menschen (Berufen), die betriebliche Spezialisierung von Unternehmen (Aufgabe), die innerbetriebliche Spezialisierung im Unternehmen (Abteilungen), die nationale Spezialisierung (Branchen) und die internationale Spezialisierung zwischen den Ländern (Globalisierung). Das Prinzip der Spezialisierung und Arbeitsteilung im Leistungserstellungsprozess ist nur durch eine Strukturierung und Synthese der verschiedenen Tätigkeiten möglich. Der Austausch der Leistungen als Ergebnis der Leistungserstellung findet im wirtschaftlichen Handeln über den Markt statt.

Das Wort Organisation stammt aus dem Griechischen und bedeutet so viel wie „Werkzeug oder Bewerkstelligung" zur Erledigung von Aufgaben. Organisation soll verstanden werden als Werkzeug der Strukturierung, welches durch setzen von Regeln und Strukturen ein zielorientiertes Handeln ermöglichen sollen.[1] In der Betriebswirtschaftslehre wird zwischen dem instrumentellen und institutionellen Organisationsbegriff unterschieden.[2] Der **instrumentelle Organisationsbegriff** beschreibt zwei Seiten der Organisation. Die erste Seite betrifft die funktionale Bedeutung der Organisation als Funktion der Unternehmensführung. Sie versteht Organisation als Planung und Vollzug betrieblichen Handelns und ist der vierte dispositive Produktionsfaktor[3]. Die Betonung liegt hier auf einem strukturierten und planbaren Prozess, einer Definition, die den Controllinggedanken mit prägte.[4] Für die Unternehmensführung

---

[1] vgl. Jung/Bruck/Quarg: Managementlehre, S. 368
[2] ebenda S. 21ff und S. 91ff
[3] Gutenberg: Grundlagen der Betriebswirtschaftslehre (1983)
[4] siehe Kapitel 8

resultiert hieraus die Aufforderung, die Aufgabe zu definieren und die einzelnen Tätigkeiten zu strukturieren, Regeln des Vollzuges zu aufzustellen sowie die Ressourcen zum Vollzug der Aufgabe bereitzustellen. Die zweite Seite betrifft die konfigurative Bedeutung der Organisation als eine strukturierte Form der Arbeitsteilung mit dem Ziel, unabhängige Handlungen zur Erledigung der Gesamtaufgabe zusammenzuführen. Dies schließt die Zuordnung von Hilfsmitteln mit ein sowie die Zuordnung von Personen auf entsprechende Teilaufgaben des Gesamtprozesses.

Der **institutionelle Organisationsbegriff** beschreibt eine Organisation als eine Gruppe von Menschen (Institution), die gemeinsam ein Ziel durch Erledigung einer Aufgabe verfolgen wie z.B. Einkommensgenerierung. Im Zentrum der Betrachtungen stehen hier anhand verschiedener Modelle ein strukturierter Prozess der Kommunikation, Willensbildung und Machtausübung sowie die Kontrolle von unternehmerischen Aktivitäten. Dieser Organisationsbegriff beinhaltet die Grenzen der Organisation zur Außenwelt und betrachtet somit die Wechselwirkung zwischen der Organisation mit der Außenwelt zur Strategiebildung und dem Umgang mit dem organisatorischen Wandel.

Die Tätigkeit des Organisierens

bedeutet, eine Aufgabenteilung in einem Unternehmen zu wählen, die die Unternehmensziele, Aufgabe des Unternehmens und die Bedürfnisse der Mitarbeiter (Person) miteinander verbindet. Diese drei Größen stehen dabei in einem ständigen Spannungsverhältnis und es kann als **magisches Dreieck im Organisationsprozess** verstanden werden (Abbildung 22).

Abbildung 22: Das magische Dreieck in der Organisationsarbeit

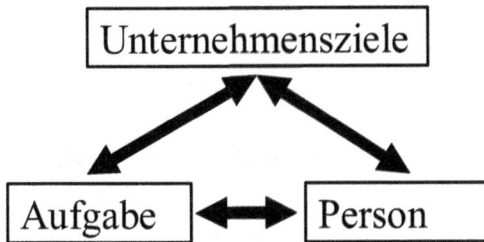

Alle drei abgebildeten Größen stehen in einem inhaltlichen Zusammenhang, jedoch werden die Unternehmensziele durch Personen[1] und die gestellten Aufgaben im Unternehmen bestimmt. Dies bedeutet, dass die Unternehmensziele auf den Ressourcen im Unternehmen, wie auch auf den personellen Ressourcen aufbauen müssen. Aus dem gemeinsamen Sachziel des Unternehmens heraus, der Einkommensgenerierung und dem Sicherheitsstreben, ergeben sich jedoch zwischen den Größen Spannungsverhältnisse während der Konfiguration von Organisationsstrukturen. In diesem Bestreben der Optimierung befindet sich eine Reihe von Konfliktpotenzialen. Zum Beispiel muss in diesem Zusammenhang die Frage beantwortet werden, ob sich eine Person an eine geänderte Aufgabenstellung anzupassen hat (durch Marktänderungen oder Veränderung der Unternehmensziele) oder die Aufgabenverteilung (Organisation) neu gestaltet werden muss entspre-

---

[1] Personen = Mitarbeiter und Unternehmensführung sowie Familienmitglieder

chend den Kompetenzen der Personen. Dies bedeutet, dass alle Größen von externen Ein-flussgrößen unterschiedlich beeinflusst werden. Ziel der Organisationsarbeit ist es, diese drei Elemente in ihrem Optimum zu kombinieren, um so die Ziele des Unternehmens und deren Mitglieder zu erreichen. Zur Umsetzung dieser Vorgaben bedient man sich in der Organisa-tion der **Analyse und Synthese von Aufgaben auf zwei Ebenen:**

1. Aufbauorganisation: funktionale Verteilung der Aufgaben zur Koordination von Arbeits-beziehungen, Aufgaben und Personen, Hilfsmitteln, Kommunikationswegen und Vertei-lung der Macht.
2. Ablauforganisation: dynamische Verteilung der Aktivitäten zur Erfüllung der Aufgabe im betrieblichen Leistungsprozess. Zusammenwirken von Teilaufgaben in einer räumli-chen und zeitlichen Betrachtung.

Mit der gewählten Organisationsform wird ferner das **Verhalten der Organisationsmitglie-der** gesteuert. Somit gilt in der Definition von Prozessen und Aufgaben, Regeln zur Zusam-menarbeit zu schaffen, die

- die Kreativität und Innovationskraft im Unternehmen fördern,
- einen Handlungsspielraum und Freiraum für die Organisationsmitglieder schaffen und trotzdem eine Kontrolle durch die Unternehmensführung ermöglichen,
- die Ressourcen im Unternehmen wirtschaftlich nutzen.

Somit steht der Organisationsprozess in einem engen **Zusammenhang mit der Mitarbei-terführung,** wie die folgende Grafik darstellt. Der gemeinsame Berührungspunkt ist die Aufgabe, die einerseits auf Personen verteilt wird und durch das Handeln der Personen er-füllt wird.

Abbildung 23: Zusammenhang zwischen Organisation und Mitarbeiterführung

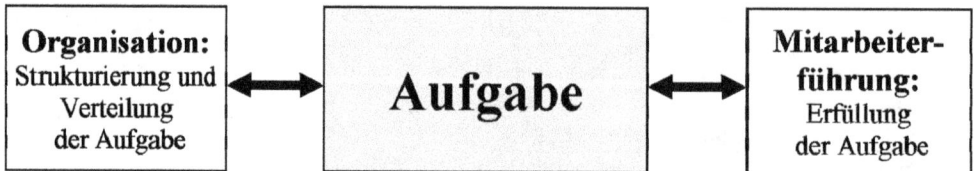

Die **Organisationstheorie** beschäftigt sich mit der Entwicklung von Modellen zur Gestal-tung von effektiven und effizienten Organisationen[1] und zur Steuerung der Verhaltensweisen von Organisationsmitgliedern. In der Organisationslehre haben sich verschiedene Schulen entwickelt, die zur Strukturierung der Arbeitsteilung unterschiedliche Fragestellungen in den

---

[1] Diese Gedanken spiegeln die Fragestellung zur Definition einer effizienten Organisation (to do the right things = Sachaspekt) und einer effektiven Organisation (to do the things right – Führungsaspekt) wieder, dass heißt, das die Organisation in der Lage ist, die Unternehmensziele zu erreichen.

Vordergrund gestellt haben.[1] Stellt man die Aussagen dieser Schulen[2] in eine zeitliche Abfolge, so spiegeln sie die wirtschaftlichen Entwicklungen und Probleme des jeweiligen Zeitabschnitts wider.

Die **klassische Schule** der Organisation beschäftigte sich mit den Formen der Arbeitsteilung und Spezialisierung. Hauptziel war es, durch die Strukturierung von Arbeitsprozessen, die aufkommende Nachfrage vor und nach der Industrialisierung durch eine Massenproduktion zu befriedigen. Im Mittelpunkt der Betrachtungen stand der Arbeitsprozess, um diesen in die einzelnen Tätigkeiten zu zerlegen und in eine Fließfolge zu stellen. Ziel war es, größere Mengen und bessere Einkommen der Arbeitnehmer durch Produktivitätssteigerungen zu ermöglichen. Der Mensch wurde in der klassischen Schule in Konkurrenz zur Maschine gesetzt und es entstand hieraus ein fortlaufender Rationalisierungsansatz. Die Führungsaufgabe bestand darin, Regeln der Zusammenarbeit aufzustellen und diese zu kontrollieren.[3] Diese Schulen waren stark sachorientiert und funktional ausgerichtet. Besonders prägten Taylor und Ford durch die Entwicklung der Fließfertigung und das Prinzip der Trennung zwischen Kopfarbeit und ausführenden Arbeiten die Arbeitsorganisation im Unternehmen.[4] Die menschliche Arbeitskraft galt als Produktionsfaktor, die für den betrieblichen Leistungserstellungsprozess verbraucht wurde.[5] Dieser Konsumgedanke bestimmt teilweise heute noch den Umgang mit der menschlichen Arbeitskraft. Durch die wissenschaftliche Arbeitsanalyse (Scientific Management) wurden die Leistungsfähigkeit und die Anforderungen an die Mitarbeiter ständig gesteigert.

Die klassische Schule prägte die Organisation in der Gastronomie in der Form, dass in der Küche und in dem Service strenge hierarchische Strukturen geschaffen wurden und die Mitarbeiter funktional eingesetzt wurden.[6] Dies war möglich, da die Auslastung von Unternehmen aufgrund des Nachfrageüberhangs eine untergeordnete Rolle in der Organisationsarbeit spielte. Die Entscheidungsgewalt wurde in dieser Form der Organisation zentralisiert und forderte eine charismatische Führungsperson.

Später bildete sich die **verhaltensorientierte Schule**, die in ihren Modellen stärker die Bedürfnisse und Ziele der Mitarbeiter in den Mittelpunkt der Organisationsarbeit rückte.[7] In dieser Schule wurden weniger die Ergebnisse der klassischen Schule infrage gestellt, sondern vielmehr sollten die menschlichen Beziehungen und die Position der Mitarbeiter verbessert werden. Ziel war es, eine Leistungssteigerung und Mitarbeiterzufriedenheit zu erreichen durch z. B. gezielte Kommunikation, Arbeitsplatzgestaltung, Veränderung des Führungsstils

---

[1] Für eine Übersicht über die verschiedenen Schulen und Ansätze der Organisationstheorie vgl. Jung/Bruck/Quarg: Managementlehre, S. 372

[2] siehe auch Steinmann: Management, S. 39ff, Stähle: Management, S. 15ff

[3] für eine Vertiefung der Lehren der klassischen Schule:Kieser: Organisationstheorie (1999); Stähle: Management (1999), Wöhe: Betriebswirtschaftslehre (1986); Jung/Bruck/Quarg: Managementlehre (2008)

[4] Taylor: Grundsätze wissenschaftlicher Betriebsführung (1913)

[5] Dieser Gedankengang wurde auch durch Adam Smith geprägt.

[6] Siehe weiter das Liniensystem in der Gastronomie

[7] Als Beispiele von Vertretern dieser Richtung sind hier zu nennen: Kosiol, Robbert Owen sowie auch die Ergebnisse der Hawthorne Studies (vgl. z.B. Weibler: Personalführung (2001); Kieser: Organisationstheorie (1999)

und Beteiligung am Entscheidungsprozess. Aufgrund der Berücksichtigung der Mitarbeiterbedürfnisse sind hier enge Schnittstellen zur Personalführung zu finden und die Ansätze
fanden Berücksichtigung in den verschiedenen Führungstheorien.

In der Gastronomie sind die Gedanken der verhaltensorientierten Schule eingegangen in die
Arbeitsplatzgestaltung, Mitarbeiterentwicklung, Mitarbeiterschulung, Gestaltung der Arbeitszeit, Arbeitsbelastungen, Ansätze zur Team- und Gruppenbildung in Unternehmen sowie die
Forderung nach einem kooperativen Führungsstil. Die Aufforderung einer mitarbeiterorien-
tierten Aufgabengestaltung und Schaffung von Freiräumen zur individuellen Ausgestaltung
von Aufgaben geht auch auf diese Schule zurück.

Mit der Sättigung der Märkte und mit den aufkommenden Problemen auf den Absatzmärkten
folgte die systemorientierte Schule in der Organisationstheorie zur Untersuchung des Verhältnisses zwischen der Organisation und der Umwelt. Die schnelle Reaktionsfähigkeit der
Organisation auf die sich ändernden Umweltbedingungen und die Steigerung der Wettbewerbsfähigkeit wurden immer wichtiger für die Existenz eines Unternehmens.[1] Die Fragestellungen in dieser Schule schlossen den Entscheidungsprozess und die Strategiebildung im
Unternehmen mit ein sowie den Umgang mit dem organisatorischen Wandel zur Anpassung
an geänderte Marktsituationen und zur Förderung des unternehmerischen Gedankens für
Mitarbeiter. Der Mensch wurde als Ressource betrachtet, der durch eigene Freiräume und
organisatorisches Lernen die Rolle hatte, Innovation zu schaffen. Diese Innovationen gelten
als Schlüssel zum unternehmerischen Erfolg. Nicht zuletzt wurden diese Werte, gestützt
durch einen gesellschaftlichen Wandel, geändert hin zu postmateriellen Werten in der Arbeitswelt und der Forderung nach einer Selbstverwirkung durch den Beruf.

Aufgrund immer stärker werdender Käufermärkte und der Forderung nach Verlässlichkeit
und Qualität trat das Qualitätsmanagement in der **systemorientierten Schule** in den Vordergrund.[2] Diese Entwicklung stand unter einem starken japanischen Einfluss durch das Kanban
System (wie z. B. Just in Time) und das Kaizen[3] System (kontinuierlicher Verbesserungsprozess). Ferner wurden in der Prozessbetrachtung zusätzliche Potenziale zur Kosteneinsparung
gesehen. In einer Konsequenz führten diese Analysen dazu, dass geschaffene Hierarchiestufen abgebaut wurden, indem Unternehmensführung und Mitarbeiter dem gemeinsamen Ziel:
Qualität unterstellt wurden. Die Unternehmensführung bekam die Aufgabe, Systeme zu
schaffen zur Definition und Umsetzung von Qualität. Von Bedeutung ist hier, dass die Systeme eine eigene interne Dynamik zur ständigen Verbesserung von Qualität besitzen. Weiterhin
bekam die Führung durch das Qualitätsmanagement die Verpflichtung, die entsprechenden
Ressourcen bereitzustellen.

In der Gastronomie führte dies dazu, dass z. B. Service- und Küchenabläufe stärker analysiert
wurden und somit ein klassisches funktionales Denken im Unternehmen reduziert wurde. Die
Ablauforganisation wurde nicht mehr nur auf eine bestehende Aufbauorganisation „aufge-

---

[1] Vertreter waren z.B. Peters/Watermann: In Search of Excellence (1989), Porter: Wettbewerbsvorteile (1989)

[2] Deming, siehe auch Malrany: Total Quality Management, S. 123f

[3] Japanisches Wort für Veränderung zum Besseren (Kai = Wandel, Zen = Wandel).

legt" sondern die Prozessbetrachtung wurde eigenständig betrachtet, um so einen optimalen Tätigkeitsfluss zur Zufriedenheit der Gäste zu gestalten. Aufgabenstellungen wurden neu überdacht durch z. B. folgende Fragestellungen: Wer hat wem die Tätigkeit zu übergeben? Wer benötigt wann welche Informationen zur optimalen Ausführung seiner Tätigkeiten? Weiterhin wurden Systeme der Gästebewertung geschaffen, um auf dieser Basis die Prozesse stärker zu bewerten und die Gästezufriedenheit zu steigern. Ebenso wurde die Optimierung von Prozessen auch in Teilbereiche unter einer Gesamtleitung zusammengefasst wie z. B. die Küche und die Restauration als F & B Management, um so die Prozesse besser zu integrieren. Eine weitere Fragestellung war auch, ob nicht bestimmte Tätigkeiten außerhalb des Unternehmens erledigt werden konnten wie z.B. die Reinigung der Wäsche (Outsourcing).

Aufgrund der Globalisierungen und der Gestaltung des virtuellen Arbeitsplatzes wird Wissen als Grundlage für künftige Innovationen immer stärker von Bedeutung. In der Gastronomie hat dies dazu geführt, wieder kleinere Einheiten nach dem Profit Center Prinzip zu schaffen und die starren funktionalen Strukturen aufzuheben. Wettbewerbsvorteile entstehen dadurch, dass man Strukturen schafft, die Änderungen auf dem Markt aufzunehmen und im Rahmen der Prozessanalyse, Leistungen entsprechend der Kundenbedürfnisse anzubieten. Die Führungsaufgabe besteht darin, Innovationen zu fördern und das Leistungspotenzial durch Mitarbeiterzufriedenheit zu steigern.

Für die Zukunft ist zu erwarten, dass der virtuelle Arbeitsplatz in der Gastronomie der eine geringere Bedeutung hat, da die Leistungserstellung eine direkte Interaktion zwischen dem Gast und dem Gastronomiemitarbeiter bedingt. Dennoch lassen sich hier zur Steuerung der Mitarbeiter einige Möglichkeiten vorstellen, um einen optimalen Mitarbeitereinsatz zu ermöglichen.

Für die Gastronomie ist es heute zum Erhalt der Wettbewerbsfähigkeit wichtig, ein System im Unternehmen aufzubauen, zur besonderen Identifikation und Reaktion auf Gästewünsche, um somit dem Gast ständig neue Erlebnisse zu bieten. Aufgrund der Vielzahl von Einflussfaktoren auf Organisation wird heute weniger nach der allgemeingültigen Organisationsform gesucht, sondern vielmehr danach, wie die einzelnen Faktoren den Organisationsprozess beeinflussen. Der **Gedankengang des situativen Ansatzes** ist es, den Einfluss verschiedener Faktoren, wie Umfang des Leistungsprogramms, Größe der Organisation, Auswirkungen des demografischen Wandels, auf die Effektivität und Effizienz der Organisation zu beurteilen. Die Ergebnisse erlauben dann, individuelle Organisationsstrukturen zu bilden, die den Einflussgrößen der Organisation entsprechen. In Bezug auf die Gastronomie lässt sich z. B. festhalten, dass Organisationsstrukturen von städtischen Gastronomiebetrieben nicht unbedingt auf ländliche Strukturen übertragbar sind, da das Anforderungsprofil an die Unternehmen unterschiedlich ist. Dies gilt genauso für den Fall, dass ein Unternehmen andere Tätigkeitsschwerpunkte setzt. Es gibt nicht mehr den „one best way", wie die klassische Schule es zu vermitteln versuchte.

4.3   Schaffung von Organisationsstrukturen

4.3.1   Der Organisationsprozess

Der Organisationsprozess ist ein Prozess aus der Analyse und Synthese von Organisations-elementen und deren Beziehungen untereinander.[1] In der Organisationslehre hat man die folgenden Elemente zur Strukturierung definiert:

Aufgabe:	Aufforderung zum Handeln und Verrichtung einer Tätigkeit bzw. Zustands-veränderung. Nach Kosiol[2] werden die Aufgaben gegliedert nach inhaltlichen Verrichtungen (Funktionen, Objekten, Material, Kundengruppe) oder formalen Verrichtungen (Rang – Entscheidung, Phase – Planung und Zweck - Service/Herstellung von Speisen).
Person:	betriebliche Ressourcen zur Erfüllung der Aufgabe. Personen sind ausgestattet mit Kompetenzen (= Erlaubnis zum Handeln) und Verantwortung (= Rechenschaftspflicht des Handelns). Die Aufgabenerfüllung setzt motivierte, innovative und lernfähige Personen voraus.
Technische Hilfsmittel:	Aktionsträger in der Erfüllung der Aufgabe wie z. B. Produktionseinrichtungen oder Informationstechnologie. Es ist dabei, die Eigendynamik der technischen Hilfsmittel auf den Prozess der Aufgabenerfüllung zu beachten.

Der Organisationsprozess beginnt mit der genauen **Analyse und Definition der Gesamt-aufgabe**. Anschließend wird diese Gesamtaufgabe gegliedert nach verschiedenen Kriterien wie Verrichtungen, Tätigkeiten oder Objekten geordnet. In der **Synthese** werden inhaltlich gleiche Aufgaben in eine Stelle zusammengefasst. Dabei bestimmen die Anzahl und der zeitliche Bedarf zur Erledigung dieser Aufgabe den Umfang der Stelle.

Übertragen auf die Gastronomie kann entsprechend der Abbildung 24 eine funktionale Analyse vorgenommen werden wie z. B. nach den Funktionsbereichen Catering, Bankette. Anhand der Analysekriterien werden die Teilaufgaben zur Erledigung der Aufgabe strukturiert. Nach dieser detaillierten Analyse wird ermittelt, welche Kenntnisse oder Fähigkeiten die einzelne Aufgabe zur Erfüllung fordert. Gleichartige benötigte Fähigkeiten können in einer Stelle zusammengefasst werden (Synthese). Die Stelle bildet für den weiteren Organisationsprozess die kleinste organisatorische Einheit. Die Definition dieser Stelle ist in einer Stellenbeschreibung wiederzufinden und findet ihre Position in der Aufbauorganisation (hierarchische Einordnung) und in der Ablauforganisation (Position im Prozess). Die Stellenbeschreibung bildet später die Basis für Fragen der Personalführung. In diesem Beispiel wird u. a. ein funktionales Wissen der Stelleninhaber gefordert sein.

---

[1] Jung/Bruck/Quarg: Managementlehre, S. 374, Steinmann: Management, S. 402ff
[2] Kosiol: Organisation der Unternehmung (1976/1993)

Abbildung 24: Der Organisationsprozess

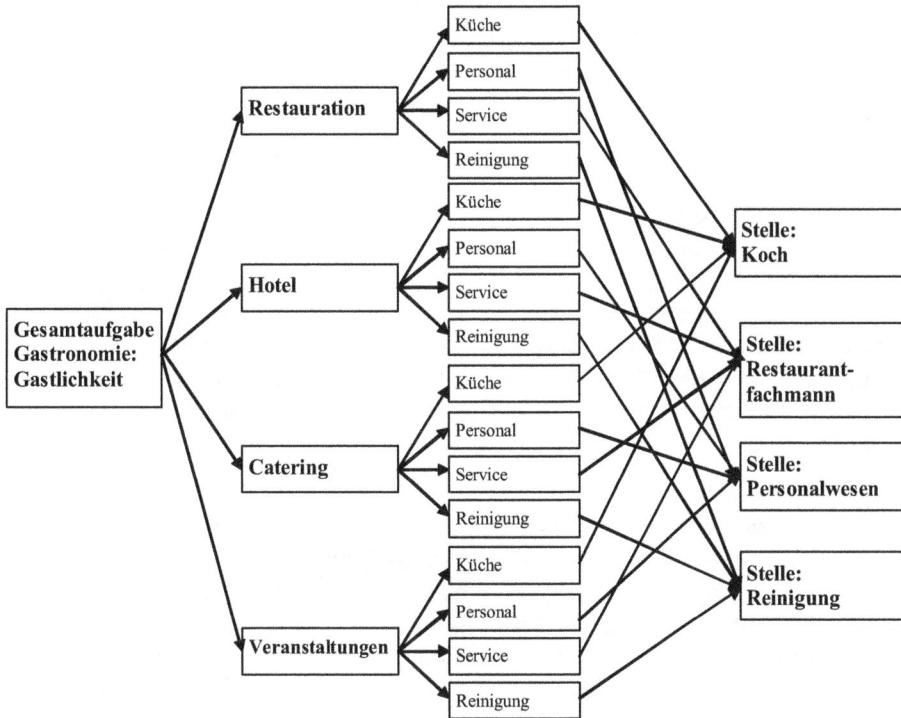

Im Aufbau von Organisationsstrukturen gilt es dabei, folgende **Dimensionen in der Diffe-renzierung und Integration** von Aufgaben zu beachten, die einerseits die Qualität der Leistungserstellung und die Kostensituation im Unternehmen erheblich beeinflussen:

1. Formalisierung der Aufgabe bzw. Aufgabenerfüllung
Die Formalisierung bestimmt den Grad der individuellen Freiheit oder festgelegten Verhaltenserwartungen der Personen zur späteren Beurteilung. Eine starke Formalisierung der Aufgabe kann jedoch die Flexibilität des Stelleninhabers beeinflussen und aufgrund eines eigenen Handlungsraums die individuelle Reaktion auf Gästewünsche einschränken. Dies hat wiederum negative Auswirkungen auf die Gästezufriedenheit.

2. Spezialisierung der Aufgabe
Hierunter ist der Grad der Professionalisierung der Aufgaben und Spezifikation der Kenntnisse zur Erfüllung der Aufgabe zusammengefasst. Der Grad der Spezialisierung entscheidet über die Nutzung der humanen Ressourcen (Nutz- und Leerkosten). Die Wirtschaftlichkeit der Spezialisierung ist dagegen abhängig von der Inanspruchnahme der Aufgabe durch den Gast. Weiterhin schafft ein hoher Grad der Spezialisierung eine Abhängigkeit zwischen der Person bzw. dem späteren Stelleninhaber und dem Unternehmen (z. B. IT-Mitarbeiter). Ein hoher Spezialisierungsgrad fordert ein Management, zu einem geplanten Umgang mit Schlüsselkompetenzen auf.

3. Standardisierung der Aufgabe

Eine hohe Standardisierung oder Gleichförmigkeit der Aufgabe erlaubt eine gute Kontrolle der Aufgabenerfüllung und fördert eine gleichmäßige Leistungserstellung. Eine hohe Standardisierung kann in der Gastronomie eine Chance werden, da hier Rationalisierungspotenziale durch eine gezielte Vorbereitung der Arbeitsabläufe erreicht werden können. Es kann aber auch zu einem Problem werden, wenn der Grad der Standardisierung der Aufgabenerfüllung nicht genug Freiräume lässt, auf Gästewünsche zu reagieren.

4. Konfiguration der Aufgaben

Gestaltung der Gesamtstruktur durch Aufgaben- und Stellensynthese. Die Konfiguration ist entscheidend für die Kommunikationsstrukturen und Hierarchiebildung im Unternehmen. Flache Hierarchien bedeuten große Kontrollspannen und führen zur Vernachlässigung der eigentlichen Aufgaben einer Führungskraft. Ein Problem, das häufig in Familienunternehmen vorzufinden ist. Steile Hierarchien wiederum verlangsamen den Entscheidungsprozess. Hierarchien selbst setzen einen Wissensunterschied voraus zwischen den Hierarchiestufen und deren Inhabern.

5. Zentralisation der Aufgabe

Ein hoher Grad an Zentralisation bedeutet eine lange Reaktionszeit im Unternehmen und wenig Kompetenzen der Mitarbeiter. Diese Wartezeit kann vom Gast als negativ empfunden werden und fordert somit eine ständige Präsenz des Entscheidenden. Der Grad der Zentralisation hat somit einen erheblichen Einfluss auf die Entscheidungsfindung. Eine Zentralisation der Aufgabenerfüllung bedeutet teilweise die Überwindung von Distanzen zwischen der Stätte der Aufgabenerfüllung und dem Empfänger der Leistung. Kostendegressionseffekte durch Zentralisation sind gegen die Qualität der Leistungserstellung abzuwägen.

4.3.2   Aufbauorganisationen in gastronomischen Familienunternehmen

Die Aufbauorganisation ist das Ergebnis der Synthese zur Verteilung von Aufgaben und Sachmitteln. In der Aufbauorganisation werden die Stellen in einer **hierarchischen Ordnung**[1] zusammengefasst zur Steuerung und Kontrolle der Aufgabenstellung der Personen (Aufgabenträger) und zur Koordination von Informationen im Unternehmen.

Die Synthese der verschiedenen Stellen und Aufgaben kann in verschiedenen Modellen erfolgen wie in einer Linien-, Stablinien- oder Matrixorganisation.[2] In Familienunternehmen und inhabergeführten Unternehmen herrscht das Einliniensystem aufgrund der Einheit zwischen dem Kapital und dem Unternehmen vor, was sich schon in der häufigen Rechtsform der Personengesellschaft begründet. Diese Entscheidung zur Linienorganisation wird beeinflusst durch die Forderung der Kontrolle der Geschäftsprozesse und einer Autonomie in der Entscheidungsfindung. Weitere Gründe für die häufige Wahl dieser Organisationsform ist die wirtschaftliche Abhängigkeit der Unternehmerfamilie vom Unternehmen und in den

---

[1] Hierarchie wird oft übersetzt im Sinner einer heiligen Ordnung in Sinne der Über- und Unterordnung.

[2] Für eine weitere Darstellung dieser Formen siehe Henschel: Hotelmanagement, S. 92ff

Wunsch der persönlichen Risikokontrolle zu finden. Somit wird in der klassischen Gastro-
nomieorganisation eine funktionale Linienorganisation gewählt, gegliedert nach Verrichtungen wie Küche, Etage, Restaurant, Bankette, Verwaltung (siehe Abbildung 25).[1]

Abbildung 25: Liniensystem in der Gastronomie

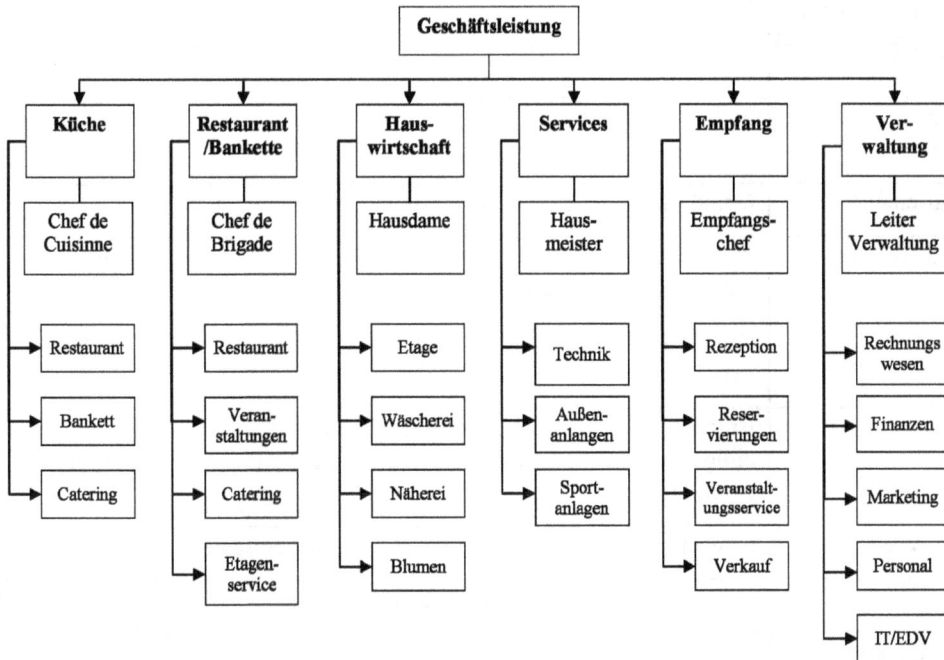

*Quelle: eigene Darstellung in Anlehnung an Henschel: Hotelmanagement, S. 97, Winter in Hänssler: Management,
S. 88*

Die **personelle Ausgestaltung** dieser funktionalen Organisation ist jedoch abhängig von der
Betriebsgröße, Leistungsebene und vom gewählten Standard des Hauses. Diese klassische
funktionale Organisationsform wurde von der Großhotellerie vielfach auch auf kleinere
Familienunternehmen übertragen, indem mehrere Funktionen in eine Stelle wiederum zusammengefasst wurden. Dies bedeutete, dass teilweise durch die Zusammenlegung Hierarchiestufen geringer wurden und der Unternehmer sich selbst in Mehrfachfunktionen wie-
derfand.

Die klassische hierarchische Organisationsform in der Gastronomie wird noch deutlicher,
wenn man sich die Einzelabteilungen ansieht, wie exemplarisch in der folgenden Abbildung
dargestellt.[2]

---

[1] Kay Winter in Hänssler: Management S. 87
[2] siehe Winter in Hänssler: Management, S. 89

Abbildung 26: Organisationsstufen anhand von Positionsbezeichnungen und deren Erläuterungen

Küche	
Bezeichnung	**Aufgaben**
Chef de Cuisine	Küchenchef
Chef de partie	Abteilungsleiter in der Küche
Demichef de partie	Stellv. Abteilungsleiter
Entremetier	Gemüsekoch, Zubereitung der Beilagen, Gemüse, Suppen
Gardemager	Koch der kalten Küche, zuständig z.B. für die Vorbereitung eines kalten Büfetts, kalte Vorspeisen
Saucier	Saucenkoch, zuständig für die Herstellung von Saucen und Pfannengerichten
Rôtisseur	Bratenkoch, Zubereitung für Fleisch, Geflügel- und Wildgerichte. In einigen Fällen wird dieser Posten noch um die Poissonnier (Fischkoch) ergänzt.
Pâtissier	Küchenkonditor, Zubereitung z. B. von Süßspeisen und Backwaren
Service/Restaurant	
Bezeichnung	**Aufgaben**
Chef de Brigade	Restaurantleiter
Chef de rang	Stationschef (im Restaurant sind die Bereiche in Stationen unterteilt). Zuständig z.B. Beratung der Gäste, Bestellungsaufnahme, Rechnungserstellung
Demichef de rang	Stellvertretender Stationschef, zuständig z.B. für eine Betreuung bestimmter Tische innerhalb der Station
Commis de Rang	Unterstützungsaufgaben wie Service von Speisen und Getränken, Ein- und Aufdecken der Tische

Diese Organisationsform erlaubt insbesonders bei Wachstum des Unternehmens die angesprochene Abteilung zu vergrößern und die Aufgaben auf die Stelleninhaber neu zu ordnen, ohne dabei die hierarchischen Strukturen zu verändern. Die funktionale Organisationsform wurde durch das Ausbildungssystem und Definition der Berufe in der Gastronomie gefördert, was ein Abteilungsdenken und somit auch Konflikte zwischen den Abteilungen unterstützt hat. Für die Unternehmensführung bedeutete diese Organisationsstruktur eine breite Leistungsspanne, da die Steuerung des Unternehmens nur über die Unternehmensleitung stattfindet.

Der große **Vorteil** dieser Organisationsform liegt in den Rationalisierungspotenzialen durch Standardisierung und Spezialisierung von Tätigkeiten und in der gezielten Mitarbeiterentwicklung bzw. –ausbildung. Dies folgt dem Ansatz von Taylor, indem der Unternehmensleitung die Planung der Tätigkeiten und in den unteren Organisationsebenen die ausführenden Tätigkeiten zugeordnet wurde.[1] Durch diese Organisationsform wurde eine Massenproduktion möglich, was in der Gastronomie besonders die Organisation in der Restauration und Küche prägte. Es beschreibt klare Weisungs- und Kommunikationswege mit dem Ziel, der Vereinfachung von Weisungen und das Recht der Ausübung von Sanktionen. Der Vorteil ist eine einfache Weitergabe von Anweisungen und erlaubt die Nutzung der Beförderung als Motivationselement. Dieses Instrument kann aber begrenzt in Familienunternehmen eingesetzt werden, da zentrale Positionen durch Familienmitglieder besetzt werden und somit für Nicht-Familienangehörige nur schwer erreichbar sind.

Der **Nachteil** dieser Organisationsform sind die inflexiblen Strukturen in der Kommunikation bedingt durch eine klare Trennung zwischen der Entscheidungs- und ausführenden Ebene. Ein Nachteil, der bei größeren Unternehmen deutlicher zum Tragen kommt. Bedingt durch diese Trennung besteht ein Risiko die Gästeorientierung zu verlieren, da eine Distanz zwischen dem gastronomischen Produkt und der Unternehmensleitung aufgebaut werden kann. Es entsteht ein Problem zur Durchführung einer notwendigen gästeorientierten Kommunikation und birgt eine Reihe von betrieblichen Konfliktpotenzialen in sich, da Informationen zum Machtsymbol werden können. Weiterhin setzt die Weitergabe von Informationen Kontakte zwischen den Organisationsmitgliedern voraus. Die geforderte Kontakthäufigkeit wird aber bestimmt durch eine zwischenmenschliche Atmosphäre, gekennzeichnet durch Sympathie, Antipathie und die Akzeptanz als Führungsperson.[2]

Die streng funktionale Organisationsform impliziert **hohe Kosten der Betriebsbereitschaft**[3] und setzt eine gleichmäßige und planbare Auslastung des Unternehmens voraus. Aufgrund des hohen Grades der Arbeitsteilung und Spezialisierung erlaubt sie nur eingeschränkte Möglichkeiten, Mitarbeiter in anderen Bereichen einzusetzen. Dieser geforderte gleichmäßige Auslastungsgrad ist in der heutigen Marktsituation fraglich.

Weiterhin hat der Unternehmer einen **hohen Grad an Kommunikations- und Kontrolltätigkeiten** zu leisten aufgrund einer breiten Leistungsspanne. Mit dem Ziel der Entlastung wurde diese Organisationsform durch Stabsstellen ergänzt, wie z. B. durch Steuerberatung, Rechtsberatung und teilweise durch eine Controllingfunktion. Um diese Entlastung zu erhalten, hatte der Unternehmer jedoch selbst eine weitere Steuerungsfunktion zu leisten, da diese Bereiche nur auf Initiative des Unternehmers tätig werden.

---

[1] Taylor: Die Grundsätze wissenschaftlicher Betriebsführung (1911)

[2] Siehe Weibler: Personalführung S. 30ff und Kapitel 5

[3] vgl. Kapitel 6

4.3.3   Teamorganisation als Organisationsform für gastronomische Familienunternehmen

Der Kostendruck in den Unternehmen, Einflüsse der Projektwirtschaft und Forderungen nach einer marktorientierten Organisation fordern Strukturen in der Gastronomie, die folgenden zukünftigen Erfolgsfaktoren Rechnung tragen:

• Flexibler Einsatz des Personals, um mögliche Leerkosten zu vermeiden.
• Förderung der Kommunikation zwischen den Mitarbeitern, um eine hohe Gäste- und Marktorientierung zu erreichen.
• Erhalt und Steigerung der Qualität als Wettbewerbsfaktor
• Wissenstransfer im Unternehmen als Basis für zukünftige Innovationen
• Möglichkeiten des Outsourcings zur Ausschöpfung von Rationalisierungspotenzialen
• Möglichkeiten der Autonomie von Stelleninhabern, um eigene Ideen und Wünsche zu verfolgen und Quellen der Motivation zu bieten.

Eine Organisationsform, die diesen Ansprüchen versucht zu entsprechen, ist die **Teamorganisation.**[1] Diese Organisationsform stellt sicher, dass besonders Familienmitglieder aber auch familienfremde Mitarbeiter je nach Aufgabenstellung in verschiedenen Unternehmensbereichen eingesetzt werden können und dass so die Kosten der Betriebsbereitschaft reduziert werden können. Arbeitsschwerpunkte und die Ressourcen können jedoch je nach Aufgabenstellung an das Unternehmen angepasst werden.

Die Teamorganisation mit der Familie als Zentrum, die so die Struktur von Familienunternehmen widerspiegelt, stellt hohe Anforderungen an den Unternehmensführer und soll im Folgenden eine besondere Aufmerksamkeit finden.

Abbildung 27: Teamorganisation in der Gastronomie

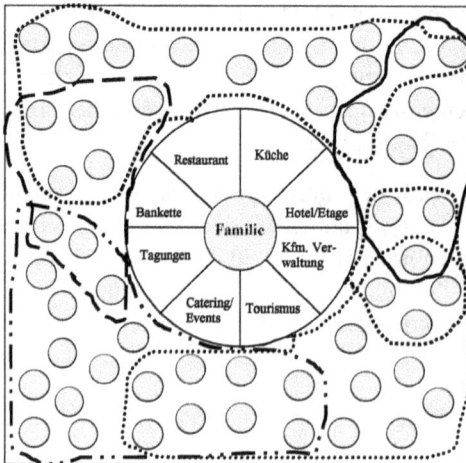

Das Kernteam ist hier die Familie, die als Entscheidungszentrum aber auch als Arbeitseinheit fungiert. Je nach Aufgabenstellen wird das Team erweitert durch externe Mitarbeiter, wobei die Familienmitglieder immer ein Teil der jeweiligen Teams bleiben. Diese Organisationsform ist vergleichbar mit einer Blume, deren Blütenblätter ständig erweitert werden.

Aufgrund der Reduzierung und Erweiterung des jeweiligen Funktionsbereichs, erlaubt die Unternehmensführung entsprechend der Auftragslage die Ressourcen

---

[1] vgl. z. B. Stähle: Management, S. 459ff

einzusetzen. Voraussetzung ist aber, dass die Mitarbeiter funktional übergreifendes Wissen und eine berufliche Mobilität besitzen.

Die Teamorganisation setzt aber auch eine Autonomität der Organisation innerhalb des Teams und Entscheidungsfindung voraus. Hier liegen große Potenziale in der Mitarbeiterführung, da sich so die Mitarbeiter stärker einbringen können und auch die Chancen haben, wechselnde Positionen im Unternehmen einzunehmen. Die Freiheit schafft jedoch einen Raum und eine Kultur, Innovationspotenziale zu erkennen und fördert ein Wissenstransfer bzw. –management innerhalb der Organisation. Auf der anderen Seite besteht aber auch die Gefahr einer Aufgabenhäufung, sofern die Unternehmensleitung die implementierte Autonomität durch starke Kontrollmaßnahmen entgegenwirkt. In diesem Modell sind stärker Führungsqualitäten gefragt, da die Unternehmensführung die Aufgabe hat, die Ressourcen und die Ziele der Leistungserstellung bereitzustellen und der Grad der Umsetzung der Ziele evaluiert wird. Der Prozess der Leistungserstellung wird hingegen auf das jeweilige Team übertragen.

Besonders in Familienunternehmen bietet diese Organisationsform Möglichkeiten, eigenständige Bereiche für Familienmitglieder zu schaffen und so Konfliktpotenziale zu reduzieren. Sie setzt aber auch ein freies Arbeiten unter der Vorgabe von Zielen voraus, ohne dabei die Kontrollfunktion der Unternehmensführung infrage zu stellen. Weiterhin ist die Möglichkeit des eigenständigen Lernens der Teams und des jeweiligen Teamleiters eine Voraussetzung. Es sollte keine Kultur entwickelt werden, dass vorrangig Fehler in der Durchführung herausgestrichen werden, um die eigenen Kompetenzen zu unterstreichen.

4.3.4   Von der Ablauforganisation bis hin zur Prozessorganisation

Die Ablauforganisation wird als die zweite Ebene in der Organisation verstanden und verbindet die rein funktionale statische Organisation und den Ablauf der Leistungserstellung durch eine dynamische Betrachtung bzw. einer Prozessbetrachtung. Der **Prozess der Aufgabenerfüllung** wird folgerichtig, sachlich, räumlich und zeitlich geordnet.[1] Dabei werden die Aufgaben von ihrer Entstehung bis hin zur Leistungsabgabe und teilweise darüber hinaus analysiert. Somit hat die Ablauforganisation folgende Ziele und Bereiche:

- Verhaltenssteuerung der Mitarbeiter durch die Definition von Arbeitsfolgen, Kernaktivitäten zur gleichmäßigen Erledigung der Aufgabe, Aufforderung zur Zusammenarbeit. Beispiel: Bestellungsaufnahme bei den Gästen.
- Organisation und Bereitstellung der technischen Hilfsmittel. Klärung des Zugangs und Nutzungsrechte des einzelnen Mitarbeiters. Beispiel: Nutzung der Küche.
- Analyse des Übergangs von Teilprozessen zur Vermeidung von Qualitätsverlusten und Konflikten. Beispiel: Stationsübergabe oder Weitergabe eines Bons in die Küche.
- Förderung des Rationalisierungsgedankens und Sicherung der Auslastung von technischen Anlagen und Mitarbeitern.
- Reduktion von Bearbeitungszeiten wie z. B. die Zeit zwischen Ankunft des Gastes und Service der Speisen.

---

[1] vgl. weiter: Jung/Bruck/Quarg: Managementlehre, S. 435ff

Mit dem Ziel, Prozessabläufe zu erkennen und zu beurteilen, um sie anschließend zu verbessern, wurden im Unternehmen eine Reihe von Zeitstudien, Arbeitsplatzstudien und Arbeitsablaufstudien durchgeführt.[1] In der Gastronomie führte es dazu, dass Serviceprozesse und die Koordination zwischen Service und Küche besser abgestimmt wurden zur Erhöhung der Gästezufriedenheit. Jedoch haben diese Analysen in der Gastronomie nur eine begrenzte Aussagekraft, da der Gast als Leistungsempfänger direkt in den Leistungserstellungsprozess mit eingreift wie z. B. den Zeitpunkt der Leistungserstellung oder die Definition der geforderten Leistung (Menüfolge, Änderungswünsche der Speisen). Somit ist es schwer, Prozesse grundsätzlich zu standardisieren. Ein weiteres Problem ist der Mitarbeiter selbst, da er unter Beobachtung (Laborbeobachtung) häufig anders arbeitet als im normalen Tagesgeschäft.

Die weiteren Entwicklungen in der Ablaufanalyse führten dazu, dass durch die Prozessbetrachtung die Einzelprozesse immer weiter untergliedert wurden, den Ursprung der Ablauforganisation verließ und eine eigenständige Beachtung in der Managementliteratur bekamen.[2] Der Organisationsprozess wurde jetzt zweidimensional betrachtet (funktionale und prozessuale Betrachtung) und definierte dabei die Rolle der Unternehmensführung mehr als Impulsgeber, um Menschen zum Unternehmensziel zu führen. In verschiedenen Modellen wie z. B. im St. Galler Management Modell[3] werden verschiedene Prozessstufen, Prozessebenen unterschieden mit dem Ziel, eine Synthese der Prozesse unter Beachtung des wirtschaftlichen Erfolges zu erreichen. So werden folgende Prozesse unterschieden:

- Führungsprozesse: Planung, Steuerung und Kontrolle zur Aufgaben Erledigung.
- Entscheidungsprozesse: Prozess der Problemdefinition, Entwicklung von Lösungen, Entscheidung und Kontrolle der Entscheidung.
- Teilprozesse: Tätigkeit innerhalb der Leistungserstellung (z. B. Anfertigen einer Sauce).
- Kernprozesse   direkte Tätigkeiten im Rahmen der Leistungserstellung (z. B. Kochen).
- Unterstützungsprozesse: Vor- und nachbereitende Prozesse, die teilweise auch parallel zum Kernprozess laufen können. (z. B. Bearbeitung von Personalangelegenheiten für die Küche).

Das Ziel dieser Vorgehensweise ist es, ein integriertes System von Prozessabläufen aufzubauen, dass sich am Hauptprozess orientiert und auf den Verbraucher der Leistung ausgerichtet ist. Diese reine Prozessorientierung stellt die funktionale Betrachtung der klassischen Organisationstheorie infrage, wie z. B. die Notwendigkeit von Hierarchien oder die Zentralität von Entscheidungen.

---

[1] Siehe auch Henschel: Hotelmanagement, S. 101 ff

[2] vgl. z. B. Jung/Bruck/Quark: Managementlehre (2008); Steinmann: Management (2000); Kieser: Organisationstheorie (1999); Stähle: Management (1999)

[3] Ruegg-Sturm: St. Galler Management Modell (2003)

4.4   Qualitätsmanagement

4.4.1   Der abstrakte Qualitätsbegriff

Das Wort „Qualität" kommt aus dem Lateinischen und bedeutet so viel wie Beschaffenheit, Merkmale, Eigenschaften oder definierten Zustand. Diese Übersetzung des Wortes Qualität beschreibt die Gesamtheit von Merkmalen und Eigenschaften eines Produktes/einer Leistung und bezieht sich auf die Erfordernisse und deren Eignung zur Erfüllung von Gästebedürfnissen.[1] Unter Berücksichtigung der Merkmale einer Dienstleistung, die primär unter Kundenbeteilung entsteht, kann folgende Begriffsdefinition nach Bruhn zugrunde zu gelegt werden:

„Dienstleistungsqualität ist die Fähigkeit eines Anbieters, die Beschaffenheit einer primär intangiblen und der Kundenbeteiligung bedürfenden Leistung aufgrund von Kundenerwartungen auf einem bestimmten Anforderungsniveau zu erstellen. Sie bestimmt sich aus der Summe der Eigenschaften beziehungsweise Merkmale der Dienstleistung, bestimmten Anforderungen gerecht zu werden." (Bruhn: Qualitätsmanagement für Dienstleistungen, S. 31).

Diese Definition des Begriffs Qualität stellt besonders in den Fokus, dass das Produkt oder die Leistung (als Objekt) das **Ergebnis eines Leistungserstellungsprozesses** ist. Die Anforderungen oder Beschaffenheit an das Objekt wird durch den Nutzer der Leistung individuell bestimmt. Somit ist die Messung der Qualität nicht nach objektiven Kriterien vorzunehmen, sondern individuell zu messen zwischen dem Nutzer der Leistung (Gast) und dem Hersteller der Leistung (Unternehmen).

Bei der **Operationalisierung der Definition** in die betriebliche Praxis ergeben sich die folgenden 4 Ebenen[2] für den späteren Aufbau eines Qualitätsmanagements.

Leistungsbezogene Ebene

In einer ersten Betrachtung hat die leistungsbezogene Ebene von Qualität ihren Ursprung im technischen Bereich und hat einen normativen Charakter. In der Gastronomie bezieht sich dies auf

* die Speisen (Menge und Beschaffenheit einer Speise).
* das Hotel (Hotelstandards entsprechend der Kategorie).
* das Restaurant (Sterne oder andere freiwillige Restaurantvergleiche).

Entscheidend ist hier, dass die Produktqualität standardisiert ist und die Erstellung der Beschaffenheit des Produktes unabhängig der Person ist. Dieser normative Charakter von Qualität stellt die Forderung nach einer Dokumentation des Herstellungsprozesses. Hier ergeben sich objektive und in sich nicht veränderbare Kriterien, die durch das Unternehmen oder

---

[1] Meffert/Bruhn: Dienstleistungsmarketing, S. 272 sowie die Deutsche Gesellschaft für Qualität e.V. auf www.dgq.de

[2] siehe auch Schneider: Erfolgsfaktoren, S. 42. Sie nannte 3 Ebenen/Perspektiven zur Bestimmung von Qualität; Uhlich: Qualitätsmanagement Teil 1 und 2 (2004).

andere Quellen fest definiert werden. Schließlich will ein zufriedener Gast die gleiche Speise wieder genauso erleben wie beim Erstbesuch.

In einer zweiten Betrachtung der leistungsbezogenen Ebene stellt sich aber die Frage: Was ist eigentlich unser Produkt? Welchen Nutzen erwartet der Gast vom Besuch des Hauses oder warum kommt der Gast? Grundsätzlich ist dies eine Marketingfrage, die auch durch ein Qualitätsmanagement eine Antwort findet. Mit dem Ziel ein Qualitätsmanagementsystem aufzubauen und Maßnahmen zum Erreichen der Kundenzufriedenheit zu steuern, muss man vorher wissen, welchen Nutzen der Gast überhaupt von der Leistung erwartet. Die Antworten auf diese Frage können ganz unterschiedlich zur ursprünglichen Definition einer gastronomischen Leistung sein. Um diese Fragen zu beantworten,[1] sind folgende Arbeitsprozesse notwendig:

1. Definition der **Kernleistung** oder Beantwortung der Frage: Welche Leistung ist der Hauptgrund (Basisnutzen) für den Besuch im Restaurant oder Hotel? Die Antwort kann zu finden sein in der materiellen Leistung wie die Speisen, die Möglichkeit einer Übernachtung oder im sozialen Bereich wie Geselligkeit erleben oder in der Markierung von persönlichen Ereignissen.
2. Definition des **direkten Zusatznutzens** der Kernleistung oder Beantwortung der Frage: Welchen Nutzen erwartet der Gast mit der Inanspruchnahme der Kernleistung? Die Antwort kann unterschiedlich sein wie z.B. das Erlebnis andere Speisen auszuprobieren, Geselligkeit, eine professionelle Präsentation der Speisen, Dekoration des Tisches, eine gehobene Esskultur zu erleben oder eine persönliche Belohnung für ein erreichtes Ziel.
3. Definition des **indirekten Zusatznutzens** oder Beantwortung der Frage: Welchen Nutzen würde man gerne zusätzlich erwarten? Diese Nutzenerwartung bestimmt aber nicht primär die Inanspruchnahme der Leistung, aber beeinflusst das Gesamturteil positiv. Die Antwort kann liegen z. B. in der Wissensvermittlung über Zubereitungsarten der Speisen, Herkunft der Weine oder ein Essen in netter Atmosphäre. Hierunter kann auch fallen, dass der Ruf des Hauses für das eigene Image genutzt oder die Nutzung der Vorteile des Status des Stammgastes als Zusatznutzen empfunden wird.

Für ein späteres Qualitätsmanagement ist die Kenntnis der genauen Produktdefinition entscheidend, um sich so auf die genauen Eigenschaften des Produktes zu konzentrieren. Entscheidend ist an dieser Stelle zu bemerken, dass die Erfüllung der Erwartungshaltungen im Kernprodukt nicht unbedingt allein zur Gästezufriedenheit führen wird, sondern dies vielmehr davon abhängig, inwieweit die Leistungseigenschaften des direkten und indirekten Zusatznutzens erfüllt werden. Die Frage: Welche Leistungseigenschaften die Gästezufriedenheit beeinflussen, bedarf einer individuellen Messung durch Befragungen und Beobachtungen.

Prozessbezogene Ebene

Die prozessbezogene Ebene des Qualitätsbegriffs beruht auf dem Prozess der Leistungserstellung und betrachtet die Tätigkeitsmerkmale, die zur Erfüllung der einzelnen Leistungser-

---

[1] Zingel: Qualitätsmanagement, S. 45; Hentschel: Hotelmanagement, S. 120

stellungsphasen notwendig sind. Die prozessuale Dimension betrachtet die Qualität des Inputs, die Tätigkeiten zur Umformung oder Leistungserstellung und die Orientierung des Outputs an den Nutzer der Dienstleistung. Aus der prozessualen Dimension wird versucht, die Prozesse und die Reihenfolge der Tätigkeiten zu untersuchen und diese zu standardisieren. Dies schließt die Dokumentation der Kommunikation mit ein sowie einem selbstregulierenden Lernmechanismus im Unternehmen. Für die Gastronomie bedeutet dies eine Analyse z. B. von Serviceabläufen, Küchenabläufen, mit dem Ziel die Tätigkeitsfolge zu harmonisieren und deren Ausführung zu optimieren.

Die prozessbezogene Ebene baut auf die bestehende **zeitliche und sachliche Strukturierung** der Tätigkeiten der Ablauforganisation auf und setzt die gewählte Strukturierung in Bezug zur Leistungsqualität. So wird zunächst hinterfragt, welche Voraussetzungen (z. B. durch Bereitstellung von Informationen oder Sachmittel) geschaffen werden müssen zur Erfüllung der Aufgabe, Formen der Übergabe zwischen den einzelnen Arbeitsschritten etc. Ziel dieser Analysen ist es hier, die optimalen Voraussetzungen zu schaffen, damit Qualität wahrscheinlich wird. In der **Prozessanalyse** geht das Qualitätsmanagement noch einen Schritt weiter und versucht durch statistische Methoden herauszufiltern, welche Tätigkeiten innerhalb eines Prozesses maßgeblich die Gästezufriedenheit bestimmen. Ein Restaurantbesuch z. B. besteht aus den Prozessstufen des Empfangs, den Service von Speisen und Getränken sowie der Verabschiedung. Innerhalb dieses Prozesses gibt es Tätigkeiten, die aus Gästesicht von elementarer Bedeutung sind und die Zufriedenheit entscheidend beeinflussen (wie die Aufnahme der Bestellung) während hingegen andere Tätigkeiten kaum Auswirkungen haben auf die Gästezufriedenheit haben (wie z. B. der korrekte Service des Weins). Aus den Ergebnissen der Analyse lässt sich später erkennen, auf welche Prozessmerkmale ein Qualitätsmanagement besonders aufgebaut werden muss.

Kunden- bzw. gästeorientierte Ebene

Diese Dimension beinhaltet den kundenorientierten Qualitätsbegriff, da Leistungsstandards als subjektive Qualitätsmerkmale durch den Gast definiert werden. Diese Dimension schließt die Qualität der Organisation mit ein, also die Fähigkeit, die Unternehmensprozesse auf den Markt hin auszurichten sowie ein Qualitätsmanagementsystem zu führen. Weiterhin ist von Bedeutung, den Prozess der Veränderung der Qualitätsaufforderung zu notieren, sobald der Kunde bereits einmal die Erfahrung mit dem Produkt oder der Leistung gemacht hat. Dies gilt in der Gastronomie besonders für den Umgang mit Stammgästen, da auch hier zu beobachten ist, dass die Qualitätsstandards nicht statisch sind.

Die gästeorientierte Ebene hinterfragt die Beziehungen zwischen den verschiedenen Personengruppen und dem Unternehmen sowie der Unternehmensleistung. Dieser ganzheitlicher Ansatzpunkt der **Beziehungsanalyse** hat zum Ziel, eine Zufriedenheit der Gesamtheit der Stakeholder zu erreichen. Der Gedankengang ist dabei, dass eine Gesamtzufriedenheit sich positiv auf die Leistungsqualität und somit den Gast im engeren Sinn auswirkt. Übertragen auf die Gastronomie lässt sich der hierarchische Kundenbegriff wie folgt definieren:[1]

---

[1] Zingel: Qualitätsmanagement, S. 8f

1. der Gast als **direkter Nutznießer** der Leistung des Unternehmens. Er steht im direkten Bezug zum Produkt und zum Unternehmen. Er ist der Käufer der Leistung.
2. der Mitarbeiter als **indirekter Nutznießer** der Leistung des Unternehmens. Er steht im direkten Bezug zum Gast und zur Leistung.
3. die Stakeholder wie z. B. Lieferanten, Banken, Staat als **indirekter Nutznießer** des Leistungserstellungsprozesses. Die Stakeholder stehen im direkten Kontakt zum Unternehmen aber haben keinen direkten Einfluss zum Produkt und zum Gast.

Diese Definition des Kundenbegriffs im Qualitätsmanagement fordert, dass neben dem Gast die Zufriedenheit der indirekten Nutznießer der Mitarbeiter und der Stakholder mit in den Qualitätsprozess einzubeziehen ist Es ist davon auszugehen, dass deren Zufriedenheit sich durch die Bereitstellung von weiteren Ressourcen zeigt und somit den Gesamtprozess positiv beeinflusst.

Die Management Ebene

Mit dem Ziel, Gästezufriedenheit zu realisieren ist es Aufgabe des Managements ein System zur Planung, Steuerung und Kontrolle von Qualität aufzubauen und zu pflegen. Dieses System hat die Aufgabe sicherzustellen, dass die Qualitätsziele im Unternehmen umgesetzt werden. Dies setzt eine Analyse und Messung der Dienstleistungsqualität voraus wie auch die Planung von Qualitätszielen und die Bereitstellung der notwendigen Ressourcen. Die Forderung an das Management ist die Voraussetzung für ein **QM-Management-System** zu schaffen unter Berücksichtigung folgender Aspekte:

- Qualität ist oberstes Unternehmensziel,
- Orientierung der unternehmerischen Prozesse an dem Urteil der Kunden. Kunden sind im gastronomischen Kontext die Gäste aber auch die Mitarbeiter (interne Kunden),
- Selbstlernmechanismus zur kontinuierlichen und dynamischen Qualitätsverbesserung
- Gleichberechtigung aller Mitarbeiter bei der Qualitätskontrolle.

In diesem Zusammenhang wird der Begriff des **Total Quality Management (TQM)** häufig genannt. TQM wird dabei definiert als eine Führungsmethode, in der Qualität im Mittelpunkt steht und alle Mitglieder der Unternehmung (Geschäftsleitung, Mitarbeiter und Lieferanten und Kunden) möchten durch Kundenzufriedenheit den langfristigen wirtschaftlichen Erfolg sichern.[1] Im weiteren erheben sich die Forderungen an das Management, durch kontinuierliche Verbesserungen die Kundenzufriedenheit und somit auch die Wettbewerbsfähigkeit zu steigern (Kaizen-System). Diese ständig implementierte Prozessanalyse, fordert die Prozesse im Unternehmen ständig zu hinterfragen und durch ständige Veränderungen/Verbesserungen die Wirtschaftlichkeit im Unternehmen zu steigern. Deming sagte einmal: „If you can't measure it, you can't manage it".[2] Damit forderte er, Qualität durch Ziele messbar und kontrollierbar zu machen. Der abstrakte Qualitätsbegriff ist durch konkrete Vorgaben (Kennzahlen oder Kennzahlensysteme) zu operationalisieren.

---

[1] Meffert/Bruhn, Dienstleistungsmarketing, S. 274
[2] entnommen aus: Uhlich: Qualitätsmanagement, Teil 2, S. 35

Damit dieses System in einem Unternehmen lebt, benötigt es verbindliche Zielvorgaben im Unternehmen, Messung der Prozesse und Ergebnisse und eine Analyse. Dieser Gedankengang entspricht dem Controlling Gedanken[1] nachdem besonders durch Kennzahlensysteme, die Qualität operationalisiert werden kann. In der Gesamtbetrachtung zum Aufbau eines Verständnisses von Qualität und Qualitätsmanagement treten immer wieder zwei Kernprobleme hervor:

1. das Problem der **Messung der Einflussfaktoren** von Qualität. Das Management ist aufgefordert, die Auswirkungen von Prozessmerkmalen auf die Leistungsqualität statistisch messbar zu machen. Nur so wird es möglich, die Merkmale zu planen und zu steuern.
2. das Problem der **Kundenorientierung**. Das Qualitätsmanagement fordert von einem Unternehmen die absolute Kundenorientierung aufgrund der Definition des Kunden und seiner Erwartungshaltungen. Es erfordert außerdem die Erfassung nicht kommunizierter Erwartungen und die Pflege einer aktiven Kommunikation, um so eine situationsgerechte Beurteilung der Leistung zu erreichen. Diese geforderte Kundenorientiertheit kann zu Zielkonflikten in der Wahl der Maßnahmen zur Steigerung der Wirtschaftlichkeit führen. Aufgrund des Postulats der Kundenorientierung im Qualitätsmanagement sind aber eine Reihe von Synergien zur Marktforschung zu erkennen und sowie werden durch ein Qualitätsmanagement die Grundlagen für Innovationen gelegt.

Die besondere Problematik bei der Einführung eines QM-Systems in der Gastronomie ist, dass der Gast als externer Faktor einen direkten Einfluss auf den Dienstleistungsprozess hat, d.h. der Gast bestimmt den Zeitpunkt der Leistungserstellung sowie die genaue Art und den Umfang der Leistung. Somit fallen Produktion, Absatz und Konsum der Leistung zeitlich zusammen. Dies bedeutet wiederum für die Gastronomie, dass Leistungstests oder eine Wiederholung der angebotenen Leistung in standardisierter Form kaum möglich. Die Leistungserstellung muss immer punktgenau den Qualitätsanforderungen entsprechen und stellt folglich sehr hohe Anforderungen an ein QM-System.[2]

Die Durchführung eines Qualitätsmanagements wird somit zur **Selbstverpflichtung** des gesunden Menschenverstandes und erlaubt dem internen und externen Betrachter eine Transparenz der Prozesse. Aufgrund der starken Gästeorientierung werden Entscheidungen stärker sachorientiert getroffen werden und helfen Haftungsrisiken einzuschränken.

In der Gastronomie unterstreicht die Einführung eines Qualitätsmanagementsystems das Signal der Leistungsfähigkeit und -bereitschaft an den Gast. Weiterhin unterstreicht es die Notwendigkeit der Teambildung und erlaubt, bisher starre Strukturen im Sinne der Gästezufriedenheit zu flexibilisieren. Ein Qualitätsmanagement in der Gastronomie ist aber eine ständige Gradwanderung, um nicht durch eine zu starke Standardisierung und Formalisierung die Individualität und Reaktionsgeschwindigkeit zu verlieren. Dies würde dem Ziel der Gästezufriedenheit widersprechen.

---

[1] Siehe Kapitel 8
[2] z. B. Six Sigma: Ein Konzept der Luftfahrt zum Erreichen einer 0% Fehler Quote.

4.4.2   Grundmodelle im Qualitätsmanagement

4.4.2.1   Das Gap Modell

Der konzeptionelle **Gedankengang** zur Messung der Dienstleistungsqualität ist eine GAP-Analyse ist der **Vergleich** von Zukunftsprojektionen. Es ist eine „Lückenanalyse" zwischen der Soll-Situation und voraussichtlichen Entwicklungen bzw. Heute oder Morgen Zustände. Im Rahmen des Qualitätsmanagements wird in der Ebene des Gastes die erfahrene Leistung mit der Erwartungshaltung verglichen und anhand der Auswertung die Leistungsqualität beurteilt (Abbildung 28). Somit ist es Aufgabe für den Unternehmer zu messen, welche Faktoren die Erwartungshaltungen des Gastes steuern, welche konkreten Erwartungshaltungen der Gast an die geforderte Leistung hat, um somit auf der Unternehmensebene die Prozesse so zu steuern, damit die Leistung den Anforderungen entspricht.

Die Abbildung stellt heraus, dass die Beurteilung der Gesamtqualität durch den Gast in Gap 5 vorgenommen wird. Die Beurteilung in Gap 5 bezieht sich jedoch auf die aufgetretenen Lücken in Gap 1 bis 4 im Bereich des Gastronomieunternehmens. Als Beispiel der Analyse der Gaps, ihrer Einflussfaktoren und Ansatzpunkte zur Messung der Lücken könnte in der Gastronomie wie folgt aussehen:

Abbildung 28: Gap Modell zur Analyse der Dienstleistungsqualität

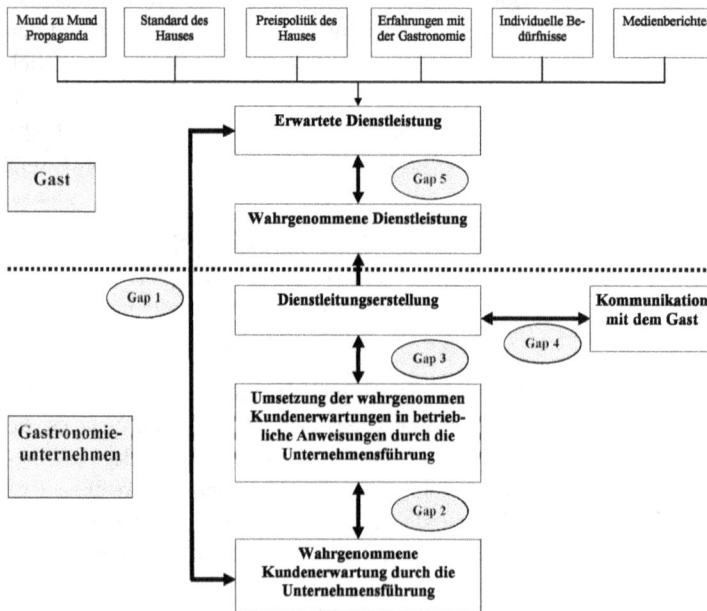

Quelle: Meffert / Bruhn: Dienstleistungsmarketing, S. 281 und die dort angegebene Literatur mit eigenen Änderungen, siehe auch Henschel: Hotelmanagement, S. 112. Die oben abgebildete Grafik beruht auf den SERVQUAL Ansatz (Service und Qualität) von Zeithaml, Parsuraman und Berry.[1]

---

[1] Zeithaml/ Parsuraman/Berry: Delivery Quality Service, S. 131

Abbildung 29: Einflussfaktoren und Ansatzpunkte zur Messung nach dem GAP-Modell

Gastbereich	**Gap 5:** Diskrepanz zwischen der wahrgenommenen Dienstleistung und erwarteter Dienstleistung. Die Einflussfaktoren und Ansatzpunkte werden begründet in den folgenden Gaps: • Leistungskompetenz, Einfühlungsvermögen, Reaktionsfähigkeit, Zuverlässigkeit und Freundlichkeit der Mitarbeiter • Beurteilung des Leistungsangebotes • Beurteilung des Leistungsversprechens • Beurteilung der gelebten Qualität • Beurteilung der Leistungsgüte		
Unternehmensbereich	**Gap Stufe**	**Einflussfaktoren**	**Ansatzpunkt**
	Gap 1: Diskrepanz zwischen Kundenerwartungen und den wahrgenommenen Gästeerwartungen	• Kommunikation im Unternehmen • Verständnis für den Gast • Bisherige Erfahrungen des Gastes • Bilder aus den Medien • Wissen von Alternativen • Preis-Leistungsverhältnis	• Marktforschung • Berichtswesen
	Gap 2: Diskrepanz zwischen den wahrgenommenen Kundenerwartungen und Umsetzung in Maßnahmen der Qualitätssicherung	• Wahrnehmung der Durchführbarkeit	• QM Handbuch • Qualitätsplanung
	Gap 3: Diskrepanz zwischen den getroffenen Maßnahmen und der tatsächlichen Leistungserstellung	• Teamarbeit • Kontrollmechanismen • Arbeitsorganisation	• Steuern und Kontrolle • Weiterbildung
	Gap 4: Diskrepanz zwischen der Dienstleisterstellung und der Kommunikation mit dem Gast	• Klare Kommunikation • Hilfen zur Evaluierung • Kosten und Leistung Verhältnis • Serviceversprechen	• Marketing • Mitarbeiterschulung

Die Kritik, die diesem GAP-Modell entgegengebracht wird, ist einmal in der Statik der Betrachtungen zu sehen. So ist ein **Dynamisierungseffekt** zu erwarten, wenn dann der Gast Erfahrungen mit dem Gastronomieunternehmen gemacht hat oder eine weitere Erfahrung im

Rahmen einer vergleichbaren Leistung bekommt.[1] Weiterhin ist die Qualität der Gast-Unternehmensbeziehung zu berücksichtigten, die am Ende die Beurteilung der Qualität mit beeinflusst. Diese soziale und psychologische Bindung erlaubt auch eine positive Beurteilung der Qualität trotz objektiver Lücken in der Leistungserstellung.[2] Weiterhin ist die Grundhaltung des Gastes zu berücksichtigen, dass nicht immer davon ausgegangen werden kann, dass eine Kausalbeziehung besteht zwischen der Qualitätszufriedenheit und der Loyalität zum Unternehmen. Nach dem Modell von Stauss/Neuhaus[3] wird hier zwischen stabil-zufriedenen und fordernd-zufriedenen und resignativ-zufriedenen Kunden unterschieden. Unzufriedene Kunden werden in ähnlicher Form typisiert. Die Kernaussage ist dabei, dass fordernde Gäste ihre Anforderungen deutlich kommunizieren und somit bei ihnen grundsätzlich von Abwanderungstendenzen auszugehen ist. Resignativ Zufriedene weisen eine gewisse Gleichgültigkeit gegenüber dem Unternehmen auf und es ist davon auszugehen, dass von diesen Gästen kaum Empfehlungen zu erwarten sind. Somit wird es wichtig für die Messung der Kundenzufriedenheit, nicht nur global die Kundenzufriedenheit zu untersuchen sondern die Zufriedenheit an Einzelmerkmalen zu messen. Somit wird es möglich, eventuelle Gefährdungspotenziale besser zu erkennen.[4]

Die Gap-Analyse definiert Messpunkte in der Qualitätsmessung und deren Ursachenanalyse. Messungen können mit folgenden Instrumenten durchgeführt werden:

- Analyse von Beschwerden
- Berichte von Testgästen
- Fragebogenanalyse
- Strukturierte Befragungen des Gastes bei der Verabschiedung

In der Messung der Faktoren ist immer von dem **Kausalzusammenhang** zwischen den einzelnen Faktoren und dem Einfluss auf die Gästezufriedenheit auszugehen. So gilt es zu fragen, ob die gemessenen Faktoren entweder überhaupt eine Auswirkung auf die Zufriedenheit hatten oder nur als störend empfunden wurden, aber das Gesamturteil nicht beeinflussten oder kein Einfluss auf die Beurteilung haben. Die Messungen sind häufig abstrakte Messungen und somit ist es wichtig, die geschaffenen Messinstrumente regelmäßig anzuwenden. Diese laufenden Beobachtungen erlauben später eine Bewertung der Faktoren. Diese Messungen sollen helfen, die Bedürfnisse, Erwartungen und Anforderungen der erwarteten Leistungsqualität zu ermitteln, sowie aber auch dem Gast ein Feedback zu geben zur realistischen Einschätzung der zu erwartenden Leistung.

4.4.2.2   Das Prozessmodel

Die Prozessanalyse ist die Grundlage für ein QM – Managementsystem und ist vom Grundsatz her eine **Analyse der Wertschöpfung** im Unternehmen. Ziel dieser Analyse ist es, kritische Ereignisse aus der Sicht des Gastes aufzuspüren als Grundlage für Maßnahmen eines QM Systems. Aus dieser Prozessanalyse ergibt sich, welche Tätigkeitsmerkmale der Kon-

---

[1] Siehe hierzu das Modell von Boulding et al. in Meffert/Bruhn: Dienstleistungsmarketing. S. 282
[2] Siehe hierzu das Modell von Liljander/Strandvik in Meffert/Bruhn: Dienstleistungsmarketing, S. 284
[3] Siehe hierzu das Modell von Stauss/Neuhaus in Meffert/Bruhn: Dienstleistungsmarketing, S. 287
[4] AHGZ: Nicht kopflos werden vom 24.01.2009; Schätzing: Management, S. 72ff

trolle bedürfen und in die Beurteilung der Leistungsqualität eingehen. Diese definierten Prozessmerkmale sind wiederum auch gute Ansatzpunkte in der Kommunikationspolitik im Marketing.

Aus der Sicht des Qualitätsmanagements stehen dabei folgende Fragen in den Vordergrund:

- Wie entsteht eine Leistung in unserem Unternehmen?
- Welche Merkmale zeichnen diesen Prozess aus?
- Welche Prozessmerkmale bzw. welche Eigenschaften beeinflussen die Gästebeurteilung?

Exemplarisch soll dies anhand von zwei Prozessanalysen in der Gastronomie betrachtet werden:[1]

Abbildung 30: Prozessanalyse im Hotel

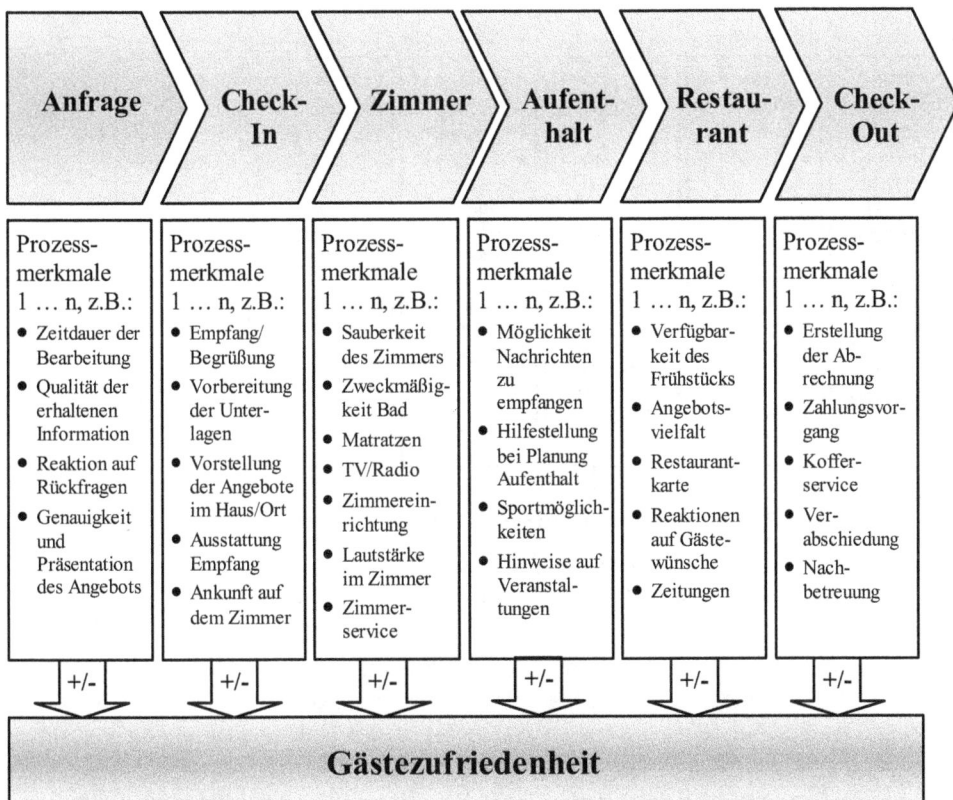

Anfrage	Check-In	Zimmer	Aufenthalt	Restaurant	Check-Out
Prozessmerkmale 1 ... n, z.B.:	Prozessmerkmale 1 ... n, z.B.:	Prozessmerkmale 1 ... n, z.B.:	Prozessmerkmale 1 ... n, z.B.:	Prozessmerkmale 1 ... n, z.B.:	Prozessmerkmale 1 ... n, z.B.:
• Zeitdauer der Bearbeitung • Qualität der erhaltenen Information • Reaktion auf Rückfragen • Genauigkeit und Präsentation des Angebots	• Empfang/ Begrüßung • Vorbereitung der Unterlagen • Vorstellung der Angebote im Haus/Ort • Ausstattung Empfang • Ankunft auf dem Zimmer	• Sauberkeit des Zimmers • Zweckmäßigkeit Bad • Matratzen • TV/Radio • Zimmereinrichtung • Lautstärke im Zimmer • Zimmerservice	• Möglichkeit Nachrichten zu empfangen • Hilfestellung bei Planung Aufenthalt • Sportmöglichkeiten • Hinweise auf Veranstaltungen	• Verfügbarkeit des Frühstücks • Angebotsvielfalt • Restaurantkarte • Reaktionen auf Gästewünsche • Zeitungen	• Erstellung der Abrechnung • Zahlungsvorgang • Kofferservice • Verabschiedung • Nachbetreuung
+/-	+/-	+/-	+/-	+/-	+/-

Gästezufriedenheit

Im Hotel ist jede Prozessstufe der Leistungserstellung durch verschiedene Merkmale gekennzeichnet. Die **Definition von Prozessmerkmalen** erlaubt einen Überblick über die Tätigkei-

---

[1] siehe auch Hentschel: Hotelmanagement, S. 113

ten und eine Optimierung der Tätigkeiten durch Standardisierung von Abläufen. Weiterhin wird durch die Messung der Prozessmerkmale ein Kausalzusammenhang zur Gästezufriedenheit hergestellt. Durch Anwendung von statistischen Mitteln wie Normalverteilungen oder Regressionsanalysen kann man die Prozessmerkmale herausfiltern, die entscheidend die Gästezufriedenheit beeinflussen. Diese Tätigkeit bietet auch Rationalisierungseffekte, indem man sich auf wesentliche Prozessmerkmale konzentriert. Dieser Gedankengang wird auch vom Target - Costing aufgenommen.[1]

Abbildung 31: Prozessanalyse im Restaurant

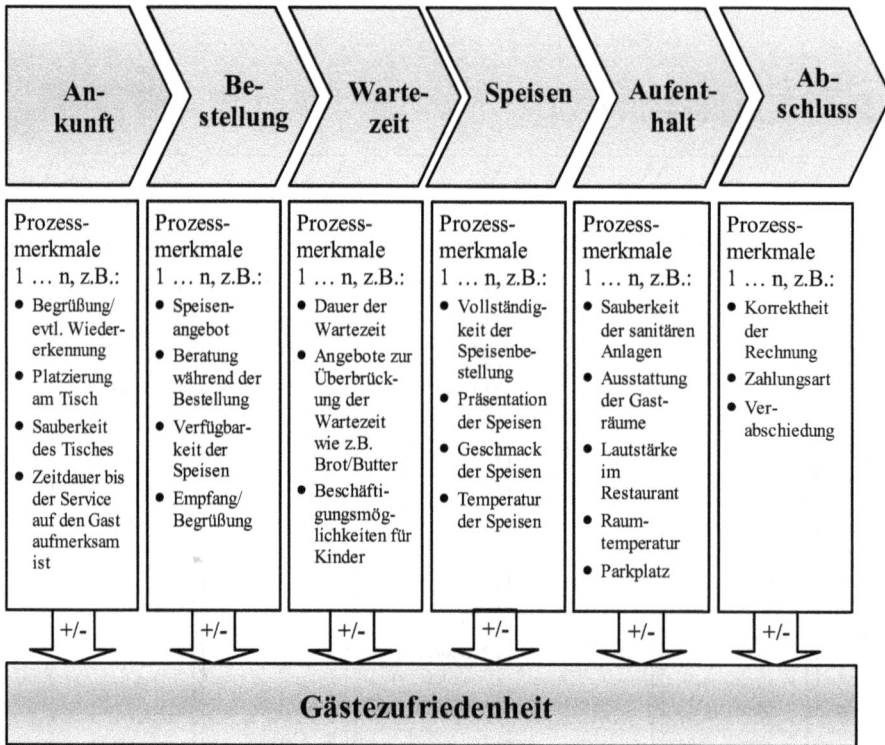

An-kunft	Be-stellung	Warte-zeit	Speisen	Aufent-halt	Ab-schluss
Prozess-merkmale 1 ... n, z.B.: • Begrüßung/ evtl. Wiedererkennung • Platzierung am Tisch • Sauberkeit des Tisches • Zeitdauer bis der Service auf den Gast aufmerksam ist	Prozess-merkmale 1 ... n, z.B.: • Speisenangebot • Beratung während der Bestellung • Verfügbarkeit der Speisen • Empfang/ Begrüßung	Prozess-merkmale 1 ... n, z.B.: • Dauer der Wartezeit • Angebote zur Überbrückung der Wartezeit wie z.B. Brot/Butter • Beschäftigungsmöglichkeiten für Kinder	Prozess-merkmale 1 ... n, z.B.: • Vollständigkeit der Speisenbestellung • Präsentation der Speisen • Geschmack der Speisen • Temperatur der Speisen	Prozess-merkmale 1 ... n, z.B.: • Sauberkeit der sanitären Anlagen • Ausstattung der Galträume • Lautstärke im Restaurant • Raumtemperatur • Parkplatz	Prozess-merkmale 1 ... n, z.B.: • Korrektheit der Rechnung • Zahlungsart • Verabschiedung
+/-	+/-	+/-	+/-	+/-	+/-

Gästezufriedenheit

Als weiteres Beispiel wurde in der Abbildung die Prozessanalyse in der Restauration durchgeführt. Auch hier bilden die definierten Prozessmerkmale die Grundlage für eine spätere Messung. Die Ergebnisse der Prozessanalyse gehen in die Dokumentation von Verfahrensanweisungen im Qualitätsmanagementhandbuch an. Aufgrund der Bedeutung dieser Merkmale müssen hier genaue Standards zur Erledigung der Aufgaben geben werden. Somit werden die Vorgaben für jeden Mitarbeiter einsehbar und schaffen eine Allgemeinverbindlichkeit im Unternehmen. Zur Umsetzung dieser Standards bedarf es dann einer innerbetrieblichen Weiterbildung.

---

[1] siehe Abschnitt 6.7.1

4.4.2.3   Das Management Modell der Qualität

Das Management Modell der Qualität gibt der Unternehmensführung eine Doppelfunktion und -verantwortung:

1. Bereitstellung der Ressourcen
   In dieser Funktion wird deutlich unterstrichen, dass das Management die Ressourcen für ein Qualitätsmanagement legt. Dies bedeutet, dass die Unternehmensführung auf der Grundlage der Kundenanforderungen die Qualitätsplanungen durchführt und sie in konkreten Vorgaben zur Umsetzung operationalisiert. Diese Anforderung schließt mit ein, dass das Unternehmen die personellen und zeitlichen Ressourcen findet, entsprechend den Vorgaben zu handeln. Sollte dies nicht erfolgen, bleiben die Planungen reine Wunschvorstellungen und es tritt auch keine Qualitätsorientierung ein. Durch die Bereitstellung von Dokumentationen und einem Berichtswesen findet das Unternehmen die notwendige Formalisierung der Qualitätssysteme.

2. Messung und Analyse der Qualität
   Das Management ist verpflichtet, die Umsetzung der Vorgaben entsprechend zu kontrollieren und zu evaluieren. Die Evaluierungen sollen vorrangig dem Zweck dienen, den Einsatz der Ressourcen zu optimieren. Dazu gehört es auch, eine Kultur der offenen Kommunikation zu schaffen, d.h., dass auf der Basis der Qualitätsziele, Mitarbeiter und Geschäftsleitung sich gegenseitig evaluieren können. Dieser Vorgang setzt somit klassische Hierarchiestufen außer Kraft und schafft neue Perspektiven in der Kommunikation.

Abbildung 32: Management Modell

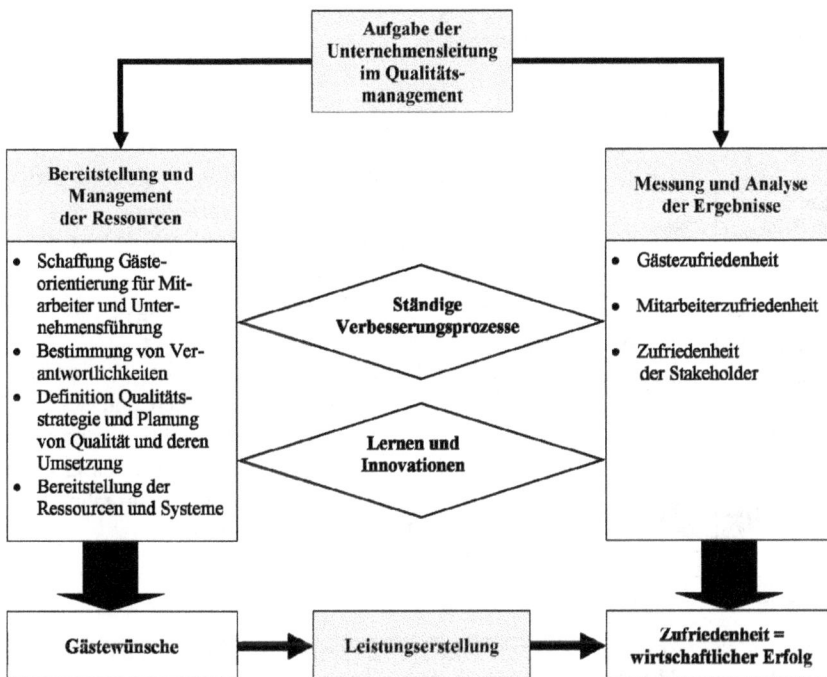

Entscheidend aus dem Managementmodell ist der implementierte **ständige Verbesserungs-prozess** und der **Selbstlernmechanismus.** Aufgrund der Wechselwirkung zwischen Ergeb-nismessung und der Bereitstellung von Ressourcen wird dem Unternehmen die Möglichkeit gegeben, ständig Neues über die Gästeerwartungen zu lernen und entsprechend zu reagieren. Das Lernen kann in der gastronomischen Praxis vielfältiger Art sein wie der Wunsch nach geänderten Serviceabläufen (z. B. primärer Service für Kinder, Änderungen der Beilagenfol-ge bis hin Änderungen der Speisenkarte). Diese Änderungen können schließlich zu Innovati-on im Unternehmen führen, die dann zu Wettbewerbsvorteilen werden. Innovation bedeutet in diesem Zusammenhang nicht immer grundlegende Erneuerungen im Unternehmen son-dern sind auch als kleine Änderungen bzw. Verbesserungen zu verstehen, wie im nächsten Modell weiter erläutert wird.

4.4.2.4   Das PDCA-Modell nach Deming

Deming ist einer der ersten Autoren, die das Qualitätsmanagement entscheidend geprägt haben.[1] In diesem Model fokussiert Deming den **kontinuierlichen Verbesserungsprozess** und unterstreicht die daraus entstehenden Wettbewerbsvorteile durch das Qualitätsmanage-ment. Diesen kontinuierlichen Verbesserungsprozess hat Deming in dem folgenden PDCA-Modell (**Plan** – **D**o – **C**heck – **A**ct oder Planen – Tun – Überprüfen – Umsetzen) abgebildet. Dabei stellt er besonders heraus, dass **Innovationen** im Unternehmen häufig ein Ergebnis von Verbesserungen aus einer Vielzahl von marginalen Verbesserungsvorschlägen bestehen. In der täglichen Unternehmenspraxis sind Innovationen selten einmalige große Ideen. Die Gesamtheit der kleinen einzelnen Ideen, die zu Verbesserungen führen, ergibt am Ende evtl. eine große evolutionäre Idee.

Abbildung 33: Der PDCA – Zyklus nach Deming

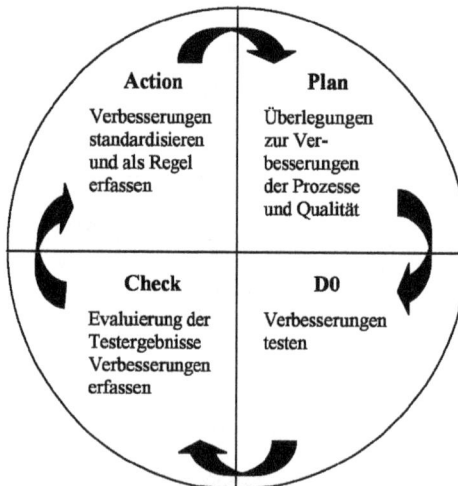

In seinem Model wurden vier fundamenta-le Schritte definiert:

1. Plan: Themen bzw. Probleme gemäß der Zielvorgabe erkennen, Ziele der Veränderungen festlegen, Messgrößen des Erfolges festlegen.
2. Do: Geplante Änderungen als Test durchzuführen
3. Check: Ergebnisse der Änderungen gemäß der Zielvorgaben und dem Ge-samtziel evaluieren und bewerten.
4. Action: Erfolgreiche Verbesserungen standardisieren und entsprechend im Unternehmen weitergeben.

---

[1]   vlg. Malcorny: Total Quality Management, S. 122ff; Anderson/Rungtusanatham/Schröder: Theory of Quality
       Management, S. 76ff, Logothetis: Managing for Total Quality (1992)

Dieser Kreislauf ist nach Deming ein nie endender Kreislauf, da sich nach der Actionphase wieder eine erneute Plan-Phase anschließt mit der Aufforderung, neue Probleme oder Ziele zu setzen.

Dieser Kreislauf bindet besonders das Management aber auch die Mitarbeiter ein, die aufgefordert werden, selbst ständig nach Änderungen und Verbesserungen zu suchen. Für die Unternehmensführung wird es somit notwendig, ein betriebliches Vorschlagswesen zu etablieren und auch erfolgreiche Verbesserungen durch Prämien oder andere Motivatoren entsprechend zu entlohnen.

4.4.3 Planung und Umsetzung eines Qualitätsmanagements in der Gastronomie

Qualitätsmanagement verstehen wir als aufeinander abstimmte Tätigkeiten zur Steuerung einer Organisation bezüglich Qualität.[1] Sie setzt einen Managementzyklus voraus aus Planung, Steuerung und Kontrolle sowie die Bereitstellung der notwendigen Ressourcen. Grundsätzlich kann man Qualitätsmanagement auch als die Formalisierung des gesunden Menschenverstandes verstehen. Der zentrale Punkt ist, dass aufgrund der Formalisierung durch ein System die **freiwillige Verpflichtung zur Qualität** bindend für das Unternehmen wird.

4.4.3.1 Festlegung von Qualitätszielen und Qualitätsstandards

In diesem Teil des Qualitätsmanagements werden die Qualitätsziele festlegt und die notwendigen Ausführungsprozesse definiert (Soll-Norm). Dies geschieht durch die Qualitätsplanung, d.h. die Definition der Beschaffung der Leistung, Gewichtung der Merkmale der Leistung und auch das Auswählen der Maßnahmen. Darüber hinaus besteht hier die Notwendigkeit genau zu definieren, wann Qualitätsstandards erfüllt sind.

In Bezug auf die Gastronomie bedeutet dies für das eigene Haus zu definieren, welche **Leistungsstandards** angemessen und erfüllbar sind. In der Praxis bedeutet dies, Antworten auf z. B. folgende Fragen zu finden:

- Wie verstehen wir Qualität?
- Welche Qualitätsstandards streben wir an?
- Wie wollen wir, dass unsere Gäste unsere Leistung erleben?
- Wie wollen wir unsere Qualitätsziele messen?
- Wie ermitteln wir die Kundenanforderungen?
- Wie wollen wir unsere Erfahrungen austauschen?

Die Definition der **Soll-Normen** ergibt sich anhand der durchgeführten Messungen und Beobachtungen. Neben der Definition der Soll-Normen gilt es zu bestimmen, wie überhaupt Messungen durchgeführt werden. Ferner müssen betriebliche Instrumentarien wie Beschwerdeanalyse, Fragebogen, Messung von Arbeitsabläufen entwickelt werden. Die Wahl

---

[1] Schätzing: Management, S. 20ff; Hentschel: Management, S. 116; Uhlich: Qualitätsmanagement Teil 1 und 2 (2004)

und Kommunikation der Instrumentarien ist weiterhin ein Schritt zu einem transparenten Qualitätsmanagementsystem.

Ebenso gilt es festzulegen, wer für die Einhaltung und den Qualitätsmanagementprozess verantwortlich ist und ein System aufzubauen, in dem die Kommunikation, Dokumentation, Überwachung des Systems und die Kundenorientierung sichergestellt wird. Weiterhin wird die Bereitstellung der Ressourcen geplant, was auch bedeutet, dass die Mitarbeiter z. B. die notwendigen Kenntnisse zur Erfüllung der Standards bekommen. Das Management eines Unternehmens hat hier die Verpflichtung die Ressourcen zur Umsetzung der Qualitätsziele bereitzustellen.

4.4.3.2   Qualitätsmanagement steuern und lenken

In diesem Abschnitt beginnt die Umsetzung des Qualitätsmanagements unter der folgenden Fragestellung: Wie erreichen wir die gesetzten Qualitätsziele? Die Aufgabe besteht darin, die gewünschten Standards in **greifbare Prozessabläufe** und Verhaltensweise zu dokumentieren. Dieser Teil bedient sich der Steuerung der Erfüllung des Qualitätsmanagements und erwartet die Bereitstellung von Ressourcen.

Dies geschieht in den folgenden Arbeitsschritten:

* Prozessanalyse: Analyse der Kern-, Unterstützungs- und Nebenprozesse und der Vorgaben über deren Zusammenwirken.
* Schulungen: Vermittlung der notwendigen Kenntnisse und Fähigkeiten zur Umsetzung der Qualitätsziele und die damit einhergehenden Verhaltensänderungen im Management und bei den Mitarbeitern.
* Dokumentationen: Vorgabe der Prozessschritte und Sicherstellung der Dokumentation.
* Aufbau von Selbstlernsystemen.

In der Steuerung von Prozessen zum Erreichen der Qualitätsziele werden Führung und Mitarbeiter gemeinsamen Qualitätszielen unterstellt. Dies bedeutet auch, dass klassische Hierarchiestufen überwunden werden können und gemeinsam eine neue Unternehmenskultur der Gästeorientierung erreicht wird. Die Maßnahmen und Entscheidungen sind innerhalb der Ziele sachorientiert zu treffen. In dieser Stufe wird das Qualitätsmanagement greifbar und ein Prozessmanagement tritt in den Vordergrund.

4.4.3.3   Qualitätsmanagementprozesse kontrollieren

Mit dem Ziel des ständigen Verbesserungsprozesses ist die Realisierung der Ziele und Vorgaben zu kontrollieren. Hierzu ist ein Berichtswesen aufzubauen, das Aufschluss gibt über die Ergebnisse und Maßnahmen der Qualitätsverbesserung. Die Ergebnisse der Kontrollphase sollten in die Mitarbeiterführung und besonders in die Mitarbeiterschulungen eingehen. Weiterhin können die Ergebnisse dieser Kontrollphase wichtige Informationen sein zur Verbesserung der Prozessanalyse, Messung von Qualität und für die Marktforschung.

Um eine **Evaluierung der Ziele** zu ermöglichen, ist es notwendig, ein Berichtswesen aufzubauen, das die Informationen und Werte dokumentiert für die Soll - Ist - Abweichung.

Entscheidend ist in dieser Phase, dass die Tätigkeiten nicht als persönliche Kontrolle verstanden werden sondern unter der Frage stehen: Wie können wir aus unseren Fehlern lernen, um besser zu werden? Es ist die Frage des kontinuierlichen Verbesserungsprozesses. Sie dient zur Evaluierung bestehender Systeme und Ziele und nicht allein der Kontrolle von Mitarbeitern.

4.4.3.4   Zertifizierung in der Gastronomie

Zertifizierung bedeutet in erster Linie, dass die angestrebte Selbstdisziplinierung formal durchgeführt wird und dass das System von externen Agenturen überprüft wird. Somit wird nach außen dokumentiert, dass sich das Unternehmen selbst bestimmten kommunizierten Qualitätsmaßstäben unterzogen und ein selbstregulierendes System aufgebaut hat.[1]

Dieses Siegel für ein Qualitätsmanagementsystem ist besonders für das Firmenkundengeschäft in der Gastronomie wichtig. Wie bereits angesprochen ist ein TQM-System unternehmensübergreifend und fordert von Kunden bzw. Lieferanten die gleiche Verpflichtung zur Qualität wie im eigenen Unternehmen. Eine Zertifizierung dokumentiert nach außen, dass man dieser Verpflichtung nachkommt. Eine Zertifizierung garantiert aber keine Qualität sondern dokumentiert nur, dass ein **System zur Erreichung von Qualität** aufgebaut und gelebt wird. Die Audits und Rezertifizierungen haben dabei die Aufgabe der externen Kontrolle, dass die eigenen Vorgaben in diesem System eingehalten werden und das System in der Praxis gelebt wird.

Diese Kontrolle wird durch externe Agenturen vorgenommen und hat folgende Inhalte:

• Planungsverfahren und Definition von Qualitätszielen
• Definition von Verantwortlichkeiten
• Dokumentation der Prozesse und Lenkung von Dokumenten
• Durchführungen von eigenen Kontrollen und Evaluationen (Selbstlernmechanismus).

Weiterhin bietet eine Zertifizierung bei juristischen Problemen die Möglichkeit, durch Darstellung der Prozesse und der entsprechenden Dokumentation den eigenen Sachverhalt konkludent darzustellen. Jedoch ist eine Zertifizierung mit Kosten verbunden. Die Entscheidung, ob ein gastronomisches Unternehmen eine formale Zertifizierung unternimmt oder sich anderen Qualitätssiegeln, wie der Hotelklassifizierungen oder Bewertungen anderer Organisationen unterzieht, sollte abhängig von der Gästestruktur gemacht werden. Im Privatkundengeschäft erscheint dabei das branchenübliche Qualitätssiegel des DEHOGAs oder der Tourismusverbände ausreichend.

Jedoch sollte der Gedankengang der Lenkung von Dokumenten unabhängig einer Zertifizierung vorgenommen werden, da dieser hierarchische Aufbau der Dokumentation für ein Qualitätsmanagement systembildend ist. Entsprechend der Vorgaben der DIN EN ISO 9000 ff stellt sich die Hierarchie der Dokumente wie folgt dar:

---

[1] siehe auch Wolf/Heckmann: Marketing. S. 170ff

Tabelle 20: Hierarchie der Dokumente

Betriebliche Hierarchiestufe	QM Dokumentation	Zweck, Intention
Unternehmensleitung	QS – Handbuch	Zielvorgaben, Aufbau der Dokumente, Verantwortlichkeiten
Funktionsbereich	Verfahrensanweisungen	Vorgabe von Prozessabläufen in Form von Blueprints, Definition der Prozessmerkmale
Arbeitsplatz	Betriebliche Arbeitsanweisungen	Vorgabe von Arbeitsschritten zur Erledigung einzelner Prozessmerkmale
Anwender/Mitarbeiter	Aufzeichnungen	Dokumente zum Nachweis der Erfüllung der Erledigung einzelner Prozesse, Arbeitsschritte, Aufzeichnung von Problemen und Verbesserungsvorschläge

4.5 Ausgewählte Problemstellung in der Organisation in der Gastronomie

4.5.1 Management of Change

Organisatorische Prozesse sind niemals abgeschlossene Prozesse und folglich sind Organisationsstrukturen nie dauerhafte Strukturen sondern unterliegen ständigem Wandel. Der Ursprung des Wandels kann in der Änderung von Prozessabläufen, die Aufnahme neuer Leistungen im Unternehmen, Reaktion auf geänderte Marktbedingungen oder in einer Gesetzesänderung liegen.

Wandel ist somit ein konstanter Begleiter im Unternehmen. Aufgrund der Unsicherheit, die der Wandel im Unternehmen mitbringt, ist zu erwarten, dass der Vollzug des Wandels eine Reihe von Unruhen und Konflikten im Unternehmen mit sich bringt. Der Umgang mit dem organisatorischen Wandel ist ein breites Thema in der Management Literatur und kann hier nur in einigen grundlegenden Zügen erwähnt werden mit dem Ziel, Generationskonflikte und Konflikte mit den Mitarbeitern zu minimieren.[1] Er wird häufig im Zusammenhang des strategischen Managements und im Controlling gesehen, wo Unternehmen aufgefordert werden, die Leistungen und die Prozesse im Unternehmen auf die Erwerbspotenziale der Zukunft auszurichten.

---

[1] als Beispiel für weitere Ausführungen für diesen Bereich: Rank in Jung/Bruck/Quarg: Managementlehre, S. 511ff und die dort angegebene Literatur.

Organisatorischer Wandel wird verstanden als ein **Prozess zwischen zwei Polen**, als eine Wanderung zwischen der Ist- und Sollsituation. Entscheidend ist zu verstehen, dass der Mensch unterschiedlich auf Wandel reagiert, der sich nach Carnell wie folgt darstellt:

Abbildung 34: Reaktionen auf organisatorischen Wandel

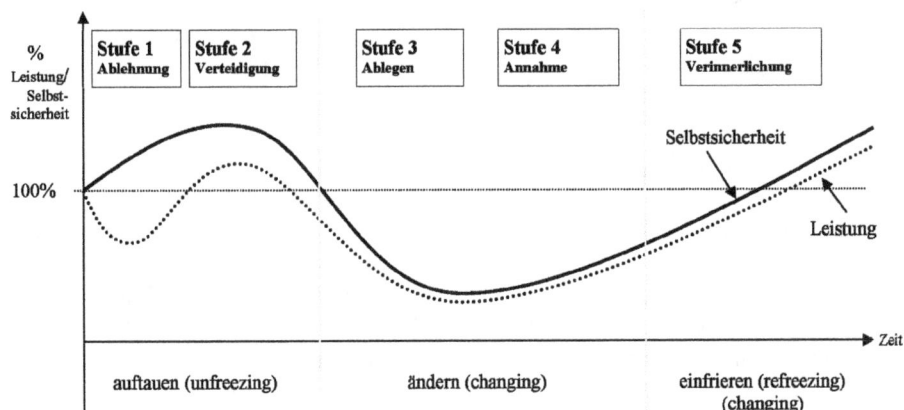

Quelle: Colin A. Carnall: Change in Organization, S. 142 und eigenen Ergänzungen anhand der Aussagen von Lewin.

Der organisatorische Prozess des Wandels ist am Anfang gekennzeichnet von Abwehrme-chanismen, Verteidigungsstrategien und Ablehnung. Im späteren Verlauf ist dieser Prozess gekennzeichnet durch eine große Unsicherheit, was sich durch einen Leistungsabfall aus-drückt. Später mit steigender Selbstsicherheit steigt auch wieder das Leistungsniveau.

In diesem Prozess ist es entscheidend sich mit folgenden Faktoren auseinanderzusetzen:

- Macht: - Wer ist der Gewinner und wer ist der Verlierer in diesem Prozess?
                - Wer hat die Macht, den Prozess zu fördern oder auch zu blockieren?
- Einfluss: - Wer nimmt am Einscheidungsprozess teil?
                - Wer kann Einfluss nehmen auf den Entscheidungsprozess?
- Lernen: - Warum muss Wandel stattfinden?
                - Welche neuen Kenntnisse und Fähigkeiten werden gefordert?

Erfolgreicher Wandel ist also nur möglich, sofern der Wandel einer Sachorientiertheit unter-liegt, d.h. dass klare Ziele definiert werden und Gründe, Chancen und Risiken dargestellt werden. Lewin als einer der zentralen Autoren zum Thema organisatorischer Wandel[1] hat den Prozess des Wandels in den folgenden drei Stufen dargestellt:

a) Unfreezing: auftauen, d.h. die Organisation auf den Wandel vorbereiten.
b) Change: den Wandel vollziehen.
c) Refreezing: die neuen Strukturen stabilisieren.

---

[1] Lewin: Group Decision and Social Change (1958); , Greiner: Patterns of Organization Change (1967), Steinmann: Management, S. 455

Entscheidend ist, dass der Mensch am Ende des Prozesses wieder verlässliche Strukturen vorfindet und auf Routinen im Unternehmen zurückgreifen kann. Dieser Punkt wird im Ansatz von Lewin besonders zum Ausdruck gebracht. Problematisch ist es immer, während des Wandels Experimente zu wagen und auf genaue Zieldefinitionen zu verzichten. Dies ist häufig die Ursache für Konflikte und für ein Scheitern im organisatorischen Wandelprozess. Am Ende kann dies den Verlust der Wettbewerbsfähigkeit bedeuten. Gerade für Familienunternehmen ist es von Bedeutung, dass dieser dargestellte Prozess sich entfalten kann und durch die Definition der Ziele des Unternehmens geleitet wird. So ist es möglich, den organisatorischen Wandel sachorientiert zu vollziehen.

4.5.2   Wissensmanagement

In der modernen Organisationstheorie wird Wissen zu einem zentralen Wettbewerbsfaktor, der einmal ein Management bedarf und stark durch die Organisationsstrukturen beeinflusst wird. Die Organisationsstrukturen entscheiden darüber, wie Informationen das Unternehmen erreicht, wie sie verarbeitet werden und wie die Organisation durch die Informationen lernt (Aufbau von Wissen) und reagieren kann. Von der gewählten Organisationsform hängt es aber auch wesentlich ab, ob das Wissen in der Organisation verbleibt und weitergegeben wird. **Wissensträger** ist dabei **der Mensch**, der aufgrund der Information handelt.[1] Er hat z. B. die Rolle, das entstandene Wissen durch Informationen in neue Produkte umzusetzen bzw. Verbesserung von Leistungsprozessen vorzunehmen.

Innovationen im Unternehmen entstehen nur durch Wissen. Ziel eines Wissensmanagements ist es, Wissen zu teilen und somit gemeinsam die Wettbewerbsfähigkeit des Unternehmens zu fördern. Im Rahmen des **Wissensmanagements** ist es von besonderer Bedeutung, dass die Unternehmensleitung festlegt:

- eine Definition, welche Lernziele im Unternehmen verfolgt werden. Diese Definition ergibt sich aus der Strategiebildung sowie aus den Qualitätszielen.
- ein Konzept eines Systems in dem Wissen systematisch dokumentiert werden kann.

Aus der Sicht des Qualitätsmanagements und der Forderung einer gleichmäßigen Leistungserstellung ist es von besonderer Bedeutung, dass das Wissen über die Produktion von Speisen, über den Ablauf von Serviceabläufen und über Produktkenntnisse (z. B. bei Weinen) im Unternehmen archiviert ist. Diese Vorgehensweise ermöglicht es z. B., dass durch die Teilung des Wissens die Kunden eine gleichmäßige Beratung erfahren. Auch wenn in Familienunternehmen die Kernwissensträger lange im Unternehmen verbleiben, ist es gleichwohl wichtig für die Stabilität im Unternehmen, Wissen zu teilen und zu dokumentieren. Wissen darf nicht zum Machtsymbol werden.

4.5.3   Standardisierung und Rationalisierung

In diesem Abschnitt sollen einige Ideen als Ansatzpunkte zur Rationalisierung und Standardisierung aufgeführt werden. Rationalisierung bedeutet, ressourcenschonend zu arbeiten und

---

[1] Jung/Bruck/Quarg: Managementlehre, S. 497

die Prozesse oder Aufgaben zu straffen mit dem Ziel, die bestehenden Kapazitäten besser zu nutzen.[1] Die Liste kann nur einen Auszug aus dem Bereich darstellen und erhebt keinen Anspruch auf Vollständigkeit. Dabei ist es die Grundidee, durch Standardisierung Leistungs-programme zu straffen und zu optimieren. Hierdurch ist es möglich, die Warenwirtschaft zu verkleinern.

Tabelle 21: Beispiele von Rationalisierungsmöglichkeiten nach Funktionsbereich

Bereich	Beispiele
Speisenkarte	• Straffes Speisenangebot, d.h. wechselnde Grundarten zur Rationalisierung der Vorrats-haltung. • Standardisierung der Speisen und Reduzierung der Wahlmöglichkeiten. Dies muss nicht bedeuten, dass man nicht auf spezielle Kundenwünsche eingeht. • Nutzung von Möglichkeiten des Büffets • Speisen auf Vorbestellung
Küche	• Aufbau der Geräte in der Form, dass in der Küche kurze Wege sind und somit in umsatz-schwachen Zeiten durch wenig Personal bedient werden kann. • Nutzung von Gartechniken und Aufbereitungstechniken, um die aktiven Vorbereitungen zu reduzieren. • Nutzung von Konversierungstechniken zur Vorbereitung von Speisen und Speisenteilen in umsatzschwachen Zeiten. • Standardisierung von Arbeitsabläufen in der Zubereitung der Speisen. • Einsatz von Convienance - Produkten, die auch selbst hergestellt werden können. • Schonende Gartechniken und Regenerationstechniken zur Vorbereitung und zeitlichen Verteilung in der Zubereitung von Speisen • Nutzung von Produktionstechniken • Nutzung von Lagerungstechniken durch Vakuumierung, Tiefkühllagerung.
Service	• Nutzung von Kassentechniken und dezentralen Eingabeterminalen, sodass die Service-kraft immer nah am Gast bleiben kann. • Nutzung von einheitlichem Besteck und Service, um lange Eindeckzeiten zu sparen. • Einheitliche Wäsche • Reservierungstechniken
Raumtechnik	• Aufbau und Anordnung der Räume entsprechend den Prozessabläufen, um unnötige Wege und spätere Personalkosten zu ersparen • Nutzung von Raumteilern, um so Energiekosten zu sparen
Hotel	• Standardisierung von Reinigungstechniken • Vermeidung von unnötigen Staubfängern und Möbel ohne Sockel • Verzicht im Bad auf Duschwannen und Glasflächen • Straffe und leicht pflegbare Ablagen

Ein weiteres Thema ist Outsourcing, wie z. B. die Vergabe des Bereiches der Wäscherei an externe Betriebe. Hier ist aber immer eine straffe Kosten- und Nutzenanalyse vorzunehmen unter Berücksichtigung der Flexibilität, Mindestabnahmemengen durch den Anbieter etc.

---

[1] für weitere Checklisten und praktische Anregungen: Schätzing: Food Management (1997)

4.6   Zusammenfassung und Schlussgedanke

In diesem Abschnitt war es Ziel, die Organisationsprozesse sowie das Qualitätsmanagement darzustellen. Besonders wichtig ist dabei die Erkenntnis, dass die Steuerung von Organisationsprozessen Kernaufgaben der Unternehmensführung sind und stark über die Wirtschaftlichkeit und den Erfolg des Unternehmens auf dem Markt bestimmen.

Kernpunkt ist dabei, dass die Unternehmensführung ein klares Verständnis der eigenen Aufgabe haben muss, um so die Ziele im Unternehmen und die angestrebten Standards der Gastlichkeit im Unternehmen vorgeben zu können. Diese Aufgabe setzt eine Analyse der Aufgabe und der innerbetrieblichen Prozesse voraus. Genau in diesem Punkt ist der Wert der Organisationsarbeit zu sehen, die den Ansatz für den wirtschaftlichen Erfolg bilden.

Ein aktives Qualitätsmanagement wirkt wie ein Selbstschutz vor mangelnder Selbstdisziplin in der Erledigung der Aufgabe und vor einer sog. „Betriebsblindheit". Es fordert das Unternehmen täglich heraus, sich selbst zu hinterfragen und so jeden Tag besser zu werden. Die Organisationsaufgabe und das Qualitätsmanagement nehmen aber auch den Druck auf die Unternehmensführung nach der Suche einer großen einmaligen Idee für eine Innovation. Innovationen werden hierdurch durch viele kleine Schritte möglich, die am Ende in der Gesamtheit wie eine große Innovation wirken. Diese Innovationen sind dann abgestimmt auf die Ressourcen und die Potenziale im Unternehmen. Diese Innovationen am Ende dieses Prozesses sind Wettbewerbsvorteile, die nicht kopiert werden können.

Chef ist einer,
der die anderen unendlich nötig hat.
Antoine de Saint-Exupéry

Kapitel 5: Personalmanagement in gastronomischen Familienunternehmen

5.1   Einleitung und Überblick

Die Aufgabe des Personalmanagements in der Gastronomie lässt sich am besten beschreiben in dem Spannungsverhältnis zwischen dem Personal als zentralem Vermögen in der Bereitstellung von Leistungen und der Notwendigkeit des ökonomischen Einsatzes. Aufgrund der Eigenschaften von gastronomischen Leistungen und der Bedeutung der Mitarbeiter–Gast Beziehung für die Gästezufriedenheit ist es erforderlich, Personal bereitzustellen, das einen hohen Grad an beruflichen Kompetenzen, Motivation und Dienstleistungsbereitschaft hat. Aufgrund der Preissensibilität und der Tatsache, dass Personal ein Hauptkostenfaktor in der Gastronomie ist, ist jedoch der Personaleinsatz entsprechend der Auslastung des Unternehmens auszurichten. Der Erfolg des Personalmanagements in der Gastronomie bestimmt somit zweifach den wirtschaftlichen Erfolg.

In diesem Abschnitt steht das Personalmanagement in der Gastronomie im Mittelpunkt unter besonderer Berücksichtigung der Charakteristika von Familienbetrieben. Nach einer näheren Diskussion der Problematik des Personalmanagements in gastronomischen Familienunternehmen ist es beabsichtigt, dieses Kapitel in die folgenden 3 Teile zu gliedern:

1. Aufbau und Gestaltung von Führungsbeziehungen mit dem Ziel, durch Mitarbeitermotivation und -zufriedenheit die Leistungsqualität zu steigern.
2. Personalmanagement: Planung und Steuerung des Personals unter wirtschaftlichen Gesichtspunkten.
3. Personalmarketing und Personalcontrolling als künftige Aufgaben im Personalmanagement.

Ziel dieses Abschnitts soll es sein, Möglichkeiten aufzuzeigen, um die Konflikte im angesprochenen Spannungsverhältnis zu reduzieren oder zu lösen. Dabei sollen Grundregeln der Personalführung und Personalmotivation im Mittelpunkt stehen sowie Ansatzpunkte aufgezeigt werden, um die Personalkosten zu senken, ohne dabei die qualitativen Anforderungen des Personals zu vernachlässigen.

5.2   Personalmanagement in Familienunternehmen

Personalmanagement bedeutet Prozesse zu steuern zur Personalbedarfsplanung, Personalbe-schaffung, -führung, -entlohnung, -motivation und -förderung.[1] Die Bedeutung der Personal-führung in der Gastronomie spiegelt sich im Dienstleistungscharakter wieder und in der Tatsache, dass das Verhalten des Personals die Kaufentscheidung stark beeinflusst. In gast-ronomischen Familienbetrieben wird das Personalmanagement wesentlich von den Faktoren in der folgenden Abbildung bestimmt:

Abbildung 35: Elemente des Personalmanagements in gastronomischen Familienunter-nehmen

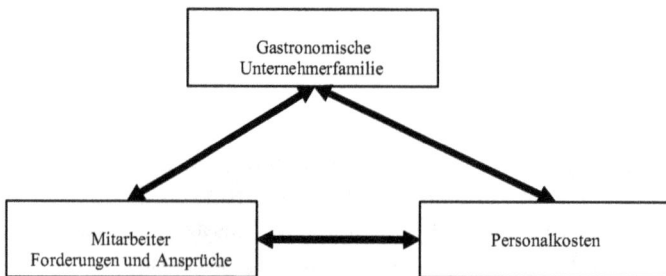

Personalführung in Familienunternehmen/Familienmanagement

Familienunternehmen heißt, dass Familie und Unternehmen eine Einheit sind. In Bezug auf das Personalmanagement bedeutet dies für mitarbeitende Familienmitglieder eine Doppelrol-le als Familienmitglied und Mitarbeiter,[2] die in einem Personalmanagement mit zu berück-sichtigen sind. Diese Doppelrolle hat für Familienunternehmen durchaus Vorteile, da u.a. eine höhere Identität und Leistungsbereitschaft der mitarbeitenden Familienmitglieder unter-stellt werden kann. Auf der anderen Seite sind Familienmitglieder auch eher bereit in wirt-schaftlich schwierigen Zeiten auf Teile des Einkommens zu verzichten bzw. ihre Ansprüche auf wirtschaftlich bessere Zeiten zu verschieben. Weiterhin ist es möglich, stärker unentgelt-liche Leistungen bzw. Möglichkeiten der Gehaltsumwandlung zu nutzen wie z. B. den priva-ten Gebrauch eines Firmenwagens, des Telefons oder anderer geldwerter Vorteile.

Diese Vorzüge von Familienunternehmen haben ihren Preis in der Mitarbeiterführung. Auf-grund der Familienzugehörigkeit erheben mitarbeitende Familienmitglieder automatisch einen Anspruch auf eine zentrale Position im Unternehmen ungeachtet ihrer Ausbildung und beruflichen Fähigkeiten. Somit werden sie häufig Führungskräfte, ohne dafür je ausgebildet worden zu sein. Dies kann für externe Mitarbeiter (familienfremde Mitarbeiter) in familien-geführten Unternehmen zum Problem werden, da sie unabhängig von ihren Leistungen kaum Chancen haben, zentrale Führungsposition zu bekleiden. In Bezug auf die Leistung gelten jedoch die gleichen Erwartungen wie für mitarbeitende Familienangehörige, ohne dass sie

---

[1] vgl. Henschel: Hotelmanagement, S. 203
[2] Schlembach: Familienbetriebe, S. 102

dabei die Vorteile der Familienzugehörigkeit genießen. Besonders in wirtschaftlich schwierigen Zeiten haben externe Mitarbeiter ein erhöhtes Risiko der Entlassung, unabhängig von der Leistung.

Aufgrund der Familienkultur liegt ein großer Vorteil für externe Mitarbeiter darin, dass eine höhere Bereitschaft vorliegt zur Rücksichtnahme auf private Belange und Situationen. Diese Anbindung an das Unternehmen birgt aber auch die Gefahr in sich, dass familiäre Konflikte innerhalb der Unternehmerfamilie ins Unternehmen hineingetragen werden und der Mitarbeiter sich in ungewollten Konfliktsituationen wiederfindet.

Gastronomie als Arbeitgeber

Eine Tätigkeit in der Gastronomie ist teilweise mit einem eher niedrigen Prestige verbunden, es sei denn, man arbeitet in den großen Traditionshäusern. Hierzu tragen ein niedriges Lohnniveau, unregelmäßige Arbeitszeiten und die Tätigkeit des „Dienens" bei.[1] Da der Gast die Arbeitsabläufe aufgrund eigener Erfahrungen zu kennen glaubt, entsteht der Eindruck, dass jeder die Aufgaben in der Gastronomie durch eine kurze Ausbildung ausführen kann und das Anforderungsprofil für eine Tätigkeit in der Gastronomie niedrig ist. Dies steht im Widerspruch zu der Tatsache, dass ausgebildete Mitarbeiter in der Gastronomie von vielen Arbeitgebern in Industrie- und Dienstleistungsunternehmen wegen ihrer Ausbildung einen guten Ruf haben. Diese Situation führt häufig dazu, dass gute Mitarbeiter nach der Ausbildung die Gastronomie wieder verlassen und qualifizierte Fachkräfte fehlen.

Die Arbeitszeiten sind für viele Mitarbeiter unattraktiv, da gastronomische Leistungen immer dann nachgefragt werden, wenn weite Teile der Bevölkerung Freizeit haben. Diese antizyklischen Arbeitszeiten stellen eine besondere Herausforderung an die Möglichkeiten der Freizeit- und Urlaubsgestaltung der Mitarbeiter, besonders dann, wenn die Partner der Mitarbeiter nicht in der Gastronomie beschäftigt sind, bzw. wenn schulpflichtige Kinder zu betreuen sind. Eine Tätigkeit in der Gastronomie kann zur Folge haben, dass sich der Freundes- und Bekanntenkreis stark ändert, da gemeinsame Freizeitaktivitäten schwierig werden. Als Arbeitgeber für einen Zweitjob ist die Gastronomie wiederum attraktiv, da sich in diesem Fall die Arbeitszeiten der Ehepartner gut ergänzen können.

Die skizzierten Arbeitsbedingungen führen zu einer hohen Mitarbeiterfluktuation in der Gastronomie. Als Folge entstehen für das Personalmanagement hohe Rekrutierungs- und Einarbeitungskosten sowie bei Personalmangel hohe Präventionskosten gegen drohende Qualitätsverluste. Die hohe Mitarbeiterfluktuation ist vielfach schon dadurch bedingt, dass Mitarbeiter eine Tätigkeit in der Gastronomie aufgrund der Arbeitsbedingungen häufig nur als eine Überbrückung sehen und dieses Problem nur begrenzt durch Maßnahmen der Mitarbeitermotivation und einen entsprechenden Führungsstil aufgefangen werden kann.

Personalkosten

Gastronomische Leistungen sind personalintensiv. Je nach Betriebstyp betragen die Personalkosten zwischen 30-40% vom Gesamtumsatz und sind somit der größte Kostenfaktor.[2]

---

[1] vgl. Henschel: Hotelmanagement, S. 209
[2] siehe Abschnitt 1.4.3

Aufgrund des Servicecharakters der gastronomischen Leistung stehen Rationalisierungsmaß-nahmen im Spannungsverhältnis zwischen Kosten und Qualität. Dabei stellen die eigentli-chen Personalkosten nicht das Problem an sich dar, sondern es ist vielmehr das Problem der Personalbedarfsplanung oder das Problem der Synchronität zwischen dem tatsächlichen Umsatz und der Personaleinsatzplanung. Dieses Problem begründet sich wie folgt:

- Die labile Nachfrage aufgrund der Saison- und Wetterabhängigkeit führt zu einer schwankenden Auslastung und folglich zu einem schwankenden Personalbedarf. Monat-liche Schwankungen in der Verfügbarkeit des Einkommens der Gäste bestimmen weiter den Zyklus der Inanspruchnahme von gastronomischen Leistungen.
- Die Kosten der Betriebsbereitschaft in der Gastronomie sind relativ unelastisch und die Personalkosten stellen sich wie sprungfixe Kosten dar. Die Leerkosten im Personalbe-reich können nur begrenzt durch Maßnahmen der Arbeitsorganisation aufgefangen wer-den. Weiterhin ist die gastronomische Leistung nicht lagerfähig, um so Schwankungen auszugleichen.

Somit ist das Personalmanagement in der Gastronomie besonders herausgefordert, auf der einen Seite alle Maßnahmen zur Senkung der Personalkosten vorzunehmen und auf der an-deren Seite langfristig die Wettbewerbsstellung des Unternehmens nicht durch kurzsichtige Einsparungen zu beeinflussen. Dies gilt besonders für den Einsatz von qualifizierten Mitar-beitern im Unternehmen.

5.3   Personalführung

Personalführung wird verstanden als eine bewusste, zielorientierte Einflussnahme zur Erfül-lung einer gemeinsamen Aufgabe bzw. Arbeitssituation. Diese **soziale Interaktion** zwischen dem Führer (Unternehmer, Inhaber oder auch Teamleiter) und Geführten (Mitarbeiter) be-dingt, dass das eigene soziale Verhalten des Führers akzeptiert ist und beim Geführten zu einer mittelbaren oder unmittelbaren Verhaltensbeeinflussung führt.[1] Kernmerkmale im Ver-ständnis von Führung sind: Verhaltensbeeinflussung, Akzeptanz, Intentionalität und Mittel-barkeit.[2]

Wie bereits in Kapitel 4 angesprochen stehen Personalführung und Organisation in einem engen Zusammenhang. Während man in der Organisation versucht, durch Arbeitsteilung Aufgaben zu definieren, die die Umsetzung des Sachziels im Unternehmen ermöglichen, versucht die Führungstheorie die Instrumente zu definieren, die den Aufgabeninhaber zum Handeln bzw. zur Erledigung der Aufgabe motivieren. Dabei beschäftigt sich die Personal-

---

[1] Im Folgenden wird der Begriff Führer im Sinne einer Person verstanden, die die Berechtigung hat auf andere Mitarbeiter Einfluss zu nehmen anhand der Definition von Verhaltensregeln und Zielsetzungen. Der Begriff des Geführten wird im Folgenden wird im Sinne einer Person verstanden, die diese Einflussnahme entgegennimmt und das eigene Verhalten darauf auszurichten hat bzw. die Aufgabenerfüllung entsprechend den Anweisungen zu erledigen hat. vgl. Weibler: Personalführung, S. 29; Rosenstiel/Regent/Domsch: Führung, S. 4; Jung/Bruck/Quarg: Managementlehre, S. 189

[2] vgl. Weibler: Personalführung, S. 29

führung mit der Definition der **hemmenden und förderenden Faktoren** und mit der Planung und Steuerung von entsprechenden Maßnahmen.

Abbildung 36: Inhalte der Personalführung

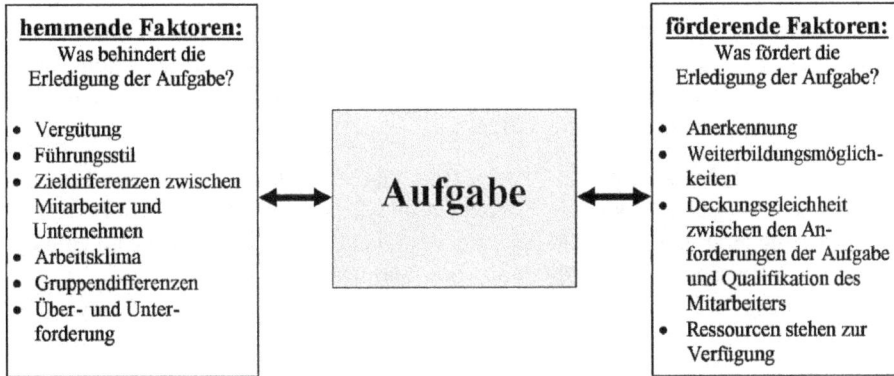

hemmende Faktoren:
Was behindert die
Erledigung der Aufgabe?
 	
• Vergütung
• Führungsstil
• Zieldifferenzen zwischen
  Mitarbeiter und
  Unternehmen
• Arbeitsklima
• Gruppendifferenzen
• Über- und Unter-
  forderung
	←→ **Aufgabe** ←→	**förderende Faktoren:**
		Was fördert die
		Erledigung der Aufgabe?
		
		• Anerkennung
		• Weiterbildungsmöglich-
		  keiten
		• Deckungsgleichheit
		  zwischen den An-
		  forderungen der Aufgabe
		  und Qualifikation des
		  Mitarbeiters
		• Ressourcen stehen zur
		  Verfügung

Geregelte Systeme der Personalführung sind in familiengeführten gastronomischen Unternehmen eher selten vorzufinden. Dies ist einmal auf die mangelnde Kenntnis der Bedeutung von Personalführung zurückzuführen und zum anderen, auf eine fehlerhafte Einschätzung der Konsequenzen einer unzureichenden Personalführung. Dies ist teilweise überraschend, da die Wertschöpfungskraft eines Mitarbeiters stark an das Humankapital[1] gebunden ist. Das Humankapitel wird wiederum von der Motivation des Mitarbeiters beeinflusst und somit stehen Führungsqualitäten und Personalkosten in einem direkten Zusammenhang.[2] Dabei soll an dieser Stelle nicht unerwähnt bleiben, dass neben den Mitarbeitern, der Inhaber von gastronomischen Unternehmen selbst einen großen Anteil an Humanvermögen bildet.

Mit dem Ziel, Führungsbeziehungen effektiv zu gestalten, soll in den nächsten Abschnitten ein Verständnis zum Aufbau und der Ausrichtung von Führungsbeziehungen aufgebaut werden. Diese Ausführungen sollen von den folgenden Fragestellungen geleitet werden:

1. Wie entstehen Führungsbeziehungen?
2. Wie entsteht Motivation?
3. Welcher Führungsstil ist der Richtige?
4. Wie führe ich ein Mitarbeitergespräch?
5. Wie nutze ich Aus- und Weiterbildung als Führungsinstrument?

Von der Beantwortung dieser Fragen und der Umsetzung der Lösungen ist somit zu erwarten, dass die Wertschöpfungskraft der Mitarbeiter erhöht wird und ein erster Ansatzpunkt geschaffen wird, die Effektivität und Effizienz des Personaleinsatzes in der Gastronomie zu optimieren.

---

[1] Humankapital im Sinne von menschlichem Vermögen/menschlicher Wertschöpfungskraft. Humankapital war das Unwort des Jahres 2004. Die Kritik ging dahin, dass der Mensch durch diese Berechnung auf einen wirtschaftlichen Wert reduziert werden sollte.

[2] Eine nähere Erläuterung zur Humankapitalrechnung erfolgt im Abschnitt 5.5.1

5.3.1 Aufbau von Führungsbeziehungen

Angesichts der Organisation und Struktur von Familienunternehmen wird davon ausgegangen, dass mit der Einstellung von Mitarbeitern automatisch Führungsbeziehungen entstehen. Vielmehr noch, es wird angenommen, dass mitarbeitende Familienmitglieder die Bereitschaft haben, Führungspositionen auszuüben und dass diese Position von den nichtfamiliären Mitarbeitern akzeptiert wird. Der Arbeitsvertrag schafft zwar ein formales aber kein materielles Führungsverhältnis und somit darf aufgrund des Vertragsverhältnisses nicht die Existenz einer Führungsbeziehung impliziert werden.

Die Forschungsarbeiten zur Analyse der **Akzeptanz von Führungsbeziehungen** beruhen auf dem Ansatz des Vergleichs zwischen Führenden und Geführten.[1] Ziel der Untersuchungen ist es, Unterschiede in den Eigenschaften und Verhalten von Führungspersonen zu messen und diese Erkenntnisse auf die Ausbildung von Führungspersonen zu transferieren. Aus der Diskussion zur Definition von Führungseigenschaften sollen folgende Aspekte genannt werden:

- Fähigkeit Ziele zu setzen und zu vermitteln
- überdurchschnittlicher Leistungswille
- Bereitschaft der Übernahme von Verantwortung
- hoher Eigenantrieb
- Ehrlichkeit
- gutes Selbstvertrauen
- gute fachliche und methodische Kenntnisse.

In dieser Diskussion ist man sich aber einig, dass für die Entstehung von Führungsbeziehungen die Notwendigkeit besteht, ein explizites Interesse am Wohlergehen des Geführten zu zeigen und ihm die Ressourcen bereitzustellen, die er zur Aufgabenerfüllung benötigt.[2]

In Bezug auf Familienunternehmen sollte betont werden, dass trotz der Vergabe der Rollen durch den sozialen Status eine Führungsbeziehung erarbeitet werden muss. Wird diese gesetzte Führungsbeziehung nicht durch eine Reihe von Eigenschaften gestützt, die unabhängig von der sozialen Herkunft sind, entsteht keine Führungsbeziehung und somit auch nicht die Möglichkeit der sozialen Interaktion.[3] Am Anfang wird zwar ein Führungskredit (Blankoscheck) durch den Geführten ausgestellt, aber dieser Scheck muss durch das spätere Führungsverhalten gedeckt werden.

Führung setzt die Akzeptanz von Beziehungen voraus und nur diese Akzeptanz erlaubt es, eine Führungsbeziehung auf folgende Bereiche auszurichten:

a. Vertrauen
b. Motivation

---

[1] Weibler: Personalführung, S. 133ff und die dort zitierten Untersuchungen

[2] vgl. Weibler: Personalführung, S. 161ff. Besonders hebt die charismatische Führungstheorie diesen Punkt vor.

[3] vgl. Weibler: Personalführung, S. 169 ff

Vertrauen wird dabei verstanden als die Annahme oder Hoffnung des Vertrauenden gegenüber der Zielperson, dass die Zielperson im zukünftigen Handeln das Wohl des Vertrauenden
mit berücksichtigt.[1] Vertrauen ist ein zukunftsorientiertes Empfinden und unterliegt grundsätzlich der Freiwilligkeit und der Verletzbarkeit aufgrund der hohen Unsicherheit bzw. des
Risikos in der Beurteilung zukünftigen Verhaltens. Somit ist es wichtig für die Unternehmensführung, Systeme der Verlässlichkeit im Unternehmen aufzubauen wie z B. Sanktionen
bei Fehlverhalten der Mitarbeiter, regelmäßiges Kommunikationsverhalten oder Bemühungen um das Wohlergehen des Mitarbeiters. Vertrauen selbst ist der Grundstein für eine offene Zusammenarbeit, Grundlage zur Delegation von Aufgaben und **Mitarbeitermotivation**,
auf die im nächsten Abschnitt näher eingegangen werden soll.[2]

Zuletzt soll in diesem Rahmen dieses Abschnitts auf den Aspekt der **Führungsethik** kurz
eingegangen werden. Eine Führungsbeziehung durch ein Beschäftigungsverhältnis ist ein
genehmigter Eingriff in die Selbstbestimmung eines Menschen. Da sich aber Führende und
der Geführte dem Sachziel des Unternehmens unterstellen, entstehen Konflikte zwischen
betriebswirtschaftlichen und menschlichen Zielen. Die Lösung der Frage nach Sach- und
Menschengerechtigkeit kann immer nur im Hinblick auf die Unternehmensziele und -kultur
beantworten werden. Ausschlaggebend ist aber hier, dass die Bedürfnisse beider Seiten berücksichtigt werden und Entscheidungen bzw. Kompromisslösungen nur durch individuelle
Werte beeinflusst werden.

In der Zusammenfassung lässt sich festhalten, dass Führungsbeziehungen nicht durch eine
Aufbauorganisation entstehen sondern gezielt erarbeitet werden müssen. Die notwendigen
sozialen Kompetenzen, Mechanismen der Personalführung oder die Förderung von Charaktereigenschaften sind durch Führungsseminare erlernbar bzw. können ausgebaut werden. Dies
setzt aber voraus, dass ein Wille zur Führung besteht. Dabei ist manchmal zu beobachten,
dass der Wille zur Führung nicht immer der Nachfolgegeneration in die Wiege gelegt wurde.

5.3.2   Entstehung von Motivation

Motivation kommt von dem lateinischen Wort „movere" und heißt bewegen. Im übertragenen
Sinne bedeutet Motivation, jemanden **zum Handeln zu bewegen** und beschreibt einen Zustand der inneren Spannung, um ein gewisses Ziel zu erreichen bzw. ein gewisses Vorhaben
zu absolvieren.[3] Das folgende Grundmodell der Motivation (Abbildung 37) soll den **Mecha-
nismus zur Entstehung von Motivation** darstellen. Motivation im Bereich der Personalführung entsteht immer dann, wenn ein Mitarbeiter erkennt, dass er seine Ziele durch eine angebotene Situation erreichen kann.[4] Diese Deckungsgleichheit lässt Motivation entstehen und
lenkt das Verhalten des Mitarbeiters.

---

[1] ebenda, S. 192 ff

[2] siehe Abschnitt 5.4.2

[3] vgl. Rosenstiel/Regent/Domsch: Führung, S. 162ff

[4] vgl. Weibler: Personalführung, S. 203

Abbildung 37: Grundmodell Motivation

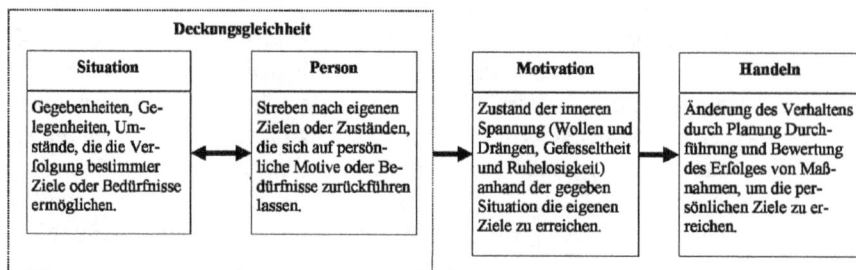

Deckungsgleichheit

Situation	Person		Motivation	Handeln
Gegebenheiten, Gelegenheiten, Umstände, die die Verfolgung bestimmter Ziele oder Bedürfnisse ermöglichen.	Streben nach eigenen Zielen oder Zuständen, die sich auf persönliche Motive oder Bedürfnisse zurückführen lassen.		Zustand der inneren Spannung (Wollen und Drängen, Gefesseltheit und Ruhelosigkeit) anhand der gegeben Situation die eigenen Ziele zu erreichen.	Änderung des Verhaltens durch Planung Durchführung und Bewertung des Erfolges von Maßnahmen, um die persönlichen Ziele zu erreichen.

Quelle: Weibler: Personalführung, S. 207 mit eigenen Ergänzungen

Zur Verdeutlichung folgendes Beispiel:

Der Oberkellner im Restaurant erkrankt. Ein frischgebackener Restaurantkaufmann hat selbst den Ehrgeiz, diese Position oder eine vergleichbare Stellung im Unternehmen anzustreben. Aus diesem Grunde übernimmt er freiwillig die zusätzlich anfallenden Tätigkeiten und ist auch bereit, über das normale Maß hinaus Überstunden zu leisten. Dieser Kellner versucht also diese Situation für seine eigenen Ziele zu nutzen, da er für sich eine Chance erkennt, seine Position nachhaltig zu verbessern. Für die Geschäftsleitung ist es jetzt wichtig, seine Bemühungen anzuerkennen, auch wenn das nicht gleich eine Beförderung nach sich zieht. Aber evtl. lassen sich einige neue Aufgaben, die die Position im Unternehmen aufwerten, für den Kellner finden. Würde aber der Kellner keine Anerkennung seiner Leistung oder evtl. negative Rückmeldungen bekommen, würde seine Leistungsbereitschaft deutlich zurückgehen.

Aus diesem Grundmodell resultieren für das Personalmanagement folgende Aufgaben:

1. Gewinnung der Kenntnis der Ziele und Bedürfnisse der Mitarbeiter,
2. Zuordnung der Aufgaben, Chancen oder Problemstellungen unter Berücksichtigung der Mitarbeiterbedürfnisse und -kapazitäten,
3. Kontrolle und Reflexion der Handlungsergebnisse durch den Vergleich mit den Zielen des Mitarbeiters, um Enttäuschungen zu vermeiden.

Aufbauend auf diesem Grundmodell gibt es verschiedene Arbeiten, die die Entstehung und Definition von Motivatoren vertiefen.[1] Maslow hat sich stark mit den Bedürfnissen und Zielen des Mitarbeiters beschäftigt und eine **Bedürfnispyramide** auf einem Defizit-Prinzip aufgebaut (Abbildung 38). Dies bedeutet, dass die empfundenen Defizite der jeweiligen Stufe zu Motivatoren werden. Weiterhin soll dieses Modell aufzeigen, dass die Ziele eines Menschen vielfältiger Natur sein können und nicht nur auf monetäre Ziele beschränkt sind. Auch wenn die rein statische Betrachtung für jede Lebensphase des Mitarbeiters neu überlegt werden muss, wird deutlich, dass monetäre Ansatzpunkte nur am Anfang wirken. Danach stehen stärker Sicherheitsbedürfnisse und Bedürfnisse der Entfaltung des Mitarbeiters im Vordergrund.

---

[1] für eine weitere Übersichtsdarstellung der Inhaltstheorien der Motivation: Jung/Bruck/Quark: Managementlehre, S. 202

Abbildung 38: Bedürfnispyramide nach Maslow zur Mitarbeitermotivation

Selbst-
verwirklung
(Förderung der
Kompetenzen,
Weiterentwicklung)

Persönliche Wertschätzung
(Anerkennung, Status)

Befriedigung sozialer Bedürfnisse
(Anerkennung, Akzeptanz, Zugehörigkeit

Sicherung der Zukunft
(Arbeitsplatzsicherheit, Altersvorsorge)

Sicherung der Existenzbedürfnisse
(Nahrung, Wohnung und Kleidung)

Wachstums-
bedürfnisse

Defizit-
bedürfnisse

Quelle: Maslow: Motivation und Personality 1954, entnommen aus Staehle: Management 1999 mit eigenen Ände-
  rungen

Damit Motivatoren ihre Wirkung erzielen können wie Anerkennung, Lob, Weiterbildung wird nach Herzberg ein Umfeld vorausgesetzt, damit der Mitarbeiter überhaupt bereit ist, diese Motivatoren zu akzeptieren. Herzberg spricht von der Existenz von Hygienefaktoren wie gerecht empfundene Bezahlung, angenehmes Betriebs- und Arbeitsklima oder einem adäquaten Führungsstil.[1] Diese Hygienefaktoren sind nach seinem Modell zwar „Unzufriedenmacher" und können bei Beachtung eine Mitarbeiterzufriedenheit erzeugen, aber keine Motivation. Wirkliche Motivation kann nur aus der Aufgabe und durch Anerkennung der Erledigung der Aufgabe erreicht werden. Somit ist für Herzberg wie bei Maslow die Sicherung der Grundbedürfnisse überhaupt Voraussetzung, um gezielte Motivatoren einzusetzen.

Für die gastronomische Praxis ist es jetzt von Bedeutung zunächst einmal ein transparentes Entlohnungssystem zu schaffen und dabei alle gesetzlichen Möglichkeiten zur Reduktion von Steuer- und Sozialabgaben zu nutzen. Hier liegt eine große Schwierigkeit in der Gastronomie, da der finanzielle Raum stark eingeschränkt ist.[2] Dagegen hat die Gastronomie verschiedene Möglichkeiten in der Nutzung von immateriellen Motivatoren aufgrund des Dienstleistungscharakters. Dem **Bedürfniss von Akzeptanz und Anerkennung** kann auch nachhaltig durch Gäste entsprochen werden, wenn z. B. Einzelleistungen in der Küche und

---

[1] vgl. Herzberg: Motivation (1959)
[2] siehe Abschnitt 5.4.4

im Service entsprechend gewürdigt werden. Hierzu ist es von Unternehmen her notwendig, diese Einzelleistungen für den Gast in den Mittelpunkt zu stellen.

Die Kenntnis der Ziele und Motive des Mitarbeiters lassen sich durch ein Mitarbeiterarbeitergespräch herausfiltern und nur so in anschließende betriebliche Situationen einbinden. In der Zusammenführung von Zielen und Situationen ist es jedoch notwendig, die Kompetenzen und Möglichkeiten des Mitarbeiters zu berücksichtigen. Dabei gilt es bei möglichen Überforderungen durch die Situation, den Mitarbeiter entsprechend zu unterstützen und vorzubereiten.

5.3.3   Der Führungsstil

Ein Führungsstil wird als wiederkehrendes Verhaltensmuster des Führers gegenüber den Geführten verstanden.[1] In der Messung der Effektivität eines Führungsstils ist die Herstellung einer Kausalität zwischen dem Führungsstil und dem Arbeitsergebnis (Produktivität) bzw. Mitarbeiterzufriedenheit ein Problem. Dabei lassen sich zur Definition von Führungsstilen und deren Messung zwei Ansätze erkennen:

1. Definition des Führungsstils anhand der **Teilnahme an Entscheidungen** (oder Verteilung der Macht). Diese Führungsstile beschreiben den Grad der sozialen Interaktion.
2. Definition des Führungsstils anhand des Führungsverhaltens: **Mitarbeiter- oder Sachorientierung**. Diese Führungsstile beschreiben die Grundorientierung des Führenden.

Die erste Dimension geht auf die Organisationstheorie zurück und setzt die Existenz von Hierarchien voraus. Dabei werden die Führungsstile an dem **Grad der Machtteilung** gemessen. Im ersten Bereich ist das Kontinuum von Tannenbaum[2] bekannt, indem er zwischen dem autoritären bis hin zum Laissez-faire-Führungsstil unterscheidet. So zeichnet sich der autoritäre Führungsstil durch seine klaren Strukturen und eine geringe Teilnahme des Geführten an Entscheidungen aus, während der Laissez-faire-Führungsstil stärker vom Willen zur Entscheidungsfindung und deren Umsetzung durch den Geführten ausgeht. Die Führungsperson hat in diesem Modell die Rolle der Zieldefinition und Kontrolle der Ergebnisse.

In Familienunternehmen ist aufgrund der Fokussierung auf den Inhaber eine charismatische Führung und ein Führungsstil vorzufinden,[3] der den autoritäreren, patriarchalischen und konsultativen Führungsstil entspricht. Dieser Führungsstil setzt dabei die Anwesenheit des Inhabers voraus und verringert somit die Möglichkeiten der Entlastung. Wie in der Abbildung 39 weiter deutlich wird, zeichnet sich der autoritäre Führungsstil durch eine niedrige soziale Dimension (Ausgabe von Anweisungen) und eine niedrige Machtverteilung (Befehl und Gehorsam) aus. Dieser Führungsstil impliziert ein hohes Maß der Akzeptanz von Führungsentscheidungen und einen hohen Grad der Akzeptanz der Fremdbestimmung durch den Führenden. Dieser Führungsstil kann beim Geführten dazu führen, dass er das Interesse am Erfolg des Unternehmens verliert und den Arbeitsplatz lediglich als eine Quelle seines Einkommens ansieht.

---

[1] vgl. Weibler: Personalführung, S. 286
[2] Tannenbaum/Schmidt: Führungsstil (1958)
[3] vgl. Hamel in Pfohl: Betriebswirtschaftslehre, S. 237

Abbildung 39: Führungsstile nach den Entscheidungsmodellen

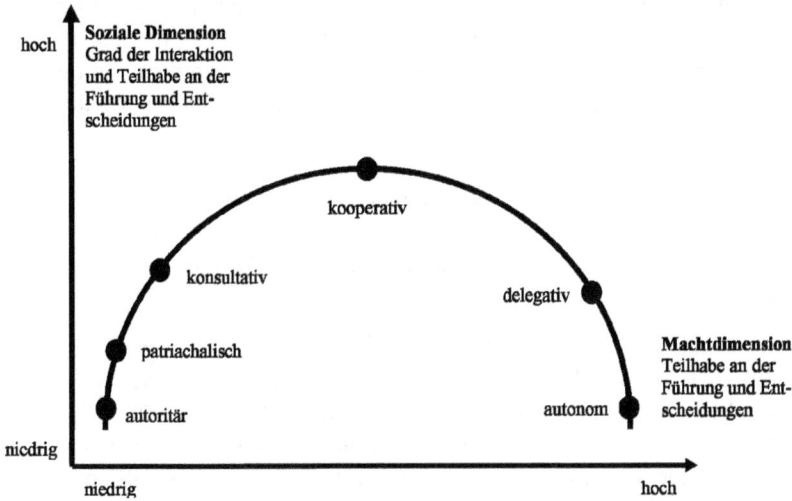

Quelle: Führungsstiltypologie nach Wunderer. Entnommen aus Weibler: Personalführung, S. 209

Abbildung 40: Führungsstile nach dem Verhaltensmodellen

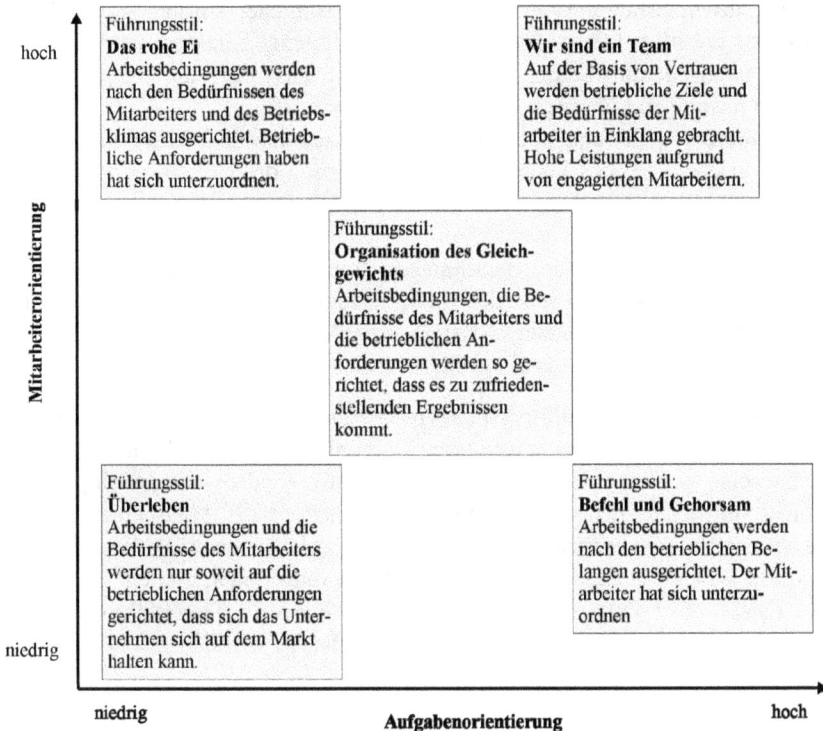

Quelle: Das Portfolio zur Definition von Führungsstilen nach Blake und Mc Canse. Entnommen aus Weibler: Personalführung, S. 318 mit eigenen Änderungen

Im Gegensatz dazu beschäftigten sich z. B. die Ohio Studien mit der Definition von **verhaltensorientierten Führungsstilen**.[1] Die Verhaltensmodelle gehen stärker auf den Zielkonflikt zwischen einer Mitarbeiter- und Sachorientierung in der Führung ein. Im Grundmodell dieser Studien wurde auf der Basis dieses Konflikts ein Zusammenhang zwischen dem Führungsstil und der Verhaltenswirkung beim Geführten hergestellt (Abbildung 40). Ohne auf jedes Feld im Einzelnen einzugehen, wird der Wunsch nach einem Team Führungsstil als Zielnorm häufig herausgestellt, da er beide Bereiche im Optimum vereint. Dieser Führungsstil setzt aber Mitarbeiter mit hoher Kompetenz und hohem Engagement voraus. Dies bedeutet, dass die Aufgaben klar definiert sind und die Mitarbeiter die notwendigen Kompetenzen zur Bearbeitung der Aufgaben haben. Dieses Umfeld kann nur durch eine Teamorganisation in der Gastronomie geschaffen werden.

In der Definition für den Umgang mit den Fragen eines richtigen Führungsstils ist man schnell geneigt, Zielmodelle wie den kooperativen/delegativen Führungsstil oder das Teammanagement als gutes Führungsrezept zu verstehen. Dieser **Rezeptgedanke** führt nicht immer zum richtigen Ergebnis. Führungserfolg definiert sich in der Sachgerechtigkeit von Entscheidungen entsprechend der Situation, Akzeptanz und in zielgerechter Durchführung von Entscheidungen sowie der Ergebniszufriedenheit bei dem Mitarbeiter, beim Gast und bei der Unternehmensführung. Deshalb sind in der Wahl des eigenen Führungsstils folgende Faktoren zu berücksichtigen.

1. **Person des Führenden**: Erfahrung mit der Führung, persönlicher Stil und Authentizität des Verhaltens. Das jeweilige Führungsverhalten muss mit dem Charakter und den Erfahrungen des Führenden übereinstimmen. Entscheidend ist, dass der Führungsperson die Konsequenzen im jeweiligen Führungsverhalten bekannt sind.
2. **Person des Geführten**: Erfahrung mit der Situation, Kenntnis und Ausbildungsstand. Entscheidend ist, in der Wahl des Führungsstils den Wunsch des Geführten nach Autonomität, Selbstverwirklichung und die Bereitschaft zur Übernahme von Verantwortung zu berücksichtigen.
3. **Die Situation**: Analyse des Grades des Handlungsspielraumes an Führung, die die jeweilige Situation ermöglicht. Z. B. während der Durchführung eines Banketts ist der Handlungsspielraum aufgrund der Gästewünsche stark eingeschränkt, während bei der Entwicklung von neuen Speisenangeboten ein großer Handlungsspielraum existiert.

Entscheidend ist also, dass von der Führungsperson ein ständiger Ausgleich zwischen den Interessen stattzufinden hat und jeweils ein bewusster Führungsprozess gefordert wird. Somit ergibt sich kein pauschal richtiger oder falscher Führungsstil, sondern das jeweilige Führungsverhalten muss mit den Zielen des gewünschten Verhaltens der Mitarbeiter und der Situation in Einklang stehen. So erwartet z. B. ein neuer Mitarbeiter einen stark autoritären Führungsstil, damit er im Unternehmen eine bessere Orientierung findet, und ein erfahrener Mitarbeiter einen Laissez-faire-Führungsstil und Autonomität bei der Durchführung seiner Aufgaben. Entscheidend ist am Ende, dass das Führungsverhalten wirklich gelebt wird und nicht als Rolle verstanden wird.

---

[1] für eine weitere Darstellung: Weibler: Personalführung, S. 293

5.3.4   Instrumente der Personalführung

In den folgenden Abschnitten sollen einige Instrumente vorgestellt werden, die zur Personalführung in der Gastronomie leicht einsetzbar sind. Personalführungsinstrumente sind dabei als Mittel zu verstehen, die ein methodisches Vorgehen zur Ausrichtung von Führungsbeziehungen erlauben.

5.3.4.1   Das Mitarbeitergespräch

Ein zentrales Führungsinstrument ist das Mitarbeitergespräch, da dies in einer direkten Interaktion zwischen dem Führenden und dem Geführten beruht. Ziel des Gespräches ist eine Reflexion der bisherigen Tätigkeiten und Aufnahme der Ziele und Bedürfnisse des Mitarbeiters, um das künftige Führungsverhalten zu bestimmen. Dieses Gespräch bietet beiden Seiten die Gelegenheit der Reflexion.[1] Weiterhin ist es so möglich zu beurteilen, welche hemmenden und fördernden Faktoren derzeit der Mitarbeiter in der Erfüllung seiner Aufgabe hat. Besonders der Mitarbeiter bekommt auf dem **Prinzip von Anerkennung und Kritik** die Möglichkeit einer Orientierung, um seine Leistungen zu verbessern.[2] Dabei vereint das Mitarbeitergespräch viele Elemente des Managements by Objectives (MBO).

Ein Mitarbeitergespräch setzt jedoch voraus, dass dieses Instrument einen Raum in der Personalführung findet, um so die volle Wirkungskraft zu entfalten. Dies Gespräch sollte somit nicht am Rande einer Veranstaltung oder während einer Pause durchgeführt werden. Dies würde dem Wert dieses Gespräches und somit dem Respekt gegenüber dem Mitarbeiter nicht Rechnung tragen. Dieses Gespräch bedarf einer **Vorbereitung** und sollte die folgenden **3 Phasen** durchlaufen:

1. Rückblick: Analyse der abgelaufenen Periode und Analyse der Erwartungshaltungen im Vergleich mit den Leistungen des Mitarbeiters sowie Probleme in der Aufgabenbearbeitung.

2. Standortbestimmung: Analyse der Stärken und Schwächen des Mitarbeiters, Bestimmung der Bedürfnisse und Ziele des Mitarbeiters, hemmende und fördernde Faktoren in der Aufgabenbearbeitung, Situation und Möglichkeiten im Unternehmen.

3. Ausblick: Zielvereinbarungen für die kommende Periode, Fixierung der Erwartungshaltungen und Klärung, welche zusätzlichen Ressourcen durch das Unternehmen bereitgestellt werden sollten.

Durch ein Mitarbeitergespräch kann die Motivation und Mitarbeiterzufriedenheit gesteigert werden, indem alle Punkte einer sach- und menschenorientierten Führung genau aufeinander abgestimmt werden. Für den Erfolg dieses Instrumentes ist es aber auch Voraussetzung, dass die Umsetzung der vereinbarten Maßnahmen und Kontrolle der Ergebnisse auf beiden Seiten gemäß den Absprachen eingehalten werden. Entscheidend ist, dass Beurteilungen nachvollziehbar sind und entsprechend den vereinten Zielen evaluiert werden.

---

[1] Neumann in Rosenstiel/Regent/Domsch: Führung, S. 215ff
[2] ebenda, S. 232ff

5.3.4.2   Personalentwicklung

Personalentwicklung bedeutet, die Förderung der beruflichen Kompetenzen der Mitarbeiter mit dem Ziel, dass sie den geänderten Anforderungen des Marktes bzw. der Gäste anpassen können. Personalentwicklungsmaßnahmen sollten dabei die fachlichen, sozialen und methodischen Kompetenzen der Mitarbeiter weiter fördern. Ziel von Personalentwicklungsmaßnahmen ist es, dass die Mitarbeiter ihre Aufgaben effizienter erledigen und ihr Leistungspotenzial steigern.[1] Aus diesem Grunde ist die eigentliche Berufsausbildung keine Personalentwicklungsmaßnahme.

Personalentwicklungsmaßnahmen sind Führungsinstrumente, da sie eine **Investition in die Kompetenzen der Mitarbeiter** für das Unternehmen darstellen und somit ein Vertrauen und positives Feedback an den Mitarbeiter geben. Folglich erhöhen diese Maßnahmen das Engagement des Mitarbeiters und fördern die Effizienz und Effektivität der Aufgabenerfüllung.

Personalwicklung findet auf verschiedenen Ebenen durch verschiedene Methoden statt wie z. B. formale Weiterbildungskurse oder auch Trainings und Coachings am Arbeitsplatz. Im Einsatz und der Auswahl von Maßnahmen ist es entscheidend, die Ziele der Mitarbeiterentwicklung auf die Unternehmensstrategie und auf die Motive des Mitarbeiters abzustimmen. In der Umsetzung der Maßnahmen ergeben sich verschiedene Methoden,[2] die in der folgenden Tabelle in der Gastronomie beispielhaft aufgezeigt werden sollen.

Tabelle 22: Beispiele möglicher Maßnahmen der Personalentwicklung

Ziel	Maßnahmen
Einarbeitungsphase	Training on the Job, Coaching
Verbesserung der Methodenkompetenz	Innerbetriebliche Unterweisung,
Erweiterung der Kompetenzen	Job Rotation
Vertiefung von fachlichem Wissen	Externe Weiterbildung

Die **Auswahl** der verschiedenen Methoden sollte nach einer Beurteilung des Wissenstransfers und Kompetenzgewinns erfolgen. Weiterhin ist immer zu beachten, dass neben dem Motivationsfaktor diese Maßnahmen für den Mitarbeiter immer ein Anlass bilden, bestehende Leistungen und Prozesse im Unternehmen kritisch zu hinterfragen. So werden Weiterbildungsmaßnahmen wiederum eine Quelle für Innovationsprozesse im Unternehmen.

---

[1] AHGZ: Fehlerangst ist Gift fürs Geschäft vom 2007. So ist es weiter von Bedeutung Lernfelder zu schaffen, um zu erlauben, dass man im Entwicklungsprozess angstfrei Fehler machen kann.
[2] für die weitere Anleitung zur Umsetzung in die Praxis: Schätzing: F & B Management, S. 13ff, Wegerich: Personalentwicklung 2007

5.3.4.3   Anreizsysteme

Anreizsysteme gehen auf die Erkenntnisse der Lernforschung zurück und haben die Aufgabe, das Verhalten und das Handeln in eine bestimmte Richtung zu lenken. Anreizsysteme sind vorrangig **Belohnungssysteme**, um ein bestimmtes Handeln zu aktivieren und zu steuern. Sie bauen auf intrinsischen und extrinsischen Motivationsquellen auf und lassen sich in materielle und immaterielle Instrumente unterscheiden.

Die materiellen Anreizsysteme beziehen sich überwiegend auf extrinsische Quellen, d.h. auf Zugaben, die nicht direkt mit der Aufgabe in Verbindung stehen. Neben Aus- und Fortbildungsmaßnahmen sind hierunter Sachleistungen verschiedener Art zu verstehen, wie auch das bestehende Entlohnungssystem. Typische Entlohnungsformen in der Gastronomie sind der Stundensatz, Festgehalt und Provision am Umsatz, die eine unterschiedliche Wirkung auf die Leistungsqualität und den Umsatz haben. Weiterhin ist die Wirkung des Trinkgeldes zu nennen, obwohl diese nicht durch den Arbeitgeber gezahlt werden. Aufgrund der direkten zusätzlichen Entlohnung der Leistung durch den Gast ist diese Entlohnungsform ein Zeichen der Anerkennung und bekommt einen direkten Motivationscharakter.

Materielle Anreizsysteme setzen die Messbarkeit der Leistungsergebnisse und der Anstrengung des Mitarbeiters voraus. Um z. B. ein Bonussystem in der Gastronomie einzuführen, ist es notwendig, feste Ziele vorzugeben, die individuell und unter Anstrengung erreichbar sind.[1] Dabei ist das Gesamtinteresse des Unternehmens zu berücksichtigen, sodass es in der Restauration nicht zum Umsatzwettbewerb kommt und die Gäste sich nicht von den Verkaufsaktivitäten belästigt fühlen. Auf der anderen Seite können durch Anreizsysteme notwendige Zusatzverkäufe besser realisiert werden, indem man z. B. den Verkauf von Desserts oder Vorspeisen besonders vergütet. Weitere Bonussysteme sind auch möglich durch Vorgabe von Budgets oder Kennzahlen, wie z. B. die Vorgabe einer Zielwareneinsatzquote in der Küche.

In einer Reihe von Unternehmen werden die materiellen Anreizsysteme in einem Cafeteria System[2] angeboten. Dies bedeutet, dass die Vergütungsform und die Leistungsanforderungen durch die Unternehmensführung definiert und zur Auswahl angeboten werden. Das Bonussystem hat den Vorteil, dass zum Grundlohn/-gehalt Leistungsvergütungen vorgenommen werden ohne Anspruch auf Kontinuität. Hier sind z. B. eine Reihe von Einkaufsvergünstigungen, Erholungsurlaube in Partnerbetrieben, Übernahme von Kosten zu nennen, die teilweise auch steuerliche und sozialversicherungsrechtliche Vorteile für beide Seiten bilden. Voraussetzung ist jedoch eine genaue Definition des Standards der Leistungsergebnisse. Dies setzt ein transparentes Rechnungswesen zur Leistungsmessung voraus. Trotz der großen Schwierigkeit, zwischen der Einzelleistung eines Mitarbeiters und der betrieblichen Gesamtleistung einen kausalen Zusammenhang herzustellen, dennoch können in der Praxis z. B. Tischumsätze als Maßgabe zur Definition von extrinsischen Motivatoren genutzt werden.

---

[1] In der Personalführung und sowie auch im Controlling wird das SMART Prinzip zur Definition von Mitarbeiterzielen empfohlen. Dieses Prinzip bedeutet: **S**pecific (spezifisch) **M**easurable (messbar) **A**ccepted (akzeptiert) **R**ealistic (realisierbar) **T**imely (terminierbar)

[2] Cafeteria System in der Entlohnung: Der Mitarbeiter bekommt einen Grundlohn, der sich an seinen Existenzbedürfnissen bzw. Aufgabe im Unternehmen richtet. Weiter werden dem Mitarbeiter verschiedene Lohnbestandteile angeboten, wie z.B. Zahlung einer Fortbildung, Firmenwagen etc. Die Leistungen werden intern mit einem Bruttoanteil bewertet und die Entlohnung ergibt sich dann aus dem Grundgehalt und den gewählten Zutaten.

Immaterielle Anreizsysteme gehen im Wesentlichen auf die Bedürfnispyramide von Maslow und die Motivatoren von Herzberg zurück. Sie können extrinsischer Natur (Anerkennung durch die Geschäftsleitung) oder intrinsischer Natur (eigene Zufriedenheit mit dem Ergebnis oder Zielerreichung) sein. Hier eröffnen sich in der Gastronomie eine ganze Reihe von Motivatoren wie z. B. die besondere Herausstellung des Mitarbeiters vor den Gästen (Mitarbeiter des Monats, Vorstellung der Küchencrew beim Gast etc.). Weiterhin ist hier eine große Bandbreite möglich, wie z. B. die Teilnahme an Messen, Tagungen, eigenständige Durchführung von Wunschprojekten des Mitarbeiters, Übernahme von PR-Maßnahmen etc.

5.4 Planung und Steuerung des Personalbedarfs und der Personalkosten

5.4.1 Personalbedarfsplanung

In der betriebswirtschaftlichen Literatur[1] geht man davon aus, dass der Betriebsinhaber eine Bedarfsermittlung zur Personalplanung vornimmt bestehend aus dem **Sollbestand** (ermittelt durch den Grund-, Einsatz- und Reservebedarf) unter Abzug des Istbestandes (aktueller Bestand an Mitarbeitern). Bei einer positiven Abweichung muss Personal beschafft werden und bei negativer Abweichung muss Personal freigesetzt werden. Bezüglich der Instrumente der Personalgewinnung-, auswahl und Personalfreisetzung soll auf die bestehende Literatur verwiesen werden.[2]

Das größte Problem in allen Dienstleistungsunternehmen ist die Ermittlung des lang- und kurzfristigen Personalbestandes unter Berücksichtigung einer **volatilen Umsatzplanung**.[3] Die Personalbedarfsplanung hat die Aufgabe, den Bedarf quantitativ und qualitativ zu bestimmen. In der Gastronomie sind hier zwei Stufen vorzufinden:

- Planung des langfristigen Personalbedarfs: d.h. Feststellung des Geschäftsvolumens aller strategischer Geschäftseinheiten. Hier wird der Bedarf an Voll- und Teilzeitkräften ermittelt mit dem Ziel, das Qualitätsniveau des Hauses zu erhalten und die notwendigen Kompetenzen aufzubauen.[4]
- Planung des kurzfristigen Personalbedarfs: d.h. anhand der Umsatzplanung den operativen Personalbedarf zu bestimmen. Dabei ist es von grundlegender Bedeutung, die Struktur des Personals zu definieren, um so eine Disposition zur Abdeckung des Personalbedarfs vorzunehmen.

---

[1] vgl. hierzu z. B. Winter in Hänssler: Management, S. 171ff, Henschel:Hotelmanagement, S. 222ff oder Hammel in Pohl: Betriebswirtschaftslehre, S. 245ff

[2] Vergleich hier: Henschel ab S. 222 der die Vorteile und Nachteile der internen und externen Personalbeschaffung ausführliche diskutiert sowie auch die klassischen Instrumente der Mitarbeitergewinnung diskutiert. In diesem Buch wird für diesen Bereich auf die klassische Literatur verwiesen. Dies trifft auch auf die Auswahl und Einarbeitung von externen Mitarbeitern zu.

[3] siehe Abschnitt 7.4 und 8.3.2

[4] siehe auch Schätzing, S. 173ff

Zur Bestimmung des quantitativen Personalbedarfs stehen mehrere Methoden zur Verfügung, wie z. B.:[1]

- Schätzungen: Urteile von Experten über die Relation zwischen Personal, Umsatz, Arbeitsaufwand und Personalbedarf. Diese Methode setzt gute Fachkenntnisse voraus sowie Kenntnis des Sicherheitsbedürfnisses/der Risikobereitschaft des Schätzenden.
- Mathematisch - Statistische Verfahren: aufgrund von Beobachtungen und Statistiken von vorangegangen Veranstaltungen können Vergleichswerte abgeleitet werden. Dies setzt eine genaue Dokumentation der Veranstaltungen voraus sowie eine anschließende Evaluierung.
- Statische Methoden: Anhand der Organisationsstruktur des Unternehmens wird geplant, welche Stellen besetzt sein müssen. Der Personalbedarf ergibt sich somit aus einem Quotienten zwischen Servicezeiten und Schichtzeiten.
- Analytische Methode: Anhand von Arbeitsstudien wird definiert, welche Arbeitsmenge in welcher Arbeitszeit bewältigt werden kann. Der Personalbedarf ergibt sich aus dem Quotienten der Gesamtarbeitsmenge und den Schichtzeiten/der Arbeitszeit des Mitarbeiters. Besonders diese Methode setzt die Ermittlung von Sollarbeitszeiten voraus z. B. für die Reinigung eines Zimmers oder einen Personalschlüssel zur Definition des Verhältnisses Gast – Servicekräfte, Anzahl der Speisen – Koch).

Zur Ermittlung der **Gesamtarbeitszeit** eines Vollzeitmitarbeiters kann dabei folgende Berechnung zugrunde gelegt werden:

	365 Tage	im Jahr
-	104 Tage	für Wochenenden
-	12 Tage	arbeitsfreie Tage (Feiertage)
-	25 Tage	Urlaub, diese Zahl ist altersabhängig und betriebsbezogen
-	3 Tage	Weiterbildung (diese Zahl ist betriebsbezogen)
-	11 Tage	Krankentage, betriebsbezogen
=	210 Tage	Anwesenheit

Nimmt man eine 8stündige Arbeitszeit als Basis, so beträgt die Jahresarbeitsleistung: 1.680 Arbeitsstunden. Bei einer ganzjährigen Öffnungszeit (360 Tage) eines Restaurants von durchschnittlich 12 Stunden beträgt die jährliche Öffnungszeit: 4.320 Stunden. Allein zur Besetzung einer Position werden 2,6 Arbeitskräfte benötigt. Um eine volle Betriebsbereitschaft zu besitzen, müssen noch weitere Positionen in der Küche, beim Service oder beim Empfang besetzt sein.

In den verschiedenen Analyseformen ist weiter die Struktur der zeitlichen Verteilung des Besuchs zu analysieren, wann also mit einer hohen betrieblichen Anspannung (Dauer, Ausmaß und Menge) und wann mit niedrigen Auslastungsgraden zu rechnen ist. Dies dient besonders zur Bestimmung der Struktur zwischen **Voll- und Teilzeitkräften**. Weiterhin ist der Personalbedarf abhängig von dem eingesetzten Technikstand im Unternehmen, wie z. B. einer rationellen Küchentechnik oder von einer virtuellen/elektronischen Aufnahme von

---

[1] siehe hier auch Henschel: Hotelmanagement, S. 215ff

Bestellungen. Diese Analyse bildet verschiedene Synergien zum Qualitätsmanagement und zur Prozessanalyse.

Der qualitative Personalbedarf ergibt sich aus der Definition des eigenen Qualitätsstands sowie aus den Anforderungen der Gäste an das Unternehmen. In der Planung des qualitativen Personalbedarfs sind Faktoren zu berücksichtigen wie z. B.:

- Küchen- und Servicefähigkeiten im Restaurant oder bei Veranstaltungen,
- Belastbarkeit des Personals,
- Fremdsprachenkenntnisse,
- Sozialverhalten der Mitarbeiter gegenüber den Gästen,
- Produkt- und Fachkenntnisse,
- Kenntnisse der Wünsche und Bedürfnisse besonders von Stammgästen,
- Improvisationstalent

Zur Deckung des qualitativen Personalbedarfs haben besonders kleine Gastronomieunternehmen Schwierigkeiten, da der Mengenumfang keine Vollzeitstellen erlaubt und somit auch Maßnahmen der Personalentwicklung schwierig in der Umsetzung werden. Eine klare Kenntnis der qualitativen Anforderungen schafft für kleine Unternehmen die Möglichkeit, bei der Personalauswahl gezielt vorzugehen sowie die Möglichkeit von Kooperationen.[1]

5.4.2   Personaleinsatzplanung

Die Personaleinsatzplanung beschäftigt sich mit der **zeitlichen Disposition** von Personal. In der Praxis findet der Prozess seinen Ausdruck im sog. Dienstplan. Dies ist eine wöchentliche Routine, bei der die Dienstzeiten der einzelnen Mitarbeiter festgelegt werden. Es ist ein komplexer Prozess, bei dem die folgenden Parameter zu berücksichtigen sind:

1. Anzahl, Umfang und Qualitätsanforderungen der festen Vorabbuchungen,
2. zeitliche Verteilung des geplanten Umsatzes,
3. die Freizeitansprüche und Arbeitszeitwünsche der Mitarbeiter,
4. Verfügbarkeit von Mitarbeitern (Urlaub, Krankheit, Freizeitausgleich für Feiertage und Mehrarbeit etc),
5. Kenntnis über den Umfang der vorbereitenden Arbeiten,
6. Kenntnis über kurzfristige Einflussfaktoren des Gästeverhaltens wie z. B. Fernsehprogramme, Fernsehprogramme, Sportübertragungen, Veranstaltungen in der Region, Zeitpunkte der Gehaltszahlungen und Wetter.

Aufgrund der verschiedenen Planungsrisiken im Umsatz[2] ist es folglich schwierig, einen genauen umsatzsynchronen Dienstplan zu erstellen. Ein weiteres großes Problem ist ferner z. B. die Anforderungen von Stammgästen oder Hotelgästen an die Dienstleitungsbereitschaft eines Unternehmens, ohne das dabei ein Umsatz getätigt wird. Aus Gründen der Gäs-

---

[1] siehe hierzu Abschnitt 10.4

[2] siehe hierzu Abschnitt 7.4 und 8.3.2

tezufriedenheit bleibt in der Regel z. B. der Barbereich offen, trotz eines unzureichenden Umsatzes. Eine Stärke von Familienunternehmen ist zwar, das Familienmitglieder und teilweise sogar der Betriebsinhaber diese Tätigkeiten übernehmen, jedoch geht dieses immer zulasten der eigentlichen Aufgaben eines Betriebsinhabers.

Die Personaleinsatzplanung wird neben der Mitarbeiterstruktur darüber hinaus durch die **Arbeitszeitmodelle** beeinflusst. Hier stehen der Gastronomie die 8 Stunden Schicht, Teildienste oder auch Modelle der Arbeitszeitkonten zur Verfügung. Besonders besteht bei der Wahl von Teildiensten eine hohe Gefahr einer negativen Mitarbeitermotivation, da aufgrund der großen Pause zwischen den einzelnen Einsatzpunkten ein erheblicher Einschnitt in die Freizeitgestaltung der Mitarbeiter vorgenommen wird.

Mit dem Ziel, eine größere **Umsatzsynchronität** zwischen Personalkosten und Umsatz zu bekommen, wird häufig mit den Jahresarbeitszeitkonten gearbeitet. Hier gilt es, die Jahresarbeitszeit zu erreichen. Grundsätzlich ist dieses System für die Gastronomie ein dankbares System unter der Voraussetzung, dass die Auslastung gut planbar ist. So wird dies z. B.in den gastronomischen Betrieben auf den Nordseeinseln mit Erfolg praktiziert, wo in der Sommersaison die Mitarbeiter für den Winter mit vorarbeiten. Leider gerät auch hier das System immer wieder ins Wanken, wenn z. B. durch das Wetter die geplanten Besucherzahlen nicht erreicht werden. Jahresarbeitszeitkonten sind immer nur dann einsetzbar, wenn in der Kernzeit der Bedarf gut planbar ist. Weiterhin bleiben zur Herstellung einer Umsatzsynchronität Minijobber unverzichtbar. Im Einsatz von Minijobbern ist jedoch zu berücksichtigen, dass das Ziel und auch die Idee des Gesetzgebers dieser Beschäftigungsform ist, Spitzenzeiten im Unternehmen auszugleichen.[1] Die Einsatzplanung von Teilzeitkräften sollte nicht dazu führen, qualifizierte Vollzeitkräfte aus Kostengründen zu ersetzen. Um diese Entwicklung zu stoppen, hat bereits der Gesetzgeber Teilzeitkräfte arbeitsrechtlich eine Gleichstellung zu Vollzeitkräften hergestellt. Auch aus der Kostensicht heraus sind Teilzeitkräfte aufgrund der Lohnnebenkosten für den Arbeitgeber nicht unbedingt vorteilhafter.[2] Der Vorteil, ist vielmehr in der Einsatzflexibilität und geringen Soll-Arbeitszeit zu sehen.

In der Erstellung des **Dienstplans** findet am Ende immer ein ständiger Balanceakt zwischen den betrieblichen Notwendigkeiten, Mitarbeitermotivation und Betriebsbereitschaft statt.[3] Wie bereits erwähnt, ist die Personaleinsatzplanung stark abhängig von der Genauigkeit der Umsatzplanung und hat die Wechselwirkungen durch die Personalkostenplanung mit zu berücksichtigen.

---

[1] AHGZ: Minijobber sind unverzichtbar vom 01.07.2006, AHGZ: Personalplanung bleibt ein Nadelöhr vom 10.05.2008

[2] In 2010 musste ein Arbeitgeber für einen Minijobber pauschal 13% für Krankenversicherung, 15% für Rentenversicherung und 2% an Steuern abführen. Weiterhin hat ein Minijobber ein Recht auf Lohnfortzahlung im Krankheitsfall sowie anteiligen Urlaubsanspruch.

[3] vgl. hierzu weiter Schätzing: F & B Administration, S. 45ff

5.4.3   Personalkostenplanung

Personalkostenplanung beginnt mit der Ermittlung von Stundensätzen oder Verrechnungs-sätzen, um eine **Synchronität zwischen Umsatz- und Personaleinsatzplanung** herzustel-len. Zu den Personalkosten gehören:

- der vereinbarte Lohn/Gehalt
- Arbeitgeberbeiträge
- Sondervergütungen
- evtl. Dienstkleidungen
- Sozialleisten
- Berufsgenossenschaftsbeiträge
- Freiwillige Versicherungen
- Kosten für Weiterbildung
- geldwerte Vorteile wie z. B. Zuschuss zum Personalessen
- Aufwendungen für die Altersversorgung und Vermögensbildung
- Bei geringfügig Beschäftigten: Arbeitgeberbeiträge der pauschalen Versteuerung und Versicherung, Lohnfortzahlungen im Krankheitsfall

Diese Kosten sind grundsätzlich dem Rechnungswesen zu entnehmen. Übertragen auf ein Beispiel soll von einer Jahresarbeitszeit von ca. 1.680 Stunden und einem Bruttogehalt von 2.300,-- € ausgegangen werden. So entstehen Gesamtkosten von ca. 38.000,-- € im jahr einschl. der Arbeitgeberbeiträge, jedoch ohne weiterer Lohnleistungen.[1] Dies entspricht einen Stundensatz von 22,62 €. Bei einem 30%igen Personalkostenanteil muss der Umsatz 75,40 € pro Stunde betragen, damit ein Personaleinsatz gerechtfertigt wird. Diese Zahl be-rücksichtigt die Verteilung der Kosten für die notwendigen Vor- und Nacharbeiten ohne Umsatzwirkung. Folglich ist die Mindestumsatzgrenze eher höher anzusetzen, um einen Personaleinsatz zu rechtfertigen.

Auf Grundlage dieser Berechnung kann nun ein Vergleich mit Personaleinsatzplan und dem Personalkostenplan vorgenommen werden. Jedoch ist dies in der Praxis nicht so einfach übertragbar bzw. sind einige Grenzen gesetzt. Die Grenzen bestimmen sich in der Notwen-digkeit der Betriebsbereitschaft und dass die Personalkosten in der Gastronomie eher als sprungfixe Kosten zu betrachten sind. Dies bedeutet, dass in der Regel eine Betriebsbereit-schaft hergestellt werden muss, die nicht immer durch einen entsprechenden Umsatz gestützt ist und der Einsatz nicht immer beliebig teilbar ist. Im Rahmen der Personalkostenplanung ist ebenso eine Analyse der Nutz- und Leerkosten durchzuführen, mit dem Ziel der besseren zeitlichen Verteilung von Aufgaben, die im indirekten Bezug zum Umsatz stehen.

---

[1] In einer Überschlagsrechnung wurde ein Bruttogehalt von 2.300,-- Eur zugrunde gelegt. Hier ergibt sich bei einem Krankenversicherungssatz von 14,3% eine Gesamtarbeitgeberbelastung von 33.044,04 Eur. Hingerechnet wurden jetzt noch die Beitrage zur Berufsgenossenschaft, Arbeitgeberzuschüsse für das verbilligte Mitarbeiteressen (210 * 1,70 Eur als gesetzlichen Satz), tarifliches Urlaubs- und Weihnachtsgeld etc.

5.4.4   Betriebliche Potenziale zur Senkung der Personalkosten

Die Potenziale der Senkung der Personalkosten lassen sich in organisatorische und finanzielle Möglichkeiten unterschieden.

Organisatorische Maßnahmen zur Senkung der Personalkosten zielen vor allem darauf ab, bestimmte Tätigkeiten in umsatzschwache Zeiten zu verlagern. In der Gastronomie erscheint diese Möglichkeit in erster Linie stark eingeschränkt, da die gastronomische Leistung nicht lagerfähig ist. Jedoch in den vorbereitenden Arbeiten (mis en place = Sachen am Platz) gibt es eine ganze Reihe von Tätigkeiten, die Einsparungspotenziale bieten. So werden Leerkosten zu den geforderten Nutzkosten im Personaleinsatz.

Im Folgenden werden einige Maßnahmen exemplarisch vorgestellt. Die Umsetzung dieser Maßnahmen kann nur in Abstimmung mit der jeweiligen Betriebsstruktur, Kundenstruktur und den Qualitätsanforderungen des Hauses erfolgen.

1. **Konzentration auf Geschäftsfelder, die einen planbaren Personaleinsatz erlauben.** Bis auf das Tagesgeschäft im Restaurant (Mittags- und Abendkarte, Kaffee und Kuchen) lassen sich alle Bereiche aufgrund der Vorreservierungen gut planen. Somit stellt sich die Frage für ein gastronomisches Unternehmen, wie stark das Tagesgeschäft ist und wie gut sich diese Bereiche planen lassen.
2. Raumplanungen und Anordnung der Arbeitsplätze, sodass in umsatzschwachen Zeiten, das Unternehmen mit wenig Personal geführt werden kann. Besonders in gewachsenen Familienunternehmen liegt eine Architektur vor, die ein Wachstum reflektieren, aber keinen Raum für Einsparungen im Personalbereich geben. So müssen verschiedene Positionen besetzt werden wie z.B. Restaurant und Empfang, obwohl in bestimmten Zeiten nur wenig Gäste erwartet werden.
3. **Planung der vorbereitenden Maßnahmen.** Eine genaue Planung der vorbereitenden Maßnahmen und die Verlegung dieser Maßnahmen in beschäftigungsschwache Zeiten erlauben ein hohes Einsparungspotenzial in der Beschäftigungszeit. In der Küche gibt es eine Reihe von Konservierungsmöglichkeiten, ohne die Qualität zu mindern. Im Servicebereich lassen sich verschiedene Vorbereitungen für Veranstaltungen im Voraus treffen, die es dann erlauben, das Personal zeitnaher zum Veranstaltungsbeginn einzusetzen.
4. **Organisation des Personaleinsatzes zwischen Kern- und Randteam.** Wie bereits vorab schon angemerkt, ist es sinnvoll das Unternehmen in ein Kern- und Randteam zu unterteilen Besonders das Kernteam sollte in der Lage sein, selbstständig die Tätigkeiten zu planen und möglichst für mehrere Aufgaben im Unternehmen qualifiziert sein. Dies erlaubt auch im Falle des Personalausfalls größere dispositive Einsatzmöglichkeiten.
5. **Der Mitarbeiter auf Abruf.** Grundsätzlich lassen sich auch in der Gastronomie sogenannte Rufbereitschaften einrichten, besonders bei sozialversicherungspflichtigen Beschäftigungsverhältnissen. Dies würde Unsicherheiten in der Personalplanung auffangen und könnte den kurzfristigen Personalbedarf abdecken. Zwar muss auch diese Rufbereitschaft vergütet werden, jedoch könnten sich hier vorteilhafte Kompromisse für beide Seiten ergeben.

In Familienbetrieben versucht man häufig, durch die Mitarbeit des Geschäftsinhabers/ -führeres oder anderer Familienmitglieder die Personalkosten zu senken. Auch wenn grundsätzlich diese Option sehr nahe liegt, sollten bereits verschiedene Stellen in diesem Buch aufgezeigt haben, dass es für den diesen Personenkreis keine Leerzeiten gibt. Aus diesem Grunde sollte diese Option besonders für den Geschäftsinhaber/-führer eine Ausnahmeregelung sein. Weitere Familienangehörige sollten in diesem Fall wie externe Mitarbeiter betrachtet werden. Auch wenn aufgrund der Bindung zum Unternehmen eine höhere Leistungsbereitschaft anzunehmen ist, sind hier jedoch Zielkonflikte zu erwarten.

Finanzielle Einsparungspotenziale im Personalbereich werden in erster Linie durch Entlassungen und Lohnkürzungen gesehen. Dies ist nicht Gegenstand dieses Abschnitts. Gegenstand in diesem Abschnitt sind vielmehr eine Reihe von gesetzlichen Möglichkeiten, den Lohnkostenanteil des Arbeitgebers zu senken, ohne dabei das verfügbare Einkommen des Mitarbeiters zu senken. Die exemplarischen Vorschläge in diesem Abschnitt sind aber jederzeit auf die steuerlichen und sozialversicherungspflichtigen Aspekte hin zu prüfen, da diese Maßnahmen laufenden Änderungen unterzogen sind.

1. **Nutzung von sozial- und steuerfreien Zuschlagssätzen.** Es gibt eine Reihe von Zuschlägen wie Nacharbeit, Arbeiten an Sonn- und Feiertagen. Dies bedeutet eine Umstellung von einem monatlichen Gehalt zum Stundenlohn. Bei entsprechender Umstellung in der Erfassung der Arbeitszeit und in der Abrechnung lassen sich durch die Gewährung der Zuschläge entsprechende Einsparungen im Arbeitgeberanteil vornehmen.
2. **Nutzung der Regelungen im Bereich der geringfügigen Beschäftigung.** Auch hier sollte deutlich analysiert werden, welche Form der geringfügigen Beschäftigung gewählt wird. Sofern die Servicekräfte nur am Wochenende eingesetzt werden, steht z. B. die 50-Tage Regelung zur Verfügung, da dies ein vorteilhaftes Modell für beide Seiten ist.
3. **Nutzung der Gehaltsumwandlung im Zuge der betrieblichen Altersvorsorge.** Seit einiger Zeit ist für den Arbeitgeber verpflichtend, dem Mitarbeiter die Möglichkeit einer betrieblichen Altersvorsorgung einzuräumen. In der Gastronomie wird dieses Instrument noch unzureichend eingesetzt. Der Grund liegt in der hohen Fluktuationsrate in der Gastronomie und einer geringen Kenntnis im Umgang mit diesen Verträgen. Ein solcher Vertrag verbleibt im Eigentum des Mitarbeiters und kann jederzeit auf einen neuen Arbeitgeber transferiert werden. Auf der anderen Seite reduziert sich durch die Gehaltsumwandlung das sozialversicherungspflichtige Entgelt und es kommt somit zu Einsparungen auf beiden Seiten. Auch für den Mitarbeiter ist es sinnvoller, aus dem Brutto- und nicht aus dem Nettogehalt zu sparen.
4. **Gewährung von Fringe-Benefits.** Ein Teil der Entlohnung kann auch durch die Gewährung von Fringe-Benefits (Vorteilnahme durch den Arbeitgeber) gewährt werden. Diese Möglichkeit ist vor allem zur Entlohnung von besonderen Leistungen geeignet. So kann es teilweise von Vorteil sein, eine monetäre durch eine materielle Entlohnung oder Gewährung von anderen wirtschaftlichen Vorteilen wie z. B. Einkaufsgutscheine, Weitergabe von Firmenrabatten anzubieten.[1]
5. **Erstattung von Kosten.** Eine Kostenerstattung ist keine Entlohnung und unterliegt somit nicht der Steuer- und Sozialversicherungspflicht. Diese Option kann aber bedeuten, dass

---

[1] Diese Möglichkeiten sind im Einzelnen durch einen Steuerberater/Wirtschaftsprüfer auf die geldwerte Vorteile hin zu prüfen.

eine Pauschalversteuerung erforderlich wird. Dementsprechend ist in einigen Fällen zu prüfen, ob ein Teil des Gehaltes nicht als Kostenerstattungen dargestellt werden kann, wie z. B. die Pflege der Arbeitskleidung, Fahrtkosten etc.

Diese Beispiele sollen verdeutlichen, dass besonders im Gehaltsbereich verschiedene Möglichkeiten bestehen, die Kosten im Personalbereich zu senken, ohne dabei das verfügbare Einkommen des Mitarbeiters zu senken. Die Wahl der Maßnahmen und deren Umsetzung sollten aber auf den Einzelnen zugeschnitten sein mit dem Ziel, beiden Seiten gerecht zu werden.

5.5 Besondere Aspekte für das Personalmanagement in der Zukunft

5.5.1 Personalcontrolling

Das Personalcontrolling[1] hat zum Gegenstand, die Beziehung des Menschen und der Organisation und Arbeit zu planen, zu steuern und zu kontrollieren. Dies bedeutet vorrangig, dass sich das Controlling mit der **Wertschöpfung des Produktionsfaktors Arbeit** im Unternehmen auseinandersetzt sowie dessen ökonomischen Einsatz.[2] Ziel ist es, den Menschen/Mitarbeiter in seiner Beziehung zur Organisation als Produktionsfaktor, Wertschöpfungsfaktor und Risikofaktor zu untersuchen und für einen Managementprozess vorzubereiten. Zur Unterstützung der Unternehmensleitung versucht das Personalcontrolling, geeignete Maßnahmen der Personalführung zu planen und umzusetzen sowie die Effektivität der einzelnen Personalführungsinstrumente zu kontrollieren.

In der Vergangenheit folgte das Management dem Kostenansatz zum Aufbau eines Personalcontrollings. Ziel in der Gastronomie war es, Umsatz und Personalkosten durch Prozessanalysen zu synchronisieren und Rationalisierungspotenziale zu definieren. Hierzu wurden zur Entscheidungsfindung verschiedene Kennzahlen berücksichtigt wie z. B.:

- Anteil der Personalkosten am Umsatz,
- Umsatz pro Mitarbeiter,
- Zusatzverkäufe pro Bon. etc.

Heute wird das Personal nicht nur allein mehr unter Kostenaspekten betrachtet sondern als Ressource, die ein Vermögen zur Errechnung der Unternehmensziele darstellt und ein **gezieltes Personalmanagement** fordert. Dieser Ansatz betrachtet Personal als Investition und einen entscheidenden Wertschöpfungsfaktor.

Diese Diskussion in der Bewertung der **menschlichen Wertschöpfung** wurde in der Humankapitalrechnung aufgenommen. Von Bedeutung ist hier die Erkenntnis, dass die menschliche Wertschöpfung von verschiedenen Faktoren abhängt, die wiederum Gegenstand des

---

[1] Auf das Controlling System und Führung durch Kennzahlen wird in Kapitel 8 näher eingegangen.
[2] vgl. Zdrowomyslow, Personalcontrolling, S. 45

Personalmanagements als Ganzes sind. Exemplarisch soll hier auf die Saarbrücker Formel zur Berechnung des Humankapitals vorgestellt werden, um den Zusammenhang zwischen Ausbildung, Motivation und Kosten darzustellen.[1]

Abbildung 41: Die Saarbrücker Formel

$$Human\,Capital = \sum_{i=1}^{j}\left(\left(FTE_i * l_i * \frac{w_i}{b_i} + PE_i\right) * M_i\right)$$

Legende	
i	Beschäftigungsgruppe differenziert nach Bildungsabschluss (Anzahl der Mitarbeiter)
j	Anzahl der Beschäftigungsgruppe i
FTE	Full-Time-Equivalent: in Vollzeit umgerechnete Beschäftigte der Beschäftigungsgruppe i (Gesamtsumme Lohnkosten der Beschäftigungsgruppe)
w	durchschnittliche Wissenszeit der Beschäftigungsgruppe (Wissensregenerationsfaktor)
b	durchschnittliche Betriebszugehörigkeit der Beschäftigungsgruppe
PE	aufgewandte Personalentwicklungskosten im letzten Einjahreszeitraum
M	Motivationsindex der Beschäftigungsgruppe (gemessen durch Befragungen)
Diese Formel basiert auf eine Gruppenbetrachtung, um somit das Human Capital für ein gesamtes Unternehmen zu bestimmen und eine höhere Genauigkeit zu erzielen. Der Aufbau und die Logik dieser Formel lässt sich grundsätzlich auch auf den einzelnen Mitarbeiter übertragen.	

Quelle: Scholz et al: Human Capital Management, S. 232 mit eignen Ergänzungen

Die Grundlogik dieser Formel besagt, dass Mitarbeiter mit hoher Motivation, Know-how und Qualifikation einen hohes Humanvermögen für das Unternehmen darstellen. Somit stellt die Formel heraus, dass die Wertschöpfung eines Menschen stark von den Aus- und Weiterbildungsmaßnahmen und der Motivation abhängig ist. So kann die Wertschöpfung um ein Vielfaches höher sein als die eigentlichen Personalkosten. Die beruflichen Kompetenzen durch eine Ausbildung bilden die Basis und es bedarf einer gezielten Mitarbeitermotivation und die Pflege der Kompetenzen, damit das Humankapital zum Wertschöpfungsfaktor wird. So wird Mitarbeiter erst dann zum reinen Kostenfaktor, wenn sein Vermögen aufgrund mangelnder Motivation brachliegt. Ähnliche Aussagen lassen sich treffen, wenn der Mitarbeiter keine Aus- und Weiterbildung erfährt, aber immer konstant gleichmäßig motiviert ist. In diesem Fall erfolgt auch ein Verbrauch des Humanvermögens.

---

[1] vgl. weiter Scholz et al: Human Capital Management (2006)

Diese Formel unterstreicht die Notwendigkeit im Unternehmen für ein Personalmanagement mit den folgenden Aufgaben:

- Planung, Steuerung und Kontrolle der Motivation
- Planung, Steuerung und Kontrolle der Aus- und Weiterbildung bzw. Wissen im Unternehmen

Die Messung der Motivation zur Bestimmung des Motivationsfaktors ist aber eine abstrakte Messung. Neben der Möglichkeit durch Beobachtungen oder Messungen durch einen Fragebogen können in der Praxis z. B. folgende Instrumente genutzt werden:

- Beobachtung der Fehlzeiten,
- Beteiligung am betrieblichen Vorschlagswesen,
- Bereitschaft Aufgaben zu übernehmen,
- Bereitschaft, auf Gästewünsche einzugehen,
- Ausübung der Flexibilität, sich zeitlich dem Betriebsablauf anzupassen,
- Umgang mit Dienstplänen,
- Ursachenanalyse von Kündigungen.

Dies bedeutet für den Einsatz dieser Messinstrumente, dass betriebliche Aussagen nur im Zeitvergleich der Zahlenreihen getroffen werden können. Im Ergebnis aber stellt sich heraus, dass die Mitarbeitermotivation stark von der Qualität der Führungsbeziehung abhängt und unterstreicht somit den gezielten Einsatz von Führungsinstrumenten.

Ebenso ist es im Bereich des Bildungscontrollings als Teil des Personalcontrollings notwendig zu analysieren, welche Qualitätsstandards künftig gefordert sind bzw. welche Leistungen künftig vom Unternehmen angeboten werden sollen. Um die Wirtschaftlichkeit einer Bildungsmaßnahme einschätzen zu können, sind die Teilnehmerzufriedenheit, der Transfer des Erlernten und die Motivation nach einer Bildungsmaßnahme zu beurteilen. Dies wiederum stellt den Beitrag zur Wertkompensation dar, wie es in der Saarbrücker Formel ausgedrückt wird.

5.5.2   Personalmarketing

Die bisherige Personalpolitik ging davon aus, dass Arbeitskräfte keinen Engpass in der Beschaffung darstellen. Es wurde die Ansicht vertreten, dass Mitarbeiter – auch qualifizierte – selbst ausreichend auf dem Arbeitsmarkt rekrutierbar sind. Die künftigen Entwicklungen auf dem Arbeitsmarkt, schon allein bedingt durch den demografischen Wandel zeigen eine andere Richtung. Auch wenn aufgrund der fortschreitenden Globalisierung sich die internationale Arbeitsteilung fortsetzt, ist nicht zu erwarten, dass sich ein weiterer Arbeitskräfteüberhang aufbaut.[1] Personal wird für die **Zukunft ein Engpassbereich** werden und die Entscheidung der Mitarbeiter hängt nicht allein von den jeweiligen Arbeitsbedingungen in einer Branche

---

[1] Vlg. Deutschland 2030, AHGZ: Veränderung als Chance nutzen vom 19.01.2008, AHGZ: Ältere Mitarbeiter sind sexy vom 21.07.2007

ab, sondern besonders von der Personalführung.[1] Ein Arbeitsplatz muss aktiv vermarktet werden. Dies ist die Aufgabe des Personalmarketings, um eine direkte Beziehung zwischen dem Arbeitgeber und dem Arbeitsmarkt herzustellen.

Wie bereits am Anfang erwähnt, ist ein Arbeitsplatz in der Gastronomie nicht unbedingt mit einem **positiven Image** behaftet. Folglich wird es eine Aufgabe sein für Unternehmer und deren Organisationen, dieses Image aufzubessern. Für die Zukunft sollte stärker einen Professionalisierungsgrad in der Gastronomie stattfinden. So könnte eine Personalmarketingstrategie z. B. folgende Botschaften haben:

- Übernahme einer sozialen Verantwortung durch den Arbeitgeber
- Angebote zur persönlichen Absicherung
- Darstellung der Arbeitszeit als Zweitjob
- Darstellung der Verlässlichkeit in der Personaleinsatzplanung und evtl. Vergleich zu anderen Branchen.
- Möglichkeiten der direkten Anerkennung durch den Leistungsempfänger
- Möglichkeiten, eigene Ideen im Unternehmen umzusetzen etc.

Weiterhin hat die Gastronomie im Rahmen einer Konkurrenzanalyse oder eines Benchmarkings wie keine andere Branche die Möglichkeit, **lebenslange Erwerbsbiografien** zu definieren und Work Life Balance Konzepte entsprechend der jeweiligen Lebenssituation anzubieten. So ist es möglich, eine Erwerbsbiografie in der Gastronomie darzustellen von der Ausbildung bis hin zur Pensionierung, mit den entsprechenden Aufstiegs- und Weiterbildungschancen im Wechsel von Voll- und Teilzeitarbeitsplätzen.

5.6   Zusammenfassung und Schlussgedanke

Personalführung wird nicht in die Wiege gelegt sondern muss erlernt werden und bedarf eines bewussten Prozesses. Dieser Prozess fordert Führungskompetenzen und beansprucht, dass Personalführung im Unternehmen erlernt werden muss. Ein falscher Umgang mit Personal führt zu hohen Kosten. Besonders die Darstellung der Saarbrücker Formel sollte diesen Aspekt unterstrichen haben.

Menschen handeln nicht von allein oder nur aufgrund eines Arbeitsvertrages sondern benötigen konkrete Ziele und Situationen, um zu handeln. Somit muss daran aktiv gearbeitet werden, dass eine akzeptierte Führungsbeziehung besteht, die dann entsprechend den Führungszielen eingesetzt werden kann. Dabei ist bei der Wahl der Anreizsysteme darauf zu achten, dass nach der Sicherstellung der Grundbedürfnisse eines Mitarbeiters vorrangig die Wertschätzung der Aufgabenerledigung und der gegenseitige Respekt zu Motivatoren werden.

Diese Handlungsbereitschaft durch Motivatoren ermöglicht es, dass die Personalkosten am Umsatz sinken, indem der Mitarbeiter einen besseren Umsatz am Tisch macht oder das Un-

---

[1] siehe z. B. Focus Money - Online vom 25.09.2006: Kündigungsgrund No 1 ist das Betriebsklima und Berücksichtigung des Führungsstils.

ternehmen durch eigene Ideen zusätzlich voranbringt. Weiterhin wurde eine Reihe von Möglichkeiten aufgezeigt, Maßnahmen zur Synchronisierung und Einsparungspotenziale aufzuzeigen, ohne dabei die Qualitätsanforderungen zu gefährden.

In der Zukunft ist es jedoch notwendig, dass die Gastronomie sich stärker als Arbeitgeber profiliert. Der Arbeitsplatz in der Gastronomie ist ein interessanter Arbeitsplatz, bedarf aber künftig einer aktiven Vermarktung, damit sich genug Mitarbeiter für die Gastronomie entscheiden.

Kapitel 6: Kostenrechnung und Kalkulation

6.1   Einleitung und Übersicht

In Kapitel 6 soll dem Geheimnis der Frage nachgegangen werden: Wie teuer ist eine Tasse Tee? Es ist die Frage der Zuordnung der Kosten im Unternehmen auf den einzelnen Kostenträger zum Zwecke der Preisbildung. Es ist der Grundgedanke im betriebswirtschaftlichen Wertschöpfungsprozess, dass die Kosten durch den Umsatzprozess refinanziert werden.

Der realisierte Preis für eine Leistung ist ein Ergebnis, dass auf dem Markt bestimmt wird. Wie in Kapitel 3 erläutert, sollte sich der Angebotspreis in einem Dreieck bewegen, das durch die Grenzpunkte der Kostensituation im Unternehmen, der Konkurrenzsituation und der Nachfragesituation bestimmt wird. Auf dem gastronomischen Markt herrscht ein Käufermarkt vor, d.h. dass der Marktpreis kaum von einzelnen Unternehmen beeinflussbar ist. Ein Unternehmen kann nur aufgrund einer Präferenzbildung und Nischenstrategien Preisspielräume für das eigene Unternehmen nutzen. Dies darf aber für ein Unternehmen nicht bedeuten, dass der vorgegebene Marktpreis eine eigene Kalkulation ersetzen kann. Dies würde bedeuten, dass die Preisbildung für die eigene Leistung ungeachtet der Kostensituation im Unternehmen vollzogen wird. Dieser Ansatz widerspricht dem betriebswirtschaftlichen Kreislauf der Refinanzierung durch den Umsatz.

Aufgrund der vorrangigen Rechtsform der Personengesellschaft vieler gastronomischer Unternehmen werden das Einkommen des Unternehmers und die Eigenkapitalverzinsung durch den Gewinn vergütet, da diese Kosten im Rechnungswesen nicht als Aufwand erfasst werden.[1] Somit fühlen sich viele Unternehmer in einer Opferrolle, indem der Markt den Preis und den Ertrag bestimmt, die Ansprüche der Gäste und Auflagen der öffentlichen Hand die Kosten bestimmen. Der Unternehmer selbst sieht sich am Ende dieser Kette, da sein Einkommen aus dem Saldo von Erlösen und Kosten bestimmt wird.

Durch die Instrumente der Kostenrechnung wird ein Ausgleich zwischen den Anforderungen des Marktes und den betriebswirtschaftlichen Anforderungen geschaffen. Die Informationen der Kostenrechnung erlauben dem Unternehmen eine Kalkulation und die Bewertung der angebotenen Leistung und zeigen Wege zur Kostenreduktion sowie Erhöhung der Wirtschaftlichkeit auf. Aufgrund der gewonnenen Informationen bekommt der Unternehmer

---

[1] AHGZ: Weniger Zahlensalat – dafür deutlich mehr Gewinn vom 05.08.2006

Preisspielräume aufgezeigt oder es wird, im Extremfall, vorzeitig aufgezeigt, wie viel Lohnverzicht er ausüben muss.

Aus eigenen Beobachtungen mit Studierenden konnte man immer wieder feststellen, dass eine Kenntnis über die Kostenrechnung und die Kalkulation aufgrund der Ausbildung vorliegt. Das Problem liegt vielmehr im Transfer dieser Kenntnisse in die gastronomische Praxis. Die Frage, wie nutze ich das Zahlenmaterial aus der Finanzbuchhaltung und wie werden sie für Zwecke der Kostenkontrolle und für die Kalkulation aufbereitet, erscheint im gastronomischen Kontext äußerst schwierig. Weiterhin stellt man fest, dass Konzepte der Kostenrechnung, die häufig ihren Ursprung in der industriellen Fertigung finden, nicht so einfach auf die Gastronomie zu übertragen sind. Folglich behalten die Kostenrechnung und die Kalkulation die Rolle eines Stiefkindes aufgrund des fehlenden Transfer-Know-hows.

Dieses Kapitel soll mit dieser Transferlücke beginnen und einen Beitrag zur Frage leisten, wie man aus dem Datenmaterial des Rechnungswesens eine Kostenrechnung aufbaut und mit diesem Zahlenmaterial weiter arbeitet zum Zwecke der Kalkulation und Kostenkontrolle. Im späteren Teil dieses Kapitels sollen weitere Instrumente in der Kostenrechnung zusätzliche Informationen geben für ein Kostenmanagement und zur Steigerung der Wettbewerbsfähigkeit von gastronomischen Familienunternehmen.

6.2 Ziele und Aufgaben der Kostenrechnung in der Gastronomie

Das Rechnungswesen dient als **Informationsquelle** für die Unternehmensleitung und für Dritte wie Gläubiger oder das Finanzamt. Aufgrund der unterschiedlichen Adressierung des Rechnungswesens wird zwischen dem externen und internen Rechnungswesen unterschieden.

Im **externen Rechnungswesen**[1] stehen der Gläubigerschutz und die Schaffung einer Berechnungsgrundlage zur fairen Besteuerung im Vordergrund. Aus diesem Grunde ist dieser Teil des Rechnungswesens durch eine Reihe von handels- und steuerrechtlichen Gesetzen streng reglementiert, sodass externe Betrachter des Unternehmens eine verlässliche Grundlage zur Beurteilung ihrer Geschäftsbeziehung haben. So werden mit dem externen Rechnungswesen folgende Ziele verfolgt:

- Sicherstellung eines vergleichbaren Prozesses der Gewinnermittlung aller Unternehmen als Grundlage einer gerechten Besteuerung.
- Informationsgrundlage zur Beurteilung der Zahlungsfähigkeit des Unternehmens für Gläubiger und Kreditgeber.

---

[1] Durch das Bilanzmodernisierungsgesetz 2010 und den Forderungen zur Umsetzung der International Accounting Standards (IAS) erfährt die externe Rechnungslegung derzeit grundlegende Änderungen. In der Umsetzungen dieser Richtlinie in das bestehende deutsche Handelsrecht stehen die Anforderungen des Gläubigerschutzes im Konflikt mit den Anforderungen der IAS sowie mit dem praktizierten Maßgeblichkeitsprinzip zwischen Handels- und Steuerbilanz. Ziel dieser Änderungen ist es, die Aussagekraft der Rechnungslegung auf die Bedürfnisse von Investoren und der Unternehmensleitung zu verbessern, stärker die Quellen des Einkommens und Erfolgspotenziale offen zu legen und den Jahresabschluss international vergleichbarer zu machen.

- Informationen zur Entwicklung des Eigenkapitals und finanzwirtschaftliche Stabilität des Unternehmens für Inhaber, Investoren, Gläubiger und Arbeitnehmervertreter.
- Grundlage für Tarifverhandlungen zwischen Arbeitnehmervertreter und Gewerkschaften.

Für Zwecke der Preisbildung sowie als Entscheidungsgrundlage für andere betriebswirtschaftliche Fragestellen gibt das externe Rechnungswesen als Zeitraum- und Zeitpunktrechnung kaum ein dienliches Datenmaterial. Im Gegenteil, der Gesetzgeber überlässt diese Frage dem Markt und der unternehmerischen Freiheit und sieht hier somit keine einheitlichen Regeln vor.

Die **Kostenrechnung als internes Rechnungswesen** schließt diese Lücke des externen Rechnungswesens, die sich durch die Systematik im Aufbau der Gewinn- und -Verlustrechnung zeigt. Im Verständnis der Gewinn-und-Verlustrechnung sollen die Aufwendungen sollen durch die Erträge gedeckt werden und Raum für einen Gewinn lassen, jedoch in der retrograden Analyse. Der Erfolg bzw. die Erträge eines Unternehmens wird vorrangig durch eine Umsatzleistung bestimmt, die marktfähige Produkte und marktfähige Preise voraussetzt. Die Entscheidung über die Höhe des Preises wird aber vor dem Umsatz bestimmt und soll somit die Kosten- und Gewinnkomponente abdecken.

Die **Bestimmung des Preises** für die einzelne Leistung ist die Basisinformation vieler Entscheidungen im Unternehmen. Die Kalkulation als Stückrechnung verlangt, dass alle Kosten auf einen Kostenträger (Produkt oder Leistung) übertragen werden. Dabei ist der Kostenträger als die Einheit zu verstehen, die die anteiligen Kosten auf den Markt „trägt". Da die Preisbildung den Gesetzen des Marktes unterliegt und der Unternehmer die Freiheit hat eine Leistung anzubieten, sind z. B. folgende Fragen für den Unternehmer von Bedeutung:

- Welche Leistungen tragen zum Gewinn bei?
- Welche Leistungen senken meinen Gewinn?
- Wie teuer wird ein Ruhetag?
- Welche Kosten entstehen in welchem Bereich des Unternehmens?
- Wie sinnvoll ist es, eine eigene Wäscherei zu betreiben?
- Wie hoch sind die Selbstkosten einer Leistung?
- Wo liegt meine Preisuntergrenze?
- Wie stelle ich sicher, dass ich als Unternehmer einer Personengesellschaft bzw. eines Einzelunternehmens ein Einkommen erhalte?

Die Fragen werden in der Kostenrechnung bzw. im internen Rechnungswesen beantwortet, die sich abheben von der Enge der Finanzbuchhaltung und sich wie folgt aufbaut:

- Kostenartenrechnung: Welche Kosten entstehen im Leistungserstellungsprozess und wie verhalten sich meine Kostenarten? (Definition der Kosten)
- Kostenstellenrechnung: Wie kann ich diese Kosten verursachungsgerecht verteilen? (Verteilung der Kosten auf Kostenstellen und Kostenträger)
- Kostenträgerrechnung: Welche anteiligen Kosten hat meine Leistung zu tragen? (Kalkulation der Kostenträger)

Der Unterschied zwischen dem externen und internen Rechnungswesen zeigt sich auch in der Definition und sprachlichen Nutzung folgender Begriffspaare:

Abbildung 42: Begriffspaare im Rechnungswesen

Begriffspaare	Bedeutung	Rechenziel
Ein- und Aus-zahlungen:	Ab- und Zunahme des Zah-lungsmittelstandes wie Kassen-bestand oder Bankguthaben.	Hier steht die Ebene der Liquidität oder Zahlungsfähigkeit des Unter-nehmens im Vordergrund.
Ein- und Aus-gaben	Ab- und Zunahme des Vermö-gens des Unternehmens wie Investitionen, Beschaffung von Betriebsmitteln, Forderungen und Verbindlichkeiten.	Hier steht der Bestand an Anlage- und Umlaufvermögen sowie der Verbind-lichkeiten im Vordergrund.
Aufwendungen und Erträge	Ab- und Zunahme des Eigenkapi-tals des Unternehmens durch Verbrauch von Produktionsfakto-ren und Abgabe von Leistungen des Unternehmens.	Hier steht die Gewinnermittlung oder das Einkommen des Unternehmens im Vordergrund als Grundlage der Ge-winnverwendung und Besteuerung.
Kosten und Leistungen	Ab- und Zunahme der betriebli-chen Leistung zur Beurteilung der Erfüllung der betrieblichen Aufgabe und Preisbildung.	Hier steht die Dokumentation des betrieblichen Leistungsverzehrs und der Leistungsabgabe im Vordergrund als Grundlage zur Beurteilung der Quellen des Einkommens für den Betrieb.

Somit wird im externen und internen Rechnungswesen streng zwischen den Begriffspaaren Unternehmen und Betrieb unterschieden. So steht für den Begriff des Betriebes die Kombi-nation der Wirtschaftsfaktoren unter dem **Prinzip der Wirtschaftlichkeit** zur Erstellung der Leistung im Vordergrund. Für ein Unternehmen als rechtliche, selbstständige und autonome Einheit steht der eigene Wirtschaftsplan unter dem erwerbswirtschaftlichen Prinzip (Ge-winnmaximierung) im Vordergrund. In der Kostenrechnung steht folglich die Wirtschaft-lichkeit der betrieblichen Leistung und somit **die Aufgabe** bzw. der Betrieb im Blickpunkt. Eine Leistung wird als wirtschaftlich betrachtet, wenn der betriebliche Leistungsverzehr (Kosten) über den Preis/Umsatz (Leistung) vergütet werden bzw. die Leistungen größer sind als die Kosten. Somit trägt ein Betrieb zum erwerbswirtschaftlichen Prinzip eines Unterneh-mens bei. Ein Unternehmen kann jedoch mehrere Betriebe = Aufgaben umfassen.

Beim Aufbau einer Kostenrechnung für die Gastronomie besteht die Schwierigkeit darin, den Leistungsverzehr in der Kombination von der Produktion der Speisen und Dienstleistung im Service in einer Leistung darzustellen und zu kalkulieren. Diese Besonderheit ist auch gleichzeitig die Herausforderungen an die Konzepte der Kostenrechnung für die Gastrono-mie. Somit lassen sich bestehende Konzepte aus der Industrie und dem Handel nur begrenzt auf die Gastronomie übertragen.

6.3 Schaffung eines Datenmaterials zur Kostenkontrolle und Kalkulation (Kostenartenrechnung)

In diesem Abschnitt soll der Übergang geschaffen werden zwischen dem bestehenden Datenmaterial des externen Rechnungswesens und dem notwendigen Datenmaterial für kostenrechnerische Zwecke. Ziel der Kostenartenrechnung ist es, dass das Datenmaterial unabhängig von unternehmerischen Spezifika und Schwankungen ist, den betrieblichen Werteverzehr abbildet und mögliche Risiken der Leistungserstellung mit berücksichtigt. Dieser Übergang ist eine vielschichtige Aufgabe in der Kostenrechnung. Es ist die Aufgabe, die steuerlichen und handelsrechtlichen Wertansätze des Verbrauches im Unternehmen neu zu betrachten und so den betrieblichen Werteverzehr darzustellen.

Im Unternehmen entstehen eine Reihe von Aufwendungen wie Bildung von Rückstellungen, Verluste aus dem Abgang von Anlagevermögen, Spenden, die aus der unternehmerischen Gesamtsicht notwendig sind und im Rechnungswesen abgebildet werden, aber nicht direkt in der Verbindung mit der eigentlichen Leistungserstellung stehen. Es sind Nebenleistungsprozesse, die nicht im direkten Zusammenhang mit den Prozessen der Hauptleistung stehen. Weiterhin ergeben sich Werte durch steuerliche Vorschriften wie z. B. bei den Abschreibungen, die nicht unbedingt den betrieblichen Werteverzehr widerspiegeln.[1] Die Nutzung von betrieblichen Vorteilen (Mitarbeit des Unternehmers, Nutzung von stillen Reserven) wird durch die Kostenartenrechnung als aufwandsungleiche Kosten bewertet und erlaubt dem Unternehmen, diese Vorteile in der Preisbildung mit zu berücksichtigen.

Die Kostenartenrechnung beschäftigt sich mit der Frage, **welche Kosten in der betrieblichen Leistungserstellung anfallen**. Das geschaffene Datenmaterial ist eine Grundlage zur Beurteilung der Wirtschaftlichkeit und bildet die Informationsbasis für die nachfolgenden Instrumente der Kostenrechnung.

In einer zweiten Frage ist das Kostenverhalten Gegenstand der Analyse in Bezug auf zwei Kriterien:

- Zurechenbarkeit bzw. Zuordnung auf Kostenträger
- Verhalten bei Änderung der Beschäftigung bzw. Auslastung

Aus diesem Grund ist es wichtig, **alle Kosten eindeutig und vollständig** zu definieren. Die Kostenarten werden weiter nach der zeitlichen Erfassung (Istkosten, Normal- und Plankosten) unterschieden. Plankosten werden besonders zur Unternehmensplanung und zur Vorbereitung von Budgets angewandt und geben wichtige Informationen zur Steuerung und Kontrolle im Unternehmen.

---

[1] So ergeben sich für Güter des Anlagevermögens häufig eine Differenz in der Nutzungsdauer zwischen der amtlichen Afa-Tabelle und der betrieblichen Nutzungsdauer. Gaststätteneinrichtungen sind laut der Afa-Tabelle mit 8 Jahren abzuschreiben. Betrieblich werden jedoch Anlagegüter wie z.B. die Bestuhlung des Gastraumes oder ein Tresen wesentlich länger genutzt. Somit ergeben sich nach der Abschreibungszeit stille Reserven, sofern die Abschreibungen auf dem Markt vergütet werden.

Die Kostenartenrechnung selbst gibt dem Unternehmen eine Reihe von Informationen zur Senkung der Kosten der Betriebsbereitschaft und zeigt den Umfang des Werteverzehrs zur betrieblichen Leistungserstellung auf. Die Kostenartenrechnung zeigt aber auch auf, mit welchen Reserven das Unternehmen arbeitet und quantifiziert eigene Wettbewerbsvorteile. Anhand der Kostenartenrechnung kann die Unternehmensleitung eine erste Gesamtbeurteilung der Wirtschaftlichkeit des Betriebes erhalten.

6.3.1   Die Ergebnistabelle als Instrument des Übergangs von der Finanzbuchhaltung zur Kostenrechnung

Das Instrument der Ergebnistabelle beschäftigt sich mit der gestellten Frage der **Differenzierung zwischen den betrieblichen und unternehmerischen Werteverzehr** und bildet die Grundlage zur **Beurteilung der Gesamtwirtschaftlichkeit**. Die Ergebnistabelle stellt folgende Informationen der Unternehmensleitung zur Verfügung:

- das neutrale Ergebnis (betriebsfremde Einkommensquellen),
- das Ergebnis aus kostenrechnerischen Korrekturen (verrechnete aufwandsneutrale oder aufwandsungleiche Mehrkosten, die das Betriebsergebnis korrigieren),
- das betriebliche Ergebnis der Kosten- und Leistungsrechnung (Darstellung der Wirtschaftlichkeit, Überschuss/Verlust in der Erfüllung der Aufgabe).
- die Bewertung der Nutzung von betrieblichen Vorteilen für eine spätere Berücksichtigung in der Preiskalkulation.
- die Höhe und die ausgelösten Kosten des betriebsnotwendigen Kapitals. Hier wird die notwendige Verzinsung des Eigenkapitals mit berücksichtigt.
- die Bewertung der Arbeitskraft des Unternehmens und Berücksichtigung in der Preiskalkulation.
- die Bewertung und Berücksichtigung der Wagnisse in der Gastronomie. Eine Vergütung über den Umsatz dieser Kosten kann später zur Risikoprävention durch Rücklagenbildung diesen.

Die **Arbeitsschritte** zur Bearbeitung einer Ergebnistabelle und Aufbereitung des Datenmaterials für die Kostenrechnung sind wie folgt:

1. Übernahme der Aufwendungen und Erträge aus der Gewinn – und - Verlustrechnung (Spalte 1, 2 und 3)
2. Frage 1: Stehen die Aufwendungen/Erträge im Zusammenhang mit der betrieblichen Leistung oder nicht? Die Frage nach den neutralen Aufwendungen und Erträgen (Spalte 4 und 5)
3. Frage 2a: Sollen die Kosten aufwandsgleich übernommen werden, d.h. wie sie in der Finanzbuchhaltung erfasst werden? Es ist die Frage nach den kostenrechnerischen Korrekturen bzw. Anderskosten (aufwandsungleiche Kosten).

Abbildung 43: Die Ergebnistabelle

Ergebnisrechnung								
Rechnungskreis I			Rechnungskreis II					
Erfolgsbereich			Abgrenzungsbereich				Kosten- und Leistungsbereich	
Ergebnis der Finanzbuchhaltung			Unternehmensbezogene Abgrenzungen		Kosten- und leistungsrechnerische Korrekturen		Kosten- und Leistungsarten	
Kontobezeichnung	Aufwendungen	Erträge	Neutrale Aufwendungen	Neutrale Erträge	Aufwendungen	verrechnete Kosten	Kosten	Leistungen
1	2	3	4	5	6	7	8	9
Übernahme der Positionen aus der Gewinn-und Verlustrechnung oder Betriebswirtschaftlichen Auswertung	Übernahme der Beträge der Aufwendungen aus der GuV/BWA	Übernahme der Beträge der Erträge aus der GuV/BWA	Frage: Steht dieser Aufwand bzw. ein Anteil in direkten Zusammenhang mit dem Betrieb bzw. betrieblichen Aufgabe?	Frage: Steht dieser Ertrag bzw. ein Anteil in direkten Zusammenhang mit dem Betrieb bzw. betrieblichen Aufgabe?	Frage: Sollen die Aufwendungen so für die Kostenkontrolle bzw. Kalkulation übernommen werden? Ausweis der Aufwendungen/ Anteil der Aufwenden die nicht so übernommen werden	Ausweis der kostenrechnerischen Korrekturen bzw. der Kosten für die Kostenkontrolle und Kalkulation übernommen werden sollen einschl. Summe der Anders- und Zusatzkosten	Ausweis der betrieblichen Aufwendungen = Kosten. Diese Beträge stehen im direkten Zusammenhang mit der betrieblichen Leistung	Ausweis der betrieblichen Erträge = Leistungen. Diese Beträge stehen im direkten Zusammenhang mit der betrieblichen Leistung
Summe	Summe Aufwendungen	Summe Erträge	Summe Neutrale Aufwendungen	Summe Neutrale Erträge	Summe korrigierte Aufwendungen	Summe verrechnete Kosten	Summe Kosten	Summe Leistungen
Ausweis Gewinn/ Verlust	Unternehmensbezogener Gewinn/Verlust		Neutraler Gewinn/Gewinn		Kalkulatorischer Gewinn/Verlust		Betrieblicher Gewinn/Verlust	

Typisches Beispiel sind die kalkulatorischen Abschreibungen,[1] da in der Kostenrechnung der betriebliche Werteverzehr erfasst werden soll und nicht ein Wert aus steuerlichen Überlegungen. Die Werte des externen Rechnungswesens werden in Spalte 6 abgegrenzt und die kalkulatorischen Werte in Spalte 7 und 8 erfasst.

<u>Frage 2b:</u> Gibt es noch zusätzliche Kosten, die nicht in der Finanzbuchhaltung erfasst werden, sondern durch den Gewinn entlohnt werden? Die Frage nach den Zusatzkosten

---

[1] Kalkulatorische Abschreibungen spiegeln den betrieblichen Anlagenverzehr wider. Es sind lineare Abschreibungsbeträge, die sich von den Wiederbeschaffungskosten eines Wirtschaftsgutes berechnen werden. Weiterhin werden durch die kalkulatorischen Abschreibungen auch bereits voll abgeschriebene, aber noch betrieblich genutzte Wirtschaftsgüter mit erfasst. Sofern diese durch den Umsatzprozess vergütet werden, sind dies zusätzliche Gewinne im Unternehmen durch stille Reserven.

wie z.B. Unternehmerlohn[1], Eigenkapitalverzinsung[2], Nutzung eigener Räumlichkeiten[3] oder Wagniskosten[4] (aufwandsneutrale Kosten). Die Aufgabe ist eine Kalkulationsgrundlage zu schaffen für aufwandsungleiche Kosten, die Bestandteil des Gewinns sind. In der Ergebnistabelle werden die Zusatzkosten als kostenrechnerische Korrekturen erfasst (Spalte 7 und als Kosten in Spalte 8).

4. Auswertung:

Saldieren der einzelnen Spalten. Dabei ist zu berücksichtigen, dass die Gewinne / Verluste der Spalten der Betriebsabgrenzungen, kalkulatorischer Gewinn/Verlust und Kosten und Leistungen wieder in der Summe dem Gewinn/Verlust der Finanzbuchhaltung (Unternehmensergebnis) entsprechen.

Der Saldo in der Spalte Kosten/Leistungen sollte größer null sein, d.h. der Betrieb erfüllt dann sein Ziel und bietet dem Unternehmer ein Einkommen und eine Eigenkapitalverzinsung. Der ausgewiesene Betriebsgewinn steht für ein weiteres Wachstum oder Investitionen zur Verfügung, da die Bedürfnisse des Unternehmers bereits durch die Zusatzkosten: Kalkulatorischer Unternehmerlohn abgegolten sind.

Das Ergebnis der kostenrechnerischen Korrekturen sagt dem Unternehmer aber auch, mit welchen Kalkulationsreserven er rechnen kann und folglich wie hoch sein Wettbewerbsvorteil auf dem Markt ist. Auch wenn diese Reserven auf dem Markt nicht vergütet werden, so ist die Existenz des Unternehmens nicht gefährdet. Hier erfolgt ein Verbrauch an Werten, die als Kosten in der Kalkulation berücksichtigt werden, ohne dass es zu einem Abfluss an flüssigen Mitteln kommt. Auf der anderen Seite schaffen aber diese Zahlen ein Bewusstsein, dass Preisnachlässe bei einem niedrigen Betriebsgewinn zulasten des eigenen Gewinns und somit des eigenen Einkommens gehen. Wird ein Betriebsverlust durch kostenrechnerische Korrekturen ausgeglichen, so lebt der Betrieb z. B. von der kostenlosen Arbeitskraft des Unternehmers.

In der folgenden Abbildung soll die Ergebnistabelle nochmals anhand eines **Beispiels** eines Musterhotels – Gastronomie verdeutlicht werden.[5] In diesem Beispiel wurden ein Unterneh-

---

[1] Der kalkulatorische Unternehmerlohn soll die Lohnkosten des Unternehmers einer Personengesellschaft erfassen. In z. B. einer GmbH ist der Unternehmer selbst auch ein Angestellter im Unternehmen und die GmbH muss hier auch den Arbeitgeberanteil leisten. Als Grundlage zur Berechnung eines kalkulatorischen Unternehmerlohns kann hier die Vergütung einer vergleichbaren Position im Angestelltenverhältnis dienen.

[2] Die kalkulatorischen Zinsen beziehen sich hier auf das betriebsnotwendige Kapital. Dies errechnet sich aus dem betriebsbedingten Anlage- und Umlaufvermögen zu kalkulatorischen Restbuchwerten oder Wiederbeschaffungskosten abzüglich des zinslosen Kapitals im Unternehmen (z.B. Verbindlichkeiten innerhalb des Zahlungsziel, Rückstellungen). Als Zinssatz kann hier der Zinssatz der Bank für langfristige Anlagen dienen.

[3] Die Nutzung eigener Räumlichkeiten folgt dem Gedanken der kalkulatorischen Miete. Die Nutzung eigner Räume bleibt betriebswirtschaftlich kostenpflichtig und es sollten hier für Kalkulationszwecke Mieten mit eingerechnet werden. Jedoch ist eine doppelte Erfassung mit den kalkulatorischen Abschreibungen zu vermeiden.

[4] Hier können Wagnisse berücksichtigt werden wie z.B. Forderungsausfall, Schadensfälle, Umsatzausfälle aufgrund von Stornierungen, Wetter etc. Diese Kosten werden in der Finanzbuchhaltung unter sonstige Aufwendungen erfasst.

[5] Die Zahlenbeispiele des Musterhotels – Gastronomie in diesem Kapital dienen dazu, die verschiedenen Instrumente der Kostenrechnung besser zu verstehen und einen höheren Transfer des Wissen zu ermöglichen. Die Zahlen beruhen auf keinen Unternehmen in der Realität und wurden gerundet dargestellt. Die Hotel-Gastronomie hat 60 Stühle im Restaurant und 24 Betten. Die Darstellung der Instrumente in der Kostenrechnung beruht auf dieses Beispiel.

merlohn von 40.000,-- Euro, Wagnisse von 10.000,-- Euro und kalkulatorische Ander-
kosten/Mehrkosten für Zinsen von 30.000,-- Euro sowie Abschreibungen von 15.000,-- Euro
für ein Geschäftsjahr mit berücksichtigt. Das Ergebnis soll eine typische Situation in Familienunternehmen darstellen, in dem die Mitarbeit der Familie den Wettbewerbsvorteil darstellt.
Dieses Zahlenbeispiel soll im Folgenden unter den verschiedenen Fragestellungen der Kostenrechnung zur Demonstration und zum Transfer des Know-hows weiter genutzt werden.

Tabelle 23: Ergebnisrechnung eines Musterhotels - Gastronomie

Ergebnisrechnung Musterhotel – Gastronomie								
Rechnungskreis I			Rechnungskreis II					
Erfolgsbereich			Abgrenzungsbereich				Kosten- und Leistungsbereich	
Ergebnis der Finanzbuchhaltung			Unternehmensbezogene Abgrenzungen		Kosten- und leistungsrechnerische Korrekturen		Kosten- und Leistungsarten	
Kontobezeichnung	Aufwendungen	Erträge	Neutrale Aufwendungen	Neutrale Erträge	Aufwendungen	verrechnete Kosten	Kosten	Leistungen
1	2	3	4	5	6	7	8	9
Umsatzerlöse		1.850.000						1.850.000
Zinserträge		5.000		5.000				
Provisionen		3.000		3.000				
Wareneinsatz	370.000						370.000	
Personalkosten	437.000						437.000	
SV-Versicherung	132.000						132.000	
Raumkosten	140.000						140.000	
Versicherungen	90.000						90.000	
Energie	100.000						100.000	
Wasser	80.000						80.000	
Werbung	90.000						90.000	
Beratungskosten	18.000						18.000	
Abschreibungen	75.000				75.000	90.000	90.000	
Betriebssteuern	20.000						20.000	
Außerordentliche Aufwendungen	4.000		4.000					
Zinsaufwendungen	190.000				190.000	220.000	220.000	
Kalk. Wagnisse						10.000	10.000	
kalk. Unternehmerlohn						40.000	40.000	
Summen	1.751.000	1.858.000	4.000	8.000	265.000	360.000	1.837.000	1.850.000
Saldo	112.000		4.000		95.000		13.000	

Beträge in vollen Euro

In einem weiteren Schritt unterliegt **das Kostenverhalten** der Analyse in der Kostenarten-rechnung. Hier werden die Kosten und Leistungen aus der Ergebnistabelle auf ihr Kosten-verhalten geprüft. Das Kostenverhalten wird unter folgenden Aspekten betrachtet:

* Verhalten in Bezug auf Zurechenbarkeit auf die Kostenträger: die Frage nach Einzel- und Gemeinkosten
* Verhalten in Bezug auf die Beschäftigung: die Frage nach variablen und fixen Kosten.

Einzel- und Gemeinkosten

Einzelkosten sind die Kosten, die einem **Kostenträger direkt zugeordnet** werden können. In der Gastronomie sind typische Einzelkosten der Wareneinsatz, der jeder Speise/jedem Getränk direkt zugeordnet werden kann.

Ein Teil der Lohnkosten sind vom Grundsatz her Einzelkosten. Aufgrund der Produktion und dem Service (Dienstleistung) von Speisen und Getränken. Hier versucht man einen Teil der Lohnkosten, durch die Berechnung eines Lohnkostenverrechnungssatzes als Einzelkosten auszuweisen. Dieser Lohnkostenverrechnungssatz wird ermittelt anhand der Lohnkosten und der produktiven Arbeitszeit (ohne oder mit Vorbereitungszeit), die als Einzelkosten jeder Speise/jedem Getränk zugeordnet werden können. Diese Zuordnung setzt eine Zeiterfassung voraus. Der Grundgedanke ist dabei das Verursachungsprinzip d.h. z. B., dass arbeitsintensi-ve Speisen auch mit höheren Lohnkosten belegt werden als weniger arbeitsintensive Speisen. Auf der anderen Seite ist aufgrund der Arbeitsteilung in der Küche zu überlegen, ob der Anteil der direkt zurechenbaren Kosten überhaupt ausschlaggebend für die Preisbestimmung ist, da aufgrund der Küchentechnik und den Vorbereitungen in der Küche die individuelle Produktionszeit für die einzelne Speise heute immer geringer wird. Für Gruppenarrange-ments oder Veranstaltungen ist die Berechnung von direkten Lohnkostenanteilen weiterhin durchaus plausibel.

Gemeinkosten sind Kosten, die man einem einzelnen **Kostenträger nicht direkt zurechnen** kann. Typische Gemeinkosten sind Miete, Abschreibungen, Unternehmerlohn, Beratungs-kosten, Werbung etc. Diese Kosten müssen über einen sogenannten Gemeinkostenschlüssel auf die Kostenträger verteilt werden. Eine Besonderheit sind die unechten Gemeinkosten in der Gastronomie wie Servietten, Gewürze, Zucker etc. Diese Kosten kann man zwar den Kostenträger direkt zuordnen, sind aber von ihrer wirtschaftlichen Bedeutung gering. Aus diesem Grunde sollten diese Kosten wie Gemeinkosten behandelt werden.

Variable und fixe Kosten

Variable Kosten sind **beschäftigungsabhängige Kosten** d.h., die Existenz und Höhe der Kosten ist abhängig von der Präsenz und Anzahl der Gäste. In der Gastronomie sind dies die Kosten des Wareneinsatzes, Teile der Energiekosten und Kosten der Raumpflege. Fixe Kos-ten sind **beschäftigungsunabhängige Kosten**. Diese fallen an, unabhängig von der Anwe-senheit des Gastes. Typische Kosten sind hier Abschreibungen, Werbung, Zinsen, Unter-nehmerlohn, Reparaturen etc.

In der Gastronomie ist es jedoch ein grundsätzliches Problem, ob die Personalkosten als fix oder variable Kosten zu betrachten sind. Aufgrund des Uno-Actu-Prinzips entstehen in der

Gastronomie viele Kosten, die als **Kosten der Betriebsbereitschaft** zu bezeichnen sind. So müssen gerade im Restaurationsbereich alle Positionen (Küche, Service, Spülbereich, Bar) besetzt sein, um überhaupt für den Gast tätig zu werden. Diese Kosten sind für den aktuellen Öffnungstag als fix zu betrachten, obwohl der Mitarbeitereinsatz in der mittelfristigen Planung umsatzabhängig ist. Somit ist es für die Gastronomie wichtig, einen Unterschied zu machen zwischen einem Öffnungstag und einen geschlossen Tag und somit die Sprünge in den Fixkosten zu erkennen. Dieses Problem trifft auch zum Teil auf den Veranstaltungsbereich zu. Hier werden zwar Mitarbeiter zur Abwicklung der Veranstaltung beschäftigt, die aber im Falle einer sozialversicherungspflichtigen Beschäftigung als fix zu betrachten sind. In einer Gesamtbetrachtung oder auftragsbezogenen Betrachtung können Kosten wiederum direkt dem Kostenträger (Veranstaltung) zugeordnet werden und sind somit variabel.

Eine ähnliche Situation ist für den Lebensmittelbereich anzutreffen, da aufgrund der vorbereitenden Tätigkeiten in der Küche zur Gewährleistung eines reibungslosen und schnellen Services nicht alle Lebensmittel verkauft werden. Im Energie- und Versorgungsbereich sind neben dem Verbrauch auch Anschluss- und Grundgebühren zu berücksichtigen, die einen Fixkostencharakter haben.

In der folgenden Abbildung werden die Begriffe der Kostenartenrechnung zusammengefasst. Wichtig ist dabei, dass die Gesamtkosten am Ende je nach den Betrachtungsweisen immer wieder eine Summe ergeben. Weiterhin wird deutlich, dass es zwischen den Summen von Einzel- und variablen Kosten sowie fixen und Gemeinkosten Abweichungen aufgrund der unterschiedlichen Definition ergeben kann.

Abbildung 44: Überblick über die Begriffe der Kostenrechnung

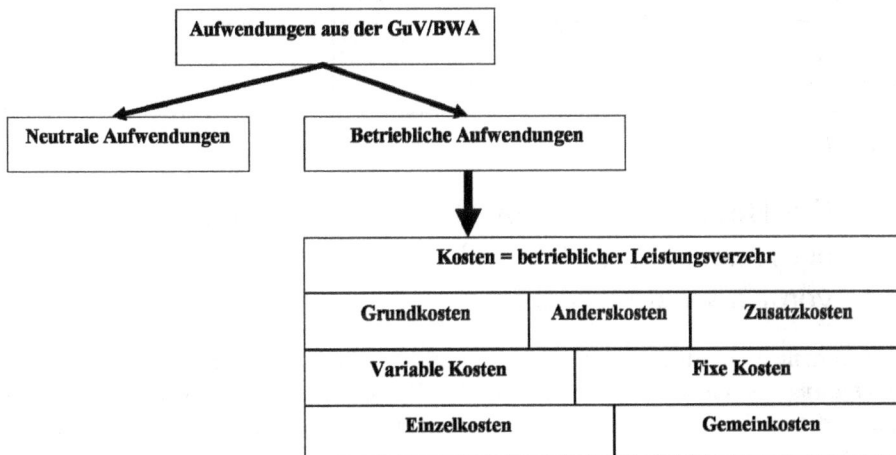

Die Anwendung des Kostenverhaltens auf das **Musterhotel – Gastronomie** ist in der folgenden Tabelle dargestellt. In dem vorliegenden Zahlenbeispiel ist anzumerken, dass die Personalkosten nicht über einen Personalkostenverrechnungssatz als Einzelkosten ausgewiesen wurden.

Tabelle 24: Fixe und variable Kosten im Musterhotel - Gastronomie

Kostenverhalten Musterhotel – Gastronomie					
Kostenart		Zuordnung auf Kostenträger		Zuordnung nach Beschäftigung	
Kostenart	Summe €	Einzelkosten	Gemeinkosten	variable Kosten	fixe Kosten
1	2	3	4	5	6
Wareneinsatz	370.000	370.000		355.000	15.000
Personalkosten	437.000		437.000	315.000	122.000
Sozialversicherung	132.000		132.000	94.000	38.000
Raumkosten	140.000		140.000	60.000	80.000
Versicherungen	90.000		90.000		90.000
Energie	100.000		100.000	65.000	35.000
Wasser	80.000		80.000	48.000	32.000
Werbung	90.000		90.000	27.000	63.000
Beratungskosten	18.000		18.000		18.000
Abschreibungen	90.000		90.000		90.000
Betriebssteuern	20.000		20.000		20.000
Zinsaufwendungen	220.000		220.000		220.000
Kalk. Wagnisse	10.000		10.000		10.000
kalk. Unternehmerlohn	40.000		40.000		40.000
Saldensumme	1.837.000	370.000	1.467.000	964.000	873.000
Gesamtkosten	**1.837.000**	**1.837.000**		**1.837.000**	

Beträge in vollen Euro

6.3.2 Der Betriebsabrechnungsbogen als Instrument der Kostenkontrolle und Vorbereitung von Kalkulationssätzen

In der Vorbereitung einer Stückkostenkalkulation nach Vollkosten ist die **verursachungsgerechte Verteilung der Gemeinkosten** auf einzelne Kostenstellen und Berechnung von Zuschlagssätzen die nächste Aufgabe. Der Gedankengang ist, dass auf die Einzelkosten der Leistungseinheit ein Gemeinkostenaufschlag in Prozent aufgeschlagen wird, der so alle Gemeinkosten auf die Kostenträger überträgt. Anhand dieses Prozentsatzes wird es möglich, dass mit der bewerteten Verbrauchseinheit an Einzelkosten anteilig die Gemeinkosten auf die Kostenträger verteilt werden. Wird am Ende der Betrachtungsperiode die angenommene

Beschäftigung erreicht, sind alle Gemeinkosten auf die Kostenträger verteilt und können durch den Umsatzprozess refinanziert werden.[1]

Die **Ermittlung der Gemeinkostenzuschlagsätze** erfolgt über das Instrument des Betriebsabrechnungsbogens. Anhand eines unternehmensinternen Schlüssels werden die Gemeinkosten auf die einzelnen Kostenstellen verteilt. Kostenstellen sind dabei als organisatorische Einheiten zu verstehen, denen man Kosten verursachungsgerecht zuordnen kann. In der Gastronomie ist eine typische Kostenstellenbildung anhand der verschiedenen Umsatzbereiche wie Hotel, Restaurant und Küche vorzufinden. Die Festlegung des Verteilungsschlüssels ist unternehmensintern und man bedient sich hier verschiedener Hilfsgrößen wie Mitarbeiterzahl der Kostenstelle, Verbrauchseinheiten, Summe des Anlagevermögens etc.

Abbildung 45: Der Betriebsabrechnungsbogen

		Betriebsabrechnungsbogen (BAB)					
Konto	**Gemein-kosten**	**Verrechnungsschlüssel**	**Hotel**	**Küche**	**Restaurant**	**Verwal-tung/ Empfang**	**Total**
Konten der Ergebnista-belle (nur Positionen mit Gemeinkosten	Summe der Ge-mein-kosten lt. Ergebnis-tabelle	Verteilungsschlüssel der Gemeinkosten entsprechend gewählter Hilfs-größen wie Anteil der Mitarbeiter in der Abteilung, qm, Anlagenwerte, gemessene Verbrauchs-werte. Ziel: verursachungsgerechte Verteilung der Gemeinkosten	Anteil der Gemein-kosten	Anteil der Gemein-kosten	Anteil der Gemeinkosten	Anteil der Gemein-kosten	Kon-troll-sum-men
Summe			Summe Hotel	Summe Küche	Summe Re-staurant	Summe Verwaltung	
Verteilung der Hilfs-kostenstellen auf Hauptkostenstellen		Verursachungsgerechte Verteilung gemäß Schlüssel	Anteil Verwal-tung	Anteil Verwal-tung	Anteil Ver-waltung	⬅	
Summe			Summe Hotel	Summe Küche	Summe Re-staurant		
Berechnungsgrundlagen				Einzel-kosten Küche (Waren-einsatz	Einzelkosten Restaurant (Warneinsatz)		
Zuschlagssätze in %				Gemeinkosten Kosten-stellen/Einzelkosten Kostenstelle*100			

---

[1] Beispiel: In einem Gastronomiebetrieb beträgt der geplante Wareneinsatz 100.000,--€ und die Gemeinkosten für den Restaurationsbereich betragen 50.000,-- €. Somit ergibt sich ein Gemeinkostensatz von 50%. Dies bedeutet, dass auf jedem Euro Wareneinsatz -,50 € draufgeschlagen werden. Wird der geplante Wareneinsatz nicht erreicht, dann wurden auch nicht alle Gemeinkosten auf die Kostenträger übertragen. Hier entsteht eine negative Differenz. Wird der geplante Wareneinsatz erfüllt, dann wurden zu viele Gemeinkosten auf die Kostenträger übertragen. In diesem Fall entsteht eine positive Differenz.

Die Arbeitsschritte des BAB und die Verteilung der Kosten auf die Kostenstellen werden in der folgender Darstellung verdeutlicht. In der Gestaltung des BABs ist es auch möglich, Hilfskostenstellen zu bilden, die am Ende durch einen Verrechnungsschlüssel auf die Haupt-kostenstellen verteilt werden wie in diesem Beispiel die Kostenstelle Verwaltung/Empfang.

Zum besseren Verständnis soll dieser Schritt in der Kostenrechnung in der folgenden Abbil-dung anhand des Zahlenbeispiels vertieft werden. Die Kosten der Verwaltung/des Empfangs wurden am Ende auf die drei Umsatzbereiche des Musterhotels – Gastronomie verteilt.

Tabelle 25: Betriebsabrechnungsbogen Musterhotel-Gastronomie

Konto	Gemein-kosten	Verrechnungs-schlüssel	Hotel	Küche	Restaurant	Verwaltung/ Empfang	Total
Betriebsabrechnungsbogen (BAB) Musterhotel-Gastronomie							
Personalkosten	437.000	nach Mitarbeiter	87.400	131.100	174.800	43.700	437.000
Sozial-versicherung	132.000	nach Personal-kosten	26.400	39.600	52.800	13.200	132.000
Raumkosten	140.000	nach qm	35.000	17.500	70.000	17.500	140.000
Versicherun-gen	90.000	nach Anlagever-mögen	22.500	22.500	22.500	22.500	90.000
Energie	100.000	nach Verbrauch	25.000	25.000	25.000	25.000	100.000
Wasser	80.000	nach Verbrach	40.000	20.000	20.000	0	80.000
Werbung	90.000	nach Anzeigen	30.000	40.000	20.000		90.000
Beratungs-kosten	18.000	Verwaltung	0	0	0	18.000	18.000
AFA	90.000	nach Anlagevermö-gen	30.000	30.000	15.000	15.000	90.000
Betriebssteuern	20.000	Verwaltung	0	0		20.000	20.000
kalk. Unter-nehmerlohn	40.000	Schlüssel (1-1-1-1)	10.000	10.000	10.000	10.000	40.000
kalk. Wagnisse	10.000	Schlüssel (1-1-1-1)	2.500	2.500	2.500	2.500	10.000
kalk. Zinsen	220.000	nach Anlagever-mögen	88.000	66.000	44.000	22.000	220.000
Summe	1.467.000		396.800	404.200	456.600	209.400	1.467.000
Umlage Verwaltung	209.400	1-1-1-0	104.700	52.350	52.350		209.400
Summe			**501.500**	**456.550**	**508.950**		
Berechnungsgrundlagen: Wareneinsatz				Küche	Getränke		
Berechnungsgrundlage				195.000	175.000		
Zuschlagssätze in %				**234,13**	**290,83**		

Beträge in vollen Euro

In der Erstellung des BABs und in der Ermittlung der Gemeinkostenzuschlagssätze wird deutlich, dass der Hotelbereich selbst keine Einzelkosten hat, anhand derer eine verursa-chungsgerechte Berechnung der Gemeinkosten auf Kostenträger möglich ist. Weiterhin stel-len die Personalkosten ein Problem dar, da nicht alle Personalkosten im Service auf den Restaurantbereich und somit auf die Getränke übertragen werden können. Hier ist der Teil der Arbeitszeit zu ermitteln, der zum Servieren der Speisen verbraucht wird und folglich dem Küchenbereich zuzuordnen ist.

Der BAB hat in der Kostenrechnung die weitere **Aufgabe der Kostenkontrolle**. Anhand der Kosten und der Nutzung eines gleichbleibenden Verteilungsschlüssels lassen sich hier Entwicklungen in den Kostenstellen beurteilen. Ferner kann durch die Bildung von weiteren Hilfskostenstellen wie z.B. Wäscherei, Blumenservice etc. die Wirtschaftlichkeit dieser internen Unternehmensdienstleistungen mit den Preisen durch den Fremdbezug verglichen werden. Der BAB bildet daher die Grundlage für einen Planungs- und Budgetierungsprozess im Unternehmen. Aufgrund der integrierten Aufgabenanalyse erlaubt der BAB, weitere Kosteneinsparungspotenziale zu identifizieren.

6.4   Vollkostenrechnung in der Gastronomie

Die Vollkostenrechnung arbeitet mit den ermittelten Gemeinkostenzuschlagssätzen aus dem Betriebsabrechnungsbogen. Dabei werden die Zuschlagssätze auf den ermittelten Einzelkosten angewandt. Das **Grundkonzept der Vollkostenrechnung** geht davon aus, dass alle Gemeinkosten unter der Annahme einer Normalbeschäftigung auf Kostenträger übertragen werden. Dies bedeutet, dass wenn der geplante Wareneinsatz erreicht ist, alle Gemeinkosten auf Kostenträger verteilt wurden. In der Gastronomie sieht eine typische **Zuschlagskalkulation** wie folgt aus:[1]

Tabelle 26: Kalkulationsschema auf Vollkostenbasis (Musterhotel – Gastronomie)

Position	Beispiel Musterhotel-Gastronomie	
Wareneinsatz für die Speise		5,00 €
+ Gemeinkostenzuschlagssatz in %	234,13	11,71 €
= Selbstkosten		16,71 €
+ Gewinnaufschlag in %	10	1,67 €
= Nettoverkaufspreis		18,38 €
+ Umsatzsteuer in %	19	3,49 €
= Angebots- oder Bruttopreis		21,87 €

[1] weitere Kalkulationsbeispiele: Schätzing: Food-Management, S. 70ff; Widmann in Hänssler: Management, S. 363

Es gilt dabei zu berücksichtigen, dass beim Gemeinkostenverrechnungssatz die kalkulierten Zusatzkosten wie z. B. der kalkulatorische Unternehmerlohn mit berücksichtigt werden. Somit ist der Gewinnaufschlag als Unternehmensaufschlag zu sehen, der die Höhe des gewünschten Betriebsergebnisses bestimmt.

Die **Einzelkosten** bzw. der Wareneinsatz pro Speise können anhand der Rezepturen des Gerichtes genau bestimmt werden. Aufgrund des Berechnungsverfahrens schlagen sich Änderungen der Einkaufspreise sofort auf den Angebotspreis nieder. Dieses Verfahren bedeutet aber auch, dass aufgrund der prozentualen Belastungen durch Gemeinkostensätze, Speisen mit einem hohen Wareneinsatz überproportional belastet werden, obwohl sie keine weiteren Gemeinkosten für das Unternehmen verursachen.

Ein **Gemeinkostenzuschlagssatz** lässt sich in der Gastronomie nicht für jeden Umsatzbereich festlegen wie z.B. den Hotelbereich. Es gibt hier keine verursachungsgerechten Einzelkosten in der Nutzung eines Hotelzimmers, die sich für die Zuschlagskalkulation eignen. Der Wäschewechsel oder die Reinigung des Zimmers steht nicht in einem verursachungsgerechten direkten Bezug, um so als Berechnungsgrundlage zu dienen.

Hier bietet sich eine Vollkostenrechnung anhand von Äquivalenzziffern an, die den Preis der einzelnen Übernachtung unter Berücksichtigung der Zimmerqualität ermittelt, um so die Gemeinkosten zu verteilen.[1] Eine **Beispielrechnung des Musterhotels - Gastronomie** soll diesen Kalkulationsvorgang verdeutlichen.

Tabelle 27: Vollkostenkalkulation eines Hotelzimmers im Musterhotel-Gastronomie

Kategorie	Standard	Ø Anzahl der Übernacht-ungen	Anzahl der Zimmer	Gesamt-übernach-tungen Zimmer	Bewer-tungs-faktor	Äquiva-lenzgröße (Übernach-tung x Faktor)
Einzelzimmer	3 Sterne	250	3	750	2	1500
Doppelzimmer	3 Sterne	180	15	2700	3	8100
Hochzeitszimmer	4 Sterne	80	1	80	4	320
Behindertenzimmer	3 Sterne	140	1	140	4	560
Dachzimmer	2 Sterne	200	4	800	1	800
Summe				4470		11280

---

[1] vgl. Hänssler: Management, S. 341ff. Hänssler erstellt eine Berechnung des Übernachtungspreises anhand der Divisionskalkulation für den Hotelbereich vor.

Kategorie	Äquiva-lenzmulti-plikator (Gemein-kosten/ Äquiva-lenzgröße)	Anteil Ge-meinkosten/ Kategorie (Faktor x Größe)	Selbstkosten (Gemeinkos-ten/ Katego-rie/ Übernach-tung)	Ge-winn-auf-schlag in %	Netto-ange-botspreis	Ange-botspreis (ohne Ust und Frühs-tück)
Einzel zimmer	44,46 €	66.688,83 €	88,92 €	12	99,59 €	99,50 €
Doppel zimmer	44,46 €	360.119,68 €	133,38 €	12	149,38 €	149,50 €
Hochzeits zimmer	44,46 €	14.226,95 €	177,84 €	12	199,18 €	199,50 €
Behinderten zimmer	44,46 €	24.897,16 €	177,84 €	12	199,18 €	199,50 €
Dachzimmer	44,46 €	35.567,38 €	44,46 €	12	49,79 €	49,50 €
Summe		501.500,00 €				

Quelle: Zingel, Kalkulation Hotel und Vermietung und eigene Darstellung. In dem ermittelten Zimmerpreis sind noch weitere Sonderleistungen wie Obst, Wasser oder Toilettenartikel mit zu berücksichtigen, sofern diese nicht als Gemeinkosten erfasst wurden.

Die **Kritik der Vollkostenrechnung**[1] geht auf die Grundidee und das Konzept der Vollkostenrechnung zurück. Vollkostenrechnung bedeutet, dass alle Kosten auf den Kostenträger übertragen werden. Der Bezugspunkt sind dabei die Einzelkosten. Ändern sich die Einzelkosten bzw. die Einkaufspreise der Lebensmittel, ändern sich auch die verrechneten Gemeinkosten und somit der Angebotspreis, obwohl hier keine Änderungen in sich stattgefunden haben. Die Vollkostenkalkulation arbeitet unter der Prämisse, dass der kalkulierte Preis auf dem Markt realisiert werden kann.

Weiterhin werden alle Kostenträger mit dem gleichen Gemeinkostenzuschlagssatz verrechnet, ohne dabei die Tragfähigkeit oder das Verursachungsprinzip der einzelnen Leistungen zu prüfen. Die Berechnung Vollkostenrechnung beruht auf einer Plan- oder Istbeschäftigung, die im Verbrauch der Einzelkosten ausgedrückt wird. Eine Änderung der Beschäftigung bedeutet somit entweder eine Unter- oder Überdeckung der Gemeinkosten. Aus diesem Grunde ist es fraglich, ob eine Beurteilung der Wirtschaftlichkeit von Leistungen anhand des kalkulierten Marktpreises bzw. zu den Selbstkosten zu unternehmerischen richtigen Entscheidungen führt.

6.5   Teilkostenrechnung

Das Konzept der Teilkostenrechnung ordnet die **Kosten unter dem Beschäftigungseffekt** den Kostenträgern zu und reflektiert somit die Kritik der Vollkostenrechnung. Hier wird nur

---

[1] Bensch/Wachholz: Rechnungswesen, S. 400f

ein Teil der Kosten (variable Kosten) auf den Kostenträger übertragen. Der Preis wird als eine vom Markt vorgegebene Größe betrachtet. Die Teilkostenrechnung stellt deshalb die nachfrage- und konkurrenzorientierte Preisbildung zur Beurteilung der Leistungen in den Vordergrund. Infolgedessen ist die Teilkostenrechnung eine Deckungsbeitragsrechnung.

Dies bedeutet, ob eine Leistung auf dem Markt angeboten wird oder nicht, hängt vom positiven Deckungsbeitrag ab. **Der Deckungsbeitrag** wird als der Beitrag verstanden, der zur Deckung der fixen Kosten dient. So ist ein Angebot einer bestimmten Leistung für ein Unternehmen wirtschaftlich, wenn es einem positiven Deckungsbeitrag hat, da sonst der Verlust aufgrund des Wegfalls des Deckungsbeitrages noch höher wird. Dies steht im Konflikt zur Beurteilung nach der Vollkostenkalkulation, nach der Produkt nicht mehr angeboten werden sollte, wenn es nicht die Selbstkosten erwirtschaftet. Der Prozess und der Gedankengang der Teilkostenkostenrechnung sind im folgenden Schaubild dargestellt und am **Beispiel** des Musterhotels – Gastronomie vertieft.

Abbildung 46: Systematische Darstellung der Teilkostenrechnung

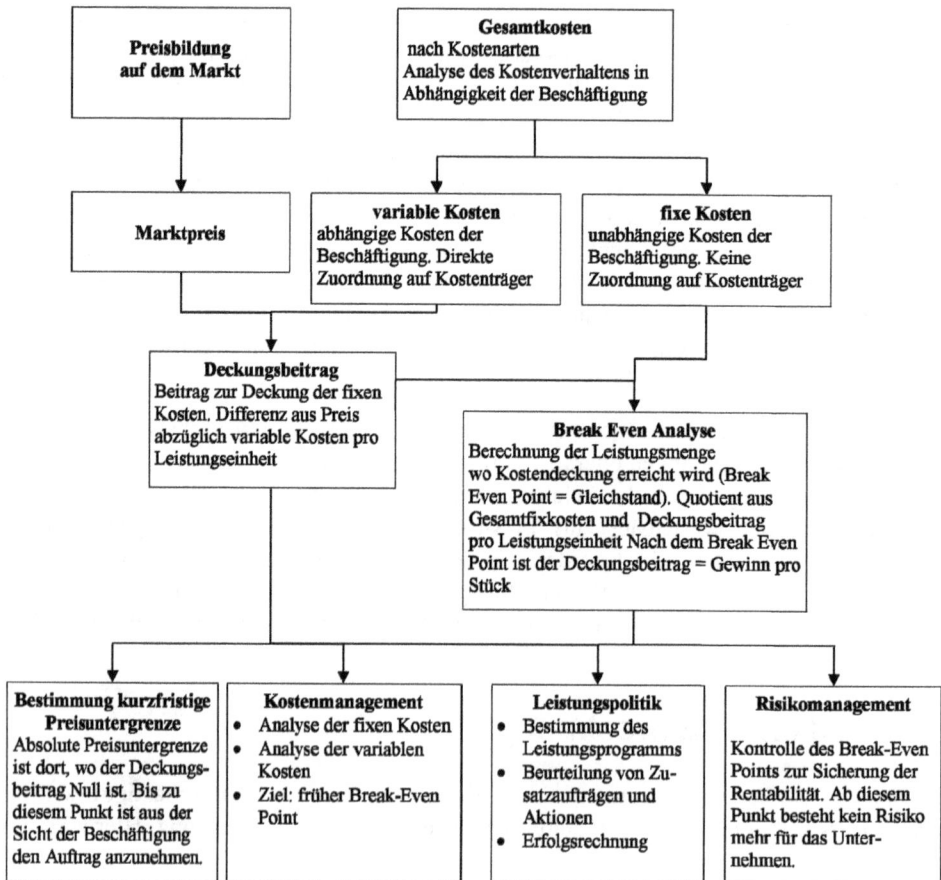

Tabelle 28: Beispiel Teilkostenrechnung

Kostenarten Musterhotel - Gastronomie: Küche/Speisen			
Position	**Küche/ Speisen**	**Variable Kosten**	**fixe Kosten**
Wareneinsatz	195.000	180.000	15.000
Summe Einzelkosten	195.000		
Personalkosten	131.100		131.100
Sozialversicherung	39.600		39.600
Raumkosten	17.500		17.500
Versicherungen	22.500		22.500
Energie	25.000	4.000	21.000
Wasser	20.000	6.000	14.000
Werbung	40.000		40.000
Abschreibungen	30.000		30.000
Zinsaufwendungen	66.000		66.000
kalk. Wagnisse	2.500		2.500
kalk. Unternehmer-lohn	10.000		10.000
Umlage Verwaltung	52.350		52.350
Summe Gemeinkosten	456.550		
Gesamtkosten	651.550	190.000	461.550

Position	**Vollkosten**
Angebotspreis Speise ohne Ust nach Vollkosten	17,00 €
Marktpreis ohne Ust	12,30 €
variable Kosten:	
Wareneinsatz	5,00 €
Energie, Wasseranteil	0,30 €
variable Gesamtkosten	5,30 €
Verkaufsmenge/Jahr	310 Portionen
Deckungsbeitrag/Speise (Marktpreis – variable Kosten)	7,00 €
Gesamtdeckungsbeitrag (Deckungsbeitrag * Verkaufsmenge)	2.170,00 €

Beträge in vollen Euro

Nach den Ergebnissen der Vollkostenrechnung würde der Gastronom diese Speise von der Speisenkarte nehmen. In der Betrachtung nach Teilkosten würde der Gastronom diese Speise kurzfristig auf der Karte lassen, da er sonst auf einen Deckungsbeitrag von € 2.170,-- verzichten würde. Diese Entscheidung setzt aber voraus, dass diese betreffende Speise für die Gäste einen Stellenwert hat und eine Lücke durch den Wegfall der Leistung entsteht, die anderweitig nicht geschlossen werden kann.

Anhand dieser Analyse der Leistungen ergeben sich durch die **Teilkostenrechnung folgende drei Betrachtungsebenen** für ein Unternehmen zur Steigerung der Wirtschaftlichkeit:

1. Kostendeckung
2. Gewinnmaximierung
3. Stärkung der Wettbewerbssituation

Die Möglichkeiten zur Erreichung der Kostendeckung und Steigerung der Wirtschaftlichkeit wird durch die **Break-Even Analyse** aufgezeigt. Break-Even heißt Gleichstand. Dies bedeutet, dass man an diesem Punkt (Leistungsmenge) weder Gewinn noch Verlust macht. An diesem Punkt reichen die erwirtschafteten Deckungsbeiträge gerade zur Deckung der Fixkosten aus. Der Break-Even Punkt errechnet sich, indem man die Fixkosten durch den Deckungsbeitrag pro Einheit teilt.

Tabelle 29: Break – Even Analyse Musterhotel - Gastronomie

Break Even Analyse Musterhotel – Gastronomie			
Position	**Variante A**	**Variante B**	**Variante C**
durchschnittlicher Deckungsbeitrag pro Gericht	7	3	2
Fixkosten Küche/Speisen	461.550	461.550	461.550
Break Even Point:			
Anzahl der Speisen Gesamt	65.936	153.850	307.700
Anzahl der Speisen im Monat	5.495	12.821	25.642
Anzahl der Speisen pro Öffnungstag (30/360)	183	427	855
durchschnittlicher Speise/Sitzplatz (60 Sitzplätze)	3	7	14

Beträge in vollen Euro

Dieses einfache Beispiel der Break – Even Analyse zeigt sehr deutlich, wie hoch der Umsatzdruck für das Unternehmen ist. So muss jeder Stuhl pro Tag bei einem durchschnittlichen Deckungsbeitrag von 7,-- € besetzt sein, damit die Kostenstelle Küche/Speise kostendeckend arbeitet. Der Deckungsbeitrag ist in diesem Beispiel auf das Gedeck eines Gastes bezogen und kann sich durch eine Speise oder durch mehrere Gänge ergeben. Diese Informationen geben dem Marketing ein Feedback und dienen zur Kalkulation und Berechnung von Soll-Deckungsbeiträgen. Diese Analysen geben Rückschlüsse darauf, mit welchen Rabattsystemen und Aktionspreisen in der Gastronomie gearbeitet werden kann. Zusätzliche Informationen können gewonnen werden in der Definition eines durchschnittlichen Soll-Deckungsbeträgen pro Gast. Hierzu müssten dann Umsätze und Fixkosten für Küche und Restaurant zusammengezogen werden und auf eine geplante Gästezahl bezogen werden.

In einem gleichen Ansatz kann eine **Beurteilung** erfolgen, ob es sinnvoll ist, einen Ruhetag oder überhaupt bestimmte Öffnungszeiten anzubieten. Hier ist es wichtig, relative Deckungsbeiträge[1] zu bestimmen, wie die Höhe der Veränderung der Fixkosten durch die Öffnung oder Schließung des Betriebes. So ist es sinnvoll, den Betrieb für bestimmte Zeiten zu schließen, wenn hier noch einmal der Break-Even Point für die absolut fixen Kosten wie z. B. Abschreibungen oder Energie durch die geplante Gästezahl erreicht wird.

Ziel ist es für ein Unternehmen, einen möglichst hohen Deckungsbeitrag zu erzielen. Dies kann geschehen durch ein

- Fixkostenmanagement: Ergreifen von Maßnahmen zur Reduzierung von beschäftigungsunabhängigen Kosten durch Outsourcing von Tätigkeiten, Reduzierung des Mis-en-Place, Leihwäsche etc. Ziel ist es, die fixen Kosten in umsatzabhängige Kosten (variable Kosten) zu wandeln. Dies hat aber zur Folge, dass der absolute Deckungsbeitrag sinkt. Somit ist genau zu prüfen, ob am Ende ein Vorteil durch die aufgeführten Maßnahmen für den individuellen Betrieb wirklich entsteht.
- Senkung der variablen Kosten: Senkung des Wareneinsatzes durch Preisvergleiche oder Gestaltung von Portionsgrößen.

Die Deckungsbeitragsrechnung und Break–Even - Analyse ermöglicht Entscheidungen,[2] die zu einer Erhöhung des operativen Betriebsgewinns, da Leistungen mit positivem Deckungsbeitrag nicht vor der Entwicklung einer Alternative aus dem Angebot genommen werden. Eine Reduzierung der Break – Even - Menge kann zu einem **Gewinnanstieg** führen, sofern der Preis als Marketinginstrument die Absatzmenge steigert. Die Break – Even Analyse kann langfristig zu **Wettbewerbsvorteilen** und einer Kostenführerschaft für die angebotenen Leistungen führen, da Kostenrationalisierungspotenziale ausgeschöpft werden und so zu einer Leistungspolitik führen, die die Potenziale des Unternehmens optimal nutzt.

Die Vorteile der Teilkostenrechnung liegen in der **Entscheidungsorientiertheit** für den Unternehmer und in der Steigerung des operativen Gewinns. Gerade durch die hohe Fixkostenbelastung aufgrund der Anlagenlastigkeit und Kosten der Betriebsbereitschaft in der Gastronomie ist eine schnelle marktorientierte Entscheidung zur optimalen Nutzung der

---

[1] Relative Deckungsbeiträge bedeutet, dass Fixkosten einer Produktgruppe oder Öffnungszeit entsprechend dem Verursachungsprinzip oder Tragfähigkeitsprinzip zugeordnet werden.

[2] für weitere Beispiele zum Einsatz der Teilkostenrechnung, Schätzing: Food-Management, S. 75ff, Schätzing: Management, S. 499; Posluschny: Kostenrechnung, S. 49ff

Ressourcen notwendig. So ist es kurzfristig sinnvoll, ein Leistungsangebot zu machen, das unter den Selbstkosten (Vollkostenkalkulation) liegt, jedoch einen positiven Deckungsbeitrag hat. Dies trifft besonders für ein Angebot in umsatzschwachen Zeiten oder für Zusatzveranstaltungen zu. Durch die Teilkostenrechnung wird hier eine **kurzfristige Preisuntergrenze** definiert, als ein Punkt, an dem der Deckungsbeitrag gleich null ist. Diese Information erhöht die Reaktionszeit und die Genauigkeit der Entscheidungen für den Unternehmer.

Auf der anderen Seite ist aber eine vollständige Kalkulation anhand der Teilkostenrechnung langfristig problematisch, da die Wertvorstellung und die Preisbereitschaft der Gäste negativ beeinflusst werden können. So ist es manchmal für den Gast nicht nachvollziehbar, warum ein Getränk während einer Happy Hour billiger ist wie im normalen Abendgeschäft. Betriebswirtschaftlich kann zwar so in schwachen Zeiten noch ein Deckungsbeitrag erwirtschaftet werden, jedoch ist dies nicht immer dem Gast zu vermitteln.

6.6   Kurzfristige Erfolgsrechnung/ Betriebsergebnisrechnung

Die kurzfristige Erfolgsrechnung ist als **Kostenträgerzeitrechnung oder Betriebsergebnisrechnung** bekannt.[1] Dies Instrument dient zur Beurteilung der Wirtschaftlichkeit der einzelnen Leistungen durch die Gegenüberstellung der Kosten und Leistungen. Dieses Instrument legt die Erfolgsquellen des Unternehmens offen.[2]

Der Aufbau der kurzfristigen Erfolgsrechnung orientiert sich stark an dem Aufbau der betriebswirtschaftlichen Auswertung der Finanzbuchhaltung oder der Darstellung des Betriebsabrechnungsbogens. Ausschlaggebend für die Darstellung ist, dass die Ergebnisse Entscheidungsprozesse im Unternehmen stützen. Somit ist es in der kurzfristigen Betrachtung von Bedeutung, dass die fixen Kosten einzelnen Kostenträgern oder Umsatzbereichen zweckgebunden zugeordnet werden. Die Tiefe der Darstellung (pro Leistung, Umsatzgruppe etc.) hängt von der Detaillierung der Datenerfassung ab. In dem **Beispielunternehmen** dieses Kapitels könnte die kurzfristige Erfolgsrechnung wie folgt aussehen:

[1] für ein weiteres Beispiel der Auswertung einer Betriebsergebnisrechnung: Hänssler: Management, S. 301ff
[2] Die kurzfristige Erfolgsrechnung kann im Gesamtkostenverfahren und im Umsatzkostenverfahren dargestellt werden. Da in der Gastronomie keine Lagerleistungen erbracht werden, ist das Umsatzkostenverfahren vorzuziehen.

Tabelle 30: Kurzfristige Erfolgsrechnung des Musterhotels - Gastronomie

Kurzfristige Erfolgsrechnung Musterhotel – Gastronomie				
Position	Hotel	Küche/ Speisen	Restaurant/ Getränke	Total
Umsatzerlöse	460.000	640.000	750.000	1.850.000
- Wareneinsatz	0	195.000	175.000	370.000
= Betriebsergebnis I	460.000	445.000	575.000	1.480.000
- Personalkosten	87.400	131.100	174.800	393.300
- Sozialversicherung	26.400	39.600	52.800	118.800
- Betriebsergebnis II	346.200	274.300	347.400	967.900
- Raumkosten	35.000	17.500	70.000	122.500
- Versicherungen	22.500	22.500	22.500	67.500
- Energie	25.000	25.000	25.000	75.000
- Wasser	40.000	20.000	20.000	80.000
- Werbung	30.000	40.000	20.000	90.000
= Betriebsergebnis III	193.700	149.300	189.900	532.900
- Abschreibungen	30.000	30.000	15.000	75.000
- Zinsaufwendungen	88.000	66.000	44.000	198.000
= Betriebsergebnis IV	75.700	53.300	130.900	259.900
- Kalk. Wagnisse				7.500
- Kalk. Unternehmerlohn				30.000
- Umlage Verwaltung				209.400
= Gesamtergebnis				13.000

Beträge in vollen Euro

Aus dem Gedankengang der Teilkostenrechnung ist Betriebsergebnis I und II für kurzfristige Entscheidungen von Bedeutung, da hier die variablen Kosten und die Personalkosten gedeckt sind. Diese Darstellung lässt sich weiterhin für Veranstaltungen und Aktionen in der Gastronomie anwenden, da die variablen Kosten dem Umsatzträger zugerechnet werden kannn und somit eine Beurteilung erfolgen kann, ob diese Veranstaltung einen positiven Beitrag zum Gesamtergebnis des Unternehmens hat. Diese Analysenform ist auch als **stufenweise Deckungsbeitragsrechnung** bekannt, wo in Stufen variable und fixe Kosten den Produkten, Produktgruppen oder Umsatzbereichen zugeordnet werden. Ziel ist es dabei, rechtzeitig zu erkennen, welche Leistungen und in welchem Umfang zum Gesamterfolg beitragen.

In der Gastronomie lässt sich das Betriebsergebnis I pro Leistungseinheit einfach ermitteln, aufgrund der Datenerfassung durch die Tageskassen und den dazugehörigen Wareneinsatz anhand der Rezepturen. Somit ergeben erste Deckungsbeiträge und Aufschlagsätze Aufschluss über die Wirtschaftlichkeit der Leistungen. Weiterhin lassen sich durch die kurzfristige Erfolgsrechnung eine ganze Reihe von **Kennzahlen** ermitteln, wie z. B.:[1]

- Wareneinsatzquote
- Rohaufschlag
- Auslastungsgrad
- Umsatzanteile der Leistungen am Gesamtumsatz
- Personalquote
- Umsatz pro Servicekraft

Diese Kennzahlen erlauben dem Unternehmer, Schwachpunkte im Unternehmer besser zu identifizieren und entsprechende Maßnahmen einzuleiten. Dieses erste Ergebnis der Wirtschaftlichkeit gibt Aufschluss über Deckungsbeitrag und Aufschlagsätze zur Sortimentspolitik und Steigerung des Betriebsergebnisses.

Die Aussagekraft der Analysen wird maßgeblich durch das System der Datenerfassung beeinflusst. Für die internationale Gastronomie oder Konzerngastronomie hat sich das System der Teilkostenrechnung nach dem Uniform System of Accounts for Loging Industry (USALI) durchgesetzt.[2] Anhand eines Kontenrahmens werden die Leistungen in operative Bereiche wie z.B. Hotel, Catering aufgeteilt und durch bereichsübergreifende Servicestellen werden die Gemeinkosten erfasst. So ist es möglich, das die Einzelkosten direkt den operativen Bereichen in dem gleichen Schema zugeordnet werden.

Beispiel: Erfassung und Auswertung der Speisenumsätze

In diesem Umsatzbereich werden von den Speisenumsätzen die Einzelkosten wie Wareneinsatz und Personalkosten in Abzug gebracht sowie weitere sonstige Kosten zugeordnet wie: Ersatzbeschaffung für Geschirr und Besteck, Kosten für Speisenkarten, Küchenutensilien, Personalschulungen, Kleidung für das Personal.

So kann sehr schnell die Wirtschaftlichkeit einer operativen Abteilung beurteilt werden, jedoch ist hier auch eine Gefahr dabei, dass die Beurteilung nur allein über den Deckungsbeitrag stattfindet und anlagenbedingte Kosten nur unzureichend berücksichtigt werden. Ein weiterer Vorteil dieses Systems ist die schnelle Vergleichbarkeit der Werte national und international, um so weitere Vergleichswerte oder Benchmarks zur Beurteilung der eigenen Leistung zu finden. Dieses System ist grundsätzlich zur Gestaltung der Datenerfassung in gastronomischen Familienunternehmen übertragbar und sollte im Gegensatz zur häufig angewandten Erfassung durch den Steuerberater überdacht werden.

---

[1] Heymann: Gastronomie-Kalkulation auf www.gastronomie-profit-check.de; weiter finden Sie in Abschnitt .8.4.2.1 eine Reihe von Kennzahlen.
[2] zur weiteren Erläuterung vgl.: Scheefer in Hänssler: Management, S. 324

6.7   Zielkostenrechnung und Prozesskostenrechnung als weiteres Instrument der Kostenanalyse und Kalkulation

Aus den Kritikpunkten beider Hauptinstrumente der Kostenrechnung sollen hier noch zwei Instrumente vorgestellt werden, die vom Grundsatz her eine Vollkostenrechnung sind, jedoch eine stärkere Marktorientierung haben. In der Gastronomie können Sie eine weitere Hilfestellung in der Preiskalkulation und Bewertung von Leistungen geben.

6.7.1   Target Costing (Zielkostenrechnung)

Das Target Costing stellt die Markt- und Unternehmensperspektive gegenüber. Sie bestimmt im **Vergleich einer Markt- und Kundenorientierung und der Leistungserstellungsebene** (Unternehmensebene) die Zielkosten einer Leistung.[1] Das Target Costing ist vom Grundsatz her eine Vollkostenrechnung in einer retrograden Betrachtung (von der Marktseite her) und einer progressiven Seite (vom Leistungserstellungsprozess her). Der **Prozess** des Target Costing stellt sich wie in Abbildung 47 dar.

Ziel dieser Betrachtungsweise ist die Abstimmung der Kalkulation auf Vollkostenbasis und auf Basis der **Preisbereitschaft der Kunden**. Dies geschieht, indem man versucht, Kosteneinsparungen an den Stellen vorzunehmen, die aus Sicht des Gastes eine geringe Bedeutung haben und somit die Kaufentscheidung nicht beeinflussen. Anhand der vorgenommen Wertanalyse können Kosteneinsparungspotenziale ausgeschöpft werden, indem Leistungsmerkmale reduziert oder neu bewertet werden. Dies könnte in der Gastronomie sein, indem man in bestimmten Bereichen auf Convienance Produkte zurückgreift oder nicht verkaufsrelevante Leistungsangebote wie Trendgemüse reduziert. So ist es z.B. auch zu überlegen, ob eine hausgemachte Sauce Hollandaise entscheidend für den Gast ist oder ob die Bereitstellung von Stoff- statt Papierservietten überhaupt vom Gast honoriert wird. Weiterhin kann das Ergebnis des Target Costing Anlass sein, die Ausstattung und Tischdekoration neu zu planen.

Die Zielkostenrechnung versucht, die **Wertvorstellungen einer Leistung** zwischen dem Unternehmer und Gast miteinander zu verbinden und so Kostenreduktionspotenziale aufzuzeigen. Dabei ist die begleitende Konkurrenzanalyse ein wichtiges Hilfsmittel das eigene Leistungsangebot und den Leistungserstellungsprozess kritisch zu hinterfragen. Die Analyse schließt aber auch nicht aus, dass ein Rückfluss zum Marketing, besonders zur Kommunikationspolitik stattfindet, um so die Wertvorstellungen und Preisbereitschaft des Kunden zu beeinflussen.

---

1 Gleich/Hofmann/Shaffu: Innovation und Controlling, S. 325

Abbildung 47: Systematische Darstellung der Zielkostenrechnung (Target Costing)

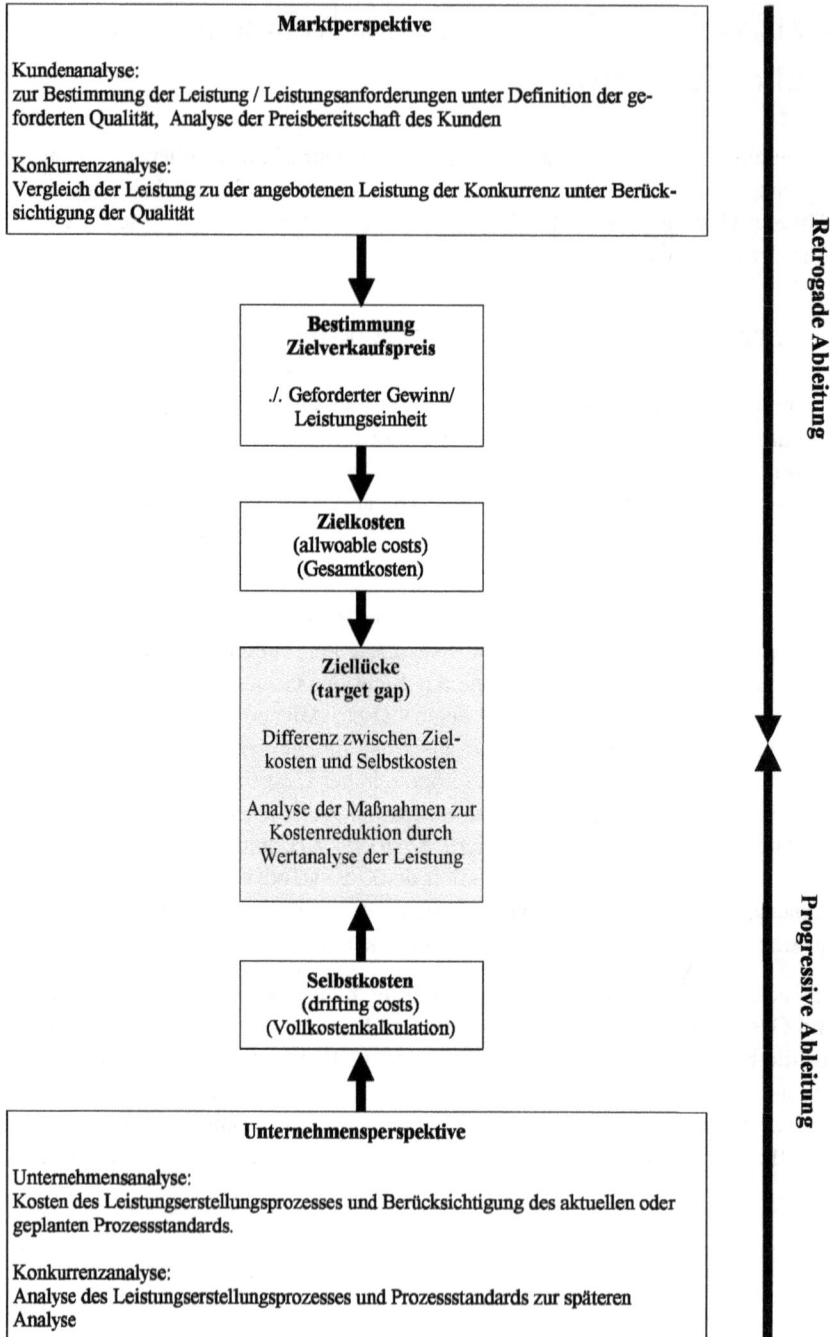

Marktperspektive

Kundenanalyse:
zur Bestimmung der Leistung / Leistungsanforderungen unter Definition der geforderten Qualität, Analyse der Preisbereitschaft des Kunden

Konkurrenzanalyse:
Vergleich der Leistung zu der angebotenen Leistung der Konkurrenz unter Berücksichtigung der Qualität

**Bestimmung
Zielverkaufspreis**

./. Geforderter Gewinn/
Leistungseinheit

Zielkosten
(allwoable costs)
(Gesamtkosten)

Ziellücke
(target gap)

Differenz zwischen Ziel-
kosten und Selbstkosten

Analyse der Maßnahmen zur
Kostenreduktion durch
Wertanalyse der Leistung

Selbstkosten
(drifting costs)
(Vollkostenkalkulation)

Unternehmensperspektive

Unternehmensanalyse:
Kosten des Leistungserstellungsprozesses und Berücksichtigung des aktuellen oder
geplanten Prozessstandards.

Konkurrenzanalyse:
Analyse des Leistungserstellungsprozesses und Prozessstandards zur späteren
Analyse

Retrogade Ableitung

Progressive Ableitung

6.7.2   Prozesskostenrechnung

Die Prozesskostenrechnung findet ihren Ursprung in dem Qualitätsmanagement, indem die Aktivität der Leistungserstellung (Prozesse) in den Mittelpunkt der Betrachtung gestellt wird. Somit ist diese Betrachtungsweise im Wesentlichen eine **Gemeinkostenanalyse**, die gezielt versucht, die Gemeinkosten anhand der verursachten Aktivitäten der Leistungserstellung auf das Produkt zu übertragen. Die Prozesskostenrechnung wird als **strategische Vollkostenrechnung** verstanden und versucht noch stärker die Gemeinkosten verursachungsgerecht dem Kostenträger zuzuordnen. Der Aufbau der Prozesskostenrechnung wird in der folgenden Abbildung dargestellt.

Abbildung 48: Übersicht Prozesskostenrechnung

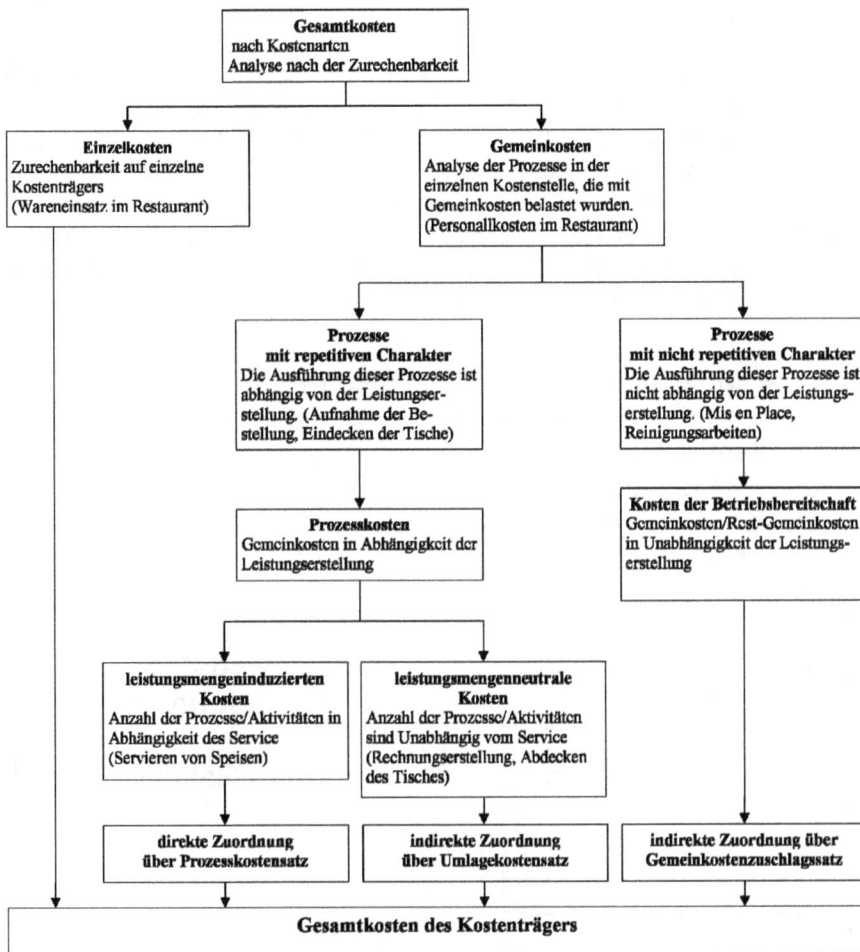

Gesamtkosten
nach Kostenarten
Analyse nach der Zurechenbarkeit

Einzelkosten
Zurechenbarkeit auf einzelne Kostenträgers
(Wareneinsatz im Restaurant)

Gemeinkosten
Analyse der Prozesse in der einzelnen Kostenstelle, die mit Gemeinkosten belastet wurden.
(Personallkosten im Restaurant)

Prozesse mit repetitiven Charakter
Die Ausführung dieser Prozesse ist abhängig von der Leistungserstellung. (Aufnahme der Bestellung, Eindecken der Tische)

Prozesse mit nicht repetitiven Charakter
Die Ausführung dieser Prozesse ist nicht abhängig von der Leistungserstellung. (Mis en Place, Reinigungsarbeiten)

Prozesskosten
Gemeinkosten in Abhängigkeit der Leistungserstellung

Kosten der Betriebsbereitschaft
Gemeinkosten/Rest-Gemeinkosten in Unabhängigkeit der Leistungserstellung

leistungsmengeninduzierten Kosten
Anzahl der Prozesse/Aktivitäten in Abhängigkeit des Service
(Servieren von Speisen)

leistungsmengenneutrale Kosten
Anzahl der Prozesse/Aktivitäten sind Unabhängig vom Service
(Rechnungserstellung, Abdecken des Tisches)

direkte Zuordnung über Prozesskostensatz

indirekte Zuordnung über Umlagekostensatz

indirekte Zuordnung über Gemeinkostenzuschlagsatz

Gesamtkosten des Kostenträgers

Quelle: Bensch/Wachholz: Rechnungswesen, S. 405, online – Lehrbuch: Prozesskostenrechnung S. 4, sowie eigene Darstellung und Ergänzungen

Für die Gastronomie ist dieses Instrument der Kostenrechnung von Bedeutung zur Analyse der Personalkosten, indem die vor- und nachgelagerten Prozesse besser analysiert werden. Es erlaubt dem Unternehmer eine genauere **Kalkulation der Preise von Gruppenarrangements.** So lässt es sich leicht vorstellen, das eine Buchung, der Zahlungsvorgang, Abdecken eines Tisches leistungsmengenneutrale Kosten sind, d.h. unabhängig von der Anzahl der Gäste ist. Somit ergeben sich in der Mengenbetrachtung Kostendegressionseffekte.

Die Prozesskostenanalyse setzt aber eine **Analyse der Aktivitäten** voraus. Für den Personalbereich bedeutet dies die Definition der Aktivitäten sowie eine entsprechende Messung der beanspruchten Zeiten.

In unserem **Beispiel** könnte es für das Musterhotel – Gastronomie wie in der folgenden Tabelle aussehen. Dabei sei vorab angemerkt, dass die Stundenzahlen pro Aktivität in diesem Beispiel fiktive Annahmen sind. Ziel ist es hier, die Arbeitsschritte der Prozesskostenrechnung zu demonstrieren.

Die Kalkulationsergebnisse der Voll- und Prozesskostenrechnung werden in der folgenden Tabelle dargestellt. Der Vergleichspreis nach der Prozesskostenrechnung ist um € 5,83 günstiger, dies entspricht einem möglichen Rabatt von 17,47%. Der Grund im unterschiedlichen Ergebnis ist darin zu sehen, dass aufgrund der zwei Gedecke hier ein Fixkostendegressionseffekt der nicht repetitiven Prozesse pro Gast eintritt, die in der Gastronomie Kostentreiber darstellen. Die Analyse zeigt aber auch, welche Preisräume sich ergeben bei einer ausgelasteten Küche, eine Aussage, die sich auch durch die Teilkostenrechnung ergibt, jedoch hier auf Vollkostenbasis. Eine Information, die entsprechend im Marketing eingesetzt werden kann.

Tabelle 31: Beispiel der Prozesskostenrechnung im Musterhotel – Gastronomie

	Personalkosten Küche	131.100	
	Sozialversicherung	39.600	
	Gesamt	170.700	
	Wareneinsatz Küche	195.000	
	Gemeinkosten Küche Total	456.550	
	Restgemeinkosten	285.850	**Prozesskosten -**
Aus-gangs-daten	Restgemeinkostensatz (% Wareneinsatz)	146,59	**Rechnung**
	kalk. Stundensatz	20	**Musterhotel - Gastronomie**
	Öffnungstage	360	
	Arbeitsstunden	8.535	
	Tische	16	
	Sitzplätze	60	
	Ø Belegung	3	
	Gedecke im Jahr	64.800	
	Ø Anzahl Gänge/Besuch	2	

Fortsetzung Beispielrechnung Prozesskostenrechnung **Musterhotel - Gastronomie**						
	Position	Stunden-zahl	Verrech-nungsbasis:	anteilige Gemeinkosten	Zuschlagsba-sis	Zuschlags-satz
Prozesse mit nicht repetitiven Charakter	Reinigungsarbeiten	270	kalk. Stun-densatz		Wareinsatz	in %
	Vor- und Nachbereitung Öffnungstag	360				
	Pflege/Instandhaltung der Technik und Vorräte	180				
	Summe	810	20	16.200	195.000	8
Prozesse mit repetitiven Charakter	Leistungsmengenneutrale Kosten	Stunden-zahl	kalk. Stun-densatz	anteilige Gemeinkosten	Verteilungs-grundlage	Kosten-anteil
	Speisenkartengestaltung	65	20	1.300	Anzahl Gäste	
	Bestellungen/ Warenkontrolle	320	20	6.400		
	Organisation der Küchenposten	220	20	4.400		
	Vorbereitungen / Mis en Place	360	20	7.200		
	Summe	965	20	19.300	64.800	0,30
	Leistungsmengen-induzierte Kosten	Stunden-zahl	kalk. Stundensatz	anteilige Gemeinkosten	Verteilungs-grundlage	Kosten-anteil
	Gemüse putzen, Zubereitung von Fleisch und Fisch	1.300				
	Vorspeisen	2.000	20	40.000	Gedecke	
	Fleischposten	1.050	20	21.000		
	Beilagenposten	1.400	20	28.000		
	Desserts	960	20	19.200		
	Anrichten Teller	1.350	20	27.000		
	Summe	6.760	20	135.200	129.600	1,04
Kontrolle	Gesamtsumme	8.535				

Beträge in vollen Euros

Die **Hauptaussagekraft** der Prozesskostenrechnung liegt in der Analyse der Kostentreiber. So sind es in diesem Beispiel die Kosten der Betriebsbereitschaft durch Vor- und Nachbereitung und Pflege der Bestände in der Küche. Diese werden überproportional in der Vollkostenrechnung verrechnet. Diese Kalkulationsart, die einen Fixkostendegressionsgrad von nicht repetitiven Kosten berücksichtigt erscheint somit besonders für die Kalkulation von Gruppenarrangements sinnvoll. Mit dem Ziel einer besseren Auslastung erlaubt diese Kalkulationsart für langfristige Preisentscheidungen sehr detaillierte Informationen.

Tabelle 32: Kalkulationsvergleich nach Voll- und Prozesskosten

Ausgangsdaten	Betrag		
Personenzahl	1		
Wareneinsatz Lebensmittel pro Gast	10,00 €		
Anzahl der Gedecke	2		
Kalkulation nach Vollkosten:		**Kalkulation nach Prozesskosten:**	
Gemeinkostenzuschlagssatz in %	234,13	Restgemeinkostenzuschlagssatz in %	146,59
Gemeinkostenzuschlag	23,41 €	Restgemeinkostensatz pro Gast	14,66 €
Angebotspreis ohne Ust/Gast	33,41 €	Gemeinkostenanteil nicht repetitiver Charakter in %	8
		Gemeinkostenzuschlag nicht repetitiver Gemeinkosten pro Gast	0,83 €
		Kostenanteil Gast (mengen-neutrale Kosten)	0,30 €
		Prozesskostensatz	1,04 €
		Anzahl Prozesse	2
		Kostenanteil mengeninduzierte Kosten	2,09 €
		Gesamtrechnung Speisen Gruppe nach Prozesskosten	27,58 €
Angebotspreis nach Vollkostenrechnung	**33,41 €**	**Angebotspreis nach Prozesskostenrechnung**	**27,58 €**

Möglicher Rabatt: 17,47 %

6.8 Einige praktische Hinweise zur Umsetzung und Anwendung der Kostenrechnung sowie von Maßnahmen zur Kostenreduktion

In diesem Abschnitt sollen einige **praktische Ausführungen** zusammengefasst werden zum **Know–how-Transfer** im Bereich der Kostenrechnung.

1. Vollkostenrechnung für strategische Entscheidungen
Für strategische Entscheidungen ist es wichtig, dass ein Unternehmen seine Einkommens-quellen auf Leistungen zurückführt, die die Kosten und einen Gewinnaufschlag erzielen können. Denn nur Produkte, die Ihren Marktwert haben, können auch dem Unternehmen eine langfristige Existenz zusichern. Da im strategischen Bereich eine große Gestaltungsfreiheit

herrscht, ist es möglich, an den Kostentreibern zu arbeiten. Ein Verzicht auf Kostendeckung bedeutet in der Gastronomie immer, einen Verzicht auf Rentabilität und vor allem ein Verzicht auf Unternehmerlohn und Eigenkapitalverzinsung. Dabei ist die Kritik der ungenauen Verteilung der Kosten hier nicht ausschlaggebend, da der kalkulierte Preis nach der Vollkostenrechnung in der Praxis eher ein Referenzpreis ist oder zur Benchmark für strategische Entscheidungen wird.

2. Teilkostenrechnung für operative Entscheidungen

Im operativen Bereich führt die Teilkostenrechnung zu einer höheren Entscheidungsqualität, da die Kostenstruktur des Unternehmens und besonders der Mitarbeitereinsatz kurzfristig nicht veränderbar sind. Aus dem Gedanken der Deckungsbeitragsrechnung heraus, ist es immer besser, ein Gericht zu verkaufen, das einen positiven Deckungsbeitrag hat. So können die bestehenden Ressourcen optimal genutzt werden. Der Deckungsbeitrag kann somit die Entscheidung bieten für Preisaktionen als Werbezwecke[1] und zur Entscheidung über Zusatzveranstaltungen.

3. Anwendung der Prozess- und Zielkostenrechnung

Für viele Unternehmen ist diese Kostenanalyse sehr aufwendig und sollte somit nur exemplarisch für bestimmte Leistungen eingesetzt werden. Die Anwendung setzt eine umfangreiche Analyse der Prozesse voraus, die sich aus einem praktizierten Qualitätsmanagement ergeben. Dieses Instrument der Kostenrechnung erlaubt dem Gastronom eine bessere marktorientierte Preisbildung und unterstützt die Analyse der eigenen Stärken und Schwächen im Unternehmen aufgrund der eingebetteten Konkurrenzbeobachtung. Anhand der Prozesskostenrechnung wird aber der Raum für Gruppenrabatte deutlich.

4. Einsatz der EDV

Zur Kalkulation und besseren Kostenkontrolle im Wareneinsatzbereich sollte auf die im Markt angebotenen EDV Programme zurückgegriffen werden. Die Daten aus der EDV sind aber immer nur so gut, wie die Sorgfalt, mit der Daten eingegeben werden und mit der eine Datenpflege praktiziert wird. Weiterhin ist die Analyse der Tageskasse mit den statistischen Auswertungen einer Renner und Penner Liste[2] von Bedeutung. Die EDV kann hier viele Arbeiten in der Datenerfassung ermöglichen, sofern einmal ein Konzept der Analyse erstellt wurde.

5. Genauigkeit in der Datenaufbereitung und Zuordnung auf Kostenstellen/Kostenträger

Die Kostenarten sollen den Werteverzehr im Betrieb umfassend abbilden. Jedoch ist hier keine buchhalterische Genauigkeit gefordert. Zur Verteilung der Kosten auf Kostenstellen und Kostenträger können auch gute Schätzwerte genommen werden oder andere rein statistische Verteilungsgrößen. Eine aufwendige innerbetriebliche Messung des Verbrauchs sollte immer unter dem Aspekt der Wirtschaftlichkeit betrachtet werden, d.h. das eine Zielkon-

---

[1] So gibt es z. B. verschiedene Aktionen wo man das Hauptgericht anhand eines Gutscheinheftes zu 50% bekommt. In diesem Fall sind maximal die variablen Kosten gedeckt. Beispiel: www.schlemenundsparen.de

[2] Renner-Penner-Liste: Auswertung der Artikel nach Umsatzintensität/-anteil. Der Artikelumsatz wird hier zum Gesamtumsatz gestellt. Umsatzstarke Produkte sind somit Renner, Umsatzschwache Produkte sind somit Penner.

gruenz zwischen den Kosten der Datenerfassung und dem gewonnen Informationsgehalt muss hergestellt werden.

6. ABC Analyse

In der Gastronomie sind aufgrund der Aufgabenhäufung für den Unternehmer Prioritäten zu setzen. Die ABC Analyse hilft dem Unternehmer, seine Aufmerksamkeit auf das Wesentliche zu legen und die Gerichte und Getränke zu kalkulieren, die aufgrund der Beliebtheit im Restaurant auch das Betriebsergebnis entscheidend beeinflussen. Diese Gerichte sollte man vorrangig einer genauen Kalkulation unterziehen und als Benchmark setzen. Dies gilt ebenso für die Kostenarten.

7. Kalkulation von Eckprodukten

In der Gastronomie, wie auch in anderen Bereichen der Wirtschaft, ist es nicht möglich, jedes Produkt genau zu kalkulieren und dessen Wirtschaftlichkeit zu beurteilen. Aus diesem Grunde sollte man besonders auf die Kalkulation von Eckprodukten achten, die entweder einen hohen Umsatzanteil oder einen hohen Vergleichswert für Gäste haben.[1] So wird der Preis einer Flasche Wasser gerne genommen und dieses Preisempfinden auf das gesamte Unternehmen übertragen. Bei diesen Produkten sollte besonders ein Target – Costing angewandt werden.

8. Bezug zum Marketing

Die Ergebnisse der Kalkulation gehen in die Preispolitik und das Marketing über. Jedoch sollte man bei größeren Differenzen zwischen dem eigenen Preis und dem vorherrschenden Marktpreis berücksichtigen, dass andere Botschaften der Kommunikation anzuwenden sind, damit der Preis nicht als Hauptentscheidungsmerkmal entfällt. Weiterhin kann man jetzt durch das Marketing Kaufentscheidungen gezielt beeinflussen, indem man die Aufmerksamkeit auf die Bereiche lenkt, die wirtschaftlich für das Unternehmen Quellen des Erfolgs darstellen.

In der folgenden Abbildung sind die Hauptkostentreiber aufgeführt sowie mögliche praktische **Hinweise zur Kostenreduktion**. Die Angaben und Ideen haben sich aus dem Studium der Fachzeitschriften und aus den angegebenen Internetseiten dieses Buches ergeben. Die Darstellung hat keinen Anspruch auf Vollständigkeit, sie stellt eine Bewertung der Möglichkeiten dar.

---

[1] AHGZ: Softdrinks sind Renditebringer vom 17.05.2008

Abbildung 49: Praktische Maßnahmen zur Kostenreduktion

Kostenart	Möglichkeiten der Kostenreduktion
Wareneinsatz	• Kontrolle der Portionsgröße • Kontrolle und Vergleich von Angebotspreisen • Nutzung von Aktionspreisen • Tiefe des Speisenangebotes • Art der Haltbarmachung • Verwertung von Lebensmitteln • Organisation des Speisenservices (Büfett oder Tellerservice, Vorlegen der Speisen) • Kontrolle der Lebensmittellagerung • Kontrolle der Bestellmengen • Abgabe von Personalessen • Abgabe von kostenlosen Beilagen wie Salatteller • Kontrolle des Umfangs der vorbereiteten Speisen
Personalkosten	• Planung der vorbereitenden Maßnahmen und Verlagerung in umsatzschwache Zeiten • Nutzung von umsatzschwachen Zeiten für Marktingmaßnahmen und organisatorischen Aufgaben • Erhöhung der Zusatzverkäufe durch Schulungen in Umsatzschwachen Zeiten • Beschäftigung von aus- oder angelerntem Personal aufgrund der höheren Arbeitsproduktivität • Verringerung der Übergabezeiten aufgrund strukturierter Prozesse • Nutzung der Technik zur Bestellungsaufnahme • Beeinflussung des Buchungsverhaltens der Gäste und Erhöhung der Quote der Vorbestellungen zur besseren Personaleinsatzplanung
Energie	• Nutzung alternative Energien, Blockheizkraftwerken, Wärmerückgewinnung, Regenwassernutzung im Sanitärbereich • Wärmedämmung und Isolierung des Gebäudes • Nutzung von Tageslicht • Kühl- und Wärmeschleusen • Energiesparende Leuchtmittel und Bewegungsmelder zur Bedarfsgerechten Beleuchtung • Nutzung der Küchengeräte bei Bedarf ohne ständige Betriebsbereitschaft, • Spülmaschinen und Waschmaschinen nur bei voller Auslastung nutzen • Reduktion der Stand-by Geräte • Spitzenzeiten möglichst vermeiden
Umweltkosten	• Trennung der Abfälle • Planung der Entsorgung von Abfällen

6.9 Zusammenfassung und Schlussgedanke

In der Gastronomie ist man häufig auf der Suche nach Vergleichen und Fauszahlen in der Preisbildung, die einem in der täglichen Hektik helfen, einen schnellen Überblick zu erreichen. So gibt es in der Praxis folgende Faustregeln wie:

• 3facher Wareneinsatz zur Kalkulation von Speisen,
• der Preis eines Glases Wein sollte dem Einkaufspreis einer Flasche Wein entsprechen,

- der Service wird über die Getränke verdient.
- Essen einfach zu berechnen, da der Gewinn im Verkauf der Getränke verdient wird.
- Eine Million Formel für die Kalkulation des Zimmerpreises.

Diese Aussagen und Kalkulationshilfen ersetzen keine Kalkulation und somit auch nicht die Notwendigkeit einer wirtschaftlichen Analyse, die nach dem ökonomischen Prinzip aufzubauen ist. Das Grundhandwerkszeug ist die Kostenartenrechnung und der Betriebsabrechnungsbogen für eine Kalkulation und Kostenkontrolle sowie einem wirtschaftlichen Handeln.

Die Kostenrechnung erlaubt dem Unternehmer, seinen Betrieb besser kennenzulernen. Am Anfang ist es wichtig, ein Grundkonzept zu schaffen und nicht am Anfang die Perfektion zu setzen. Kostenrechnungssysteme sind Systeme, die in sich leben und gepflegt werden müssen. Aus jeder Analyse ergibt sich eine Verbesserung in der Datenerfassung und Datenanalyse.

Kostenrechnung beginnt dann Spaß zu machen, wenn das Unternehmen durch die gewonnene Information eigene Entscheidungen treffen kann und damit einen Entscheidungsraum zurückbekommt. Diese Notwendigkeit besteht besonders, da laut einer Umfrage des GFK-Vereins zum geänderten Verbraucherverhalten aufgrund der Wirtschaftskrise 47,9% aller Befragten deutschen Bürger angaben, dass sie seltener essen gehen würden. Diese Nennung stand in Deutschland auf Platz 1, gefolgt von dem günstigen Einkauf der Lebensmittel (47,4%) und dem Verzicht auf größere Anschaffung für den Haushalt (42,4%). Auch in anderen europäischen Ländern wird versucht, die Ausgaben in der Gastronomie zu reduzieren, jedoch war das Verhalten nicht so konzentriert wie in der Bundesrepublik.[1] Dieses Verhalten erhöht somit den Druck auf die Gastronomie aufgrund einer steigenden Kostensituation besonders im Personal- und Energiebereich und unterstreicht die Notwendigkeit des Einsatzes einer Kostenrechnung.

---

[1] GFK – Verein: Europäische Konsumenten sparen in der Krise ganz unterschiedlich, Februar 2010 (Pressemitteilung)

Kapitel 7: Finanzierung und Investition in der Gastronomie

7.1   Einleitung und Übersicht

Seit Jahren besteht ein Spannungsverhältnis zwischen dem Gastgewerbe und Kapitalgebern mit der Konsequenz, dass viele Finanzierungswünsche abgelehnt werden. Die Ursachen dieses Spannungsverhältnisses liegen nicht in der Volatilität des Gastgewerbes und in der hohen Insolvenzrate allein. Dies würde den Ergebnissen der Bilanzanalyse aus Kapitel 1 widersprechen, da die Mehrzahl der gastronomischen Unternehmen im hohen Grad durch Fremdkapital finanziert werden. Dabei ist aber zu berücksichtigen, dass die Bilanzanalyse nur bestehenden Finanzierungen berücksichtigt. Diese Ergebnisse spiegeln aber nicht die Schwierigkeiten der Gastronomie in der Finanzierung von Neuinvestitionen wieder, die durchaus vorhanden sind besonders aufgrund der geringen Eigenkapitalrentabilität. Hier eröffnet sich für die Gastronomie ein Teufelskreis. Die hohen Kosten der Fremdfinanzierung reduzieren den finanziellen Handlungsraum für zukunftsweisende Investitionen. Diese Investitionen werden aber dringend benötigt, um auf Marktänderungen zu reagieren und die Eigenkapitalrentabilität am Ende zu erhöhen.

Aus diesem Grunde ist es für das Gastgewerbe elementar, Finanzierungswünsche unter Beachtung der Finanzierungsleitsätze bei den Kapitalgebern einzureichen. Dies schließt einen professionellen Umgang mit Kapitalgebern und die Kenntnis der Parameter von Finanzierungsentscheidungen durch ein Ratingverfahren ein. Die Richtlinien zur Bewertung von Kreditrisiken in einer Bank (Basel II) haben den Entscheidungsprozess stark formalisiert und können nicht durch eine gute persönliche Beziehung zwischen einem Finanzierungsinstitut und einem Unternehmen ersetzt werden. Diese Erfüllung der Rating-Kriterien ist die Voraussetzung, um Kapital zu einem niedrigen Zinssatz auf dem Kapitalmarkt zu akquirieren.

Die Finanzwirtschaft ist eine Teilaufgabe der Unternehmensführung und hat die Aufgabe, das Unternehmen mit den benötigten Geldmitteln zu versorgen. Dieses Kapitel beschäftigt sich mit den Bereichen Investition und Finanzierung. Nach einer Analyse der Probleme der Finanzierung im Gastgewerbe geht dieses Kapitel auf die Grundstrukturen der Finanzierung von Investitionen ein. Dabei stehen die besonderen Charakteristika von Investitionen und Methoden zur Planung und Darstellung der Rentabilität im Mittelpunkt mit dem Ziel, Finanzierungswünsche professionell darzustellen und somit die betriebswirtschaftliche Kompetenz im Gastgewerbe zu erhöhen. Das Risikomanagement ist Teil der Finanzwirtschaft, bildet aber auch den Grundgedanken des Controllings und wird aus diesem Grunde in Kapital 8 behandelt.

7.2   Grundsätzliche Überlegungen zur Finanzierung von Investitionen in der Gastronomie

Die Finanzwirtschaft hat die **Beschaffungsfunktion von Geldmitteln** im Unternehmen zum Inhalt. Die Verwendung oder Anlage der Geldmittel stellt eine Investition dar und bezieht sich auf ein gesamtes Unternehmen (wie z. B. Existenzgründung) oder auf einen bestimmten Bereich im Unternehmen (wie z. B. Erweiterungs- oder Modernisierungsinvestitionen). Finanzierung bedeutet, Geldvermögen in Sachvermögen zu wandeln. Beide Tätigkeiten sind auf die Zukunft gerichtet und setzen einen **planvollen Umgang mit den Risiken** im Unternehmen voraus unter Berücksichtigung der Unternehmensziele wie **Wachstum, Rentabilität und Liquidität**. Diese Ziele stehen in der finanzwirtschaftlichen Betrachtung teilweise konträr zueinander, wie in Abbildung 50 dargestellt.

Abbildung 50: Das magische Dreieck der Unternehmensführung

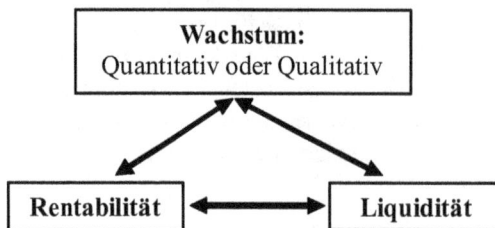

Ein Unternehmen muss wachsen: qualitativ und quantitativ. Quantitatives Wachstum bedeutet eine Erweiterung der Kapazitäten, während qualitatives Wachstum eine Verbesserung in der Nutzung der Kapazitäten und der Rationalisierungsmaßnahmen oder eine Neuausrichtung bestehender Leistungsangebote zum Ziel hat. Wachstum bedeutet vor allem, die künftige Wettbewerbsfähigkeit des Unternehmens zu fördern. Voraussetzung für Wachstum ist Rentabilität, um Kapital für das Unternehmen zu akquirieren und zu halten. Ein Unternehmen existiert aber nur bei ausreichender Liquidität, d.h. die Fähigkeit den laufenden Zahlungsverpflichtungen nachzukommen. Aus diesem Grunde steht das Liquiditätsziel in der kurzfristigen Planung im Vordergrund. Mittel- und langfristig haben Wachstums- und Rentabilitätsziele die Priorität.

Zielkonflikte in der Finanzwirtschaft ergeben sich dadurch, dass durch eine Finanzierung Geldvermögen gebunden oder extern beschafft wird. Dies schränkt die Liquidität des Unternehmens besonders dann ein, wenn durch die Investition keine zusätzlichen Mittelzuflüsse (wie durch zusätzlichen Umsatz) zu erwarten sind wie z. B. im Falle einer Modernisierungsinvestition. Das Primat der Liquidität in der operativen Unternehmensführung bedeutet aber, dass notwendige Investitionen zur Erhaltung der Konkurrenzfähigkeit verschoben werden müssen, sofern die Liquidität gefährdet erscheint. Diese Entscheidung steht dann im Konflikt zum Rentabilitäts- und Wachstumsgedanken und kann in der strategischen Unternehmensführung die Existenz des Unternehmens wiederum bedrohen. Die Herausforderung für das Unternehmen ist dabei, den Kapitalbedarf, die Finanzierungsquelle sowie die Ertragskraft der Investition richtig zu bestimmen und zu planen, um die Zukunft des Unternehmens nicht nachhaltig zu gefährden. Dies hat für die Unternehmensführung zur Folge, dass Investitionen unter der Maßgabe Wachstum, Rentabilität und Liquidität zu betrachten sind. Die Sicherheit und Stabilitätsforderung obliegt einer nachsichtigen Unternehmensführung.

Aus dieser Definition ergeben sich für den finanzwirtschaftlichen Bereich **vier Aspekte** wie

- die Wirtschaftlichkeit der Investition (Rentabilitätszwang),
- die Zahlungsfähigkeit der Investition (Liquiditätszwang),
- die Sicherheit und Stabilität der Investition (Zwang des Risikoschutzes),
- die Zukunftsorientiertheit der Investition (Zwang des Wachstums).

Abbildung 51: Bilanzwaage und goldene Finanzierungsregeln

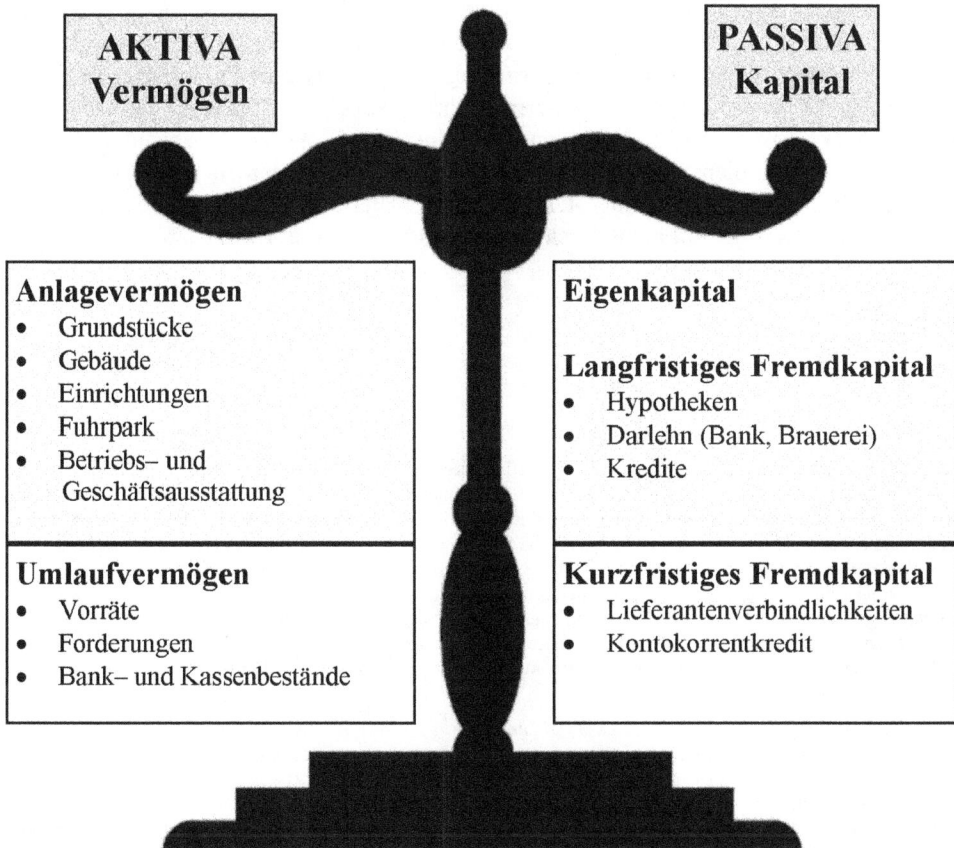

AKTIVA
Vermögen

PASSIVA
Kapital

Anlagevermögen
- Grundstücke
- Gebäude
- Einrichtungen
- Fuhrpark
- Betriebs– und Geschäftsausstattung

Umlaufvermögen
- Vorräte
- Forderungen
- Bank– und Kassenbestände

Eigenkapital

Langfristiges Fremdkapital
- Hypotheken
- Darlehn (Bank, Brauerei)
- Kredite

Kurzfristiges Fremdkapital
- Lieferantenverbindlichkeiten
- Kontokorrentkredit

Der Kerngedanke der Finanzierung zur Erfüllung dieser Forderungen ist der **Ausgleich der Fristigkeit** zwischen Investition und Finanzierung und dem Abschreibungskreislauf,[1] der in der goldenen Finanzierungsregel widergespiegelt wird. Anlagevermögen d.h. langfristige Wirtschaftsgüter müssen durch langfristiges Kapital finanziert werden. Aus dem **Abschreibungskreislauf** soll der Werteverzehr des Anlagevermögens über die Umsatzerlöse wieder refinanziert werden. Dieser Gedankengang bildet die Grundlage vieler Finanzierungsentscheidung und findet sich im Aufbau der Bilanz und einer Reihe von Bilanzkennzahlen wieder.

Diese grundlegende Forderung gilt auch für den Umgang mit Investitionen in der Gastronomie. Der langfristige Charakter von Investitionen in der Gastronomie und die Refinanzierung über die Abschreibungen bedeuten, dass **Investitions- und Finanzierungsentscheidungen** im **Gleichschritt mit den Umsatzerwartungen** gehen müssen. Schnelles Wachstum ist nur bei einem schnellen und konstanten Umsatzanstieg möglich. Aufgrund der hohen Einkommenselastizität der Nachfrage in der Gastronomie ist diese Konstanz besonders bei sinkendem Realeinkommen der Bevölkerung sehr fraglich[2] und die Annahme eines schnellen Wachstums bedenklich. Auf der anderen Seite hat die Gastronomie große Chancen Anlagegüter auch weiter über die gesetzlich geplanten und zur Finanzierung herangezogenen Abschreibungszeiträume zu nutzen. Somit kann man in dieser Branche verstärkt auf den Lohmann – Ruchti – Effekt[3] zurückgreifen, durch die Nutzung von Investitionen über die Abschreibungsdauer hinaus. Dies setzt aber voraus, dass der Gast die Preise akzeptieren, die zu einem Rückfluss der Abschreibungswerte führen. So können Finanzmittel geschaffen werden, die dem Unternehmen zur Bildung von Eigenkapital und zur Finanzierung von Investitionen zusätzlich dienen. Zur Sicherung des Kapitals ist ein planvoller Umgang mit der Rücklagenbildung und mit den Rückstellungen in der Bilanz von großer Bedeutung, damit diese Innenfinanzierungskraft nicht durch Steuerabflüsse gefährdet wird.

---

[1] Der Abschreibschreibungskreislauf beschreibt die Refinanzierung des Werteverbrauchs des Anlagevermögens aus den Umsatzprozess heraus. Er beschreibt, wie aus dem gebundenen Kapital wieder flüssige Mittel werden zur Finanzierung bestehender Investitionen bzw. zur Wiedergewinnung des eingesetzten Kapitals. In Bezug auf die Gastronomie könnte ein Abschreibungskreislauf wie folgt aussehen: Anschaffung neuer Küchentechnik, Nutzungsdauer 10 Jahre. Der Werteverbrauch des Anlagevermögens wird durch die Abschreibungen erfasst und geht in die Kalkulation mit ein. Mit den getätigten Umsatz fließen anteilig die Abschreibungen als flüssige Mittel wieder zurück ins Unternehmen. Dieser Anteil kann zur Rückzahlung des eingesetzten Kapitals genutzt werden oder, im Falle einer Eigenfinanzierung gespart. Am Ende der Nutzungsdauer ist entweder das Fremdkapital zurückgezahlt oder es steht der Betrag wieder zur Finanzierung der Ersatzinvestition zur Verfügung.

[2] vlg. Abschnitt 1.4.2

[3] Der Lohmann-Ruchti-Effekt beschreibt zwei Effekte durch umsatzrefinanzierte Abschreiben: I) Kapitalfreisetzungseffekt = umsatzrefinanzierte Abschreibungen erhöhen den Zahlungsmittelbestand und stehen am Ende des Abschreibungskreislauf zur Erneuerungsinvestition zu Verfügung. II) Kapitalerweiterungseffekt = aufgrund des Unterschieds zwischen der handels- und steuerrechtlichen Abschreibungsdauer und der tatsächlichen kann aufgrund weiterer umsatzrefinanzierter Abschreibungen das Unternehmenskapital erweitert werden und steht zusätzlichen Investitionen zur Verfügung. Der Effekt wurde von Martin Lohmann und Hans Ruchti 1953 vorgestellt und nach ihnen benannt.

Abbildung 52: Langfristige versus kurzfristige Finanzierungen im Gastgewerbe

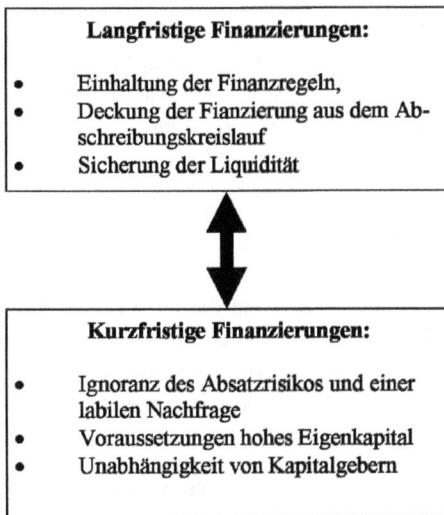

Langfristige Finanzierungen:

- Einhaltung der Finanzregeln,
- Deckung der Fianzierung aus dem Abschreibungskreislauf
- Sicherung der Liquidität

Kurzfristige Finanzierungen:

- Ignoranz des Absatzrisikos und einer labilen Nachfrage
- Voraussetzungen hohes Eigenkapital
- Unabhängigkeit von Kapitalgebern

Folglich verbieten sich **kurzfristige Finanzierungen** aufgrund der hohen Belastungen im laufenden Geschäftsbetrieb und eines hohen Drucks in der operativen Unternehmensführung. Voraussetzung für kurzfristige Finanzierungen von Investitionen ist ein hohes Eigenkapital bzw. eine Unabhängigkeit von Fremdkapitalgebern, hohe Eigenkapitalrentabilität und ein geringes Absatzrisiko. Alle Voraussetzungen sind für die Mehrzahl der gastronomischen Unternehmen nicht gegeben.

Das Problem ist für Familienunternehmen, auf immer schneller wachsende Produktlebenszyklen sowie auf den Wandel im Markt zu reagieren und diese in Einklang mit den finanzwirtschaftlichen Möglichkeiten zu bringen. Die Motivation und die Möglichkeiten des Wachstums gilt es hier zu kanalisieren, da schnelles Wachstum die Kapitaldienstfähigkeit des Gastgewerbes überfordert.

In der Finanzierung von Investitionen sind die Eigenkapitalquote und der **Verschuldungsgrad** von Relevanz. Die Höhe der **Eigenkapitalquote** ist Ausdruck der Unabhängigkeit und Krisenfestigkeit, da das Eigenkapital keiner Tilgung bedarf und die Verzinsung sich aus dem Unternehmensergebnis ergibt. Fremdkapital selbst setzt aber die Unternehmensführung aufgrund der regelmäßigen und ergebnisunabhängigen Zahlungsverpflichtung stark unter Druck. Fehlentscheidungen sind nicht korrigierbar und längere Schwächen in der Konjunktur bedeuteten besonders für junge Unternehmen eine erhöhte Liquiditätsgefahr.

In der Finanzierung ist der **optimale Verschuldungsgrad** im Unternehmen eine entscheidende Frage. Die Finanzierung einer Investition sollte nur dann vorgenommen werden, wenn die Gesamtkapitalrentabilität über dem Marktzins liegt.[1] In diesem Fall tritt ein positiver Fall der Eigenkapitalrendite ein d.h., das Fremdkapital verzinst sich positiv im Unternehmen. Ist hier die Differenz negativ, verzichtet das Eigenkapital auf eine eigene Verzinsung zugunsten des Fremdkapitals. Dann sollte man auf eine Investition verzichten, da man in diesem Fall nur für die Kapitalgeber arbeitet. In Personenunternehmen ist der Unternehmerlohn Bestandteils des Gewinns und sollte bei den Analysen entsprechend abgezogen werden.

Es ergibt sich hier ein **Leverage Effekt**[2] im positiven und negativen Sinn. Ist die Eigenkapitalverzinsung höher als der Fremdkapitalzinssatz, und dann profitiert das Eigenkapital von Investitionen durch Fremdkapital. Ist dieses Verhältnis umgekehrt, so muss häufig das Ei-

---

[1] Gesamtkapitalrentabilität: Gewinn zuzüglich Fremdkapitalzinsen dividiert durch das Gesamtkapital.

[2] Leverage Effekt: Hebelwirkung in der Finanzierung zwischen Eigen- und Fremdkapital.

genkapital auf eine Verzinsung verzichten, um das Fremdkapital zu finanzieren. Somit arbeitet das bestehende Vermögen dafür, die Existenz des Unternehmens zu erhalten. Gerade in der Gastronomie ist dieser Effekt von Bedeutung, da die Eigenkapitalverzinsung niedrig ist. Es besteht somit die Gefahr, dass die Unternehmerfamilie durch Investitionen quasi für die Kapitalgeber arbeitet, um das Unternehmen zu halten. Die entstehenden Existenzängste sowie Unzufriedenheit aufgrund der eigenen mangelnden Einkommenssituation können dann zum Scheitern der Investition führen.

Entsprechend der Bilanzanalyse in Kapitel 1 ist das Reinvermögen vieler Unternehmen sehr gering. Diese Zahlen geben aber keinen Aufschluss über das Ausmaß der stillen Reserven in der Gastronomie aufgrund bereits abgeschriebener Vermögenswerte (= wirtschaftlicher Marktwert). Der Verkehrswert wird jedoch als Sicherheit genutzt, da dieser Wert im Falle eines Not leidenden Kredites tatsächlich auf dem Markt erzielt werden könnte. Da in den letzten Jahren zu beobachten war, dass die Verkaufserlöse für Gastronomieimmobilien und Inventar sehr gering waren, sollte die Bedeutung von stillen Reserven als mögliche Sicherheit für Finanzierungen vorsichtig eingeschätzt werden.

Ein bedeutender Wert in gastronomischen Familienunternehmen ist das Wissen und die Motivation der Inhaberfamilie. Dieses **Humankapital** (= menschliches Vermögen aufbauend auf Wissen, Können, Erfahrungen und Motivation) bestimmt zu einem erheblichen Maße das Vermögen eines Unternehmens[1] aufgrund der Einheit zwischen der Familie und dem Unternehmen. Dieser Wert wird nicht bilanziert und steht als haftendes Kapital für Fremdkapitalgeber nicht zur Verfügung. Aufgrund einer sehr intensiven Gast-Unternehmensbeziehung ist dieser Wert von Bedeutung, der in Familienunternehmen stark auf den Unternehmer selbst übertragen wird und im Unternehmen erhalten bleibt. Als Konsequenz der Personifizierung wird der Inhaber eines Gastgewerbes zum entscheidenden Faktor im Rahmen einer Finanzierungsentscheidung. Dieser Faktor schließt ferner die persönlichen Verhältnisse und die Bonität des Gastronomen mit ein. Hierzu zählt auch die Fähigkeit des Umgangs mit Geldmitteln.

7.3 Besonderheiten in der Planung von Investitionen und Finanzierungen im Gastgewerbe

Aufgrund der Struktur der Leistungserstellung und deren Vermarktung von gastronomischen Leistungen ergeben sich Eigenschaften, die in der Planung von Investitionen und deren Finanzierung zu berücksichtigen sind.[2] Diese Punkte gehen über das bereits erwähnte Absatzrisiko von gastronomischen Leistungen hinaus.

* Das Gastgewerbe hat vor der Betriebsaufnahme bzw. vor dem Angebot der Leistung die **volle Betriebsbereitschaft** herzustellen. Die Nachfrage bzw. das Produkt eines Unternehmens wird durch die Investition geschaffen und nicht wie in anderen Branchen, wo nach der Annahme des Produktes die Produktionskapazitäten bestimmt werden können.

[1] vlg. Moog/Felden: Humankapital, S. 130ff
[2] Vgl. Henschel, Hotelmanagement, S. 263; Schlembach: Familienunternehmen, S. 47

Aufgrund des Dienstleistungscharakters können Umsatzschwankungen nicht durch Lagerleistungen ausgeglichen werden. Dies hat zur Folge, dass die geschaffenen Kapazitäten durch eine Investition nicht immer vollständig ausgelastet sind und durch ein hohes Maß an Leerkosten die Rentabilität negativ beeinflusst wird.

- Die Höhe der Investitionskosten wird durch eine **Vielzahl von Richtlinien** aus dem Baurecht, Lebensmittelrecht und Arbeitsrecht bestimmt.[1] Diese Richtlinien reflektieren den öffentlichen Charakter der Gastronomie und bleiben häufig dem externen Betrachter verborgen. Die Umsetzung dieser Richtlinien ist mit hohen Zusatzkosten für die Investition verbunden, die nicht zur Steigerung der Rentabilität beitragen.

- Mit der Errichtung eines Hotelzimmers sind die Kosten der Investition nicht abgeschlossen. **Folgekosten** für Raumpflege und Gästebetreuung werden unterschätzt. Somit ist es falsch, von kurzen Amortisationszeiten der Investition auszugehen. Dies führt schon bei leichten Nachfrageschwankungen schnell zur Illiquidität und fördert das schlechte Image dieser Branche.

- Die **Illusion des Bargeldes** verführt häufig dazu, dass besonders Investitionen mit einem geringen Kapitalbedarf oder mit Ersatzinvestitionen aus dem laufenden Umsatzprozess finanziert werden. Das Bargeld ist kein Einnahmeüberschuss sondern dient zur Finanzierung der Kosten im Unternehmen. Der leichtfertige Umgang mit diesen Finanzierungsmitteln verbietet sich aufgrund der Anlagenlastigkeit in der Gastronomie und deren Folgekosten.

- Die hohen Warenaufschlagsätze und kurzfristigen Zahlungsziele in der Gastronomie haben viele Investoren dazu verleitet, die **Ertragskraft einer Gastronomie** zu überschätzen. Dies führte zu überzogenen Mieten oder Pachten von Objekten bzw. hohen Tilgungsforderungen mit der Konsequenz, dass die Pächter/Eigentümer keine Chance haben, auf Umsatzschwankungen zu reagieren.

- In der Gastronomie werden die **Produktlebenszyklen immer kürzer** und der Druck nach laufenden Veränderungen wird immer größer.[2] Aus diesem Grunde sollten Investitionen nicht unter einem generationsübergreifenden Projekt betrachtet werden. Das Anforderungsprofil einer Investition sollte eine kürzere Lebensdauer berücksichtigen.

- **Investitionen** allein sind **kein Garant für wirtschaftlichen Erfolg**. Der wirtschaftliche Erfolg wird bestimmt durch die Prozessqualität und Kundenbeziehung. Somit ist es falsch anzunehmen, dass Property - Investments in sich selbst eine höhere Rentabilität und Gästebindung schaffen.

- Die **langen Einführungszeiten** in der traditionellen Gastronomie werden in den Kapitalbedarfsplanungen nicht genügend berücksichtigt. Es wird hier gerne von kurzen Anlaufkosten ausgegangen anhand von Beispielen aus dem Handel oder in der Trendgastronomie. Die Dauer einer Kaufentscheidung ist sehr lang und kann am Anfang einer Investition sogar zu negativen Cashflows führen. Neue Ideen müssen erst vom Markt angenommen werden und benötigen eine Zeit der Akzeptanz. Es führt zu falschen Ergebnissen, sich von der Anfangsneugier der Gäste leiten zu lassen. Eine Buchung setzt das Vertrauen in die Leistungsfähigkeit im Zusammenhang mit einem Anlass voraus.

---

[1] Richtlinen wie Brandschutz, Ent- und Belüftungen von Küchen, HACCP, Lebensmittelrecht, Gewerbeaufsicht.

[2] AHGZ: Objekte bedürfen Aktualisierung, 26.08.2006

Finanzierungswünsche von gastronomischen Familienunternehmen haben aus der Sicht von Banken teilweise ein kleineres Volumen und somit fallen viele Finanzierungswünsche in den Kompetenzbereich der unteren Managementstufen. Aufgrund der eingeschränkten Kompetenzen ist von einer geringen Risikobereitschaft auszugehen. Folglich ist es für die Gastronomie besonders wichtig, bei Finanzierungswünschen die Unterlagen für Investitionsentscheidungen professionell vorzubereiten und die Besonderheiten einer Finanzierung im Gastgewerbe darzustellen. Hier gilt es besonders darauf zu achten, dass die Entwicklungen für das Unternehmen durch die getätigte Investition und durch entsprechende Liquiditäts- und Finanzplanungen darstellt werden. Dies beinhaltet auch den geplanten Umgang mit den zu erwarteten Marktrisiken. Nur so wird es möglich sein, dass Finanzierungswünsche entsprechend durch die Sachbearbeiter so aufbereitet werden können und sich die Wahrscheinlichkeit einer positiven Entscheidung ergibt.

7.4   Finanzwirtschaftliche Planungen in der Gastronomie

Planung ist ein gedanklicher Prozess mit dem Ziel, das zukünftige Handeln zu definieren. Auf der strategischen Ebene im Unternehmen gibt es zur Planung der Finanzen den **Kapitalstrukturplan** und den **Kapitalbindungsplan** zur Definition der künftigen Finanzstrukturen im Unternehmen. Unter Beachtung von Bilanzkennzahlen und einer Bewegungsbilanz können so Kapitalströme im Unternehmen dargestellt und geplant werden. Als Instrument werden hier häufig die Planbilanz und die Bewegungsbilanz genutzt. Das Ziel für die Unternehmensführung muss sein, die Finanzstrukturen im Unternehmen entsprechend der Fristenkongruenz aufzubauen und die Entwicklung des Eigenkapitals zu planen. Die geplante Eigenkapitalentwicklung ist wiederum eine Sollgröße für die spätere Gewinnplanung und Erfolgsplanung. Es ist eine Gesamtunternehmensbetrachtung und erlaubt die zeitliche Planung von Investitionsprojekten unter Berücksichtigung finanzwirtschaftlicher Möglichkeiten.

Zur Planung von Investitionsprojekten bedient man sich der Kapitalbedarfsrechnung, um die Höhe des Kapitalbedarfs festzustellen. Der Anlass zur Erstellung einer Kapitalbedarfsrechnung könnte z. B. sein:

- Finanzierung von Investition (Aus- oder Umbau, neue Küchentechnik) zum Erhalt der Absatzleistung
- Umfinanzierung: z.B. Umschuldung eines Kontokorrentkredites oder Lieferantenkredites
- Auszahlung von Erben, Gesellschaftern
- Anschlussfinanzierungen

Die **Kapitalbedarfsrechnung** ist eine Auflistung aller Aufwendungen, die für die Investition notwendig sind. Hierzu zählen die Kosten für den Erwerb bzw. die Erstellung der Investition (Sachkosten), für den Erwerb von Rechten sowie die Planungs- und Anlaufkosten der Investition. Auch wenn die Kapitalbedarfsrechnung vorrangig im Rahmen einer Investition oder Veränderung im Unternehmen angesetzt wird, ist die Kapitalbedarfsrechnung grundsätzlich auch unternehmensbezogen unter Berücksichtigung des gesamten Anlage- und Umlaufvermögens.

Der **Kapitalbedarf** ist abhängig von der Menge (Größe des Unternehmens/Investition, Leistung und Auslastung des Unternehmens), von der Zeit (Dauer der Kapitalbindung des Anlagevermögens und Prozessgeschwindigkeit = Dauer vom Einkauf bis hin zum Verkauf) und vom Preis bzw. Wert. Da die Gesamtkosten den Kapitalbedarf für die Investition darstellen, sollte man auf externes Wissen zurückgreifen, um die Ausgaben möglichst gewissenhaft zu erfassen. Besonders sind für den Kapitalbedarf die Anlaufkosten der Investition zu berücksichtigen. Darunter sind z.B. zu verstehen:

- Kapitalbedarf von Wareneingang bis hin zum ersten Geldeingang
- Zeitbedarf der Gäste, um auf das Angebot zu reagieren
- Zusätzliche Kosten für Einführungswerbung
- Kosten möglicher Fehleinschätzungen im Personal- und Warenbedarf

Die **Finanzplanung** operationalisiert die Kapitalstrukturplanung in jährliche Einnahmen und Ausgaben Planungen mit dem Ziel, Überschüsse und Unterdeckungen transparent zu machen und sie miteinander abzustimmen. Die Finanzplanung unterteilt sich in die

- Langfristige Finanzplanung und die
- Liquiditätsplanung

Die langfristige Finanzplanung ist abhängig von der Erfolgplanung. Unter dem Blickwinkel von Finanzströmen stellt die Leistungsabgabe als Einnahmen und den Werteverbrauch als Auszahlungen dar. Im Unterschied zur Erfolgsplanung müssen hier die ein- und auszahlungsunwirksamen Wertbewegungen genau voneinander differenziert werden. Weiterhin gibt es eine Reihe von finanzwirtschaftlichen Bewegungen wie Gewinnausschüttungen, Privatentnahmen, Steuerzahlungen etc., die nicht als Werteverzehr/ -zuwachs erfasst werden.[1] Die jeweiligen Wertebewegungen werden zum Zeitpunkt der finanzwirtschaftlichen Wirksamkeit erfasst. So werden z. B. die Umsätze mit ihrem Zahlungseingang erfasst.

In der Gastronomie ist das **Problem der Periodisierung** eher gering, da der Zahlungsverkehr stark umsatzsynchron ist. Auf der anderen Seite ist die Höhe der geplanten Ein-und Auszahlungen von einer Reihe von Faktoren abhängig, die den Kapitalfluss erheblich beeinflussen. Die beiden folgenden Abbildungen sollen einmal die Problematik der Planung der Zahlungsströme als Mind-Map darstellen sowie eine Auswahl an Faktoren, die in der Planung zu berücksichtigen sind:

---

[1] Es ist hier die betriebliche Ebene der Wertbewegungen genau zu beachten. Die Begriffspaare Ein- und Auszahlungen beschreiben die Liquiditätsebene, Ein- und Ausgaben die Vermögensebene (Bilanz), Aufwendungen/Erträge den unternehmerischen Werteverzehr und Kosten/Leistungen den betrieblichen Leistungsverzehr. Eine Investition kann so z.B. alle 4 Ebenen auf unterschiedliche Weise berühren. Auszahlung = Zahlung einer Darlehnsrate, Ausgabe = die Investitionstätigkeit, Aufwand = handels- und steuerrechtlichen Abschreibungen, Kosten = kalkulatorischen Abschreiben (siehe Abschnitt 6.2)

Abbildung 53: Planung der Einzahlungen

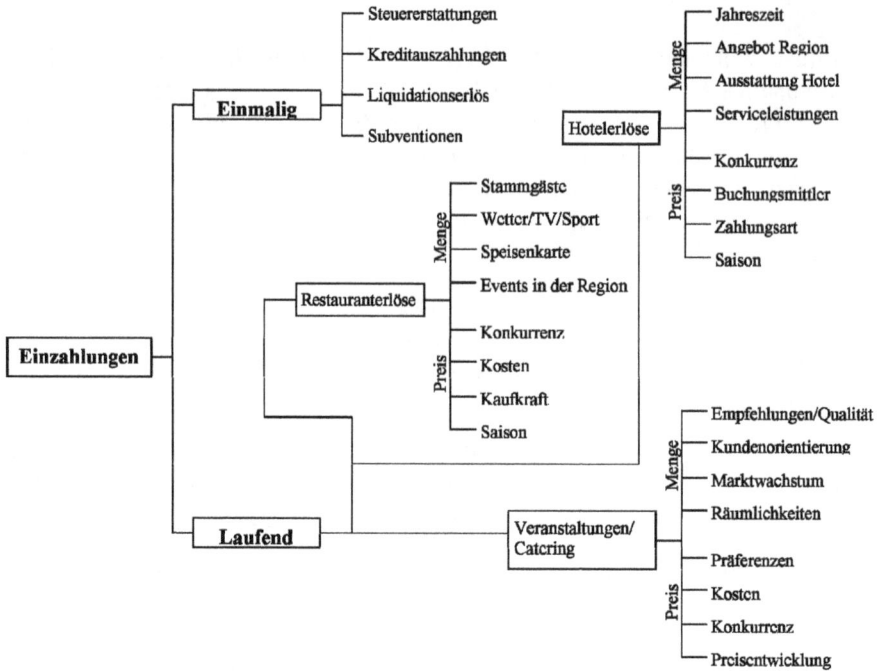

Einzahlungen

- Einmalig
  - Steuererstattungen
  - Kreditauszahlungen
  - Liquidationserlös
  - Subventionen
- Laufend
  - Hotelerlöse
    - Menge
      - Jahreszeit
      - Angebot Region
      - Ausstattung Hotel
      - Serviceleistungen
    - Preis
      - Konkurrenz
      - Buchungsmittler
      - Zahlungsart
      - Saison
  - Restauranterlöse
    - Menge
      - Stammgäste
      - Wetter/TV/Sport
      - Speisenkarte
      - Events in der Region
    - Preis
      - Konkurrenz
      - Kosten
      - Kaufkraft
      - Saison
  - Veranstaltungen/Catering
    - Menge
      - Empfehlungen/Qualität
      - Kundenorientierung
      - Marktwachstum
      - Räumlichkeiten
    - Preis
      - Präferenzen
      - Kosten
      - Konkurrenz
      - Preisentwicklung

Abbildung 54: Planung der Auszahlungen

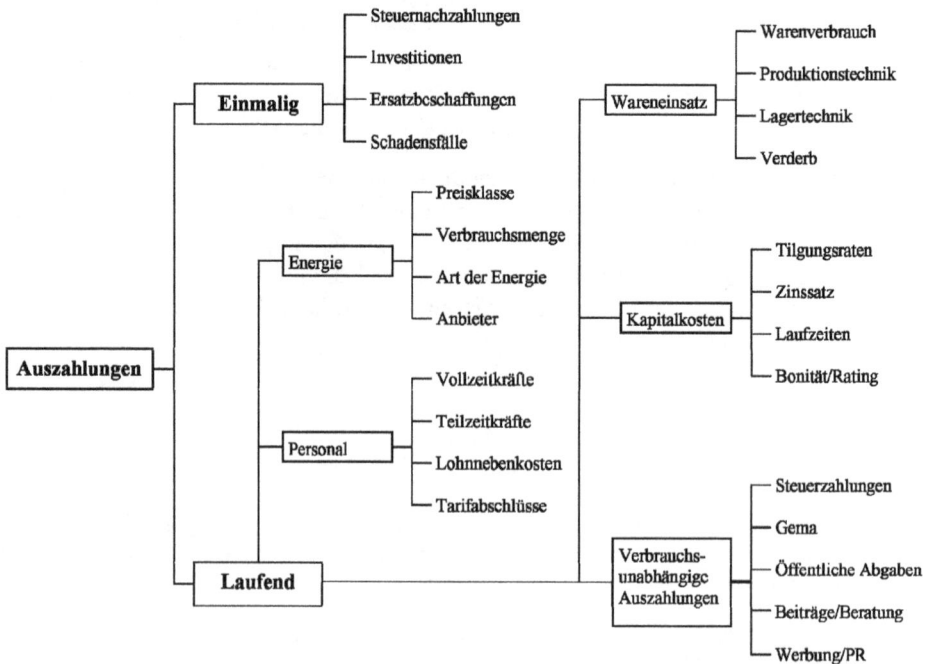

Auszahlungen

- Einmalig
  - Steuernachzahlungen
  - Investitionen
  - Ersatzbeschaffungen
  - Schadensfälle
- Laufend
  - Energie
    - Preisklasse
    - Verbrauchsmenge
    - Art der Energie
    - Anbieter
  - Personal
    - Vollzeitkräfte
    - Teilzeitkräfte
    - Lohnnebenkosten
    - Tarifabschlüsse
  - Wareneinsatz
    - Warenverbrauch
    - Produktionstechnik
    - Lagertechnik
    - Verderb
  - Kapitalkosten
    - Tilgungsraten
    - Zinssatz
    - Laufzeiten
    - Bonität/Rating
  - Verbrauchsunabhängige Auszahlungen
    - Steuerzahlungen
    - Gema
    - Öffentliche Abgaben
    - Beiträge/Beratung
    - Werbung/PR

Die Planung der **Auszahlungen** stellt sich in der Regel etwas einfacher dar, da hier eine Reihe von festen Positionen vorzufinden ist. Weiterhin ergibt sich eine Reihe von Positionen, die umsatzsynchron sind, jedoch aufgrund eines hohen Grads an Kosten der Betriebsbereitschaft nicht kurzfristig beeinflussbar sind. Somit sind die Struktur des Umsatzes und das Buchungsverhalten in einzelnen Unternehmen von Bedeutung. Die **Einzahlungen** in der Gastronomie sind von einer Reihe von Faktoren, die die Menge und den Preis einer gastronomischen Leistung beeinflussen abhängig und bedarf somit eine große Fachkenntnis.[1] Für die Praxis ist zu empfehlen, stufenweise vorzugehen, indem man von den festen Reservierungen ausgeht und sich später dem Tagesgeschäft widmet.

Die Planung der Ein- und Auszahlungen erlaubt die Abstimmung beider Größen und eröffnet eine Reihe von **Steuerungsmöglichkeiten**. Indem Ein- oder Auszahlungen zeitlich aufeinander abgestimmt werden, können so Maßnahmen zur Sicherung der Liquidität und Einsparung von Zinsen getroffen werden. So wird es z. B. möglich, kleine Ersatzinvestitionen im Hotelbereich durch entsprechende Umsatzerlöse zu finanzieren. Weiterhin besteht die Möglichkeit darüber nachzudenken, ob Prozesse im Unternehmen der Leistungserstellung auch parallel vollzogen werden können, um somit die Prozessgeschwindigkeit im Unternehmen zu erhöhen.

In der kurzfristigen Finanzplanung oder Liquiditätsplanung steht die **Sicherung der Zahlungsbereitschaft** im Vordergrund. Dies bedeutet, dass die in der Finanzplanung erarbeiten Werte in eine tägliche Planung übernommen werden. Zahlungstermine wie die Überweisung der Umsatzsteuerzahllast, Zahlung der Versicherungsbeiträge oder Zeitpunkt der Darlehnszahlungen gewinnen hier einen erheblichen Einfluss auf die tägliche Finanzdisposition. Die Planung erlaubt aber auch der Bank, die Kontobewegungen im Voraus aufzuzeigen, was das Vertrauensverhältnis zwischen der Bank und dem Unternehmen stärken kann.

7.5   Analyse der Wirtschaftlichkeit von Investitionen

Die Kernfrage in der Investitions- und Finanzrechnung ist, ob eine Investition wirtschaftlich ist oder nicht. Es ist einmal die Frage der Rendite, die es überhaupt möglich macht, Kapital anzuziehen, und die Frage, inwieweit **der Kapitaldienst in Zukunft geleistet** werden kann. Das Zahlenmaterial der Finanzplanung und der Kostenrechnung ist die Grundlage verschiedener Methoden, die im Entscheidungsprozess eingesetzt werden. Die Methoden haben unterschiedliche Zielsetzungen und gehen auf unterschiedliches Datenmaterial zurück. In der folgenden Tabelle sollen die geläufigsten Methoden vorgestellt werden.[2]

---

[1] siehe Abschnitt 8.3.2
[2] vgl. auch Henschel: Management, S. 303

Tabelle 33: Methoden zur Darstellung der Wirtschaftlichkeit

Berechnungs-Methode	Erläuterung	Beurteilung/ Einsatz/ Aussagekraft
Kostenver-gleichs-rechnung statische Methode Kennzahlen der Kostenrechnung	Gesamtkostenvergleich bei gleicher Beschäftigung und Stückkostenvergleich bei unterschiedlicher Beschäftigung. Zu berücksichtigen sind die Anschaffungs-kosten und die Liquidationserlöse. Ansatz: Abschreibungen = Anschaffungskosten - Verkaufserlös/ Nutzungsdauer Kapitalzinsen: Anschaffungskosten + Verkaufserlös/2 * kalkulatorischer Zinssatz Gesamtkosten = Betriebskosten (fix und variabel) + Abschreibungen + Kapitalzinsen	Das Verfahren ist ausrei-chend, wenn der Ertrag der Alternative gleichzusetzen ist oder der Ertrag ist nicht ent-scheidungsrelevant. Die Me-thode wird häufig eingesetzt bei Ersatzinvestitionen oder Investitionen, die die Leistung des Unternehmens nicht be-einflussen. Beispiele: Zugänge im Fuhr-park, Investitionen in der Küchentechnik sowie bei Ersatzinvestitionen.
Gewinnver-gleichs-rechnung (statische Methode) Kennzahlen der Kostenrechnung	Gesamtgewinnvergleich bei gleicher Beschäftigung oder Stückgewinnver-gleich bei unterschiedlicher Beschäfti-gung. Voraussetzung: die Leistungen und die Kosten der Investition können quantifiziert werden. Methode: Leistun-gen – Kosten (Kosten werden nach dem Ansatz der Kostenvergleichsrechnung berechnet.)	Das Verfahren ist anzuwen-den, wenn unterschiedliche Erträge aus einer Investition zu erwarten sind bei gleichem Kapitaleinsatz. Beispiele: Küchentechnik, Behandlung eines Ersatzproblems
Break - Even Analyse (statische Methode) Kennzahlen der Kostenrechnung	Gewinnvergleichsrechnung unter Be-rechnung der Gewinnschwelle. Vorset-zung: Leistungen können quantifiziert werden sowie fixe und variable Kosten. Die Leistung ist in Teilmengen bere-chenbar wie Öffnungstage, Gästezahl, Anzahl der Tellergerichte) Methode: Gesamtfixkosten/Deckungs-beitrag pro Leistungseinheit = Break - Even Point (Menge bzw. Leis-tungsmenge) wo die Gewinnschwelle erreicht wird.	Das Verfahren wird ange-wandt, wenn unterschiedliche Erträge aus einer Investition zu erwarten sind. Im Gegen-satz zur Gewinnvergleichs-rechnung steht bei der Break – Even Analyse der Risiko-aspekt im Vordergrund. Zur Beurteilung der Investition wird die Stufe errechnet, ab welcher Menge die Investition das Unternehmen nicht mehr gefährdet. Ein niedriger Break-Even Point steht für ein geringes Risiko. Beispiele: Auswahl von Ver-anstaltungen, Beurteilungen von Umsatzalternativen.

Berechnungs-Methode	Erläuterung	Beurteilung/ Einsatz/ Aussagekraft
Amortisations-Rechnung statische Methode Kennzahlen der Finanzrechnung	Auf der Grundlage unterschiedliche Kapitaleinsätze wird die Periode des Kapitalrückflusses berechnet. Voraussetzungen: Anschaffungskosten und Zahlungsüberschuss (Einzahlungen minus Auszahlungen) Methode: Anschaffungskosten/ Zahlungsüberschuss = Periode des Kapitalrückflusses	In diesem Verfahren steht der Risikoaspekt im Vordergrund. Die Investition wird ausgewählt, bei der das Kapital schnellstmöglich wieder zurückfließt. Entscheident ist hier die Pay-off Methode. Ein niedriger Pay-off-Zeitraum wird als positiv - als niedriges Risiko - gewertet und als Möglichkeit, das Kapital wieder neu zu investieren.
Kapitalwert-methode Dynamische Methode Kennzahlen der Finanzrechnung	Ein- und Auszahlungsüberschüsse werden auf das Investitionsjahr abgezinst. Den Kapitalwert ermittelt man aus der Summe der Barwerte abzüglich der Anfangsinvestition. Voraussetzung: Berechnung der Zahlungsüberschüsse und Stellung eines kalkulatorischen Zinssatzes einschl. Risikoaufschlag. Methode: $$KWo = -Ao + \sum\nolimits_{t}^{n} \frac{(E^t - A^t)}{(1+i)^t}$$	Die Kapitalwertmethode wird genutzt, wenn mehrere Alternativen einer Investition zur Verfügung stehen. Es ist die Investition zu wählen, bei der Kapitalwert größer 0 ist oder den höchsten Kapitalwert hat.
Interne Zinsfußmethode Dynamische Methode Kennzahlen der Finanzrechnung	Der Kapitalwert wird gleich null gesetzt und somit die Formel der Kapitalwertmethode zum Zinssatz aufgelöst. Da bei mehreren Jahren unterschiedliche Zinssätze vorliegen, gibt es hier das Problem der Interpolation. Ermittlung des kritischen Sollzinssatzes, bei dem sich unter Berücksichtigung der Investition ein Kapitalwert von null ergibt.	Vergleich des internen Zinsfußes gegenüber der geforderten Mindestverzinsung. Eine Investition sollte durchgeführt werden, wenn die Investition die Mindestverzinsung bietet. Interessant ist diese Investition, wenn mehrere Möglichkeiten der Investition zur Auswahl stehen. Dabei unterstellt diese Methode die Möglichkeit der Wiederanlage.

Berechnungs-Methode	Erläuterung	Beurteilung/ Einsatz/ Aussagekraft
Annuität Dynamische Methode Kennzahlen der Finanzrechnung	Der Kapitalwert einer Investition wird auf die Nutzungsdauer in entsprechende jährliche Zahlungen (Annuitäten) verteilt. Somit wird der Zielwert der Periode ermittelt und weniger der Gesamtwert. Der Annuitätenfaktor ist der Kehrwert des Rentenbarwertfaktors. Eine Investition ist als positiv zu bewerten, wenn die Annuität größer/gleich null ist. In diesem Fall erhält man mindestens das eingesetzte Kapital, verzinst mit dem Kalkulationszinsfuß, zurück.	Die Annuitätenmethode erlaubt die Beurteilung von Erweiterungs- und Ersatzinvestitionen im Sinne einer Einkommensmaximierung. Bsp. Anbau einer neuen Leistungseinheit, Modernisierungsinvestitionen

In der Auswahl der Berechnungen und Darstellungen der Rentabilität einer Investition sollte die mathematische Perfektion nicht ausschlaggebend sein, sondern die **Plausibilität der Zahlen**. Somit ist es sinnvoller, einfache Darstellungsmethoden zu wählen und sicher anzuwenden. Der Wert dieser Analysen ist in der Tätigkeit selbst zu sehen, indem man sich durch die Erstellung der Daten intensiv mit den Kosten und Nutzen der geplanten Investition beschäftigt. Ferner sollte in der Analyse der Investition nicht nur die Wirtschaftlichkeit der einzelnen Maßnahme berücksichtigt werden, sondern auch die Auswirkungen auf die Gesamtrentabilität. Diese Analysemethoden werden von den Kapitalgebern genutzt und man kann aufgrund der Vorbereitung und Anwendung dieser Methoden im Vorwege mögliche Schwachpunkte und Risiken einer Investition besser selbst vorab erkennen.

7.6   Finanzierung in der Gastronomie

Es gibt verschiedene **Quellen und Möglichkeiten Geldmittel** zur Finanzierung von Unternehmen und Investitionen zu generieren. Man unterscheidet die Quellen einmal nach der Herkunft der Finanzmittel (Innen- und Außenfinanzierung) zum anderen nach dem Rechtsverhältnis des Kapitalgebers (Eigenkapital oder Fremdkapital). Die Zusammenhänge werden in der folgenden Abbildung systematisch zusammengefasst.

In der Abbildung ist die doppelte Zuordnung der Finanzierungen aus dem Bilanzprozess zu beachten. Grundsätzlich können Rückstellungen nur aus dem Umsatzprozess gebildet werden, sind aber von der Rechtsstellung her verwendeter Gewinn vor Steuern und somit Fremdkapital. Stille Reserven entstehen aus der Differenz zwischen dem Buchwert und wirtschaftlichen Wert oder Verkehrswert. Sie können nur als Sicherheit herangezogen werden und werden erst dann zu Finanzmitteln durch Auflösung der Reserven oder Realisierung der Gewinne einschl. deren Versteuerung.

Abbildung 55: Finanzierungsquellen im Überblick

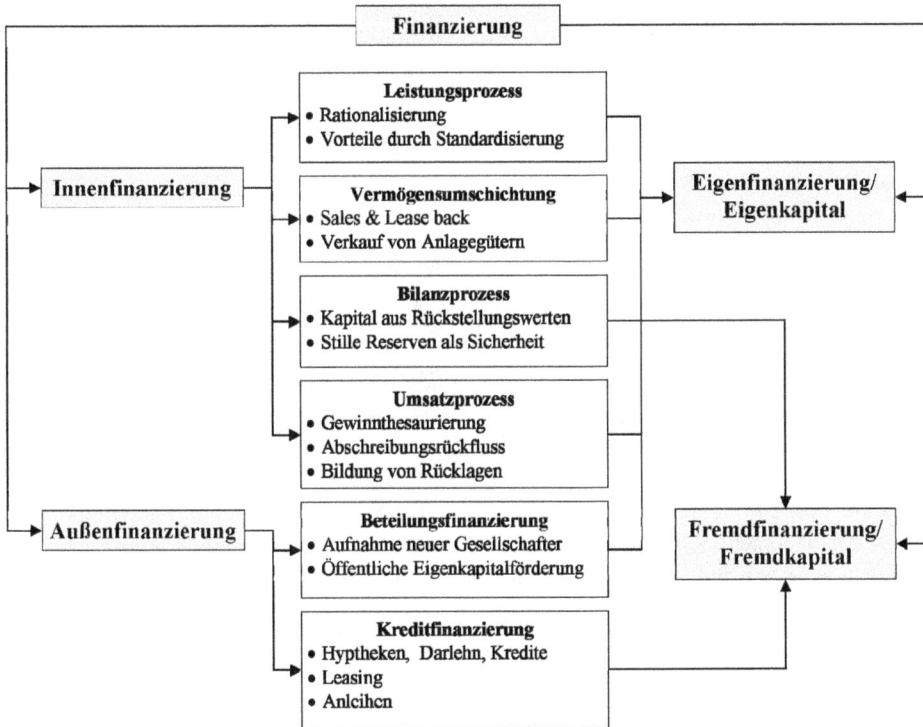

In der Übertragung auf die Gastronomie ergeben sich folgende Möglichkeiten der Finanzierung:

Tabelle 34: Kapitalquellen im Gastgewerbe

Finanzierungen im Gastgewerbe			
Eigenfinanzierungen	Fremdfinanzierungen	Öffentliche Finanzierungen	Alternative Finanzierungsformen
• Gewinnthesaurierung • Aufnahme neuer Familienmitglieder/ Gesellschafter • Finanzierung aus Abschreibung • Finanzierung aus der Auflösung von Rückstellungen	• Bankenfinanzierungen • Lieferantenkredit • Brauereikredit	• Bürgschaften zur Übernahme des Risikos bei Fremdfinanzierungen • Subventionen • Öffentliche Förderungen • EU Förderungen	• Leasing (Gebäude, Fuhrpark, technische Geräte) • Factoring • Mietkauf • Handelspartner

7.6.1   Innen- und Eigenfinanzierung

Finanzmittel im Rahmen der Innenfinanzierung entstammen aus dem **Umsatzprozess** und beschränken sich in Familienunternehmen auf die Möglichkeiten der **Gewinnthesaurierung**, Bildung von Rücklagen und stillen Reserven[1]. Externe Eigenkapitalerhöhungen ergeben sich durch Einlagen des Unternehmers, Einlagen durch weitere Familienmitglieder wie auch z. B. staatliche Zuschüsse im Zuge eines Generationswechsels.

Die Innen- und Eigenfinanzierung beruht dabei auf zwei Prinzipien:

1. Prinzip des Sparens d.h., ein Teil des Gewinns verbleibt im Unternehmen.
2. Prinzip des Erhalts des Unternehmenskapitals, d.h. Schutz vor Abflüssen des Kapitals durch den Eigentümer und dessen Erben.

Das erste Prinzip des Sparens setzt eine ausreichende Rentabilität und die Möglichkeit voraus, dass die einbehaltenen Gewinne steuergeschützt gespart werden können. Aufgrund der vorrangigen Rechtsform einer Personengesellschaft, sind hier die Möglichkeiten der Rücklagenbildung sowie eines zins- und steueroptimierten Sparens zu nutzen wie in der Unternehmenssteuerreform 2009 dargestellt.[2] So gibt es eine Reihe von Möglichkeit z. B. in der Nutzung von Ansparabschreibungen/Investitionsabzugsbetrag und Nutzung von persönlichen Freibeträgen, die das Kapital und somit auch die Liquidität im Unternehmen hält.

Das bestehende Eigenkapital in Familienunternehmen kann durch Auszahlungen und Erbschaftsansprüche der berechtigen Familienmitglieder durchaus geschwächt werden. Hierzu zählen auch Altenteilforderungen[3] oder Leibrenten von der Nachfolgegeneration. Zur Prävention und zum Schutz des Unternehmens gibt es verschiedene Möglichkeiten eines steueroptimierten Sparens für Vorsorgeaufwendungen für den persönlichen Kapitalaufbau. So gilt es die Ansprüche der Familienmitglieder, die aus dem Unternehmen ausscheiden, rechtzeitig zu planen und eine entsprechende Vorsorge zu treffen. Mit dem Ziel der Unabhängigkeit werden derzeit eine Reihe von Fondssparplänen nach dem Alterseinkünftegesetz angeboten sowie verschiedene Pläne unter der Maßgabe der Vorsorgeaufwendungen und Sparfreibeträge für Mitglieder der Nachfolgegeneration. Auch Familienmitglieder, die im Unternehmen verbleiben, sollten in den Genuss dieses Sparen kommen, da sie dann zum Zeitpunkt der Übernahme über eigenes zusätzliches Kapital verfügen können. Die Forderung des rechtzeitigen Planes gilt auch für den Übergang des Vermögens an die Folgegeneration. Hier bietet das geänderte Erbschaftssteuergesetz eine Reihe von Möglichkeiten, um Vermögensabflüsse durch Steuerforderungen zu vermeiden.[4]

In Familienunternehmen besteht eine **enge Verzahnung zwischen dem Familien- und Unternehmenskapital**. Dies erschwert den Zugang zum Eigenkapitalmarkt. Der Ursprung dieser Einheit wird bereits in der Unternehmensgründung gelegt und durch den Familiencha-

---

[1] Stille Reserven: Differenz zwischen dem Wertansatz in der Bilanz und dem tatsächlichen wirtschaftlichen oder Marktwert.

[2] siehe weiter Bornhofen: Steuerlehre 2, Abschnitt A: Einkommenssteuer

[3] Betriebliche Renten oder lebenslange Abschlagszahlungen an die abgebende Generation im Unternehmen

[4] siehe Weiter Bornhofen: Steuerlehre, Abschnitt E: Erbschaftssteuer

rakter nicht aufgebrochen. So werden zur Sicherung des Fremdkapitals private Vermögensbestände als Sicherheiten hinterlegt, sodass eine Trennung des Kapitals in vielen Fällen nur schwer möglich wird. Diese Tatsache steht im Konflikt zum Ziel von Familienunternehmen, Vermögen für die Familie selbst aufzubauen. Für Eigenkapitalfinanzierungen im Sinne von Beteiligungsfinanzierungen bestehen die Möglichkeiten, Eigenkapital auf dem Beteiligungsmarkt (oder Private Equity – privater Anteil) zu akquirieren. Hierzu zählt auch das Venture Capital Market, das für risikoreiche Anlagen zur Verfügung steht. Dieses Kapital ist zwar Eigenkapital im Sinne der Bilanz, hat aber den Charakter eine Anleihe. Der Gastronomie wie auch den Unternehmen anderer Branchen blieb der Eigenkapitalmarkt bisher verschlossen aufgrund folgender Gründe:

- mangelnde Rendite in der Gastronomie
- Problem der Rechtsform und Absicherung des Kapitals im Insolvenzfall
- geringe Höhe der Anlagen für institutionelle Anleger
- geringe Wachstumspotenziale
- Klärung mit Mitbestimmung im Unternehmen
- Bedarf an kleinen Kapitalmengen
- unprofessioneller Umgang mit dem Kapitalmarkt.

Die Argumente gegen eine **Öffnung des Eigenkapitalmarktes** kann zum Teil widerlegt werden, da die Gastronomie bisher zu einem großen Teil durch Fremdkapital finanziert wird und somit hohe Zinsforderungen erfüllt. Beteiligungen in der Gastronomie können aufgrund der Anlagenlastigkeit in der Gastronomie besonders gut abgesichert werden, da das geschaffene Vermögen als Sicherheit für den Anleger dienen kann. Dies schränkt das Unternehmen in der Weise ein, dass dieses Vermögen für weitere Forderungen haften kann, jedoch nicht den Haftungscharakter des Eigenkapitals gegenüber Dritten an sich.

Das Problem der Finanzierung in der Gastronomie bleibt weiterhin die **Langfristigkeit der Kapitalbildung**, die sich teilweise in Generationszyklen vollzieht und die Notwendigkeit, sich auf schnell auf geänderten Marktforderungen einzustellen. Hier entsteht ein Teufelskreis zwischen der Eigen- und Fremdfinanzierung, da ein dringender Bedarf an Eigenkapital besteht, aber vorhandene Investitionen derzeit durch Fremdkapital finanziert werden, nur schwer die notwendigen Renditen angeboten werden können. So entsteht für die Zukunft negativer Multiplikatoreffekt, da z. B. Kosteneinsparungspotenziale im Energiebereich, Chancen aufgrund des demografischen Wandels nicht ausreichend finanziert werden und die Renditechancen durch solche Investitionen beeinträchtigt werden. So ist die Gastronomie weiterhin auf weitere externe Finanzierungsformen angewiesen ist, die wiederum die Möglichkeiten der Innen- und Eigenfinanzierungen einschränken.

7.6.2   Fremdfinanzierung

Fremdfinanzierung bedeutet, dass die **Kapitalgeber die Stellung des Gläubigers** einnehmen und aus diesem Grund ihre Forderungen absichern. Sie sind nicht am unternehmerischen Risiko beteiligt und haben auch keinen Haftungsanspruch gegenüber Dritten des Unternehmens. Die Gläubiger sind in der Regel nicht an der Beteiligung in der Unternehmensführung interessiert. Aufgrund der Eigenschaft des Fremdkapitals geht das Unternehmen als Schuldner eine feste **Rückzahlungsverpflichtung** ein. Die Vergabe vom Fremdkapital erfolgt nach einer Bonitätsprüfung, d.h. die Prüfung der Fähigkeit, den vereinbarten Geldbetrag einschl. Zinsen (Kosten des Geldes) zurückzuzahlen.

Die Eigenschaft des Fremdkapitals wird von Familienunternehmen als Finanzierungsquelle favorisiert, da dieses Kapital verhältnismäßig einfach zu beschaffen ist und die Strukturen im Unternehmen dadurch nicht verändert werden. Jedoch hat die Rückzahlungsverpflichtung des Fremdkapitals einen „Zwangssparcharakter", d.h. die Einnahmen aus den getätigten Investitionen dienen vorrangig der Tilgung und Zinszahlungen und zweitrangig dem Einkommen des Unternehmers. Bedingt durch die Stellung als Schuldner, hat der Fremdkapitalnehmer einen hohen Erfolgsdruck, da im Falle von Zahlungsproblemen die Gläubiger ihre Vollstreckungsrechte gegenüber dem Unternehmereinkommen geltend machen können. Somit entsteht für die Unternehmensleitung ein hoher operativer Druck, was die Unternehmenspolitik entscheidet mitbeeinflussen kann. Der externe Charakter und die Vorteile des Fremdkapitals sind für Familienunternehmen immer nur dann gegeben, wenn die Einkommenserwartungen der Investition erfüllt werden.

Die vorrangige Fremdkapitalform im Gastgewerbe ist das Darlehn, die Hypothek und der Kredit durch Banken und Sparkassen. In der Auswahl der verschiedenen Möglichkeiten sind der Zinssatz, die Annuitäten und zins- und tilgungsfreie Zeiträume ausschlaggebend für die Entscheidung. Zur Kreditfinanzierung einer Investition in der Gastronomie ist es von großer Bedeutung, den Beginn der Tilgung genau zu bestimmen sowie die Bereitstellungsgebühren für das Darlehn. Rückzahlungsverpflichtungen können schon geltend gemacht werden, wenn das Objekt sich noch im Aufbau befindet und selbst keine eigenen Einnahmen generiert hat. Solche Situationen können die Finanzplanung und die Liquidität des Unternehmens erheblich beeinträchtigen. Weiterhin hängt die Höhe der Zinszahlungen im Besonderen von dem Rating – Ergebnis ab, die wiederum die Kreditkosten zusätzlich erhöhen kann.[1]

Ein weiteres beliebtes Instrument der Fremdfinanzierung ist die Nutzung eines Lieferantenkredites in der Gastronomie. Lieferantenkredite sind innerhalb des Zahlungsziels zins- und kostenfrei und es sind keine weiteren Formalien an die Vergabe gebunden. Sofern die Zahlung frühzeitig getätigt wird, wird ein zusätzlicher Preisnachlass in Form eines Skontos gewährt. Die Nutzung des Lieferantenkredites dient zur Finanzierung des Umsatzes bzw. zur Finanzierung der Durchlaufzeit einer Leistung. Somit sollten die Zahlungsziele der Kunden und der Lieferanten eine Synchronität aufweisen bzw. sollte mit Zahlungseingang durch den Kunden dann auch spätestens der Lieferant bezahlt werden.

Aufgrund der geringen Durchlaufzeit im gastronomischen Umlaufvermögen kann diese Finanzierungsform zu einem großen Problem in der Gastronomie werden und das Insolvenzrisiko stark erhöhen. Sofern Lieferantenkredite zur Finanzierung von weiteren Aufwendungen genutzt werden, muss dieser Lieferantenkredit aus dem künftigen Cashflow finanziert werden. Aufgrund der Illusion des Bargeldes wird die Höhe des Cashflows nicht richtig geplant und bei Umsatzschwankungen kann es dann auch schnell zu Zahlungs- und später zu Belieferungsschwierigkeiten kommen.

---

[1] vgl. Abschnitt 7.5.5

In Familienunternehmen besteht häufig eine enge persönliche Beziehung zwischen dem Unternehmen und dem Lieferanten, sodass diese Finanzierungsform aufgrund der einfachen Umsetzung schnell als Finanzierungsmittel eingesetzt wird. Die Nutzung des Lieferantenkredits ist weiterhin fraglich, da durch die Nutzung von Lieferantenkrediten besonders bei Schwierigkeiten die Einkaufsposition geschwächt wird und Preisverhandlungen oder – vergleiche nur eingeschränkt möglich sind. Dies kann nachhaltig die Ertragslage des Unternehmens schwächen.

Eine Besonderheit in der Finanzierung von Gastronomieunternehmen existiert durch Brauereien und Getränkefachgroßhandel anhand eines sogenannten Bierbezugsverpflichtungsvertrags oder kurz **Brauereidarlehns**.[1] Dieses Darlehn kann verschiedene Formen haben wie ein tilgungsfreies Darlehn, das über die Erfüllung von Bezugsverpflichtung finanziert wird oder bei größeren Projekten als Darlehnsvertrag mit Bezugs- bzw. Lieferungsrecht einschl. einer eigenen Tilgungsleistung. Die Idee dieser Finanzierungsform ist, dass Brauereien ihre Absatzmärkte durch Bindung von gastronomischen Betrieben sichern. Aufgrund ihrer Marktkenntnisse können sie weiterhin besser die Erfolgsaussichten in der Gastronomie beurteilen. So ist es möglich, dass Banken und Brauereien zur Finanzierung von Gastronomieunternehmen eng zusammenarbeiten, um somit die Expertise mit einzubinden. Brauereien haben weiterhin andere Möglichkeiten, das gewährte Darlehn günstig zu refinanzieren. Dies kann zu einer zusätzlichen Rendite für die Brauerei führen. Die Kreditentscheidung wird nicht nur durch eine Bonitätsprüfung sondern vielmehr durch die erwarteten Getränkeumsätze bestimmt. In dem Darlehnsvertrag wird Abnahmegröße, Zeitdauer der Bindung und Vergütungspreise pro Hektoliter Bier vereinbart sowie Vertragsstrafen, sofern die geplante Absatzmenge nicht erreicht wird.

Für die Gastronomie ist dieses Darlehn kritisch zu sehen, da der reine Bierumsatz in der Bundesrepublik rückläufig ist (siehe Abbildung 56). Juristisch steht die Bindung des Gastronomen mit der Brauerei immer wieder auf dem Prüfstand und ein Verstoß nach §34 des Gesetzes gegen Wettbewerbsbeschränkungen (GWB) geprüft. So wurden bereits eine Reihe von Verträgen seitens der Gerichte für nichtig erklärt, da hier die unternehmerische Freiheit des Gastronomen zu stark eingeschränkt wurde.[2] So wird u.a. kritisiert, dass mit einem Bierlieferungsvertrag die Rendite des Bieres als Hauptumsatzträger stark verringert wird und die Gesamtrendite stark leidet. Diese Finanzierungsform ist jedoch häufig die einzige Möglichkeit für Existenzgründer, überhaupt eine Finanzierung zu bekommen. In der Entscheidung für den Gastronomen ist nicht nur ein Zinssatz zu berücksichtigen, sondern auch die zukünftigen Einschränkungen der eigenen Beschaffungsposition.

In der Gesamtbetrachtung bleiben Fremdfinanzierungen in der Gastronomie kritisch, da das Unternehmen immer in Konfliktsituationen steht zwischen schwankenden Einnahmen und der Forderung der gleichbleibenden Zahlungen. Der Erfolg in der Fremdfinanzierung hängt somit wesentlich von der Flexibilität bei der Rückzahlung des Darlehns ab sowie der Einhaltung der eigenen Position auf dem Beschaffungsmarkt.

---

[1] kein Autor: Bierlieferungsverträge, www.abseits.de vom 14.02.2010
[2] vlg. Zum Beispiel: OLG Düsseldorf AZ 1-154/193/03

Abbildung 56: Bierkonsum von 2001 bis 2009 in der Bundesrepublik Deutschland

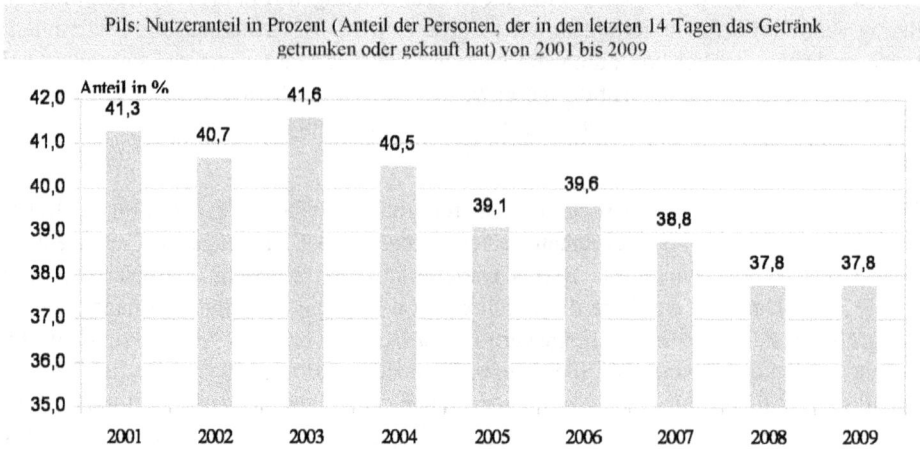

Pils: Nutzeranteil in Prozent (Anteil der Personen, der in den letzten 14 Tagen das Getränk
getrunken oder gekauft hat) von 2001 bis 2009

Anteil in %

Jahr	2001	2002	2003	2004	2005	2006	2007	2008	2009
Wert	41,3	40,7	41,6	40,5	39,1	39,6	38,8	37,8	37,8

Quelle: IfD Allensbach. Die Erhebung fand durch regelmäßige Telefoninterviews des Institutes statt. Entnommen aus www.Statista.de 2010

7.6.3   Existenzgründungen und Öffentliche Förderung

Die Kreditanstalt für Wiederaufbau sowie weitere Landesbanken halten im Auftrag der Bundesregierung und der Europäischen Union eine Reihe von finanziellen **Angeboten und Förderungen zur Finanzierung von Investitionen** vor.[1] Für den Mittelstand gibt es folgende Förderprogramme und -kredite:[2]

1. Förderung Existenzgründung (Start-Geld, Eigenkapitalhilfen)
2. Förderung von Investitionen (steuerliche Hilfen, Kreditprogramme, Regionalförderprogramme, Wirtschaftsstrukturmaßnahmen)
3. Umwelt- und Energieprogramme (Energieeffizienz, Energieeinsparungen)
4. Bürgschaften des Landes und des Bundes
5. Forschung und Innovation (Forschungszuschüsse, Innovationsprogramme)
6. Chancen- und Beteiligungskapital (Beteiligungs- und Risikokapital, Genussrechte)
7. Messen, außenwirtschaftliche Hilfen (Exportförderungen, Auslandsinvestitionen)
8. Schulung, Beratung, Qualifizierung (Unternehmensberatung, Gründercoaching, Schulungsveranstaltungen)
9. Arbeitsmarktpolitische Hilfen (Einstiegsgelder, Gründungszuschüsse)
10. Infrastruktur (kommunale Investitionen)

Die Gastronomie selbst kann zu einem großen Teil auf die Förderung von Existenzgründern, wie Start-Gelder als Zuschüsse, Eigenkapitalhilfe zurückgreifen. Es gibt hier verschiedene

---

[1] Im Internet bieten verschiedene Seiten einen Überblick über die öffentliche Finanzierungshilfen an wie z. B. www.subventionen.de; www.kfw.de; www.bmwi.de und AHGZ: Fördermittel, vom 22. Juli 2006

[2] BMWI:Wirtschaftliche Förderung 2009

Modelle, die in der Regel eine Tilgungsfreiheit über mehrere Jahre vorsehen. Diese Eigenschaft macht es möglich, dass die Hausbank diese Forderungen als Eigenkapital bewertet. In zusätzlichen Programmen wird direktes Beteiligungskapital für die Gründungsphase angeboten, die von der Struktur her ähnlich sind wie die Eigenkapitalhilfe. Dieses Beteiligungskapital ist langfristiges Kapital für ein Unternehmen und wird von den Banken als Eigenkapital gewertet aufgrund des Haftungscharakters. Es ist aber nach der Frist der Beteiligung wieder zurückzuzahlen. Diese Möglichkeit der Existenzgründungshilfen besteht ferner auch für die Nachfolgegeneration in Familienunternehmen, da diese selbst als Existenzgründer für ihr persönliches Einkommen definiert werden. Weiterhin besteht für den Partner des Existenzgründers unter bestimmten Voraussetzungen die Möglichkeit, selbst auf diese Möglichkeiten zurückzugreifen.

Für Neugründungen und auch bestehende Unternehmen stellen die KfW sowie weiterhin noch zahlreiche Bundesländer eine Reihe von Krediten zu Verfügung für Investitionszwecke und für Betriebsmittelzwecke. Derzeit gibt es bereits erste Hilfen für Unternehmen in der Krise. Die Modalitäten dieser Kredite unterschieden sich in den Zinsen, Rückzahlungsbedingen und auch in gegenseitigen Ausschlusskriterien von anderen Fördermaßnahmen, Förderungshöchstgrenzen und in der Risikobeteiligung durch die Hausbank.

Die Bundesregierung sowie auch einige Bundesländer[1] geben eine Reihe von Bürgschaften aus, die im Einzelfall mit einer Risikogebühr finanziert sind, um das Problem der fehlenden Sicherheiten zu bekämpfen und somit die Position des Unternehmens in den laufenden Kreditverhandlungen stärken. Vor allem soll hier auf die Förderung der Unternehmensberatungsleistungen durch öffentliche Mittel hingewiesen werden. So wird eine finanzielle Hilfe angeboten, um fehlendes Know-how durch Berater extern hinzuzuholen.

Die Agentur für Arbeit bietet weiterhin eine Reihe von Maßnahmen an im Falle der Schaffung von Arbeits- und Ausbildungsplätzen, insbesondere für ältere Mitarbeiter und Langzeitarbeitslose sowie Überbrückungshilfen im Übergang zur Selbstständigkeit.[2] Der Zugang ist einfach und bankenunabhängig. Weiterhin muss dieser Zuschuss nicht zurückgezahlt werden.

Finanzierungen von Existenzgründungen sind in ihrer Eigenschaft Investitionsentscheidungen für Kapitalgeber und werden so bewertet, wie bereits in den vorherigen Abschnitten beschrieben. Das Problem in der Phase einer Existenzgründung ist, dass die Bewertung eines Finanzierungswunsches ohne die Analyse bisheriger Unternehmensergebnisse erfolgen muss und/oder der Unternehmer seine Kompetenzen vorher nicht unter Beweis stellen konnte. Somit entfällt ein höheres Augenmerk auf den Businessplan und auch auf die Beurteilung der Kompetenzen des Unternehmers anhand seines Lebenslaufes. Aufgrund der fehlenden quantitativen Merkmale im Ratingverfahren werden verstärkt qualitative Merkmale genutzt sowie die Erfahrungen der Bank mit der Branche als solches. In Bezug auf die Gastronomie hat dieser Ansatz zu erheblichen Problemen in der Finanzierung geführt.

---

[1] in einigen Bundesländern wie z.B. in Niedersachsen werden eigene Bürgschaftsbanken unterhalten.
[2] für weiter Informationen siehe www.arbeitsagentur.de

Von Interesse in diesem Zusammenhang ist die Analyse der Ergebnisse der Nutzung von den bereits vorgestellten öffentlichen Finanzierungshilfen im Rahmen einer Existenzgründung. Anhand einer Untersuchung wie in den folgenden Abbildungen dargestellt, kommt eine Mehrzahl der Existenzgründungen in Deutschland nicht in den Genuss der Fördermittel. Diese Zahlen beinhalten auch die Gastronomie. Die Ergebnisse dieser Befragungen zeigen, dass eine Existenzgründung selbst nicht abhängig von der Vergabe von Fördermitteln ist. Sie zeigen aber auch das Problem der Existenzgründer, in den Genuss dieser Fördermittel zu kommen. Probleme könnten hier ein mangelndes Marketing dieser Fördermittel sein oder das komplexe Vergabeverfahren über die Hausbank.

Auf der anderen Seite werden die Mittel der Agentur für Arbeit aufgrund eines einfachen Verfahrens stark genutzt, um den Übergang in die Selbstständigkeit zu finanzieren, gefolgt vom klassischen Bankdarlehn. Aufgrund der langen Anlaufzeit in der Gastronomie können durch den Verzicht auf öffentliche Mittel Probleme auftreten, die dann schnell zu Liquiditätsproblemen werden können.

Abbildung 57: Unterstützung der Selbstständigkeit durch öffentliche Fördermittel

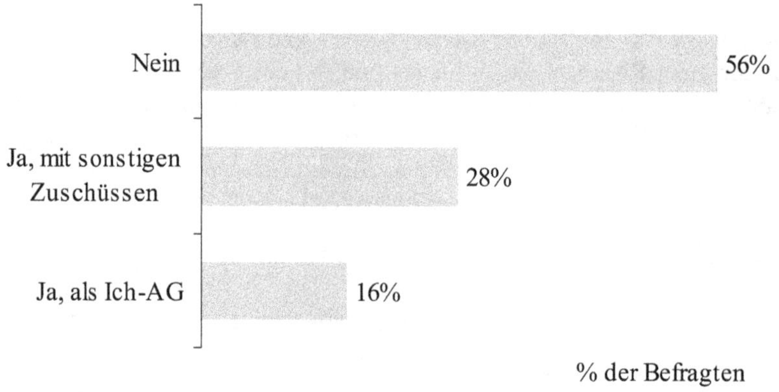

Nein 56%
Ja, mit sonstigen Zuschüssen 28%
Ja, als Ich-AG 16%

% der Befragten

Quelle: Befragung in 2007 von 147 Existenzgründern, die ihr Unternehmen seit dem 2005 gegründet haben. Die Befragung wurde von Infratest Sozialforschung durchgeführt. Veröffentlicht unter www.statista.de 2010

Die Übernahme oder Weitergabe eines Unternehmens auf die nächste Generation ist im Rahmen der Finanzierung ähnlich zu beantworten wie bei einer Existenzgründung. Aus diesem Grunde sollten die Generationen grundsätzlich getrennt betrachtet werden, besonders für die Nachfolgegeneration sollte der Aspekt der Zukunftsfähigkeit des Unternehmens unabhängig der Bindungen analysiert werden. Fragen einer Leibrente, Übernahme von Verbindlichkeiten, Abstandszahlungen an Familienmitglieder sollten mit dem Blickwinkel eines Verkaufs an Dritte betrachtet werden. Die Annahme eines fiktiven Kaufpreises unter Nichtbeachtung der Marktsituation und Analyse der künftigen Ertragskraft des Unternehmens kann zu erheblichen Schwierigkeiten der Nachfolgegeneration führen. Was ein externer Käufer nicht aufbringen kann, wird auch die Nachfolgegeneration nicht aufbringen können, da beide ihr Einkommen auf dem gleichen Markt generieren. Weiterhin sollten in der Übergabe auch steuerliche Aspekte mit berücksichtigt werden.

Abbildung 58: Externe Finanzierungsquellen bei der Unternehmensgründung im Gründungsjahr 2007[1]

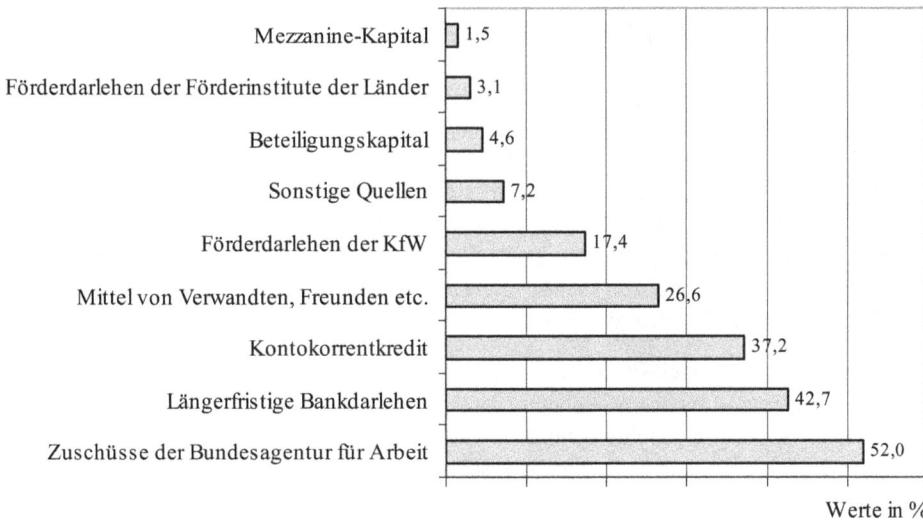

Werte in %

Quelle: Befragung von 424 Unternehmen, die im Jahr 2007 gegründet wurden. Eine Befragung, die durch die KfW und ZEW durchgeführt wurde. Veröffentlicht unter www.statista.de 2010

In der Inanspruchnahme dieser öffentlichen Finanzierungshilfen und besonders von öffentlichen Krediten sollte man berücksichtigen, dass diese Mittel in der Regel in Konkurrenz zu den Mitteln der Bank stehen, aber häufig nur durch die Hausbank erhältlich sind. Darüber hinaus steht die Hausbank bei einer großen Anzahl von Förderkrediten zu einem geringen Teil mit in der Haftung. Wird also ein gastronomisches Unternehmen durch die Bank oder sogar Hausbank abgelehnt, so hat es auch große Schwierigkeiten in den Genuss von Fördermöglichkeiten zu kommen. Ist eine Investition ertragreich, so wird das Unternehmen nicht immer in den Genuss der Fördermittel kommen, da dem Unternehmen vergleichbare Angebote unterbreitet werden. Der Verlust im Zugang zu den öffentlichen Mitteln ist häufig erst bei wirtschaftlichen Schwierigkeiten zu erkennen.

Staatliche Förderungen zeichnen sich durch **niedrige Zinssätze aus, durch zins- und tilgungsfreie Zeiten** sowie feste Vorgaben im Verhalten der Banken bei wirtschaftlichen Schwierigkeiten. So ist es hier häufig leichter, einen Tilgungsaufschub zu erhalten. Auf der anderen Seite können öffentliche Darlehn zum „Bumerang" werden, sofern nach einer Zeit der Tilgungsfreiheit die Rückzahlung einsetzt. Die Rückzahlungsvereinbarungen werden auf einen kürzeren Zeitraum berechnet und können somit die Liquidität eines Unternehmens erheblich einschränken.[2] Dies ist wiederum auf den staatlichen Auftrag der Wirtschaftsförderung zurückzuführen. So sind die öffentlichen Hilfen zwar als Unterstützung zu werten, die

---

[1] Mezzanine Kapital: Mischform von Eigen- und Fremdkapital wie z.B. stille Beteiligungen, Genussscheine, Optionsanleihen oder Nachrangdarlehn. Der Kapitalgeber trägt grundsätzlich ein höheres Risiko wie Fremdkapitalgeber. Er bekommt jedoch eine feste Verzinsung.

[2] Vgl. Sollner: Finanzierung S. 70

aber am Ende wieder zurückgefordert werden. Dies trifft nicht auf reine Zuschüsse zu, die mit der Mentalität des Eigenkapitals behandelt werden sollten.

7.6.4 Alternative Finanzierungsmöglichkeiten

Unter **alternative Finanzierungsmöglichkeiten** soll im diesen Zusammenhang verstanden werden, dass der Kreditnehmer nicht Eigentümer einer Sache wird, sondern bis zur vollständigen Bezahlung nur Besitzer der Sache wird. Dies ist gegenteilig zur reinen Bankenfinanzierung, wo der Kreditnehmer gleich Eigentümer der Sache wird, jedoch gegenüber der Bank diese Sache als Pfand (Sicherungsübertrag) abtritt. Entsprechend dem Sachenrecht im BGB wird hier streng zwischen der Eigentümerschaft und dem Besitz unterschieden. Der Eigentumsübergang findet am Ende der Vertragslaufzeit statt. In Rahmen der Gastronomie ergeben sich folgende Möglichkeiten, die hier nur kurz vorgestellt werden sollen:

a) **Sale und Lease Back für Immobilien**
    Diese Finanzierungsform bedeutet, dass die Immobilie an eine Leasinggesellschaft verkauft wird und anschließend durch einen Leasingvertrag weiter genutzt werden darf. Damit wird eine Möglichkeit geschaffen, besonders stille Reserven aufzulösen und auch Bilanzstrukturen zu verbessern. Durch den Verkauf des Anlagegutes können sich die horizontalen Finanzkennzahlen verbessern und die Liquiditätslage im Unternehmen stellt sich somit besser dar. Diese Möglichkeit besteht auch für Neuinvestitionen.

b) **Mietkauf**
    Der Mietkauf ist vom Grundsatz her vergleichbar wie das Immobilienleasing. Im Gegenzug zum Leasing wird der Übergang des Eigentums durch die Mietzahlungen fest vereinbart. Diese Mietzahlen beinhalten eine Nutzungs-, Tilgungs- und Zinsrate.

c) **Leasing**
    Leasing ist ein Nutzungsrecht mit eingeschlossenem Vorkaufsrecht. Der Eigentumsübergang ist nicht fest vereinbart, wohl aber ein potenzieller Übernahmepreis. Diese Finanzierungsform hat gegenüber dem Eigentum den Vorteil, dass die Leasingraten steuerlich voll absetzbar sind.

d) **Handelspartner**
    Handelspartner bieten besonders bei technischen Produkten eine Finanzierung in Form eines Ratenkaufs an. Diese Angebote werden in der Regel durch eigene Konsumbanken finanziert.

e) **Mitarbeiterbeteiligungen**
    Vertragliche Beteiligung der Mitarbeiter am Unternehmenskapital durch Umwandlung z.B. Sonderanteilen in Beteiligungskapital. Für das Kapital erhalten die Mitarbeiter eine Verzinsung. In der Gastronomie ist diese Form nur anzuwenden bei langjährigen Mitarbeitern.

f) **Lebensversicherungen**
    Die zu finanzierende Sache wird über eine Lebensversicherung des Schuldners finanziert. Der Schuldner zahlt in einen Versicherungsvertrag ein. Mit Auszahlung der Lebensversicherung wird dann das Darlehn abgetragen. Hier sind besonders die Zinssätze für den Kredit und die Guthabenzinsen in der Lebensversicherung zu vergleichen. Ein weiterer Vorteil liegt in der Risikoabsicherung durch z. B. Unfall.

Alternative Finanzierungsformen erlauben dem Familienunternehmen weitere Optionen in der Fremdfinanzierung, stehen aber häufig genauso im Konflikt mit den Zielen eines Familienunternehmens. Besonders ist das Sale und Lease-Back eine Form, bei der das Eigentum übertragen wird und somit das Vermögen einer Familie verkauft wird. Die weiteren Optionen sind immer unter dem Kosten – Nutzen Aspekt zu betrachten, da die Angebote häufig selbst refinanziert werden müssen und somit wird das Kapital mit einem eigenen Gewinn- und Risikoaufschlag weitergeben. In eigenen Punkten wie dem Leasing sind die steuerlichen Vorteile zu werten und die Vorteile für die Bilanzkennzahlen, die eine alternative Finanzierung für sinnvoll erachten lassen. Diese genannten alternativen Finanzierungsformen zeichnen sich weiterhin durch kurze Laufzeiten aus. Somit ist vom Unternehmen teilweise ein hoher Kapitaldienst zu leisten, was den Handlungsspielraum eines gastronomischen Betriebes einschränkt bei hohen Finanzierungskosten.

7.7 Der Entscheidungsprozess von Banken

Geld ist wie ein scheues Reh. Um es zu bekommen, muss man Sicherheit und Rentabilität aufweisen und ein Vertrauen bekommen. Aufgrund der Finanz- und Wirtschaftskrise ist es schwieriger geworden, neues Fremdkapital oder auch Beteiligungskapital zu akquirieren, da Banken das Kreditrisiko derzeit strenger bewerten. Mit dem Ziel dieses **Vertrauen zu gewinnen**, muss man den Entscheidungsparameter einer Bank verstehen, um so die Informationen und das unternehmerische Verhalten sachgerecht zu gestalten.

7.7.1 Entscheidungsprozesse in einer Bank: Basel II und Rating

Die Entscheidung einer Bank ist dominiert von der Forderung des Kreditwesengesetzes, der ausreichenden Absicherungen von Bankrisiken. Diese Forderung des Kapitalmarktes wurde in Basel II aufgenommen und hat entscheidend die Eigenkapitalvorschriften nach dem Kreditwesengesetz geändert. Diese Verordnung der Bankenaufsicht gibt eine **standardisierte Anforderung an die Bewertung der Kreditrisiken** vor.[1] Diese Verordnung ist ein reines Bankengesetz, mit dem Ziel durch ein standardisiertes Rating (to rate = bewerten) die Risiken einer Bank transparenter zu machen.[2] Basel II stellt sich in den folgenden 3 Säulen dar:

- Mindestkapitalanforderungen zur Absicherung des Kreditausfallrisikos
- Bankaufsichtlicher Überwachsprozess zur Überwachung der Risikostreuung und des Berichtswesens. Dazu gehört auch die Überwachung der Standards im internen und externen Rating in der Kreditvergabe und der Beurteilung von Wertpapieren als Vermögensteile

---

1 Für weitere Darstellungen von Basel II vgl. www.Bafin.de; www.bmwi.de; www.controllingportal.de; www.gruenderblatt.de; www.kfw-mittelstandsbank.de; www.zdh.de; www.foerderland.de

2 AHGZ: Ist Basel II schon am Ende? vom 01.12.07. In diesem Artikel werden einige Widersprüche in dem Regelwerk von Basel II und der Bankenpraxis aufgezeigt, die sich nicht zum Vorteil für die deutsche Gastronomie entwickelt haben.

der Bank. In Deutschland erfolgt dies durch das BaFin (Bundesaufsicht für Finanzdienst-leistungen.)

- Erweiterte Offenlegung zur Stärkung der Marktdisziplin sowie eine stärkere Offenlegung der Eigenkapital- und Risikokapitalstruktur.

Basel II fordert die Banken zu mehr Disziplin in der Vergabe von Krediten auf und limitiert Möglichkeiten der Kreditschöpfung durch ein vorangehendes Ratingverfahren, d.h. durch genaue Maßstäbe zur Beurteilung des Kreditrisikos. Anhand der **Klassifizierung dieses Kreditrisikos** muss die Bank unterschiedliche Sicherheiten zur Gewährung des Kredites hinterlegen. Somit verändert sich je nach dem Rating – Ergebnis die individuelle Zinskalkulation der Bank. Wegen der hohen Anforderungen durch das Gesetz wird kritisiert, dass nur Unternehmen mit einer guten Rentabilität konkurrenzfähige Kredite bekommen, während Unternehmen, wie auch Existenzgründer mit niedrigen Ratingergebenissen teure Kredite bekommen und ihre Position nachträglich geschwächt wird. Ein weiterer Kritikpunkt ist der umfangreiche Kriterienkatalog, der teilweise von kleineren Unternehmen nur schwer erfüllt werden kann.

Das Ratingverfahren stellt sich wie folgt dar:[1]

Abbildung 59: Das Rating Verfahren in einer Bank

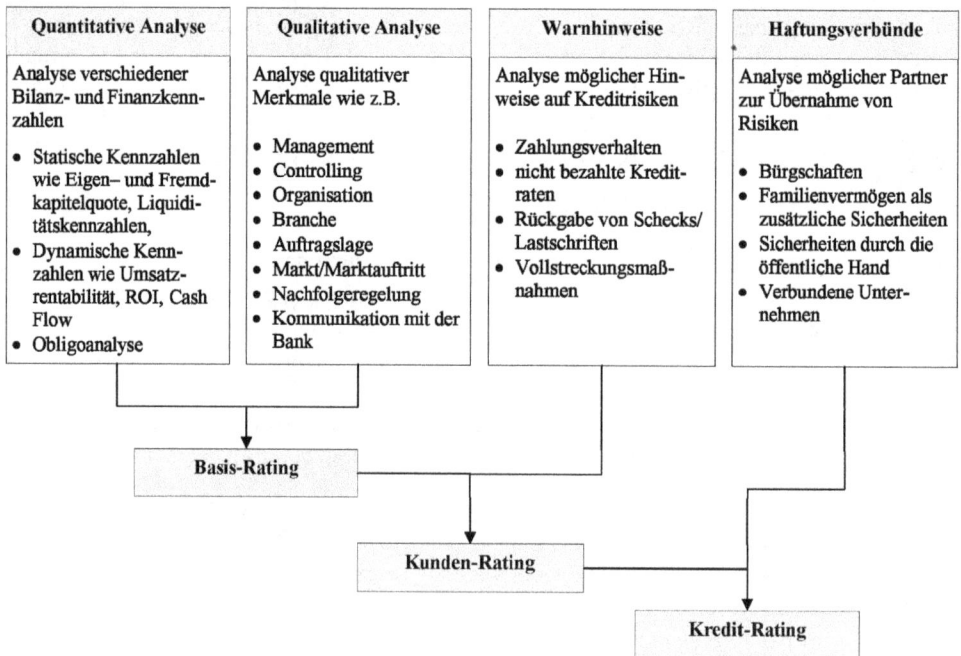

Quantitative Analyse	Qualitative Analyse	Warnhinweise	Haftungsverbünde
Analyse verschiedener Bilanz- und Finanzkennzahlen	Analyse qualitativer Merkmale wie z.B.	Analyse möglicher Hinweise auf Kreditrisiken	Analyse möglicher Partner zur Übernahme von Risiken
• Statische Kennzahlen wie Eigen– und Fremd-kapitelquote, Liquiditätskennzahlen, • Dynamische Kennzahlen wie Umsatz-rentabilität, ROI, Cash Flow • Obligoanalyse	• Management • Controlling • Organisation • Branche • Auftragslage • Markt/Marktauftritt • Nachfolgeregelung • Kommunikation mit der Bank	• Zahlungsverhalten • nicht bezahlte Kredit-raten • Rückgabe von Schecks/Lastschriften • Vollstreckungsmaß-nahmen	• Bürgschaften • Familienvermögen als zusätzliche Sicherheiten • Sicherheiten durch die öffentliche Hand • Verbundene Unter-nehmen

Basis-Rating

Kunden-Rating

Kredit-Rating

Quelle: Das Rating-Verfahren der Sparkassen, entnommen www.s-rating-risikosysteme.de; mit eigenen Änderungen

---

[1] siehe auch Ratinggrundlagen auf www.controlingportal.de am 11.02.10; Unser Rating Verfahren: www.postbank.de am 11.02.10; Aktives Herangehen an das Thema Rating www.kfw-mittelstandsbank.de vom 12.02.2010

In diesem **Ratingverfahren** wird eine Reihe von quantitativen, messbaren Größen analysiert wie statistische und dynamische Kennzahlen der Jahresabschlüsse. Im weiteren wird eine Reihe von qualitativen Faktoren untersucht, die die Zukunftsfähigkeit des Unternehmens und somit die künftige Fähigkeit zur Leistung eines entsprechenden Kapitaldienstes unterstreichen wie z. B., die Kundenstruktur, die Ausbildung und Zusammensetzung der Geschäftsführung, das Branchenrisiko, die Personalstruktur, die Organisationsstrukturen, der Marktauftritt und Innovationstätigkeiten. Die Nachfolgeregelung ist für Familienunternehmen ein weiterer wichtiger Punkt. Diese Kriterien reflektieren die erste Säule des Gesetzes.

Das **Rating-Ergebnis** ändert sich durch die Bewertung der bestehenden Beziehung mit der Bank und weiterer möglicher Kreditrisiken. Diese Analysen spiegeln die zweite und dritte Säule des Gesetzes wider. So werden Warnsignale und Indikatoren auf mögliche Krisen analysiert wie Liquiditätsengpässe in der Vergangenheit und Haftungsverbunde mit Unternehmen oder Bürgschaften. Die Summe der Ergebnisse ergibt die Gesamtbewertung des Kredites.

Offen sind für den Kreditnehmer häufig die Bewertung der qualitativen Faktoren und die Gewichtung der einzelnen Bereiche. Hierzu gibt es keine ausführlichen Angaben und unterliegt internen Maßstäben von Banken. In einer Vielzahl der Nennung der zitierten Internetseiten geht aber hervor, dass die quantitativen Faktoren einen maßgeblichen Anteil an der Beurteilung haben.

Für die Gastronomie wie auch für andere mittelständische Familienunternehmen sind die Kenntnis des Bewertungsprofils und der Prozess der Kreditvergabe wertvolle Informationen. Basel II sollte von den Unternehmen aber auch als Selbstschutz vor unüberlegten Investitionen verstanden werden, die es ermöglicht, die Unternehmenspläne kritisch zu prüfen. Hierzu gibt es eine Reihe von vorbereitenden Maßnahmen wie ein internes Pre - Rating der Banken oder das Angebot von externen Rating Agenturen. Diese Maßnahmen erlauben, den Handlungsbedarf zu definieren, um somit die Chancen einer Finanzierung zu erhöhen. Entgegen der Kritik der Benachteiligung des Mittelstandes durch eine hohe Risikobewertung und eine starke Standardisierung der Bewertung von Kleinkrediten aus Kostengründen[1] kann dieses Verfahren selbst zur Professionalisierung des Gastgewerbes im Kapitalmarkt führen. Darüber hinaus kann ein abgeschlossenes Rating dem Unternehmen stärker den Eigenkapitalmarkt öffnen, da dieses Ratingverfahren ebenfalls dort angewandt wird.

7.7.2 Umgang mit Banken und Investoren

Kredit heißt in einer Übersetzung „Vertrauen", das in der Regel zwischen zwei Menschen entsteht. So müssen wir uns bei Finanzierungsentscheidungen selbst fragen, welche Voraussetzungen gegeben sein müssen gegeben sein, um einem Kunden einen Kredit zu gewähren. Folgende beispielhafte Fragen beeinflussen die Kreditentscheidungen:

- Wie sicher ist meine Investition, bekomme ich mein Geld und meine Zinsen zurück?
- Kann die vorgeschlagene Investition noch in 10 Jahren den Kapitaldienst erbringen?

---

[1] vgl. AHGZ: Ist Basel II schon am Ende? vom 01.12. 2007

- Bleibt genug Einkommen für den Gastronomen, damit er die Motivation über die Investitionsdauer nicht verliert?
- Würde ich mir selbst einen Kredit geben?

Wie bereits dargestellt, ist der **Umgang und die Kommunikation mit den Banken** und Investoren als Kapitalgebern von großer Wichtigkeit.[1] Das geschaffene Vertrauen wird in sich bewertet und erlaubt eine treffende Beurteilung des Risikos. Gefordert ist hier ein professioneller Umgang mit den Banken, der sich z. B. in folgenden Punkten zeigt:[2]

- genaue Vorbereitung und Präsentation der Unterlagen eines Businessplans. Die Zahlen sollten aktuell und nachvollziehbar sein.[3]
- Demonstration der Analyse von Chancen und Risiken sowie Maßnahmen der Risikoprävention.
- Demonstration betriebswirtschaftlicher Kompetenz durch Chancen–Nutzen-Analysen, Analyse von Marktchancen und Renditechancen.
- Probleme der Vergangenheit im Unternehmen nicht verschweigen.
- Abweichungen der Zahlen vom Branchenindex erklären.
- klare Sprache über das Investitionsvorhaben und offene Kommunikation
- rechtzeitige Terminabsprache
- Zeitraum für eine Entscheidung einplanen.

Ziel eines professionellen Umgangs mit den Banken sollte sein, auch die eigene Kompetenz der Unternehmensführung zu unterstreichen und somit das Vertrauensverhältnis zwischen dem Unternehmen und der Bank zu stärken.

7.8 Zusammenfassung und Schlussgedanke

Das Problem in der Finanzierung von Gastronomieinvestitionen ist ein Problem der Fristigkeit, d.h. dass Investitionen aus einem Abschreibungskreislauf heraus finanziert werden und sich die Planungen nicht durch einen hohen Bargeldverkehr in der Gastronomie geleitet werden. Finanzierung ist eine komplexe Aufgabe, das vor allem vom Unternehmer ein aktives Management außerhalb des Tagesgeschäfts verlangt. Dabei ist zu berücksichtigen, dass ein kompliziertes Zahlenwerk mehr Schaden als Nutzen einbringen kann. Der Wert liegt in der Tätigkeit der Planung und Analyse, die wie ein Selbstschutz wirken. Diese Tätigkeit ist gleichzeitig eine gute Vorbereitung auf ein mögliches Gespräch mit Banken und Investoren.

Finanzierung ist aber auch ein Bereich, der einer betriebswirtschaftlichen Kompetenz bedarf und somit sollte der Unternehmer hier auf externe Kompetenzen Rückgriff nehmen, sofern diese nicht im Hause vorhanden sind. Weiterhin ist immer zu berücksichtigen, dass eine Investition in ein gastronomisches Familienunternehmen aufgrund des hohen Humankapitals

---

[1] vgl. Hermes Kreditversicherung: Finanzkommunikation, S. 3ff; Handelsblatt: Banken schauen genauer hin vom 16.03.2009
[2] vgl. Sollner: Finanzierungsleitfaden, S. 99ff, AHGZ: Wie sich Kreditgeber überzeugen lassen vom 23.08.08
[3] vgl. AHGZ: Ohne Businessplan und Konzept winkt die Bank lustlos ab vom 16.09.2006

eine Finanzierung mit hoher Stabilität sein kann und bei sorgfältiger Planung auch die geforderte Langfristigkeit leisten kann.

Problem von öffentlichen Förderungen sind in der Regel, die gegenseitige Ausschließlichkeit der einzelnen Programme und die Verwaltung über die Hausbanken, die vorab die Bonität bewerten und die Investition zur Förderung vorschlagen. Die aufgeführten Programme der Förderung sind zweifelsohne sehr wertvoll für die Gastronomie und den Mittelstand. Besonders ist hier auch der Wert der Beratungsförderung zu sehen, die fehlendes Know - How in die Unternehmen transportiert. Besonders in Investitionssituationen sollten diese Möglichkeiten genutzt werden.

Controlling:
Die Versicherung gegen das
unternehmerische Risiko durch Informationen
Der Autor

Kapitel 8: Controlling

8.1   Einleitung und Übersicht

Ob ein gastronomisches Unternehmen erfolgreich ist oder nicht, wird nicht allein von Zu-
fallsfaktoren wie Glück, guten Ideen oder einem vorteilhaften Standort bestimmt. Unternehmerischer Erfolg hängt zu einem Großteil von der Fähigkeit eines Unternehmens ab, sich auf
die Chancen und Herausforderungen der Wirtschaft vorzubereiten.

Die Systematik zur Vorbereitung des Erfolges wird durch ein Planungs- und Kontrollsystem
erreicht, das auf ein Informationssystem aufbaut.[1] Dieses System ist das Controllingsystem,
das dem Unternehmen erlaubt, die Chancen und Gefahren durch Planung und Kontrolle zu
identifizieren und die Prozesse im Unternehmen entsprechend zu steuern. Gedanklich übernimmt dabei das Controlling eine Beratungsfunktion für die Unternehmensführung durch
Bereitstellung von zielgerichteten Informationen. Aufkommende Probleme lassen sich somit
rechtzeitig erkennen und verlängern die Reaktionszeit des Unternehmens. Dieses System ist
eine Grundlage des unternehmerischen Erfolges[2] und aufgrund der besonderen Problematik
in gastronomischen Unternehmen unverzichtbar. Die unzureichende Implementierung eines
Planungs- und Kontrollsystems[3] in gastronomischen Familienunternehmen lässt sich auf die
Aufgabenkonzentration des Unternehmers und auf Unkenntnis darüber, was Controlling ist
und im fehlenden Know-how der Implementierung, zurückführen.

Ziel dieses Abschnitts ist es, das Controllingkonzept und die Arbeitsweise des Controllings
als Führungsinstrument und als Informationssystem zu verstehen. Weiterhin soll ein Verständnis dafür geschaffen werden, dass das Controllingkonzept verschiedene Instrumente
und Sachbereiche im Unternehmen miteinander verbindet und Synergien zwischen den einzelnen Bereichen herstellt. Somit trägt das Controlling zu einer Ökonomisierung in der Gewinnung und Interpretation der Informationen bei und entlastet die Unternehmensführung
aufgrund der koordinierenden Funktion in der Fülle der Aufgaben. Aufgrund des systembildenden Charakters des Controllings wird dieses Kapitel auf Ausführungen der vorangegangenen Kapitel zurückgreifen und die Synergien zwischen den einzelnen Funktionsbereichen

---

[1] Stelling: Kostenmanagement und Controlling 2003

[2] Peters und Waterman: Excellence (1989): The rational Model Chapter 2

[3] vgl. Becker/Ulrich: Controlling, S. 309ff. In der Untersuchung bestätigten zwar alle untersuchten Unternehmen,
dass sie ein Controlling implementiert hatten. In der Untersuchung wurde angeführt, dass das Controlling selbst
jedoch weniger in einer klaren formalisierten Form durchgeführt wurde.

herausarbeiten, um die Erledigung der Aufgaben für die Unternehmensführung durch Controlling zu erleichtern.

8.2 Controlling: ein Planungs- und Informationssystem der Unternehmensführung

8.2.1 Controlling verstehen

Controlling ist abgeleitet von dem Wort „to control" und bedeutet im Englischen: steuern/ lenken und nicht kontrollieren. Kontrollieren hingegen heißt im Englischen „to check". Diese Bedeutung beider Worte wird im deutschen Sprachgebrauch häufig verwechselt und das Controlling bekam hierzulande das Image des Kontrollierens. Controlling als Planungs- und Kontrollsystem ist als eine **Lenkungshilfe der Unternehmensführung** zu verstehen, die hilft, die Ziele zu definieren, die Umsetzung der definierten Ziele zu planen und später den Erfolg selbst zu evaluieren. Controlling gibt Auskunft darüber, warum das geplante Ziel erreicht oder nicht erreicht wurde. Aus dieser Abweichungsanalyse entstehen ein Informationsrückfluss und ein geschlossener Lernkreis für das Unternehmen. Controlling ist somit als eine bewertende Kontrolle der Zielerreichung und nicht als eine persönliche Kontrolle zu verstehen.[1] Die Schwierigkeiten im Verständnis des Controllings liegen darin, das Controlling in sich selbst keine Sachaufgabe erfüllt sondern ein Instrument der Unternehmensführung ist.

Unternehmensführung bedeutet **Steuerung und Überwachung eines Unternehmens** durch Systeme, um die Unternehmensziele zu erreichen. Auf der organisatorischen Ebene sprechen wir von Unternehmensführung als einer Gruppe von Menschen mit der Aufgabe, durch eine akzeptierte soziale Interaktion andere Menschen zu führen (Mitarbeiterführung). Der institutionelle Gedanke der Führung unterstreicht die verbundene Macht- und Entscheidungskompetenz der Führung.[2] Auf der funktionalen Ebene sprechen wir von Führung als einem Prozess bestehend aus den Tätigkeiten der Planung von Zielen, Steuerung und Durchführung von Maßnahmen. Diese Definition stellt die **Organisation von Führungsprozessen** in den Vordergrund. Hierzu benötigt die Unternehmensführung ein System, das die gefragten Informationen zur Führung bereitstellt; die ökonomischen, ökologischen und humanen Ziele miteinander harmonisiert sowie diese Ziele in jedem Aufgabenbereich überträgt zur Steuerung der Aktivitäten und Bereitstellung der Ressourcen. Die Funktion des Controllings als betriebliches Informationssystem wird in der Literatur immer wieder herausgestellt.[3]

Das Controlling erlaubt, die Entscheidungen der Unternehmensführung sachorientiert zu kommunizieren und umzusetzen. Somit stellt das **Controlling ein System** aufeinander abgestimmter Maßnahmen, Prinzipien, Ziele, Methoden und Techniken dar, das der erfolgsbezogenen Steuerung und Kontrolle dient. In der Praxis nimmt das Controlling die Position einer

---

[1] Zdrowomyslaw, Personalcontrolling, S. 42f
[2] siehe z.B. Henselek: Management, S. 33
[3] siehe z B. Horváth: Controlling, S. 139f, Ziegenbein: Controlling, S. 22f, Küpper: Controlling, S. 13ff

Stabsstelle ein. Dennoch ist es für Fachfremde teilweise schwer nachvollziehbar, dass das Controlling als **Stabsstelle** existiert aber dennoch kein direkter Weisungsbezug durch das Controlling vorliegt.[1] Versteht man Controlling als Werkzeug der Unternehmensführung, wird deutlich, dass das Controlling die **Entscheidungen vorbereitet**, dass jedoch die Entscheidungen selbst und somit auch der Weisungsbezug nur durch die Unternehmensführung vorgenommen wird.

Aus diesem geschaffenen Verständnis ergeben sich folgende Dimensionen des Controllings:

- Zukunftsorientiertheit durch eine Planung von Zielen und Steuerung von Ressourcen entsprechend den Zielen.
- Ergebnisorientiertheit des Controllings aufgrund der zielorientierten Steuerung von Ressourcen. Der Plan – Ist - Vergleich dokumentiert den ergebnisorientierten Handlungsbedarf.
- Führungsorientiertheit: aufgrund des systembildenden Informationsaustausches und der Koordination von Führungsaufgaben
- Wissensorientiertheit aufgrund des Lernens durch die Abweichungs- und Ursachenanalyse.

Der **Ursprung** des Controllings[2] wird in verschiedenen Quellen gesehen, wie z. B. in der Haushaltskontrolle der USA und der Elektrifizierung der USA oder den Folgen der Weltwirtschaftskrise nach dem Börsencrash 1927. Dies waren wirtschaftliche Ereignisse, bei denen man erkennen musste, dass finanzielle Sicherheiten oder Geldvermögen allein keinen Risikoschutz bildeten, sondern Risikoschutz vorrangig durch die rechtzeitige Bereitstellung von Informationen und Interpretationen von Warnsignalen der Wirtschaft möglich ist.

In der Bundesrepublik hat das Controllingkonzept am Ende des Wirtschaftswunders in den 60iger Jahren und mit der ersten Ölkrise an Bedeutung gewonnen, als Engpässe auf den Absatz- und Beschaffungsmärkten den Erfolg von Unternehmen infrage stellten. Somit mussten die Ressourcen im Unternehmen gezielt gesteuert werden. Heute ist das Wirtschaftsleben von einer großen Dynamik geprägt und die zeitige Bereitstellung dieser Informationen schafft Vorsprünge, die das Überleben eines Unternehmens sichern können. Zeit und Informationen sind ein Erfolgsfaktor, die es ermöglicht, den Handlungsspielraum für die Unternehmensführung zu erhöhen. Der Gedankengang der Prävention durch Information gegen das unternehmerische Risiko ist ein zentraler Aspekt im Controllingkonzept.

Die Entscheidung zur **Einführung eines Controlling Konzeptes** im Unternehmen sollte unter Kosten - Nutzen - Relationen betrachtet werden. Im internen Verhältnis ist der Nutzen vorrangig darin zu sehen, dass das Controlling erlaubt, die eigenen Ziele systematisch zu setzten, sodass ein planvollerer Einsatz der Produktionsfaktoren möglich wird. Weiterhin erlaubt es dem Unternehmen durch ein abgestimmtes System von Teilplanungen, die Entscheidungen und deren Konsequenzen für das Unternehmen zu reflektieren. Die geschaffene Transparenz gibt dem Unternehmer Ruhe und Sicherheit und beugt übereilten Entschlüssen vor. Die Messung und Realisation der eigenen Ziele gibt dem Unternehmen eine Möglichkeit der Orientie-

---

[1] In der Literatur wird häufig auch eine bildhafte Darstellung gewählt und dem Controlling eine Lotsenfunktion gegeben.

[2] vgl. Horváth: Controlling, S. 32

Abbildung 60: Überleben durch Informationen

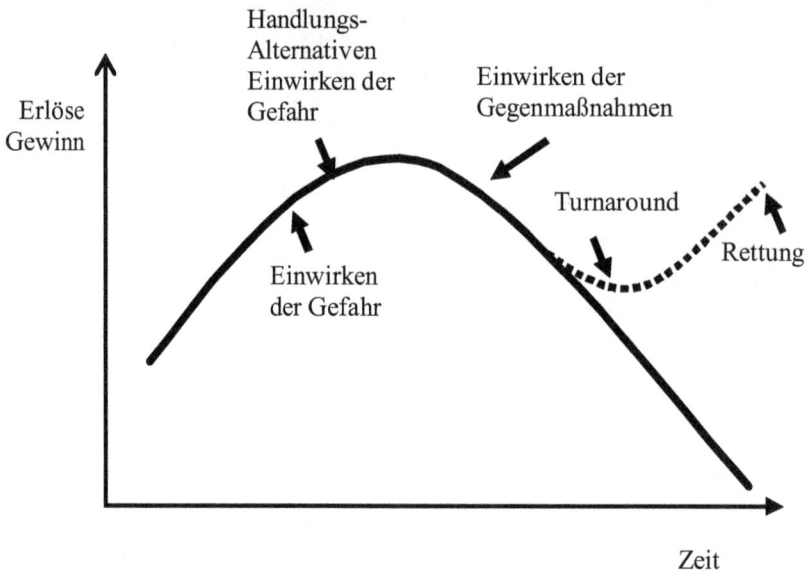

Quelle: Stelling: Kostenmanagement und Controlling, S. 291

rung und ist eine Quelle für die eigene Motivation, die besonders in Familienunternehmen fehlt. Durch die Abweichungsanalyse entsteht aber auch ein Lerneffekt für die Unternehmensführung und Mitarbeiter. Dieses Wissen über die eigenen Stärken und Schwächen und das korrespondierende Handeln sind wiederum die Quellen des Erfolges von morgen.

Der externe Nutzen ist vorrangig darin zu sehen, dass man ein höheres Vertrauen schafft durch einen planvolleren Umgang mit der Zukunft, den Risiken und dem Wandel im Markt. Durch die Tätigkeiten des Controllings können vorab viele Fragen zur Unternehmensführung geklärt werden, die wiederum helfen, sich z. B. für ein Bankgespräch sachkundig vorzubereiten. In einem Ratingverfahren wird nicht nur allein die Existenz eines Controllingsystems selbst bewertet, sondern auch die klare Ausrichtung der Ressourcen auf die definierten Ziele.[1] Dieses zielgerichtete Handeln unterstreicht die Führungsqualitäten des Unternehmers, ein Nutzen, der sich durch das Controlling ergibt.

Die Kosten in der Einführung des Controllings lassen sich besser quantifizieren aufgrund der zusätzlichen gebundenen Arbeitszeit und evtl. der Implementierung zusätzlicher IT-Syteme. Der Nutzen lässt sich erst später quantifizieren, da die Wirkung der getroffenen Entscheidungen aufgrund der Informationen durch das Controllingsystem erst durch die Ergebnisse messbar wird. Aber eine gesicherte Unternehmenszukunft sollte schon die Kosten des Controllings allein rechtfertigen, auch wenn diese kaum real messbar ist.

---

[1] vlg. Abschnitt 7.5.5

In der folgenden Darstellung sind noch einmal die **Funktionen des Controllings**[1] zusammengefasst.

Abbildung 61: Funktionen des Controllings

Funktionen des Controllings	Erläuterungen
Ökonomische Funktion	Sicherstellung des Sachsziels durch Planung und Steuerung des Unternehmens wie Rentabilität und Liquidität sowie langfristige Wettbewerbsfähigkeit und Wirtschaftlichkeit.
Informationsfunktion	Sicherstellung der Kommunikation durch ein Berichtswesen im Unternehmen und Wissenstransfer
Beratungsfunktion	Unterstützung der Unternehmensführung in Stabsfunktion zur Entscheidungsvorbereitung und –überwachung.
Verhaltensfunktion	Durch Messung und Kontrolle verschiedener Sachinhalte werden Ziele und Problem thematisiert und ein Zielverhalten dokumentiert (Lotsenfunktion).
Systemfunktion	Durch den kybernetischen Regelkreislauf von Planung, Steuerung und Kontrolle hat das Controlling systembildenden Charakter.
Lernfunktion	Aufgrund der Abweichungsanalyse hat das Controlling eine Lernfunktion, die es ermöglicht, künftig Strategien bessern zu definieren und umzusetzen.
Vertrauensfunktion	Erhöhung der Bonität durch Planung und Aufbau von Präventionsmaßnahmen.

Das Controlling stellt sich in **verschiedenen Ebenen** und mit **verschiedenen Elementen** dar, die in den folgenden Abschnitten näher betrachtet werden sollen. Aufgrund der hohen System- und Koordinationswirkung des Controllings[2] ergeben sich durch die einzelnen Darstellungsformen sehr viele Überscheidungen. Diese Überschneidungen machen eine eindeutige Darstellung der Teilbereiche und Elemente des Controllings schwierig. Dieser Sachverhalt unterstreicht aber eher die integrative Wirkung des Controllings und sollte nicht als Problem einer eindeutigen Segmentierung gesehen werden.

---

[1] Küpper: Controlling, S. 63ff
[2] vgl. Horváth, Controlling, S. 117

Abbildung 62: Controlling: Ebenen, Elemente und Führungsinstrument

Betrachtungswinkel	Resultierende Aufgabenkreise des Controllings und Beispiele der Tätigkeiten/Instrumente innerhalb der Aufgabe	
Controlling Ebenen	**Strategisches Controlling** **= Aufbau von Erfolgspotenzialen** Marktanalysen Zukünftige Einkunftsquellen sowie deren Aufbau und Sicherung Stärkung der Wettbewerbsfähigkeit und Existenzsicherung	**Operatives Controlling** **= Ergebnisorientierung** Personal Qualität Finanzen Leistungserstellung Ergebnismaximierung Leistungspolitik Marketing
Controlling – Führungsinstrument	**Organisationsbildung** **= Systembildung** Zielbildung Planungssysteme Organisatorisches Lernen Organisatorischer Wandel Organisationsverhalten	**Prozessbildung** **= Wirkungsketten steuern** Mitarbeitermotivation Qualitätsmanagement Kundenmanagement Wirtschaftlichkeit
	Unternehmensplanung **= Planen des Handels** Organisation der Metaplanung Definition von Planungsverfahren und Planungshorizonte Budgetierung Simulation der Zukunft Risikomanagement durch Entwicklung von Frühwarnsystemen	**Willens- und Zielbildung** **= Entscheidungsfindung** Definition von Zielen (humane Ziele, Sachziele, ökologische Ziele Strukturierung des Entscheidungsprozesses Konfliktprävention zwischen den Stakeholdern Bündelung von Ressourcen
Informationssysteme des Controllings	**Kennzahlensysteme** **Messung der Zusammenhängen** **Führung durch Zahlen** Bilanzanalyse Kennzahlen nach Du Pont Balanced Score Card	**Finanzrechnungssysteme** **= Sicherung von Rentabilität** **und Liquidität** Bilanzplanung Liquiditätsplanung Finanzplanung Kapitalbedarfsrechnung Kennzahlensysteme Risikoanalysen
	Berichtswesen **= Aufbau einer Kommunikation** Soll—Ist Vergleiche Hierarchiebildung zur Kommunikation Inhalte der Kommunikation Formen der Kommunikation 5Ws des Berichtswesens	**Kostenrechnungssysteme** **= Sicherung der Wirtschaftlichkeit** Voll– und Teilkostenrechnung Target Costing Prozesskosten Deckungsbeitrag Break — Even Point Kurzfristige Erfolgsrechnung

8.2.2 Der Controlling-Regelkreislauf und Stellung des Controllings im Entscheidungsprozess

Der Gedankengang im Controlling entspricht der funktionalen Ebene der Unternehmensführung bestehend aus dem **kybernetischen Kreislauf Planung, Steuerung und Kontrolle.**[1] Diese einzelnen Phasen stellen keine einzelnen Elemente dar sondern sollten als verschiedene, miteinander untrennbare Phasen eines Prozesses verstanden werden.[1] Planung wird dabei als gedanklicher Prozess der Simulation von künftigen Handlungen verstanden und setzt voraus, dass die Unternehmensleitung ein Leitbild, Vision und Ziele klar definiert hat. Die Unternehmensplanung wird vorrangig als Aufgabe der Führung gesehen.[2]

Controlling setzt eine **Planung** der Ziele und Unternehmensbereiche voraus und setzt hier an zwei Punkten an. Planung beginnt mit dem Zielbildungsprozess als Willensbildungsprozess sowie dem familiären Zielsystem, wie bereits in Kapitel 2 beschreiben. Dies bedeutet, dass die Familie die Unternehmensziele definiert, die die Motivationen und Visionen der Unternehmerfamilie mit einbinden. Planung ist ein methodischer Prozess, der hilft, Zukunftsprobleme zu erkennen und den Entscheidungsprozess zu initiieren.

Abbildung 63: Regelkreislauf im Controlling

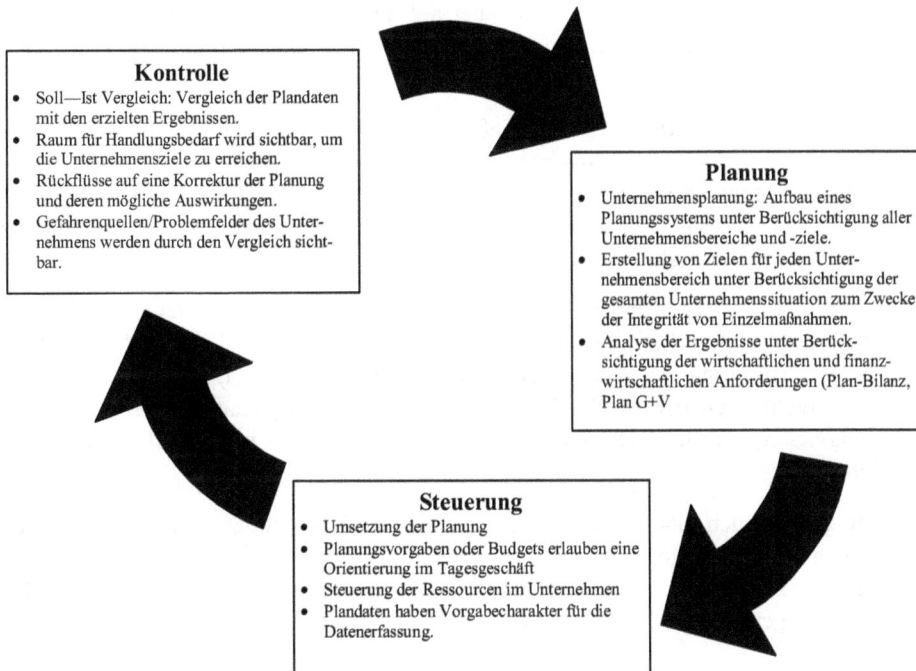

Kontrolle
- Soll—Ist Vergleich: Vergleich der Plandaten mit den erzielten Ergebnissen.
- Raum für Handlungsbedarf wird sichtbar, um die Unternehmensziele zu erreichen.
- Rückflüsse auf eine Korrektur der Planung und deren mögliche Auswirkungen.
- Gefahrenquellen/Problemfelder des Unternehmens werden durch den Vergleich sichtbar.

Planung
- Unternehmensplanung: Aufbau eines Planungssystems unter Berücksichtigung aller Unternehmensbereiche und -ziele.
- Erstellung von Zielen für jeden Unternehmensbereich unter Berücksichtigung der gesamten Unternehmenssituation zum Zwecke der Integrität von Einzelmaßnahmen.
- Analyse der Ergebnisse unter Berücksichtigung der wirtschaftlichen und finanzwirtschaftlichen Anforderungen (Plan-Bilanz, Plan G+V)

Steuerung
- Umsetzung der Planung
- Planungsvorgaben oder Budgets erlauben eine Orientierung im Tagesgeschäft
- Steuerung der Ressourcen im Unternehmen
- Plandaten haben Vorgabecharakter für die Datenerfassung.

---

[1] siehe auch Jung/Bruck/Quarg: Managementlehre, S. 119; Steinmann: Management, S. 124f

Planung beginnt aber auch mit der Unternehmensanalyse und insbesondere mit der Analyse der Wirtschaftlichkeit oder der Bilanzanalyse zur Erreichung bestimmter Kennzahlen in der Unternehmung. Hier ergeben sich dann auch schon erste Zielkonflikte zwischen den Zielen des Unternehmers und den Oberzielen des Unternehmens nach Rentabilität, Liquidität, Sicherung und Wachstum. Aus diesem Zielkonflikt heraus ergibt sich die Notwendigkeit des Wandels (Anpassungsmechanismus). Auf der Prozessebene wird der koordinierende Charakter des Controllings begründet. Das Ergebnis der Planung steuert aber auch die Erfassung der Ist - Daten und die Erfolgsmessung der getroffenen Maßnahmen und beeinflusst das Berichtswesen.

Steuerung bedeutet die Umsetzung der Planung durch zielorientierte Lenkung von unternehmerischen Aktivitäten. Im strategischen Bereich erlaubt das Controlling - durch die Definition der wesentlichen Faktoren - Prioritäten im Handeln zu setzten und sich auf die Erfolgsfaktoren zu konzentrieren. Im operativen Bereich erlaubt das Controlling, zielgerichtet alle Prozesse ergebnisorientiert zu gestalten. Im Tagesgeschäft wird dies praktiziert durch aufgaben- oder stellenbezogene Vorgaben, die durch eine Budgetierung ihren Ausdruck finden.

Der letzte Stufe Kontrolle beinhaltet den Soll - Ist Vergleich. Diese Abweichungsanalyse zwischen Plan- und Istdaten ist die Informationsquelle zur Reflexion der getroffenen Entscheidungen. Hier lassen sich die Stärken des Unternehmens erkennen wie z. B. die Frage, warum die Gäste eine Leistung angenommen haben oder warum eine hohe Gästezufriedenheit besteht. Die Abweichungsanalyse zeigt aber auf der anderen Seite Gefahrenquellen auf wie z. B. neuen Wettbewerb, Verlust der Attraktivität eines Leistungsangebotes, Veränderung der Kosten.

Diese Ergebnisse der **Kontrollphase** schließen den Kreislauf durch Rückkoppelung zur Planung. So wird es möglich, die Plandaten zu ändern und zu präzisieren. Weiterhin erlaubt das Controlling-System dem Unternehmer, die Wirkungsmechanismen in seinem Unternehmen/seiner Branche besser wahrzunehmen. Die Abweichungsanalyse zeigt den Handlungsbedarf für die Unternehmensführung auf.

Mit dem Ziel, durch das gewonnene Wissen die Aktivitäten besser zu steuern oder durch Rückmeldung auf künftige Entwicklungen reagieren zu können, sind Entscheidungen durch die Unternehmensführung notwendig. Ein **Entscheidungsprozess** (siehe Abbildung 64) beinhaltet die Wahl zwischen verschiedenen Optionen zur Lösung eines Problems oder über die zukünftige Strategie. Im Entscheidungsprozess benötigt man in den folgenden Stufen Informationen wie:

- Initiierung: Erkennen eines Problems durch Soll-Ist Abweichungen oder durch das Erkennen von Veränderungen
- Generierung/Bewertung von Zielen oder Lösungen durch Planung und Analyse von Lösungsvorschlägen im bestehenden System

---

[1] vgl. Horváth, Controlling, S. 158
[2] vgl. Henselek: Hotelmanagement, S. 43

- Umsetzung: Umwandlung und Kommunikation der Entscheidungen durch Handlungs-vorgaben.
- Kontrolle: Überwachung der Zielerreichung durch gezielte Datenerfassung und Abwei-chungsanalyse. Dieser Schritt kann dann wiederum Quellen von neuen Problemen aufde-cken.

Abbildung 64: Phasenorientierte Darstellung des Entscheidungsprozess

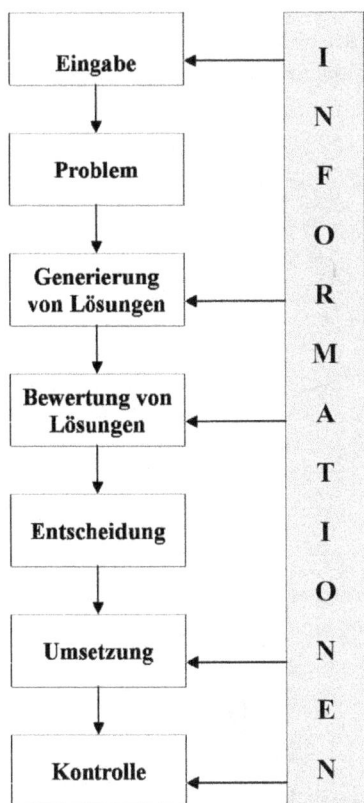

Der Controlling - Kreislauf und die Entscheidungsprozesse im Unternehmen stehen im engen Zusammenhang, da mit der Erfüllung der Führungsaufgaben durch das Controlling - System die benötigten Informationen zur Entscheidungsfindung bereitgestellt werden (Versorgungs-funktion).[1] Diese Informationen sind Sachinformationen und Informationen über Ursache- und Wirkungsbeziehungen im Kontext der Entscheidung. Im täglichen Konkurrenzkampf auf dem gastronomischen Markt ist diese Informationsbasis wichtig, um so eine zielgerichtete und zeitnahe Willensbildung im Unternehmen zu ermöglichen.

---

[1] vgl. Weber, Controlling, S. 170

8.2.3   Operatives und Strategisches Controlling

Als Instrument der Unternehmensführung teilt sich das Controlling in die Ebenen operatives und strategisches Controlling. Beide Bereiche dienen dazu, die entscheidungsrelevanten Informationen für die Führungsebene bereitzustellen und den Einsatz von Instrumenten zur Willensbildung durch Daten zu ermöglichen.

Das **strategische Controlling** hat zum Ziel, Erfolgspotenziale zu definieren und deren Steuerung und Umsetzung zu kommunizieren. Im gastronomischen Kontext würde ein strategisches Controlling die Möglichkeiten durch den demografischen Wandel, Rückkehr zur Regionalität oder das geänderte Freizeit- und Reiseverhalten analysieren, zur Definition

Abbildung 65: Strategisches und Operatives Controlling

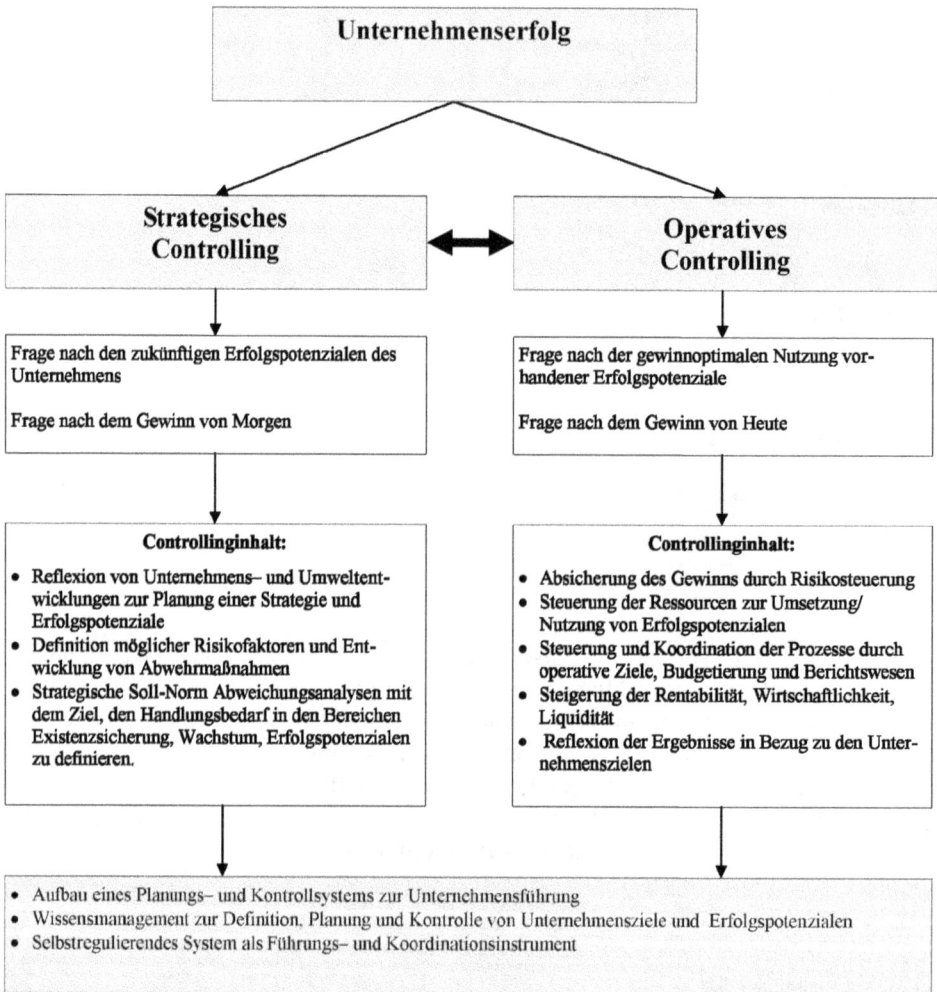

zukünftiger Erfolgspotenziale. Das strategische Controlling erlaubt aber auch Messinstrumente aufzuzeigen, inwieweit Risiken durch die Schwarzgastronomie, Änderungen im Verbraucherverhalten oder durch die Systemgastronomie sich auf das Unternehmen auswirken. Dies geschieht durch Messung der Auswirkungen der geänderten Marktverhältnisse auf bestimmte Leistungen und Gruppen.

Das strategische Controlling unterstützt den strategischen Managementprozess durch eine Abweichungsanalyse zwischen der geplanten Unternehmensentwicklung und der Marktentwicklung. Es unterstützt den strategischen Managementprozess, indem es hilft, durch laufende Kontrollprozesse Informationen zu beschaffen zur Definition der Potenziale des Unternehmens und zu den Chancen auf dem Markt. Es unterstützt den Einsatz von strategischen Instrumenten durch Daten und Informationen und die vom Gedankengang häufig einer GAP-Analyse unterliegen. Dieser Gedankengang eines Frühwarnsystems entspricht dem Controllingkonzept.

Im **operativen Controlling** gilt es, die Gewinnsituation zu optimieren und die bestehenden Ressourcen entsprechend zu nutzen. Somit sind die geschaffenen Erfolgspotenziale des strategischen Controllings die Ausgangsposition des Controllingprozesses und das Controlling hilft hier, diese Potenziale in Leistungen zu definieren, die Ressourcen zur Leistungserstellung und Vermarktung der Leistung zur Verfügung zu stellen. Aus dieser Aufgabe heraus werden die strategischen Ziele in aufgaben- oder stellenbezogene operative Vorgaben definiert, um sie für den Mitarbeiter greifbar und messbar zu machen.[1] Die Instrumente der Kostenrechnung spielen dabei eine große Rolle zur Kontrolle der Wirtschaftlichkeit und Messbarkeit der Entscheidungen. Weiterhin gewinnt die finanzwirtschaftliche Steuerung im operativen Controlling eine große Bedeutung zur Sicherung der Liquidität und Einhaltung der finanzwirtschaftlichen Strukturen. So ergeben sich hier Zielkonflikte zwischen den beiden Bereichen, sobald strategische Planungen aufgrund von operativen Zwängen zurückgestellt werden müssen.[2]

Zur **Durchführung** des operativen und strategischen Controllings werden die folgende **Instrumente** (Tabelle 35) eingesetzt. Hier sei auch angemerkt, dass nicht immer eine klare Zuordnung möglich ist, da einige Instrumente in beiden Bereichen eingesetzt werden und sich hier Überschneidungen ergeben können. Der Einsatz der Instrumente bestimmt sich durch die entsprechende Frage- und Problemstellung. In der Betrachtung der Instrumente wird aber auch deutlich, dass das Controlling in sich kein neues eigenständiges Instrumentarium schafft, sondern sich der bestehenden Instrumente der Unternehmensführung bedient. Der jeweilige Einsatz des Instrumentariums wird bestimmt durch die benötigten Entscheidungen und Führungsprozesse.

---

[1] Ziele für Mitarbeiter sollten hier nach dem SMART-Prinzip erstellt werden (S=Specific, M=Measureable, A=Achieveable, R=realistic, T=Time).

[2] vgl. auch Abschnitt 7.2

Tabelle 35: Instrumente des operativen und strategischen Controllings

Controllingbereich	Planungs- und Kontrollinstrumente (Beispiele)
Operative Planung- und Kontrollinstrumente	• Budgetierung • Finanzierungs- und Investitionsrechnung • Planbilanzen • Wirtschaftlichkeitsrechnungen • Checklisten • Erfolgsrechnungen • Netzplantechnik • ABC – Analysen • Kennzahlensysteme • Bench - Marking • Kurzfristige Erfolgsrechnung • Betriebsvergleiche • Kapitalflussrechnung
Strategische Entscheidungs- und Kontrollsysteme	• Brainstorming • Szenariotechnik • Lebenszyklusmethode • Markt- Konkurrenz- und Umweltanalyse • Simulationsmodelle • GAP – Analyse • Strategische Bilanzen

8.3   Controlling als Führungsinstrument

8.3.1   Das Führungsproblem in gastronomischen Familienunternehmen

Der Koordinationsbedarf der verschiedenen Ebenen zur Steuerung der Prozesse im Unternehmen wird durch das Unternehmensmodell wie in Abbildung 66 deutlich. Dabei ist das dargestellte Modell nicht unique für die Gastronomie. Es beschreibt das Problem der **Koordination der Unternehmensebenen** im Austausch mit den Einflussfaktoren des Umfelds. Es macht die verschiedenen Parameter in der Unternehmensführung deutlich und symbolisiert die Komplexität im Entscheidungsprozess zur Koordination der Einwirkungen der Umwelt auf das Unternehmen und den Prozessen im Unternehmen.

Mit dem Ziel, die Zusammenhänge dieses **Unternehmensmodells** zu verdeutlichen, soll das Verbraucherverhalten aufgrund geänderter Wertvorstellungen als Beispiel genommen werden. Diese Änderung im äußeren Kreis Umwelt wirkt auf die inneren Kreise ein, wobei die Leistungen des Unternehmens den Anforderungen und Chancen der Umwelt nicht entsprechen. Durch Planung gilt es, die Implikationen dieses Wandels aufzugreifen und dabei die Interessen der Stakeholder (2. Kreis) zu integrieren. Beides zusammen erlaubt dann auf der Führungsebene eine Strategiebildung, um so durch Planung und Kontrolle diese Entscheidung zur Adaption des Wandels zu kommunizieren. In der Prozessebene werden somit diese Entscheidungen in Aktivitäten durch organisatorische Prozesse umgesetzt. Auf der Funktions- und Sachebene werden die unterschiedlichen Ressourcen zur Umsetzung eingesetzt und bestimmen die Wirtschaftlichkeit des Unternehmens. Controlling wirkt hier als Metasystem zur Koordination dieses Unternehmensmodells und ökonomisiert die Gewinnung und Auswertung von Informationen.

Gerade in **Familienunternehmen** gilt es, die Zielkonflikte zwischen der Unternehmerfamilie, den Sachzielen des Unternehmens und den Chancen auf dem Markt miteinander zu koordinieren. Das Controllinginstrument ermöglicht es, alle Bedürfnisse, Motivationen, Kultur und Ziele der Generationen miteinander zu verbinden, aber durch die Entscheidungen sachorientiert zu treffen.[1] Die geschaffene Rationalität beugt somit Generationskonflikte vor und erlaubt, Mitarbeiter entsprechend den Unternehmenszielen zu fördern und zu motivieren.

Abbildung 66: Unternehmensmodell

Quelle: eigene Darstellung nach der Idee des St. Gallener Management Modell, dem Copenhagener Modell für Entrepreneurship sowie der Wertkettenanalyse nach Porter

---

[1] zur Problematik siehe Abschnitt 1.5.4

Im Kontext von Familienunternehmen wird weiterhin gerne das Bild eines charismatischen Entrepreneurs geprägt, der Marktchancen erkennt und umsetzt. Auch wenn dies für die ersten Stufen der Gründungssituation zutrifft, so müssen diese Ideen in Zahlen konkretisiert werden zur Finanzierung der Ideen oder Investition. In weiterer Lebenszyklus eines Unternehmens ergibt sich zur Sicherung des Unternehmens ein weiterer Koordinationsbedarf zwischen dem geschaffenen Unternehmen und den Chancen auf dem Markt. Im weiteren Verlauf des Unternehmens hilft das Controlling schließlich dazu, die Übergänge zu planen unter Berücksichtigung der Bedürfnisse beider Generationen.

Das Planungs- und Steuerungssystem schafft somit ein **Ordnungssystem**, indem strukturiert Entscheidungen getroffen werden bzw. überhaupt eine nachvollziehbare und kontrollierbare Willensbildung möglich wird. Besonders in der Gastronomie, in der ein harter Konkurrenzkampf besteht, ist es wichtig, rechtzeitig die Kundenwünsche für eine entsprechende Leistungspolitik zu erkennen. Informationen erhöhen die Reaktionszeit und geben dem Unternehmen so einen erheblichen Wettbewerbsvorteil. Weiterhin ist es aufgrund der geforderten Nischenbildung in der Gastronomie notwendig, dass ein Informationssystem auf aufkommenden Wettbewerb und auf Änderungen im Gästeverhalten aufmerksam macht.

Der wirtschaftliche Erfolg in der Gastronomie ist ein Erfolg der Gastlichkeit. Gastlichkeit wiederum als Dienstleistung ist ein Produkt, das aufgrund einer persönlichen Interaktion zwischen dem Unternehmen und dem Gast entsteht. Die Kenntnis der **Erfolgskette** und die Ursache-Wirkungsbeziehung zwischen den Faktoren des Erfolges sind von großer Wichtigkeit für eine wertorientierte Unternehmensführung und somit in ein Planungs- und Kontrollsystem zu implementieren. In der Gastronomie wie auch in anderen Bereichen setzt sich die Wirkungskette aus folgenden Komponenten zusammen: [1]

- Wirtschaftlichkeit: durch eine hohe Preisbereitschaft und Inanspruchnahme der Leistung, Qualität, gute Kundenbeziehung.
- Mitarbeiterzufriedenheit durch Prozess- und Servicequalität
- Kundenzufriedenheit durch Kundenbindung, Relationshipmanagement durch Dienstleistungsqualität.

Für die Unternehmensführung hat dies zur Folge, dass alle Maßnahmen zur Verbesserung der Wirtschaftlichkeit immer im Kontext der Gastlichkeit und der Kundenbeziehung gesehen werden müssen. Fragen der Portionsgröße, Öffnungszeiten, Umgang mit Beschwerden und Auftritt in der Öffentlichkeit, Mitarbeiterdienstzeiten und Kompetenzen sind gegeneinander aufzuwägen und im Zusammenhang zu beurteilen.

Nur über die Wirkungskette zwischen den Mitarbeitern und dem Gast kann der wirtschaftliche Erfolg sichergestellt werden. Eine Kürzung der Leistungen, die zur Kritik der Gäste aufruft, führt weiter zu einem Spannungsverhältnis zwischen dem Gast und Mitarbeiter. Am Ende beeinflusst ein solches Spannungsverhältnis die Zufriedenheit des Gastes negativ und somit kann der unternehmerische Gesamterfolg infrage gestellt werden. Nicht zuletzt fehlt es am notwendigen Empfehlungsgeschäft. Eine einseitige Führung aus wirtschaftlicher bzw. finanzwirtschaftlicher Sicht kann zu Fehlentscheidungen führen und besonders die Gästebindung infrage stellen.

---

[1] vgl. Bruhn/Meffert: Dienstleistungsmarketing, S. 730ff

Abbildung 67: Struktur der Erfolgskette in der Gastronomie

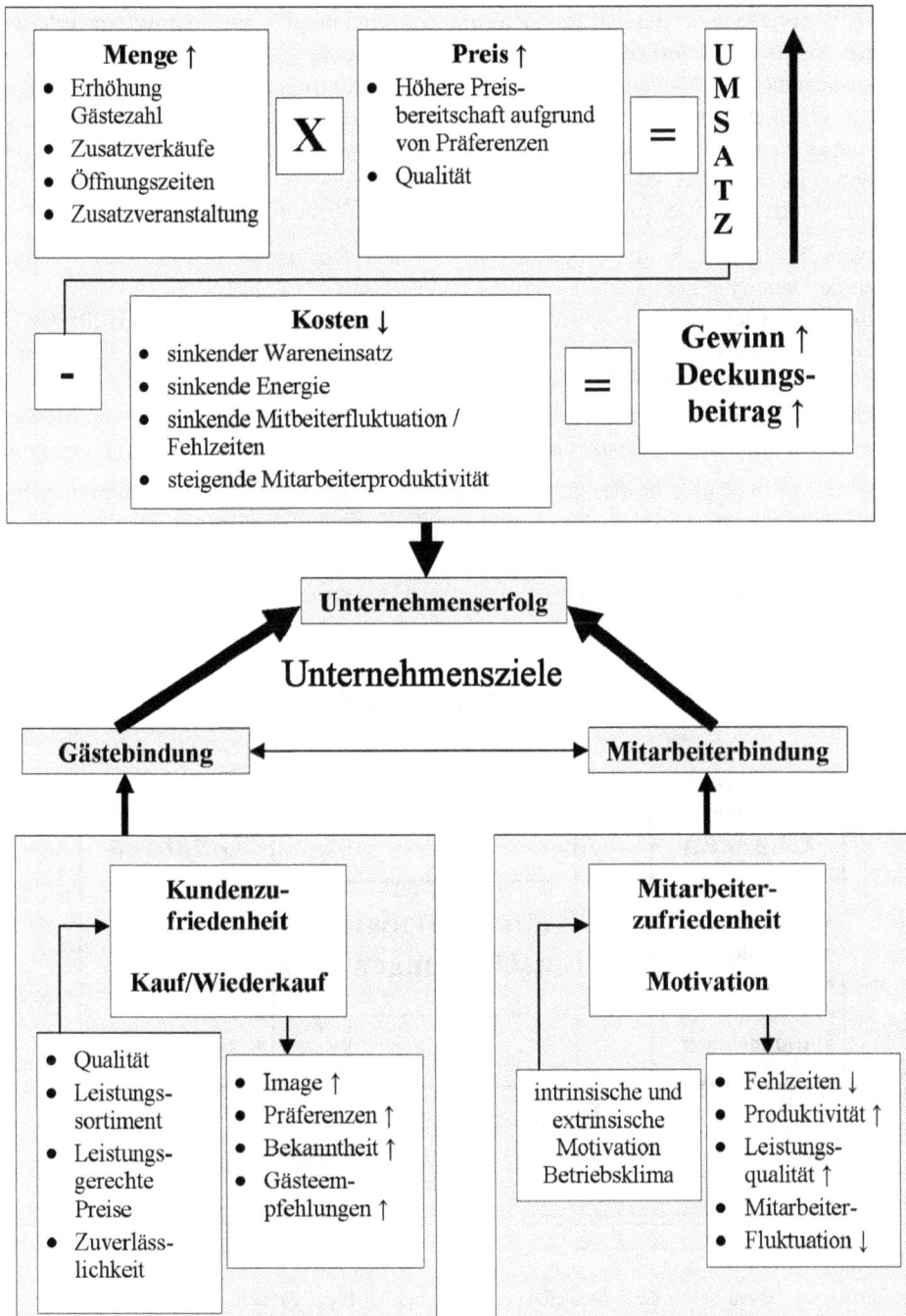

Menge ↑	**Preis** ↑

Menge ↑
- Erhöhung Gästezahl
- Zusatzverkäufe
- Öffnungszeiten
- Zusatzveranstaltung

X

Preis ↑
- Höhere Preisbereitschaft aufgrund von Präferenzen
- Qualität

=

U M S A T Z

-

Kosten ↓
- sinkender Wareneinsatz
- sinkende Energie
- sinkende Mitbeiterfluktuation / Fehlzeiten
- steigende Mitarbeiterproduktivität

=

Gewinn ↑
Deckungsbeitrag ↑

Unternehmenserfolg

Unternehmensziele

Gästebindung ⟷ **Mitarbeiterbindung**

Kundenzufriedenheit

Kauf/Wiederkauf

- Qualität
- Leistungssortiment
- Leistungsgerechte Preise
- Zuverlässlichkeit

- Image ↑
- Präferenzen ↑
- Bekanntheit ↑
- Gästeempfehlungen ↑

Mitarbeiterzufriedenheit

Motivation

intrinsische und extrinsische Motivation Betriebsklima

- Fehlzeiten ↓
- Produktivität ↑
- Leistungsqualität ↑
- Mitarbeiter-Fluktuation ↓

Quelle: in Anlehnung an Meffert / Bruhn, Dienstleistungsmarketing, S. 207

8.3.2   Controlling als Instrument des Risikomanagements

Das Risikomanagement beschäftigt sich mit Entscheidungen im **Spannungsverhältnis** zwischen möglichen **Chancen und Gefahren** (Abbildung 3). Dabei berücksichtigt das Risikomanagement besonders die Unsicherheiten zukünftiger Entscheidungen und die Wahrscheinlichkeit des Eintretens. Das Controllingkonzept implementiert diesen Ansatz des Risikomanagements und ermöglicht das Treffen **rationaler Entscheidungen durch Informationen**, mit dem Ziel, die Existenz des Unternehmens zu sichern.[1] Entsprechend dem Controllingkonzept geht es im Risikomanagement um folgende Tätigkeiten:

1. Risiken zu planen bzw. die Frage zu klären, welche Risiken können mein Unternehmen oder die Planungen gefährden (Definition von Risiken)
2. Risiken zu steuern, d.h. die Auswirkungen der Risiken im Falle des Eintritts für das Unternehmen zu definieren. Weiterhin gilt es, Maßnahmen der Risikoprävention einzuleiten wie Reservenbildung, Verteilung oder Übertragung des Risikos auf Dritte.
3. Risiken zu kontrollieren, d.h. Aufbau eines Berichtswesens und Definition von Messgrößen zur Bestimmung des Risikoeintritts.

Methodisch versucht man im Risikomanagement, die Risiken anhand von bestimmten Indikatoren zu definieren und deren Bedeutung und Einfluss auf die Bezugsgröße anhand von

Abbildung 68: Risikomanagement

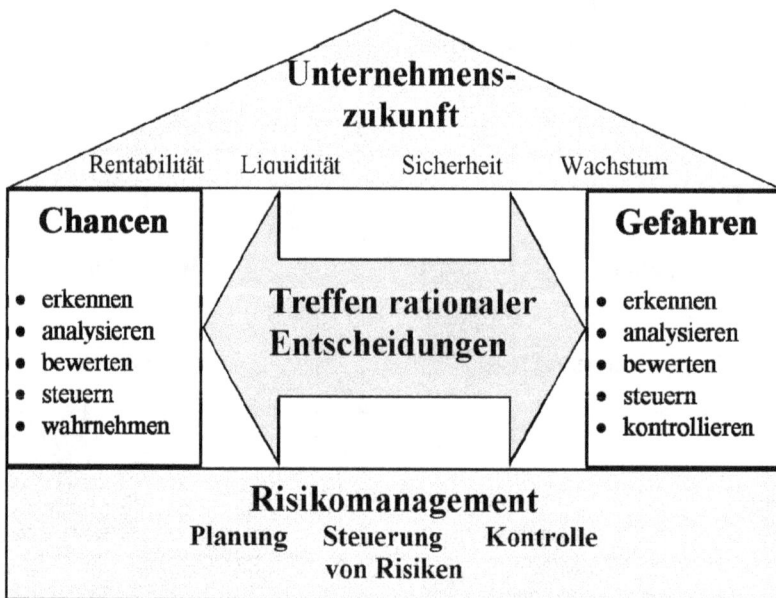

---

[1] Das Risikomanagement hat in der Finanzierung einen besonderen Platz, da es hier gilt eine ganze Reihe von Risiken zu steuern wie z. B.: das Insolvenzrisiko, das Liquiditätsrisiko, das Sicherheitsrisiko, das Bonitätsrisiko, das Inflationsrisiko. Teilweise anhand von verschiedenen mathematischen Modellen versucht man die Risikofaktoren und deren Auswirkungen zu messen.

mathematischen oder statistischen Methoden darzustellen.[1] Es geht hier um die Frage: Welche Risiken können die gesetzten Ziele gefährden? In der Beantwortung ergeben sich weitere Messgrößen, die es gilt, in einem Kontrollinstrument zu überwachen. Zudem müssen Abwehrmechanismen zu entwickelt werden. So wird der Führungsprozess optimiert, da sich die Steuerung und Kontrolle auf Faktoren konzentriert, die entscheidend den Erfolg gefährden können. Die Beobachtung der Kontrollgrößen anhand von Messwerten schafft dann den notwendigen Handlungsraum, um der Gefahr entgegenzuwirken. In der folgenden Tabelle werden diese Arbeitsschritte am Beispiel der Planung der Restaurationsumsätze dargestellt.[2]

Tabelle 36: Risikoanalyse zur Planung Restaurantumsätze

Risiko	Risiko-faktoren	Risiko-indikatoren	Gewichtung/ Nachhaltigkeit	Steuerung/ Planung	Messwerte/ Grenzwerte
Um-satz-risi-ko: Gäste-buch-ungen Stor-nie-rungen	Wetter/	Wettervoraussage (Regen, Frost) Straßenverhält-nisse	Gewichtungsfaktor: mittel Keine Nachhaltig-keit auf den Umsatz	Wetterkarte kurzfristiges Personal	Messung der Stornie-rungen oder Besu-cherfrequenz an Schlechtwettertagen,
	TV/ Events	Populäre TV Sendungen: Fußballspiele; Olympia; Veranstaltungen in der Region	Gewichtungsfaktor: niedrig (Planbar-keit) Keine Nachhaltig-keit auf den Umsatz	TV Programm Personal auf Abruf	Messung der Stornie-rungen oder Besu-cherfrequenz an Schlechtwettertagen,
	Speisen-karte	Lebensmittel-skandale; Speisen ausver-kauft bzw. zu geringe Bestell-menge	Gewichtungsfaktor: mittel Nachhaltigkeit auf das Unternehmen bei Wiederholun-gen	Tagespresse „Null" Ver-käufe; Lagerbestän-de; Renner/ Penner Liste	Abbruch des Besuchs, Veränderungen in der Renner/Penner Liste
	Qualität	Geschmack; Lücken im Service	Gewichtungsfaktor: hoch Hohe Nachhaltig-keit auf den Umsatz	Beschwerden Kennzahl der Rabatte	Anzahl der Freige-tränke/Essen/ Desserts; Beschwerdestatistik
	Personal-mangel	Personalmangel (Krankheit, Kün-digungen, Unter-besetzung, man-gelnde Fähigkeiten)	Gewichtungsfaktor: hoch Hohe Nachhaltig-keit aufgrund schlechter Service-qualität	Beschwer-den; Krankenstand; Ausbildungs-stand; Überstunden-statistik	Beschwerdestatistik; Absagen an Kunden Anzahl der Gutschei-ne; Zeitspanne der Mel-dung des Ausfalls

---

[1] für eine weitere Darstellung von Methoden zur Risikoanalyse: Demleitner: Projektcontrolling 2009
[2] vlg. hierzu auch Abschnitt 7.4

Das Ergebnis dieses Prozesses findet sich wieder in der Planung des Umsatzes in der kritischen Würdigung der Planzahlen und in der Beobachtung dieser Faktoren in einem Berichtswesen. In der Praxis liegen die **Maßnahmen der Risikoprävention** häufig darin, Planzahlen mit einem Risikofaktor zu bewerten. Dieser Risikofaktor bestimmt z. B. durch die Anzahl der Stornierungen von Gästen oder weiteren Beobachtungen von Einflüssen wie Einkommensveränderungen, die das Gästeverhalten steuern. Weitere Maßnahmen zur Risikoprävention und Sicherung der Leistungsqualität liegen aber auch in der Durchführung von eigenen Kontrollen und durch ein sensibles Berichtswesen.

Auf der anderen Seite gibt es auch verschiedene Möglichkeiten der Risikoübertragung auf Dritte wie z. B. Einbußen aufgrund einer Betriebsunterbrechung durch eine entsprechende Versicherung oder auch die Risiken der Arbeitskraft des Unternehmers durch entsprechende Berufsunfähigkeitsversicherungen zu minimieren. Der Prozess der Identifizierung und Klassifizierung der Risiken erlaubt dann auch, entsprechende Maßnahmen zu treffen und somit auch das Vertrauen im Kapitalmarkt zu stärken.

8.3.3   Unternehmensplanung

8.3.3.1   Aufbau einer Unternehmensplanung

Das Controlling als Planungs- und Kontrollinstrument arbeitet als **Organisator der Metaplanung**, d.h. Planung der Planung. Dieses System bestimmt die notwendigen Planungsschritte und fügt die Teilplanungen im Unternehmen zusammen. In Familienbetrieben und in der Einführung der Planung stellt sich heute immer noch die Frage: Wie baut man eine Unternehmensplanung auf? Es ist die Frage nach der Herstellung eines Systemzusammenhangs und nach der Definition von Ansatzpunkten.

Die **Zusammenhänge der einzelnen betrieblichen Pläne** werden in Abbildung 69 dargestellt. In der Regel beginnen die Planungen im Engpassbereich, d.h. im Absatzbereich. Je nach Geschäftsbereich sind in der Umsatzplanung die verschiedenen Potenziale und deren Einflussfaktoren mit zu berücksichtigen.[1] Aus dem Umsatzplan ergeben sich dann die Anforderungen der Ressourcen wie Personal- und Produktionsplan sowie der Investitionsplan zur Bereitstellung der notwendigen Ressourcen. Der Leistungsplan zeigt dann an, welche Umsätze realisiert werden können und bildet die Grundlage des Kostenplans, der zusammen mit dem Umsatzplan den Ergebnisplan bildet. Der Ergebnisplan bildet wiederum die Grundlage des Finanzplans und der Planbilanz.

Wie bereits in der Darstellung der Zusammenhänge der einzelnen Instrumente in der Kostenrechnung angestrebt wurde, soll auch hier der Zusammenhang der einzelnen Teilpläne als Informationssystem verstanden werden. Dabei ist die Planbilanz ein zentrales Instrument, in der alle Informationen ihren Ursprung finden und am Ende wieder zusammengeführt werden.

---

[1] siehe hierzu auch Abschnitt 7.4. Für weitere Hilfen zur Umsatzplanung: Schätzing: Foodmanagement, S. 24f

So ergeben sich in der Durchführung der Planung Möglichkeiten in der retrograden Betrachtung im Unternehmen, ausgehend von der Planbilanz. Die notwendige Eigenkapitalveränderung und Finanzierungsstrategien geben die Werte zur Kapitalfreisetzung und -gewinnung durch den Umsatzprozess vor. Diese Zielvorgaben gehen in die Umsatz- und Kostenplanung ein.

Abbildung 69: Zusammenhang der Pläne im Gastronomie-Controlling

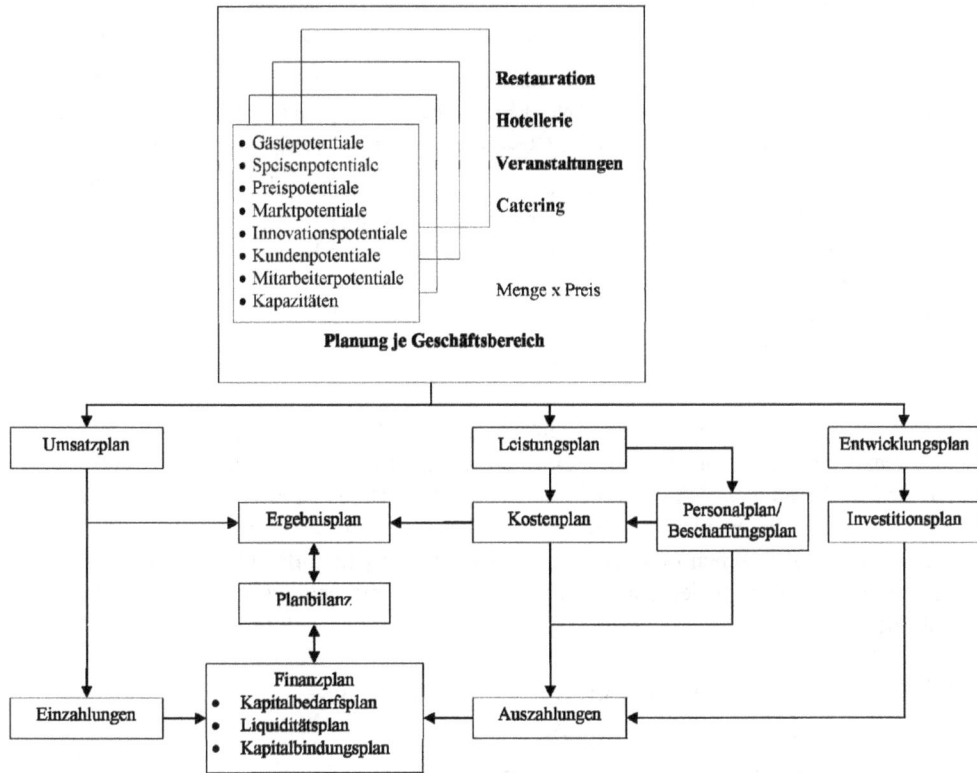

Der **Prozess der Unternehmensplanung** spiegelt die Aufbauorganisation im Unternehmen wider. Die Bestimmung der Planbilanz und deren direkter Unterpläne ist Aufgabe der Geschäftsführung, während die Unterpläne dann von den unteren Hierarchiestufen vollzogen werden können. Die Planung kann entsprechend verschiedener Verfahren vollzogen werden, wie in der folgenden Abbildung dargestellt:

Abbildung 70: Planungsverfahren

Planungsverfahren		
Top Down	**Bottom up**	**Gegenstromverfahren**
Planung der Unternehmensziele durch die Geschäftsleitung und hierarchische Weitergabe der Plandaten an die operativen Bereiche im Unternehmen	Planung der Gesamtziele aufgrund der Integration der Einzelziele im operativen Bereich	Vollzug des Top Down Verfahrens als Vorschlag und anschl. Rückmeldung/Korrektur durch die operativen Bereiche im Unternehmen (Bottom up Verfahren). Die korrigierte Planung wird dann im Top Down verfahren verkündet.
Vorteil: strenge Homogenität der Einzelplanungen mit den obersten Unternehmenszielen	Vorteil: hohe Berücksichtigung des Wissens und Ressourcen im Unternehmen	Vorteil: Verknüpfung der Vorteile beider Verfahren und Sicherstellung der Gesamtziele im Unternehmen
Nachteil: ungenügende Berücksichtigung der Ressourcen und Wissen des operativen Bereiches, Gefahr der geringen Identifikation der Mitarbeiter mit den Zielen	Nachteil: keine einheitliche Zielbildung möglich. Gefahr von niedrigen Zielen.	Nachteil: sehr aufwendig und hohes Konfliktpotenzial

In Bezug auf gastronomische Familienbetriebe, die von flachen Organisationsstrukturen gekennzeichnet sind, erscheint in erster Linie die Darstellung dieser Planungsverfahren überzogen. Diese Planungsverfahren beschreiben eine Vorgehens- und Arbeitsweise, um überhaupt eine Unternehmensplanung aufzubauen. Somit sind diese Verfahren zunächst einmal größenunabhängig zu sehen und erlauben verschiedene Ebenen des Unternehmens wie verschiedene Familienmitglieder und Mitarbeiter in ein Unternehmensplanungsverfahren mit einzubeziehen.

8.3.3.2   Das Budget als operatives Entscheidungs- und Kontrollinstrument

Das Budget ist die detaillierte **operative Planung aller Teilpläne** im Unternehmen und beinhaltet die Definition eines festen Wertbetrages für Ein- und Ausgaben im Unternehmen in einem bestimmten Zeitraum. Der Gedankengang des Budgets entspricht der Haushaltsführung, besonders der staatlichen Haushaltsführung. In der Unternehmensführung wird das Budget in der operativen Unternehmensführung eingesetzt zur Steuerung und Kontrolle der unternehmerischen Tätigkeiten innerhalb eines Geschäftsjahres, d.h. in der operativen Unternehmensführung. Das Budget basiert in der Regel auf einer Jahresplanung und eine detaillierte Analyse und Vorgabe pro Kostenstelle und/oder Kostenart sowie für die entsprechende Betrachtungsperiode (Jahr/Monat).

Das Budget kann in viele Rechnungswesenprogrammen eingegeben werden und erlaubt somit einen direkten Vergleich zwischen den Plan- und Istwerten. Somit ergeben sich gerade auf der Kostenseite Chancen der **kurzfristigen Steuerung und Orientierung im Tagesge-**

schäft (Zeitgewinn und Arbeitserleichterung, da nicht jede Entscheidung grundsätzlich neu betrachtet werden muss, wie z. B. in welchem Grad noch Werbeanzeigen möglich sind). Dies erleichtert dem Unternehmer die Konsequenzen einer Entscheidung besser zu evaluieren und erlaubt, ein schnellere Entscheidung zu treffen. Es ist eine Orientierungshilfe zur Finanzierbarkeit von Entscheidungen. Gerade im Tagesgeschäft ist die Aufgabenfülle für den Unternehmer sehr hoch. Ein Budgetplan kann im Entscheidungsfall schnell helfen, ob er noch eine Werbeanzeige schalten kann oder nicht, ohne dabei die eigenen Ziele zu gefährden. Der Aufbau eines Budgetplans kann sich am Aufbau der kurzfristigen Erfolgsrechnung orientieren und hat direkten Einfluss in den Anforderungen zur Erfassung der Ist - Daten im Rechnungswesen. Auch hier stellt das Controlling keine neuen Anforderungen an die Unternehmensführung sondern stellt vordringlich Synergien her. Weiterhin stellt die Einführung von Budgets ein Instrument zur Mitarbeiterführung dar, da so z. B. Eigenverantwortungsbereiche im Unternehmen definiert werden.

8.4   Informationssysteme im Controlling

In diesem Abschnitt stehen die Bausteine des Controllings in der näheren Betrachtung, indem die Informationen generiert und kommuniziert werden.[1] Diese sind wie folgt:

- das Rechnungswesen, Kostenrechnung und Finanzplanung
- Kennzahlensysteme
- das Berichtswesen

8.4.1   Rechnungswesen, Kostenrechnung und Finanzplanung als Grundlage und Instrument der Datenerfassung

Das Controlling selbst baut auf den bestehenden betrieblichen Informationssystemen Rechnungswesen, Kostenrechnung und Finanzplanung auf, wie sie bereits in vorangegangen Abschnitten beschrieben wurden. Dabei bedient sich das Controlling stark der Datenerfassung im Rechnungswesen und somit sind die Berührungspunkte zwischen dem Rechnungswesen und dem operativen Controlling sehr groß. Hier werden die Ist - Daten erfasst und bilden die Informationsgrundlage für die Kontrollphase (Abbildung 71).[2]

Das **Rechnungswesen** gliedert sich in ein internes und externes Rechnungswesen und hat eine **Dokumentationsaufgabe** im Unternehmen. Diese Dokumentationsaufgabe des Rechnungswesens bedient sich das Controlling in der Kontrollphase. Von den Fragestellungen des Controllings her dienen die Instrumente des internen Rechnungswesens wie Kostenrechnung und Investitionsrechnung direkt für Controllingzwecke, da sie von der Aufgabenstellung her bereits einen entscheidungsvorbereitenden Charakter haben.

---

[1] vgl. hierzu auch Gewald: Hotelcontrolling, S. 44ff

[2] siehe weiter Dettmer/Hausmann/Kaufner/Wilde: Controlling im Food & Beverage Bereich, S. 18f und die dort angegebene Literatur

Abbildung 71: Rechnungswesen und Controlling

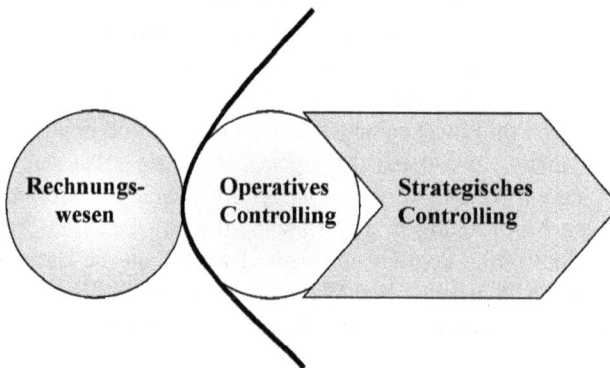

Entscheidend für die Frage, inwieweit das Rechnungswesen als Grundlage und Instrument der Datenerfassung dient, ist der Anspruch der Genauigkeit der Erfassung der Ist - Daten. Hier fordert das Controlling eine größere Detailliertheit in der Datenerfassung, stärker als es im externen Rechnungswesen vorgegeben ist. So sollte z. B. die Datenerfassung folgende Punkte berücksichtigen:

*   Zeitpunkte der Restaurantbesuche
*   Zeitliche Erfassung der Reservierungen
*   Zeitliche Erfassung der Ein- und Auszahlungen
*   Buchungen von Gruppenarrangements

Das Rechnungswesen bekommt somit den Charakter einer „Datenbank" und das Controlling bekommt so die Möglichkeit, die Informationen bedarfsgerecht zusammenzustellen. Dies bedeutet bereits für die Unternehmensführung, den Kontenplan und die Datenerfassung genau zu definieren, um so das Rechnungswesen zu einem betrieblichen Informationssystem wachsen zu lassen. Da Controlling schafft hier Synergien, um eine bessere Nutzung der bestehenden Systeme zu ermöglichen.

8.4.2   Kennzahlen und Kennzahlensysteme

8.4.2.1   Kennzahlen in der Gastronomie

Kennzahlen sind Messzahlen zur Beurteilung von quantitativen Sachverhalten und Situationen. Man unterscheidet zwischen absoluten Kennzahlen (z.B. Umsatz, Personalbestand, Auftragsvolumen) und relativen Kennzahlen als relative Zahlenbezüge zwischen zwei Variablen. Sie dienen zur **Informationsverdichtung** zum Zwecke der Kontrolle und zur Beurteilung für bestimmte Tatbestände. Kennzahlen haben die Aufgabe der Informationsverdichtung für die Geschäftsführung im Rahmen der **Entscheidungsfindung**. Anhand von Kennzahlen kann die Unternehmensführung aber auch ein externer Betrachter die aktuelle Situation im Unternehmen erfassen. Sie erlauben somit, schneller bestimmte Sachbezüge zu erkennen und entsprechend zu handeln.

In der Gastronomie wie auch in anderen Branchen gibt es eine **Reihe von Kennzahlen**, die zur Steuerung im Unternehmen eingesetzt werden. Ein Auszug der Kennzahlen wird in der folgenden Tabelle dargestellt. [1] Die Bedeutung und Hilfen zur Interpretation einiger Kennzahlen wurden bereits an anderen Stellen dieses Buches vorgestellt. Einige Kennzahlen sprechen auch für sich selbst. Die aufgeführten Kennzahlen sind exemplarisch und die Formen können entsprechend der Fragestellung durch entsprechende Variable ersetzt werden.

Tabelle 37: Kennzahlen in der Gastronomie

Kennzahl	Formel	Kennzahl	Formel
Analyse des Betriebsergebnisses			
Umsatz-rentabilität	$\dfrac{Gewinn*100}{Umsatz}$	Working Capital	Umlaufvermögen – kurzfristiges Fremdkapital
Wareneinsatz	$\dfrac{Wareinsatz*100}{Umsatz}$	ROI	$\dfrac{Gewinn*100}{Eigen-und-Fremdkapital}$
Personalkosten-quote	$\dfrac{Personalkosten*100}{Umsatz}$	Eigenkapitalquote	$\dfrac{Eigenkapital*100}{Bilanzsumme}$
Energiekosten-quote	$\dfrac{Energiekosten*100}{Umsatz}$	Fremdkapitalquote	$\dfrac{Fremdkapital*100}{Bilanzsumme}$
Eigenkapital-rendite	$\dfrac{Gewinn*100}{Eigenkapital}$	Anlagenintensität	$\dfrac{Anlagenvermögen*100}{Bilanzsumme}$
Umsatzrentabilität	$\dfrac{Gewinn*100}{Umsatz}$	Verschuldungsgrad	$\dfrac{Eigenkapital*100}{Bilanzsumme}$
Cash Flow	Gewinn + nicht auszahlungswirksame Aufwendungen - nicht einzahlungswirksame Erträge = Cash Flow	Selbstfinanzierungsgrad	$\dfrac{Gewinnrücklagen*100}{Eigenkapital}$
Schuldentilungskraft (dynamischer Verschuldungsgrad	$\dfrac{Fremdkapital}{Cash Flow}$	Kalkulations-Faktor	$\dfrac{Umsatz\,(Getränke/Speisen)}{Warenkosten}$
Sicherheitszone (zeigt an, um wie viel % der Umsatz sinken darf ohne die Verlustzone zu erreichen	$\dfrac{Gewinn*100}{Gesamtdeckungsbeitrag}$	Liquiditätsgrad II (Zahlungsfähigkeit unter Berücksichtigung der Fristenkongruenz)	$\dfrac{Liquide\,Mittel+Forderungen*100}{kurzfristiges\,Fremdkapital}$

---

[1] für weitere Kennzahlen und Kennzahlensysteme in der Gastronomie: Schätzing: F & B Management, S. 153ff

Kennzahl	Formel	Kennzahl	Formel
Speisenanteil	$\dfrac{Speisenumsatz * 100}{Gesamtunsatz}$	Umsatz pro Bett	$\dfrac{Umsatz}{Bettenzahle}$
Hotelanteil	$\dfrac{Hotelumsatz * 100}{Gesamtunsatz}$	Umsatz pro Stuhl	$\dfrac{Umsatz}{Sitzplätze}$
Getränkeanteil	$\dfrac{Getränkeum satz * 100}{Gesamtunsa tz}$	Umsatz pro Kellner	$\dfrac{Umsatz}{AnzahlderServicekräfte}$
Marketingkennzahlen			
Werbekontrolle	$\dfrac{Mehrumsatz}{Kosten\ der\ Maßnahme}$	Elastizität der Nachfrage	$\dfrac{Mengenänderungen\ in\ \%}{Pr\,eisänderungen\ \%}$
Marktwachstum	$\dfrac{Marktvolumenzuwachs * 10}{bisheriges\ Marktvolumen}$	Bedeutung Erfolgs-Objekt	$\dfrac{Umsatz\ des\ Erfo\lg sobjektes}{Unternehmensumsatz}$
Relativer Markt-anteil I	$\dfrac{eigener\ absoluter\ Mark\tan teil}{absoluter\ Mark\tan teil\ des\ größten\ Konkurrenten}$		
	$\dfrac{eigener\ Umsatz}{Umsatz\ des\ größten\ Konkurrenten}$		
Kennzahlen Personalbereich			
Fluktuation	$\dfrac{Austritte * 100}{durchschnittl.Personalbes\tan d}$	Fehlzeitenquote	$\dfrac{Fehlzeiten * 100}{verfügbare\ Zeit}$
Bruttolohnauf-wand pro Mitar-beiter	$\dfrac{Gesamtpersonalaufwand}{Gesamtmitarbeiterzahl}$	Betriebsertrag pro Mitarbeiter	$\dfrac{Gesamtertrag}{Gesamtmitarbeiterzahl}$
Kennzahlen Food & Beverage Bereich			
Belegungsrate	$\dfrac{Anzahl\ der\ Speisen}{Gesamtkapazität}$	Speisenumsatz pro Gast	$\dfrac{Speisenumsatz}{Gästezahl\ Re\,staurant}$
Beliebheitsgrad	$\dfrac{Anzahl\ der\ verk.Portionen * 100}{Gesamtzahl\ der\ Gäste}$	Getränkeumsatz pro Gast	$\dfrac{Getränkeumsatz}{Gästezahl\ Re\,staurant}$
Umsatz pro Stuhl	$\dfrac{Gesamtumsatz}{Anzahl\ der\ Sitzplätze}$	Umsatz pro Stunde	$\dfrac{Gesamtumsatz}{Öffnungszeit}$
Kennzahlen Hotelbereich			
Auslastungsquote Zimmer	$\dfrac{Anzahl\ der\ verk.\ Zimmer * 10}{Gesamtzahl\ der\ Zimer}$	Auslastungsquote Betten	$\dfrac{Anzahl\ der\ verk.Betten * 100}{Gesamtzahlder\ Betten}$
Durchschnittl. Übernachtung-preis	$\dfrac{Gesamtumsatz\ Logis}{Anzahl\ der\ verkauften\ Zimmer}$	Doppelbelegungs-faktor	$\dfrac{Anzahlder\ verkauftenBetten}{Anzahlder\ verkauftenZimmer}$
Reinigung-kosten/Zimmer	$\dfrac{Kosten\ Re\,inigung\ Zimmer}{Anzahl\ der\ verkauften\ Zimmer}$	Durchschnittl. Aufenthaltsdauer	$\dfrac{Zahl\ der\ Übernachtungen}{Zahl\ der\ Gäste}$
Instandhaltung	$\dfrac{Kosten\ Ins\tan dhaltung}{Anzahl\ der\ verkauften\ Zimmer}$	Durchschnittl. F & B Umsatz/Zimmer	$\dfrac{F\ \&\ B\ Umsatz\ durch\ Logis}{Anzahl\ der\ verkauften\ Zimmer}$

8.4.2.2   Benchmarks

Benchmarks sind **Vergleichswerte** unter der Fragestellung: Welche Werte müssen wir bei unserer Betriebsstruktur erzielen, damit wir erfolgreich sind? Es sind Werte zur Orientierung, die in der Budgetierung und im Stärken – Schwächen – Vergleich eingesetzt werden. Sie zeigen somit den Handlungsbedarf im Unternehmen an und vermitteln eine Bestätigung an die Unternehmensführung. Entscheidend im Vergleich zwischen den angeführten Benchmarks und den eigenen Werten ist aber die Berücksichtigung von der Unternehmensstruktur und des Unternehmensfeldes. Für die Gastronomie werden folgende Benchmarks angezeigt:

Abbildung 72: Benchmark-Kennzahlen in der Gastronomie

Position		Kleinhotel-lerie bis € 250 TDM Umsatz	Mittel-Stands-Hotellerie ab TDM 250 bis 1 Mio € Umsatz	Gehobene Mittel-Stands-Hotellerie Ab 1 Mio bis 2,5 Mio € Umsatz	Gastrono-mie bis TDM 500 € Umsatz	Gastrono-mie bis 1 Mio € Umsatz
Erlösstruktur in % Umsatz	Beherbergung	31,6	37,8	41,8	-	-
	Speisen	41,3	40,6	35,8	30,4	52,3
	Getränke	23,1	18,5	16,8	48,8	44,1
	Handelswaren	0,6	0,4	1,2	0,9	0,0
	Sonstiger Ums.	3,4	2,7	4,3	19,9	3,6
	Anzahl Zimmer	7	26	75	-	-
	Anzahl Betten	13	44	140	-	-
	Übernachtungen	2.716	6.301	11.758	-	-
	Sitzplätze	29	82	218	47	123
Kennzahlen bei Erlösstruktur in % Umsatz	Wareneinsatz	33,8	35,7	31,4	32,8	34,1
	Personalquote	19,8	31,3	37,4	18,4	28,7
	Energie	10,6	7,5	7,7	5,3	2,8
	Pacht	16,6	12,9	12,2	16,5	12,3
	Zinsenaufwand bei Eigentum	6,7	6,3	6,1	2,0	-
	Anlagekosten bei Eigentum	20,2	16,5	19,1	8,7	-
	Betriebsergebnis Eigentum	11,6	6,5	4,4	21,9	-
	Betriebsergebnis Pacht	9,9	4,4	1,7	17,0	8,5
	Auslastungsquote Hotellerie	51,6	45,9	53,9	-	-
	Ø Aufenthaltsdauer	1,8 Tage	2,1 Tage	2 Tage	-	-
	Umsatz pro Tag	0,4 T €	1,3 T €	4,8 T €	0,6 T €	3,4 T €

Quelle: BBG Treugast Hotellerie & Gastronomie Betriebsvergleich Update 2009, Zahlen beruhen auf die Kennziffern für 2008. Weitere Unternehmensgruppen deren Eckdaten sind in dem Datenmaterial des Werkes als Benchmark vorzufinden.

8.4.2.3   Kennzahlensysteme nach Du Pont in der Gastronomie

Kennzahlensysteme stellen die **Abhängigkeiten und Zusammenhängen** zwischen den Unternehmensparametern dar mit dem Ziel, **Ursache-Wirkungsbeziehungen** zu deutlichen.[1] Das bekannteste Kennzahlsystem wurde von Du Pont konzipiert und beschreibt in einem Kennzahlensystem zwei entscheidende Perspektiven des Erfolges:

- die Umsatzrentabilität
- die Kapitalrentabilität.

Das Kennzahlensystem wurde ursprünglich in der chemischen Industrie entwickelt und diente vorrangig zur finanzwirtschaftlichen Analyse. Es baut auf formallogischen Gesichtspunkte der Bilanzanalyse auf. In einer Übertragung auf die Gastronomie stellt sich das Du Pont System wie folgt dar:

Abbildung 73: Kennzahlensystem nach Du Pont in der Gastronomie

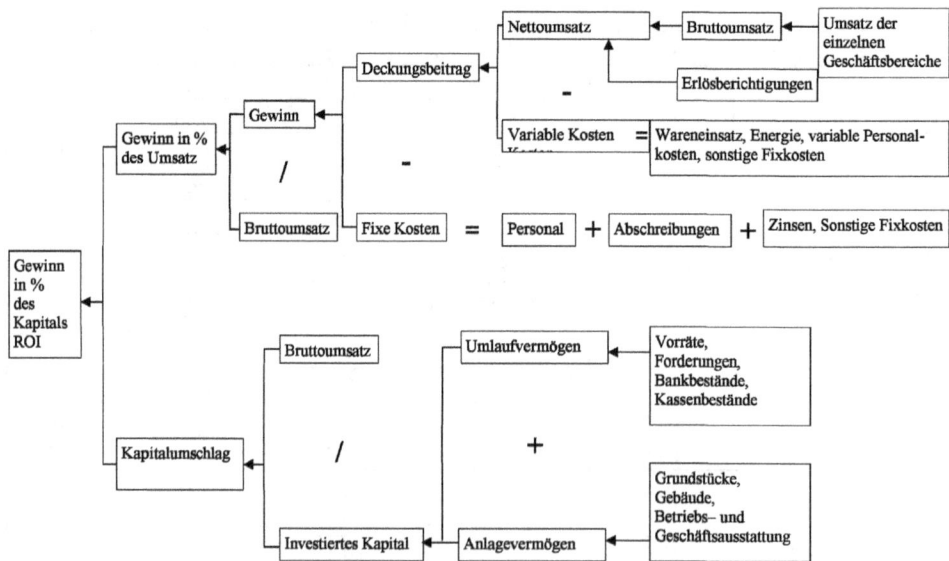

Die Darstellung erlaubt eine schnelle Analyse, wie die **Wirkungshebel** im Unternehmer liegen und welche Variablen stark das Unternehmensergebnis beeinflussen. Nach Du Pont baut das Kennzahlensystem auf den Quotienten von Gewinn und Kapitalumschlag auf. In einer Übersetzung bedeutet dies, dass der Bruttoumsatz mindestens dem investierten Kapital (Anlage- und Fremdvermögen) entsprechen muss. Ist dies nicht der Fall, entsteht eine negative Folge für die Gesamtrentabilität. Diese Aussage beeinflusst besonders den Umgang mit Wachstum in der Gastronomie und stellt aufgrund des Anlagencharakters in der Gastronomie

---

[1] Stelling: Kostenmanagement und Controlling, S. 295

ein besonderes Problem dar. Weiterhin sind in der Gastronomie Maßnahmen zur Reduzierung des Umlaufvermögens begrenzt. Dies bedeutet im Anlagevermögen, dass Serviceeinrichtungen und zusätzliche Angebote in der Gastronomie immer unter dem Blickwickel des Kapitalumschlages betrachtet werden müssen. Zur Reduzierung des Kapitalumschlags sind hier evtl. Kooperationen zwischen den Betrieben anzustreben, sodass sich für das einzelne Unternehmen eine Reduktion des investierten Kapitals ergibt.

Der Deckungsbeitrag ist hier wiederum ein Haupteinflussfaktor in der Bestimmung der Rentabilität. Dies bedeutet, dass Streben nach einem niedrigen Break - Even Point wird nur durch Fixkostenmanagement und einer gleichzeitigen Erhöhung des Deckungsbeitrages durch Reduzierung der variablen Kosten möglich.[1]

8.4.2.4   Balanced Score Card

Mit dem Ziel, die Verbindung zwischen dem strategischen Management und dem operativen Management herzustellen, wurde von Kaplan und Norten die Balanced Score Card (=ausgeglichene Ergebniskarten) entwickelt.[2]

Abbildung 74: Beziehungen von Ursache und Wirkung in der Balanced Score Card

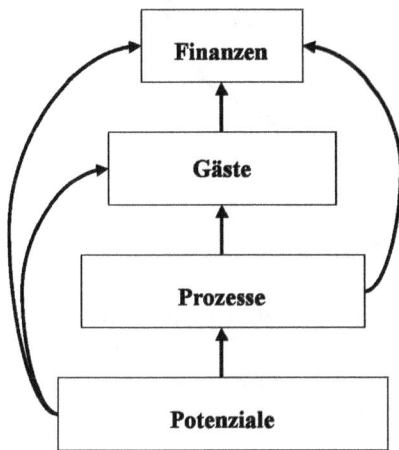

Quelle: Demleitner: Projektcontrolling, S. 41 mit einen Ergänzungen

Ziel und Aufgabe der Balanced Score Card ist es, die Ausgewogenheit der Umsetzung der Strategie zu gewährleisten und somit auch eine Nachhaltigkeit der Wettbewerbsvorteile zu erzielen. Der Erfolg in der **Umsetzung einer Strategie** wurde traditionell immer sehr stark auf den finanziellen Aspekt bezogen, ohne dabei die Wirkungsbeziehungen des Erfolges zu betrachten. Weitere Bereiche wurden vernachlässigt und somit blieben auch die Aspekte der Nachhaltigkeit teilweise unberücksichtigt. Die Grundform der Balanced Score Card beinhaltete 4 Perspektiven, die einander bedingen:

- Finanzen: finanzieller Erfolg
- Geschäftsprozesse: Optimierung der internen Prozesse
- Lernen und Entwicklung: Förderung der Wachstums- und Veränderungsziele
- Kunden: Steuerung von Kundenbeziehungen

---

[1] siehe Kapitel 6

[2] Die Balanced Score Card geht auf die Entwicklungen in den 90er Jahren von Robert S. Kaplan und David P. Norton zurück. Siehe Kaplan und Norton: Balanced Score Card (1996)

Für die Gastronomie könnte eine Balanced Score Card exemplarisch aussehen wie folgt:

Abbildung 75: Balanced Score Card

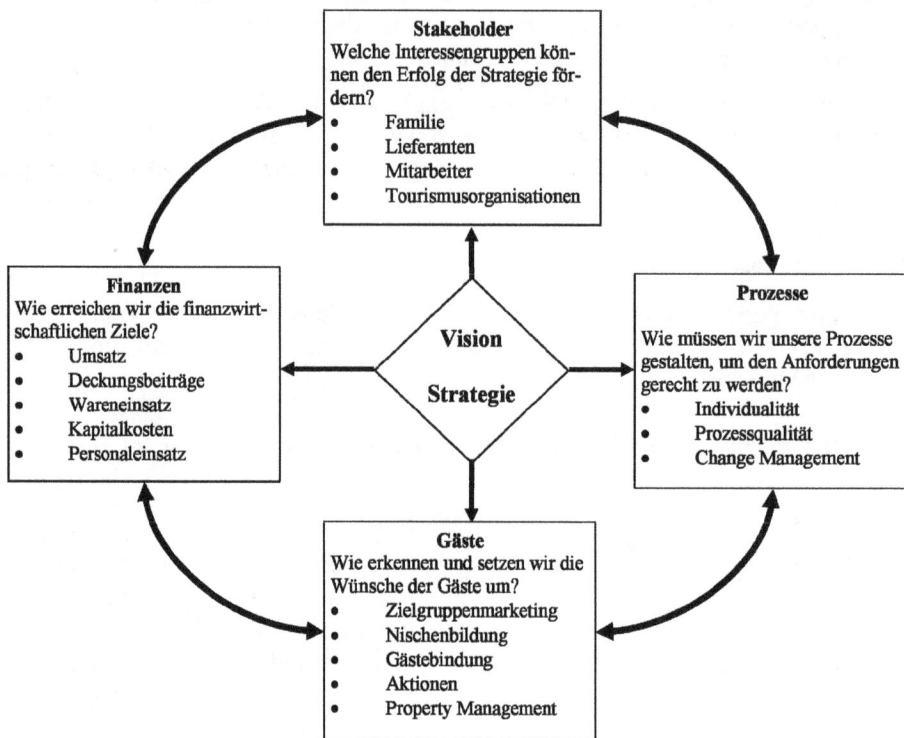

Ziel ist es darzulegen, welchen **Beitrag jeder Teilbereich zum Strategieerfolg** zu leisten hat anhand von ausgewählten Kennzahlen und Maßnahmen. Die Kennzahlen und die Wertung stellt auch die Abhängigkeit zu anderen Bereichen dar. So wird erreicht, dass die einzelnen Maßnahmen und Ziele zum Gesamtziel Konformität aufweisen.

Die **Methodik** der Balanced Score Card baut auf dem Gedankengang der Wirkungskette auf und versucht stärker die Wirkungsbeziehungen der Erfolgspotenziale zu integrieren (Abbildung 74). Diese Erfolgspotenziale beeinflussen die Prozesse und somit die Leistungsqualität und den Werteverzehr im Unternehmen. Das Ergebnis der Unternehmensprozesse zeigt sich in der Qualität der Leistungen, die die Gäste erfahren, die daraufhin über die Inanspruchnahme der Leistungen entscheiden. Diese Stufe geht direkt in das finanzwirtschaftliche Ergebnis ein. Die Balanced Score Card verbindet somit die Aspekte der Führung und das Qualitätsmanagement mit der finanzwirtschaftlichen Perspektive.[1]

---

[1] siehe Abschnitt 2.4. Die Balanced Score Card wurde dort als ein Instrument vorgestellt, um Strategien greifbar zu machen.

Somit werden die **Grundlagen des Erfolges** wesentlich stärker in ein Kennzahlensystem mit eingebunden zur Bestimmung des wirtschaftlichen Erfolgs. Diese Wirkungsketten, die in der Balanced Score ausgedrückt werden, könnten auf die Gastronomie übertragen beispielhaft wie folgt aussehen:[1]

Abbildung 76: Wirkungsketten von Kennzahlen in der Balanced Score Card

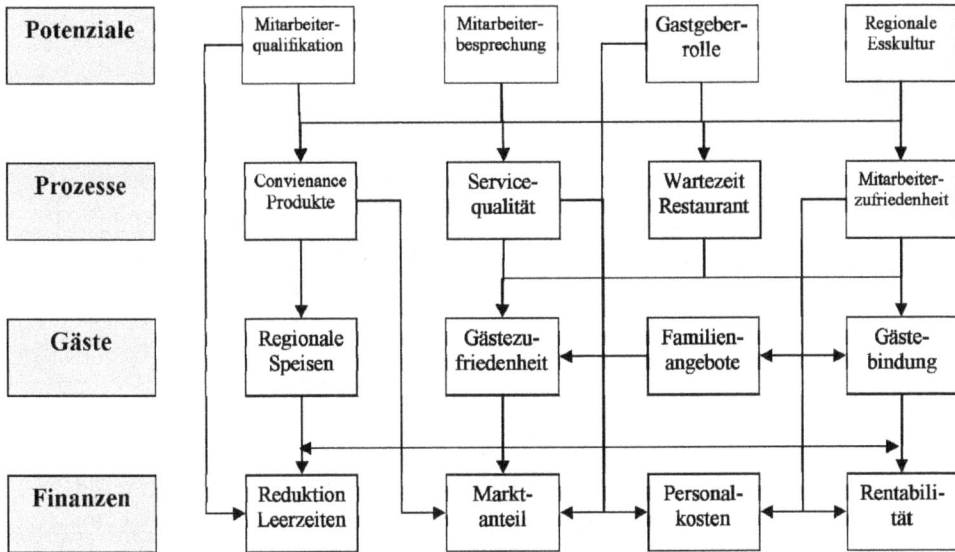

In einer Weiterführung dieses Beispiels könnte die Balanced Score Card in Detail wie folgt aussehen:

Tabelle 38: Beispiel Balanced Score Card für die Gastronomie[2]

Finanzen (Befriedigung der wirtschaftlichen Ziele) Frage: Welche finanzwirtschaftlichen Ziele müssen wir erreichen, damit unsere Kapitalgeber zufrieden sind und wir unsere Ziele verwirklichen können?			
Ziel	Messwerte	Zielwert	Maßnahmen
Steigerung Gesamtrentabilität	ROI	3%	Erhöhung des DB, Ausgliederung Wäscherei
Steigerung Marktanteil	Steigerung in %	2%	Events, regionale Produkte auf der Karte
Senkung der Leerkosten	Auslastungsquote	60% Hotel	Zielgruppen spezifische Angebote in umsatzschwachen Zeiten
Senkung Personalkostenquote	% Umsatz	32%	Reduktion von Personal durch Einsatz von qualifiziertem Personal, Speisenangebot in Büfettform.

---

[1] siehe auch Wolf/Heckmann: Marketing, S. 150

[2] Siehe auch das Beispiel von Stelling: Kostenrechnung und Controlling, S. 297. Sein Beispiel baute auf eine Situation im Pflegebereich auf. Ein weiteres Beispiel bei Schätzing: Management, S. 104ff

Gäste/Markt (Befriedigung der Kundenwünsche) Frage: Welche Dienstleistung müssen wir in welcher Art und Qualität unseren Gästen anbieten, um unsere Ziele zu verwirklichen?			
Ziel	Messwerte	Zielwert	Maßnahmen
Steigerung Beliebtheit von regionalen Speisen	Beliebtheitsgrad Umsatzanteil	5%	Marketingmaßnahmen, Hintergrund der Speisen evtl. Rezepte auf der Karte präsentieren.
Steigerung Gästezufriedenheit	Rating anhand eines Fragebogens	2 als internen Wert	Verbesserung Service Prozesse, Aufnahme von regionalen Produkten auf der Speisenkarte, Stärkere Betreuung von Stammgästen, besseres Verständnis der Gastgeberrolle der Mitarbeiter
Steigerung Familienangebote	Anzahl Familienangebote/-pauschalen	30% des Umsatzes durch Familienangebote	Überarbeitung von Hochzeitspauschalen und Pauschalen für runde Geburtstage. Pflege der Kundendaten als Clusterdaten, Gestaltung einer Hausmesse für Feiern, Schaffung einer Kinderbetreuung bei Familienfeiern
Steigerung Gästebindung	Anzahl der Besuche von Stammgästen	35% der Gäste sollen Stammgäste sein.	Kundenmailings, Rabattaktionen für Stammgäste, Erhöhung der Wiedererkennung, Anlegen von Kundendateien und Notierung von Besonderheiten wie Allergien, bevorzugte Weine, persönliche Jubiläen.

Prozesse (Leistungsgestaltung um auf dem Markt Standards zu setzen) Frage: Wie müssen unsere Geschäftsprozesse gestaltet werden, damit unsere Gäste und Kapitalgeber zufrieden sind und wir unsere Ziele verwirklichen können?			
Ziel	Messwerte	Zielwert	Maßnahmen
Reduktion des Einsatzes von Convienance Produkten	% vom Einkaufsvolumen	8%	Lagerungs- und Konservierungstechniken nutzen zur Haltbarmachung eigener vorbereiteter Speisen
Mitarbeiterzufriedenheit Reduktion der Personalfluktuation im Teilzeitbereich	% Personalfluktuation	4%	Erstellung von Dienstplänen 2 Wochen im Voraus, Abschluss einer betrieblichen Altersvorsorge für Teilzeitkräfte
Reduktion der Wartezeit im Restaurant	% der Beschwerden/ Gästezahl	1%	Schulung Servicemitarbeiter über Produktionszeiten zur Weitergabe während des Bestellvorgangs, Kontrolle der Kommunikation zwischen Service und Küche, Arbeitsabläufe in der Küche analysieren.
Steigerung Servicequalität	% der Beschwerden/ Gästezahl	1%	Wartezeiten besser überbrücken, Kommunikation Küche/Service verbessern.

Potenziale (Entwicklungsfähigkeit des Unternehmens, Mitarbeiter, Familie) Frage: Welche Potenziale können wir nutzen, damit wir unsere Ziele verwirklichen können?			
Ziel	Messwerte	Zielwert	Maßnahmen
Erhöhung der Mitarbeiterqualifikationen	Aufwendungen für Fortbildungen/ Seminare	€ 50.000,-	Seminare wie Verkaufen am Tisch, Konservierungstechniken, Speisenkartengestaltung, Tischdekoration
Erhöhung Mitarbeiterbesprechungen zur Steigerung der Motivation und Reduktion von Konflikten	Anzahl der Besprechungen pro Monat	4 pro Monat	Nutzung von umsatzschwachen Tageszeiten für Besprechungen, Entwicklungen von Tagesordnungen
Verbesserung Gastgeberrolle der Unternehmerfamilie	Präsenz der Geschäftsleitung bei der Begrüßung/Verabschiedung der Gäste	50% der Arbeitszeit Gastgeberrolle	Entbindung des Geschäftsführers von operativen Tätigkeiten, Knigge im Small Talk, Gastgeberrolle als Aufgabenbeschreibung
Einbindung regionale Kultur	Anteil regionale Speisen im Speisenangebot	30%	Einführung regionale Speisen und Bräuche der Gastfreundschaft

8.4.3   Berichtswesen

Informationssysteme leben durch eine **strukturierte Kommunikation**. Somit hat das Berichtswesen im Controlling folgende Aufgaben:

- Steuerung des Kommunikationsflusses im Unternehmen
- Sicherstellung der Kommunikation im Unternehmen
- Verhaltenssteuerung der Mitglieder im Unternehmen

Im betrieblichen Alltag ergeben sich bereits verschiedene **Standardberichte**, die das externe Rechnungswesen fordert wie die Bilanz, die Gewinn- und Verlustrechnung sowie die monatlichen Aufstellungen zur Ermittlung der Zahllast und der betriebswirtschaftlichen Auswertungen des Steuerberaters. Entsprechend den Bedürfnissen der Unternehmensführung lassen sich verschiedene interne Berichte einführen, um die Umsetzung der Entscheidungen oder die definierten Risiken im Unternehmen zu beobachten. So lassen sich regelmäßige Berichte über die Auswertung der Umsätze, Verteilung der Umsätze, Buchungsverhalten, Buchungsanfragen erstellen, die dann wiederum auch als Informationsgrundlage für andere Bereiche dienen können. Diese Berichte dienen einer regelmäßigen und standardisierten Kommunikation.

Mit dem Ziel, den **Kommunikationsfluss im Unternehmen** zu steuern, müssen der Bericht bzw. die vermittelten Informationen zielgerichtet auf den gewünschten Inhalt und das Unternehmensziel sein. Das Verfahren zur Interpretation der Werte muss eindeutig geklärt werden. Auch das Berichtswesen sollte einer Wirtschaftlichkeitsanalyse unterzogen werden, damit im Unternehmen die Kommunikation nicht in einer Datenflut endet. Hier helfen z. B. die 5 W-Fragen im Berichtswesen wie:

- Was soll berichtet werden? (Inhalt)
- Wer soll den Bericht verfassen? (Sender)

- Wann soll der Bericht erstellt werden? (Zeitpunkt, Berichtsintervalle)
- Wie soll der Bericht erstellt werden? (schriftlich, standardisiert, mündlich)
- Wohin/Für wen soll der Bericht angefertigt werden? (Empfänger/Anlass)

Das Berichtswesen stellt aber auch eine **Verhaltenssteuerung** dar, indem immer wieder die Kennzahlen und Inhalte berichtet werden, die man zur Erreichung des Unternehmensziels für wichtig erachtet. Durch die Regelmäßigkeit der Berichterstattung tritt ein Erinnerungswert ein, der den Berichtenden immer wieder auf die Zielwerte und somit auch auf das Zielverhalten hinweist. Somit übernimmt das Berichtswesen eine Führungsfunktion und die Möglichkeit der Selbstkontrolle. Einen Wert, der nicht unterschätzt werden sollte.

Durch das Berichtswesen lassen sich so auch **Führungsbeziehungen** dokumentieren, indem geklärt wird, wer welchen Bericht an wen zu geben hat. Weiterhin stellt ein Berichtsweisen sicher, inwieweit die Wirtschaftlichkeit und die Unternehmensziele erreicht werden. Die tägliche Tagesabrechnung, monatliche Berichte des Wareneinsatzes und Personalkostenabrechnung und Auslastungsgrade des Unternehmens werden so der Ausgangspunkt für betriebliche Gespräche, inwieweit diese Ziele erreicht wurden und welche Anstrengungen noch unternommen werden sollten.

8.5 Hinweise zur Einführung des Controllings

8.5.1 Ansatzpunkte zur Einführung eines Planungs- und Kontrollkonzeptes

Zur Einführung eines Controllingsystems ergeben sich verschiedene Ansatzpunkte wie:

- Bilanzanalyse
- Prozess der Existenzgründung oder Investitionen, wo durch Plandaten die zukünftige Wirtschaftlichkeit dargestellt werden sollte.
- Die Definition und Umsetzung von Unternehmenszielen

Controlling selbst beginnt mit der Analyse der Gegenwart und Analyse der Wirtschaftlichkeit. Weiterhin fordert das Controlling eine genaue Zieldefinition des Unternehmens, um so eine zielgerechte Steuerung und Kontrolle zu ermöglichen. Diese Anforderungen eines Controllingsystems stehen ohnehin zu Beginn einer jeglichen geschäftlichen Aktivität. Somit steht der Controllinggedanke bereits schon vor der Durchführung von betrieblichen Prozessen. Das Problem ist vielmehr, dass diese Ziele nicht immer konsequent überwacht werden, da diese Tätigkeit einen hohen Grad an Selbstdisziplin und Eigenmanagement voraussetzt.

Wie bereits angeführt in dem Abschnitt der Kostenrechnung sollte auch die **Einführung eines Controllingsystems** in kleinen Schritten vollzogen werden. Das heißt, dass man mit den Auf- bzw. Ausbau der Instrumente des internen Rechnungswesens auf Ist-Datenbasis anfängt und sie durch Plandaten ergänzt. Dies kann geschehen, indem man z.B. eine kurzfristige Erfolgsrechnung mit Ist- und Plandaten aufbaut und aus den Erfahrungen lernt. Entscheidend sind hier erste Mess- und Kontrollpunkte zu definieren, von denen man dann anfängt ein Informationssystem aufzubauen.

8.5.2 Unterstützungen für die Unternehmensleitung

In der Einführung eines Controllingsystems kann sich die Unternehmensführung einer **externen Expertise** bedienen, sodass sich die Einführung auf ein externes betriebswirtschaftliches Know-how stützen kann. Diese Hilfe kann z.B. durch den Steuerberater oder einen Unternehmensberater geleistet werden. Der Steuerberater hat grundsätzlich ein hohes Vertrauensmaß und ist von je her der Ansprechpartner in betriebswirtschaftlichen Fragen.

Unternehmensberater haben den Vorteil einer neutralen und externen Sichtweise und der Schaffung von individuellen Lösungen. Weiterhin können sie von Anfang an ein externes Controlling vollziehen, sodass die Unternehmensführung den Umgang mit dem Controlling erlernen kann und einen wertvollen Gesprächspartner finden. Der Einsatz von Unternehmensberatungsleistungen wird durch öffentliche Fördermittel unterstützt.[1]

8.5.3 Nutzung von computergestützten Controllingsystemen

Der Implementierung und Durchführung von Controllingkonzepten stehen eine Reihe von branchenübergreifenden und **brancheninternen Softwarelösungen** zur Verfügung. Es gibt hier eine Reihe von Systemen, die ein Kassensystem, Reservierungssystem und das Rechnungswesen miteinander verbinden. Diese Systeme sind bereits wie Datenbanken aufgebaut und erlauben durch eine umfangreiche Datenerfassung eine schnelle und breite Ausweitung der Daten.

Aufgrund der Genauigkeit der Datenerfassung gehen diese Programme auf Controlling ein und erlauben die Erfassung von Plandaten. Somit unterstützt ein solches Softwaresystem die Prozesse des Controllings, indem sie die Arbeitsprozesse der Informationssammlung und -auswertung strukturiert. Weiterhin werden so Standardberichte ohne weiteren Arbeitsaufwand gewonnen.

8.6 Zusammenfassung und Schlussgedanke

Controlling ist ein internes System zur Zielerreichung der eigenen Ziele. Es formalisiert die Umsetzung der eigenen Pläne. Es kann dem Unternehmer ein fehlendes Feedback geben und die Führungseinsamkeit des Unternehmers unterstützen.

Das Controlling erlaubt dem Unternehmer, durch die Definition seiner Ziele und Motivation das Unternehmen zu führen. Dies bedeutet auch, dass die Ziele von Familienunternehmen so strukturiert gesichert werden. Aufgrund der koordinierenden Wirkung ist der Unternehmer nicht aufgefordert, alle Teilbereiche gleichzeitig zu führen, was einer Aufgabenüberhäufung vorbeugt. Es kann so zielgerichtet durch die Abweichungsanalyse in den einzelnen Berei-

---

[1] siehe z. B. KFW Fördermittel zur Nutzung von Beratungsdienstleistungen auf www.kfw-mittelstandsbank.de

chen eingreifen, ohne dabei das Gesamtziel außer Acht zu lassen. Folglich schafft dieses System für das Unternehmen Freiräume, ohne dabei die Risiken des Erfolges zu missachten.

Einen Verzicht auf ein Controllingsystem in der Gastronomie bedeutet einen Verzicht auf die Planung einer eigenen unternehmerischen Zukunft und eines eigenen Handlungsraumes. Das Controllingsystem öffnet dem Unternehmen Wege und Entscheidungsoptionen, bevor die unternehmerische Freiheit eingeschränkt wird. Dabei fordert es nicht den Einsatz von neuen Instrumenten, sondern gibt vielmehr der Unternehmensführung eine Handlungsstruktur.

Kapitel 9:   Das Gastronomieunternehmen in der Krise

9.1   Einleitung und Übersicht

Die Markttheorie in der Volkswirtschaftslehre fordert für den wirtschaftlichen Erfolg einen strukturellen Fit zwischen den Unternehmen und den Anforderungen des Marktes.[1] Dies bedeutet für die Unternehmensleitung, ein Angebot zu schaffen, welches den Bedingungen des Marktes (z. B. Preisniveau, Leistungsqualität) erfüllt, und auf die Bedürfnisse des Marktes ausgerichtet ist. Aufgrund des Wettbewerbs zwischen den Unternehmen ist dies ein dynamischer Prozess und fordert von den Unternehmen, durch Innovationen ständig die Effizienz und Effektivität zu verbessern. Der Wettbewerb bekommt eine marktreinigende Funktion und Unternehmen mit einer mangelnden Wirtschaftlichkeit und Rentabilität fallen aus dem Markt. Volkswirtschaftlich wird hier von einer Umstrukturierung des Marktes gesprochen. Dabei steht im Mittelpunkt der volkswirtschaftlichen Betrachtungen der Verlust des Unternehmens als Beitragszahler für die Sozialversicherungssysteme, als Steuerzahler, als Arbeitgeber und eine mögliche Reduzierung der Wertschöpfung und weniger der individuelle Vermögensverlust.

Aufgrund dieser Forderung des strukturellen Fits wurden in der Betriebswirtschafts- und Managementlehre verschiedene Modelle und Instrumente entwickelt, um das unternehmerische Risiko zu steuern und zu kontrollieren, den wirtschaftlichen Erfolg zu ermöglichen und sich vor einem Vermögensverlust zu schützen. In der Lehre wurden erfolgreiche Unternehmen, Strategien und Führungstheorien als Modell herausgestellt. In den vorangegangen Kapiteln wurde eine große Anzahl von Instrumenten und Führungsprozessen vorgestellt und auf die Gastronomie übertragen.

Die Krise oder das Scheitern eines Unternehmens wird folglich als Managementfehler betrachtet, indem die Unternehmensführung diesen strukturellen Fit nicht hergestellt hat. Der Umgang mit Krisen oder Turnaround Management stellt sich heute immer mehr als wichtige Fähigkeit für ein erfolgreiches Management dar, nicht zuletzt bedingt durch die gesamtwirtschaftlichen Entwicklungen und Verflechtungen. Seitdem viele deutsche Traditionsunter-

---

[1] vgl. Jung/Bruck/Quarg: Managementlehre, S. 115. Sie gehen hier weiter auf den Fit-Gedanken nach Ansoff und Peters/Waterman (7sModell) im Rahmen des strategischen Managements ein.

nehmen in die Insolvenz gehen mussten, werden Themenstellungen wie Insolvenz, Sanierung, Umgang mit der Krise immer stärker enttabuisiert.

Wie bereits in Kapitel 1 dargestellt, hat die Gastronomie erhebliche wirtschaftliche Probleme und viele Unternehmen stecken in einer Krise. Laut einer Studie der Creditreform wird dem Gastgewerbe mit Abstand die schlechteste Bonität zugewiesen und mit einer Ausfallgefahr von 8,95% bewertet.[1] Ziel dieses Abschnitts soll nun sein, sich dem Thema Krise sowie den Chancen in der Krise zu widmen und einen Beitrag zu leisten, dass das Vermögen in Unternehmen bzw. das Familienvermögen erhalten bleibt. Somit sind folgende Themen in diesem Abschnitt Gegenstand der Betrachtung:

- Ursachen und die Eigendynamik von Krisen verstehen,
- Der Unternehmer als Mensch in der Krise,
- Turnaround Management und Sanierung,
- Neustart durch Insolvenz.

Der Umgang mit der Krise ruft grundsätzlich keine neue Managementansätze oder Instrumente hervor, sondern unterstreicht vielmehr die Notwendigkeit des Einsatzes dieser Instrumente. Demzufolge entstehen in diesem Abschnitt eine Reihe von Bezügen zu vorangegangenen Bereichen wie Marketing, Kostenrechnung, Finanzierung und Controlling.

9.2   Krisen in Familienunternehmen verstehen

9.2.1   Ursachen von Unternehmenskrisen

Krisen fordern, Entscheidungen in einem **Wendepunkt des Unternehmens** zu treffen. Es geht hier um die Aufgabe, durch Maßnahmen das wirtschaftliche Überleben zu sichern oder das Scheitern einer Unternehmensidee zu attestieren.[2] Krisen sind gekennzeichnet von einem Entscheidungs- und Handlungsdruck, um grundlegende Maßnahmen der Sanierung bzw. der Wende einzuleiten.

Dieses Verständnis von Krise als Wendepunkt bedeutet aber auch, dass in der Krise Chancen der Veränderung zur Verbesserung gesehen werden. Folglich ist eine Unternehmenskrise als zwingende Aufgabe des Marktes zu verstehen, bestehende Leistungen, Prozesse und Unternehmensziele neu zu überdenken und nicht als persönliches Versagen zu betrachten. Der **Prozess des Krisenmanagements** fordert Zeit zum erkennen der Krise, zum entwickeln und

---

[1] Bonitätsindex der deutscher Unternehmen. Der Bonitätsindex gibt die Ausfallwahrscheinlichkeit pro 100 Unternehmen an und wird ermittelt unter Berücksichtigung des Insolvenzrisikos, Zahlungsverhalten, Eigenkapitalausstattung und Konjunkturabhängigkeit der jeweiligen Branche. Im Vergleich hat der Einzelhandel einen Bonitätsindex von 3,57% und die Chemieindustrie einen Wert von 1,82. vgl. Creditreform Jahresbericht 2009

[2] Creditreform: Die Krise als Stresstest, S. 27

zum umsetzen von Maßnahmen sowie zum abwarten des Wirkungsgrades der ergriffenen Maßnahmen. Wie bereits dargestellt, wird diese Zeit für ein Krisenmanagement aber nur durch den Einsatz eines Risikomanagements und Frühwarnsystems wie das Controlling geschaffen.

Die **Ursachen für Unternehmenskrisen** werden durch die Unternehmensleitung vorrangig in **externe Faktoren** gesehen.[1] Hier werden für die Gastronomie folgende Ursachen angeführt:

- Wegfall der Nachfrage aufgrund der konjunkturellen Entwicklung. Die Nachfrage der Gastronomie ist besonders einkommenselastisch. Konjunkturelle Phasen des Abschwungs oder der Depression führen somit sofort zum Umsatzrückgang, wie auch die Zahlen der letzten Jahre dokumentieren.
- hoher Grad an Fremdfinanzierung. Diese Fremdfinanzierung engt den Handlungsraum und die Risikofähigkeit des Unternehmens ein. Hinzu kommt, dass die Gastronomie sehr ungünstige und teure Finanzierungsquellen in Anspruch nehmen muss.[2]
- mangelnde Möglichkeiten, die Kosten so zu reduzieren, dass eine Wirtschaftlichkeit erreicht wird.
- Unterfinanzierung von Investitionen durch Kapitalgeber.
- hohe Forderungen der Nachfolgegeneration.
- Preiskampf auf den Märkten, besonders durch die Systemgastronomie oder Schwarzgastronomie.
- geändertes Konsumverhalten und Wegfall von Gästeströmen durch Shoppingzentren.
- kürzere Lebenszyklen und zu hoher Innovationsdruck in der Bereitstellung von Erlebnissen in der Gastronomie.
- Eingriffe des Gesetzgebers in die Gastronomie, wie z. B. das Nichtrauchergesetz.
- Erfüllung weiterer lebensmittelrechtlicher Auflagen zum Schutze des Verbrauchers. Dies bedarf hoher Investitionskosten, ohne dabei die Rentabilität zu erhöhen.

Aus der Sicht von Gläubigern werden die Ursachen häufig durch **interne Faktoren** wie mangelnden Managementkompetenzen gesehen (siehe Abbildung 77). Die internen Faktoren sind branchenunabhängig und schließen folglich die Gastronomie mit ein. Primär werden hier Organisationsfehler als Insolvenzgrund genannt, worunter u.a. ein mangelnder Aufbau oder Pflege von Planungs- und Kontrollinstrumenten zu verstehen ist. Diese Instrumente sind die Voraussetzung für die Identifikation und der Erkennung von Unternehmenskrisen.

---

[1] Studie Creditreform: Wirtschaftsinfo 2004
[2] vgl. Abschnitt 1.4.3

Abbildung 77: Insolvenzgründe deutscher Unternehmen

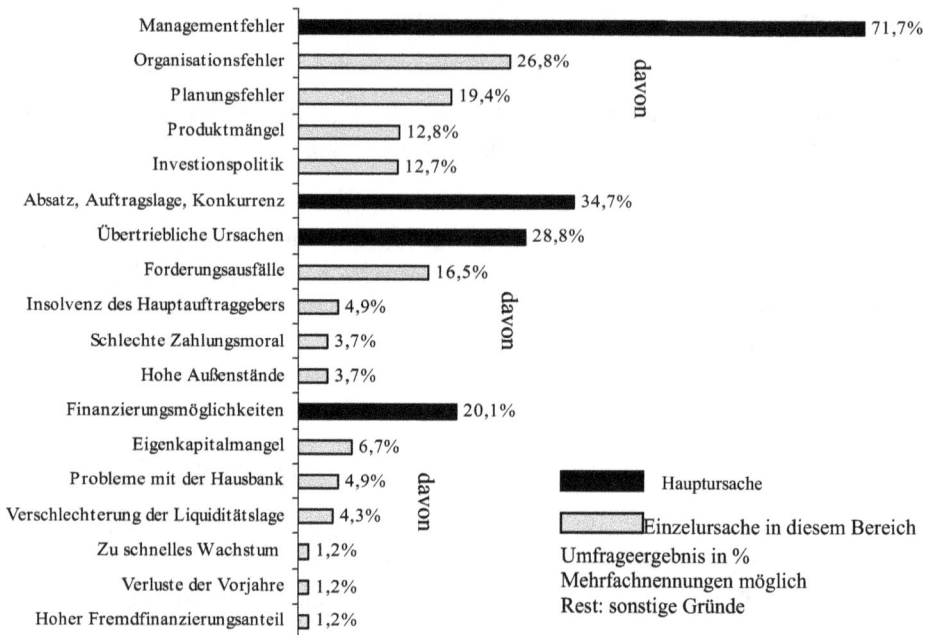

Management fehler — 71,7%
Organisationsfehler — 26,8%
Planungsfehler — 19,4%
Produktmängel — 12,8%
Investionspolitik — 12,7%
davon

Absatz, Auftragslage, Konkurrenz — 34,7%
Übertriebliche Ursachen — 28,8%
Forderungsausfälle — 16,5%
Insolvenz des Hauptauftraggebers — 4,9%
Schlechte Zahlungsmoral — 3,7%
Hohe Außenstände — 3,7%
davon

Finanzierungsmöglichkeiten — 20,1%
Eigenkapitalmangel — 6,7%
Probleme mit der Hausbank — 4,9%
Verschlechterung der Liquiditätslage — 4,3%
Zu schnelles Wachstum — 1,2%
Verluste der Vorjahre — 1,2%
Hoher Fremdfinanzierungsanteil — 1,2%
davon

■ Hauptursache

▭ Einzelursache in diesem Bereich
Umfrageergebnis in %
Mehrfachnennungen möglich
Rest: sonstige Gründe

Quelle: Creditreform, Analyse der Konkursakten, Jahr 2004

9.2.2   Verlauf und die Eigendynamik einer Krise

Die Entstehung und der Verlauf einer **Krise ist ein schleichender Prozess** und kommt nicht plötzlich und unerwartet über Nacht. Wie in Abbildung 78 dargestellt, beginnt eine Krise im strategischen Bereich (Einkunftsquellen, Wettbewerbsfähigkeit) und geht über den operativen Bereich (wirtschaftliches Ergebnis) in den finanzwirtschaftlichen Bereich (Vermögen und Liquidität) über.[1] Die **Stufen im Krisenverlauf** sind durch unterschiedliche Stufen der Handlungsfähigkeit und des Handlungsdrucks durch den Unternehmer gekennzeichnet.

Übertragen auf ein gastronomisches Familienunternehmen könnte ein Krisenverlauf beispielhaft wie folgt sein:

Die **strategische Krise** beschreibt das Verhältnis zwischen dem gewählten Unternehmenskonzept und dem Markt (struktureller Fit). In dieser Phase werden in der Regel operative Gewinne erwirtschaftet. Jedoch haben die Leistungen des Unternehmens den Höhepunkt ihres Produkt-Lebenszyklus erreicht. Das bestehende Konzept ist abgestimmt auf bestimmte Gästestrukturen (z. B. Altersgruppen, Stammgäste) und wird nicht angepasst, um neue Erwerbsquellen zu erschließen. Aufkommende Konkurrenz, verändertes Gästeverhalten oder

---

[1] Pfaffenholz/Kranzusch: Insolvenzplanverfahren, S. 17; Hauser/Hausschild/Grape/Schindler: Typologien von Unternehmenskrisen, S. 7ff

Abbildung 78: Stufen der Krise

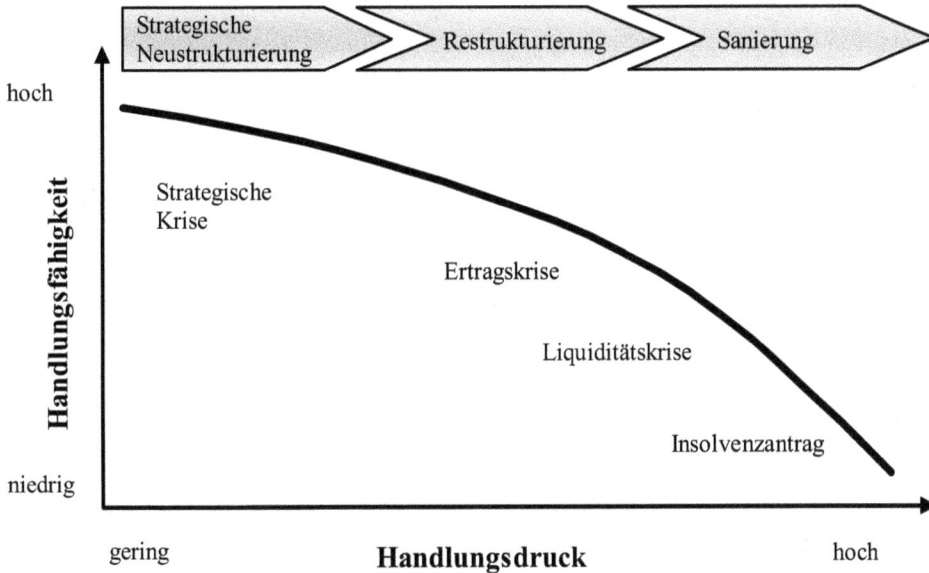

Quelle: Grumbach/Paucker/Günter: Krisenfinanzierung, S. 34

Wertvorstellungen der Gäste lassen eine Lücke zwischen dem Unternehmen und dem Markt entstehen.

In diesem Bereich spricht man auch von einem mangelnden Change Management, d.h., dass das Unternehmen sich nicht auf künftige Aufgaben im Markt vorbereitet hat. In Familienunternehmen steht der geforderte Wandel teilweise im Konflikt mit dem gelebten Traditionsverständnis. Die daraus resultierende Skepsis gegenüber Veränderungen, die als reine Modeerscheinungen gesehen werden und zu voreiligen Veränderungen im Unternehmen führen, kann sich in diesem Fall sogar durchaus zum Vorteil für das Unternehmen auswirken. Diese Skepsis ist aber dann existenzgefährdend, wenn aus anfänglichen Modeerscheinungen langfristige Trends werden. Die aufkommenden Machtkämpfe zwischen den Generationen werden in diesem Fall unproduktiv, d.h. die Machtkämpfe werden häufig dazu genutzt, Wandel aus politischen Gründen zu behindern und die betriebswirtschaftlichen Überlegungen werden nicht in den Vordergrund gestellt.

Im Zuge der Notwendigkeit des strategischen Wandels hat besonders die Gastronomie ein Problem der Geschwindigkeit in der Adaption von notwendigen Veränderungen. In der Gastronomie stehen die immer kürzer werdenden Investitionszyklen im Gegensatz zu den Möglichkeiten der Refinanzierung. Der Grund liegt in der geringen Rentabilität der Gastronomie. Somit ist es für die Gastronomie aus finanzwirtschaftlicher Sicht schwer möglich, auf Veränderungen zu reagieren. Eine Lösung für die Zukunft könnte sein, ein Anspruchsdenken und ein Investitionsanspruch in Generationszyklen zu reduzieren und die Nachhaltigkeit von Investitionen auf kürzere Zyklen zu reduzieren. So z.B. denkt die Systemgastronomie in

Investitionszyklen von 10 Jahren und definiert auf dieser Basis die Qualität bzw. den Anspruch von Investitionen.

Im Zeitverlauf werden strategische Krisen zu einer **operativen Krise**, d.h. die Rentabilität des Unternehmens schwindet. Dies ist dann bedingt z. B. durch:

- Verlust von Umsatzquellen, da sich die Gäste neu orientieren.
- fehlende energiesparende Investitionen, um die steigenden Energiekosten aufzufangen.
- fehlende gesetzliche Investitionen, die nun dazu führen, dass bestimmte Geschäftsbereiche nicht mehr ausgeführt werden können.
- fehlende Investitionen in der Ausstattung des Hauses.
- fehlenden Änderungen im Speisenangebot trotz Veränderungen in den Verbrauchsgewohnheiten der Gäste.

Eine Folge dieser Entwicklung ist, dass die Gewinne zurückgehen bzw. erste Verluste ausgewiesen werden. Als äußeres Zeichen der operativen Krise ist zu erkennen, dass die externe Rechnungslegung vernachlässigt wird bzw. Zahlen nur auf Anfrage bereitgestellt werden. Durch fehlende Investitionen sinkt zusätzlich der Wert des Anlagevermögens. Diese Entwicklung verschlechtert die Verhandlungsbasis bei Kapitalgebern, da die Zukunftsfähigkeit des Unternehmens schwer darstellbar wird. In Konsequenz wird es somit noch schwieriger, Finanzgeber für notwendige Investitionen zu gewinnen. Am Ende sind nur noch kleinere Investitionen zum Erhalt einer Betriebsbereitschaft möglich, die aus dem laufenden Cashflow finanziert werden. Aufgrund der mangelnden Berücksichtigung der Fristigkeit zwischen Investition und Finanzierung verschärft sich die finanzwirtschaftliche Lage.

In der letzten Stufe wird die Ertragskrise zur **Liquiditätskrise**. Die wirtschaftlichen Verluste werden anfänglich noch durch vorhandenes Vermögen oder freie Kreditlinien aufgefangen und sind aufgebracht. Die aufkommenden finanziellen Probleme führen zu einer Verschlechterung des Zahlungsverhaltens und zu Liquiditätsengpässen. Aus anfänglichen Fehlinvestitionen, unterlassenen Entscheidungen oder Fehlentscheidungen entwickelt sich eine zusätzliche **Eigendynamik** und die Unternehmenskrise wird öffentlich. Diese Situation führt im Unternehmen zu folgendem Verhalten:

- liquiditätsorientierte Preispolitik, wo der mögliche Zahlungseingang im Vordergrund steht und nicht die Umsatzrendite,
- Verschlechterung der Einkaufsposition aufgrund eines schleppenden Zahlungsverhaltens,
- Verzicht auf Skonto und einer preisorientierten Vorratshaltung.

Wir können hier von den **Kosten der Illiquidität** sprechen, die sich besonders dann zu einer Kostenlawine entwickeln, wenn die Gläubiger anfangen, die Forderungen durch einen Juristen oder ein Inkassobüro einzutreiben. So entstehen weitere Zahlungsverpflichtungen für hohe Kontokorrentzinsen, Mahn- und Rechtsanwaltsgebühren, Kosten für Vollstreckungsmaßnahmen, Zwangsgebühren und Versäumnis-/Verspätungszuschläge des Finanzamtes. Anfängliche Teilzahlungen decken teilweise noch nicht einmal die aufgeführten Zusatzgebühren und Zinszahlungen ab. Es folgt eine Phase, wo nur noch ein Loch mit dem anderen gestopft wird.

Am Ende wird die Unternehmensführung zur Marionette der Gläubiger und steckt viel Kraft in ein tägliches Überlebensmanagement und nicht in die Durchführung von Umstrukturierungsmaßnahmen. Zahlungsversprechen können aufgrund des finanziellen Drucks nicht mehr eingehalten werden und führt zu einem weiteren Vertrauensverlust. Die Insolvenz wird am Ende zum Rettungsring und beendet diesen Multiplikatoreffekt. In einem gerichtlichen Verfahren bekommt der Unternehmer nochmals die Möglichkeit das Unternehmen zu retten oder es wird liquidiert.

9.2.3   Der Unternehmer als Mensch: Die Schuldfrage und das Bild des Unternehmers als homo oeconomicus

Im Umgang mit der Krise wird gerne die **Schuldfrage** gestellt, die von Gläubigern und weiteren Institutionen der Wirtschaft in den Fehlern der Unternehmensführung gesehen wird. Die Ursachen dieser Frage liegen in der angenommenen Endgültigkeit des Scheiterns besonders durch die Insolvenz. Diese Sichtweise geht zurück auf ein 120 Jahre altes Konkursrecht, das noch bis 1999 in Deutschland bestand hatte. In diesem Fall war es Schuldnern kaum noch möglich, einen wirtschaftlichen Neuanfang zu wagen. Dabei wurde ein Konkurs als Folge des leichtsinnigen Umgangs mit fremdem Kapital gesehen und weniger als Folge des unternehmerischen Risikos betrachtet. Dieses Bild hat sich auf die Methodik in der Beantwortung einer möglichen Schuldfrage übertragen.

In der Managementliteratur wird für eine erfolgreiche Unternehmensführung den Einsatz von Planungs- und Kontrollinstrumenten im Unternehmen gefordert, die von einem **rational handelnden Unternehmer** ausgeht. Es wird angenommen, dass der Unternehmer ein rationaler Mensch ist und sich von Ideen und Leistungen je nach Zahlenlage verabschiedet und sich ständig anhand von Informationssystemen neu orientiert. Aufgrund des Verhaltens des Managements in vielen großen Unternehmen stellt sich immer mehr die Frage in den Vordergrund, ob ein Unternehmer wirklich ein homo oeconomicus ist und eine emotionslose Rationalität in Bezug auf wirtschaftliche Entscheidungen besteht.[1]

Das grundlegende Problem ist hierbei, anzuführen, dass wir es nicht gelernt haben, mit dem **Scheitern** umzugehen.[2] Die Aussagen: „Ich habe einen Fehler gemacht", „Ich habe anhand der vorliegenden Informationen eine Fehlentscheidung getroffen", „Ich habe meine Aufgaben nicht richtig erledigt" scheint uns immer noch sehr schwer zu fallen. Unser Bild eines Unternehmers ist verbunden mit dem Bild eines erfolgreichen Menschen, an dem viele einen Anteil haben wollen. Eine Krise im Unternehmen passt nicht in das Bild eines erfolgreichen Unternehmers. Dabei lassen die Interpretationen der Insolvenzstatistiken auch die Schlussfolgerung zu, dass die Ursachen für die Krise nicht allein in der Unternehmensführung zu sehen sind, sondern dass die Unternehmenskrise auch viele Väter hat. Die Gründe, warum ein Unternehmer Schwierigkeiten im Umgang mit Krisen hat, lassen sich in folgenden Punkten vermuten:

- Fähigkeit des Abschieds von eigenen unternehmerischen Ideen,
- Umgang mit der Rolle als Schuldner,

---

[1] kein Autor: Den Homo oeconomicus gibt es nicht. Interview mit dem Nobelpreisträger Reinhard Selten für Wirtschaftswissenschaften im Hamburger Abendblatt vom 21.08.2006

[2] vgl. Schäfer: Das war ein Fehler! Na und? S. 20; Schiffer: Wenn Insolvenz droht, S. 6ff

- Umgang mit Kritik oder Fähigkeit der Selbstkritik,
- Umgang mit Existenzängsten und dem öffentlichen Scheitern eines Unternehmers
- Probleme in der Neuausrichtung des Unternehmens und im Umgang mit dem Wandel.

Krisen bedeuten, dass die Ideen von Unternehmern nicht vom Markt angenommen werden und somit viele Energien nicht belohnt werden. Das Problem besonders in mittelständischen Unternehmen und auch in Familienunternehmen ist, dass die Konzepte häufig auch persönliche Konzepte des Unternehmers sind. Somit besteht eine hohe Identifikation mit der bestehenden Strategie und die **geforderte Distanz und Rationalität** als Grundlage zur Definition einer Sanierungsstrategie besteht häufig nicht in der Praxis. So werden Wunschideen häufig bis zum Schluss aufrecht erhalten.

Die mangelnde Kompetenz, sich von eigenen Ideen rechtzeitig zu verabschieden oder aus dem aufkommenden Handlungsdruck heraus Strategien für geänderte Verhaltensweisen auf dem Markt zu entwerfen und diese auch im Unternehmen umzusetzen, ist ein humanes Problem im Krisenmanagement.[1] Dieses Problem ist nicht allein in der Gastronomie vorzufinden. Verfolgt man die verschiedenen Krisen und Insolvenzen von großen Unternehmen, so stellt man fest, dass diese **Ängste und Unsicherheiten,** die zu einem solchen Verhalten führen unabhängig vom Bildungsstand zu sein scheinen und somit deutlich dokumentieren, dass in der bisherigen Ausbildung von Führungskräften auf die Möglichkeit des Scheiterns bisher nur gering eingegangen wird. Vielmehr wird häufig eine Verschleierungsstrategie oder Salamitaktik[2] verfolgt, in der Hoffnung, dass der Markt und somit das Unternehmen sich von alleine erholt. Es werden Verteidigungsstrategien und Hinhaltetaktiken aufgebaut, die die Krise nur verlängern aber nicht zu behandeln. In der Gastronomie kann es noch dazu kommen, dass es aufgrund der **Macht des Bargeldes** zu Fehlinterpretationen der Situation kommen kann und durch Barzahlungen zwar der Tagesdruck reduziert wird, aber nicht das Krisenproblem an sich.

Krisen bedeuten weiterhin, dass sich der Unternehmer mit Kritikern seiner Unternehmensidee auseinandersetzen muss. Die Frage, ob wirklich noch ein Handlungsspielraum besteht oder ob der Kritiker in der gleichen Situation wirklich besser gehandelt hätten, bleibt unberücksichtigt. Der Unternehmer wird zunehmend zum Schuldner und wie in einem Wortspiel wird Schuldner mit Schuld gleichgestellt und prägt auch heute noch das Image des unternehmerischen Scheiterns. Der Unternehmer in der Krise findet sich unvorbereitet in der Rolle als:

- Retter: Er ist aufgefordert ein Sanierungskonzept zu entwickeln unter hohem Handlungsdruck.
- Betrüger: aufgrund von möglichen Vermögensschäden bei den Gläubigern. Diese Denkweise geht auf das Image des Konkurses und des Kreditrechts zurück.
- Straftäter: Besonders nach dem Sozialgesetzbuch wird der Unternehmer automatisch Straftäter, sofern er entweder nicht die Sozialversicherungsbeiträge[3] abführt, die Insolvenz verspätet anmeldet[1] oder Steuerstraftaten[2] aufgrund von nicht abgeführten Steuern begeht.

---

[1] AHGZ: Kühlen Kopf bewahren vom 04.08.2007

[2] Verkauf der Wahrheit in Scheiben

[3] Die Nicht-Abführung von Arbeitnehmerbeiträgen an die Sozialversicherung ist nach § 266a Abs.1 StGB Sozialgesetzbuch strafbar.

Hinzu kommt, dass sofern verschiedene Gläubiger Zwangsvollstreckungsmaßnahmen einleiten, der Unternehmer als Mensch nur noch daran gemessen wird, wie viel Geld er zur Begleichung seiner Schulden aufbringen kann. Es entwickelt sich eine „Fuchsjagd", indem durch hohe Zahlungsforderungen und Androhungen von weiteren Maßnahmen teilweise mit der Existenzangst des Unternehmers gespielt wird. Der **drohende Imageverlust** führt somit zu einem **Verlust des Selbstwertgefühles**.[3] Die Rechte als Schuldner bzw. die gesetzlichen Schutzmechanismen sind dem Unternehmer selten bekannt, was dann zu Existenzängsten und weiteren unüberlegten Handlungen und Aktionen führt, aber nicht einer wirklichen Sanierung beiträgt. Hinzu kommt, dass externe Organisationen noch Vorteile aus der Krise ziehen möchten, dass die Schuldner fragwürdige Kreditangebote bekommen oder dass sogar die Kunden und Lieferanten teilweise durch Maßnahmen direkt in die unternehmerischen Handlungsmöglichkeiten eingreifen.

Die **Einheit Familie und Unternehmen** wirkt sich in Krisensituationen nicht immer positiv aus.[4] So werden Unternehmenskrisen auch Familienkrisen, indem man versucht, die Verantwortung dieser Krise zwischen den Generationen hin- und herzuschieben. Hier wiegt die Beantwortung der Schuldfrage schwer. Es ist der Druck, der in den Familienunternehmen herrscht, das Vermögen zu halten bzw. ein Einkommen zu garantieren. Familienmitglieder, die das Vermögen vernichten, werden leicht als Versager abgestempelt. Kernfrage in dieser Diskussion ist es aber, sich zu fragen, ob die geschäftsführenden Familienmitglieder die Chance bzw. ein Unternehmen vorgefunden haben, um erfolgreich zu arbeiten.

Wenn wir eine Krise und den Umgang mit der Krise auch als Chance und Wandel verstehen wollen, so führt diese Diskussion uns zurück an den Copying Cycle von Carnell.[5] Scheinbar benötigt auch der Unternehmer einen Raum, diese Situation zu akzeptieren und damit umzugehen. Besonders gilt es hier mit Existenzängsten, Ängsten vor Veränderungen[6] und dem Scheitern umzugehen. Im Gegensatz aber zu einer Organisation ist in dieser Situation der Unternehmer allein, da teilweise selbst ein Steuerberater aufgrund von offenen Rechnungen seine Dienstleistungen reduziert. Vollstreckungsbeamte, Gerichtsvollzieher werden dann zum Gesprächspartner für den Unternehmer. Somit wird der Zyklus von Angst und Loslassen nicht durch neue Perspektiven geleitet.

Ein großes Problem im Umgang mit der Krise liegt weiterhin in der Ungewissheit, da es keine erprobten Methoden oder Rezepte in der Krisenbewältigung gibt. Unternehmer wurden in ihrer Ausbildung nicht auf diese Situation vorbereitet und finden sich aufgrund der Fokussierung auf die Unternehmensführung allein. In dieser Phase ist das Unternehmen aufgefordert ein Sanierungskonzept zu entwickeln, das besonders in kurzer Zeit die Liquidität des Unternehmens wieder herstellt. Diese empfundene Hilflosigkeit und die finanziellen Proble-

---

[1] Besonders für Geschäftsführer von Kapitalgesellschaften ist nach § 15a InsO Insolvenzverschleppung strafbar.

[2] Geschäftsführer können nach § 69AO für nicht abgeführte Lohnsteuerbeträge in besonderen Fällen haftbar gemacht werden.

[3] Koark: Insolvent und trotzdem erfolgreich (2004); Bröcker: Tagebuch einer Insolvenz (2010)

[4] vgl. Rüssen: Krisenmanagement, S. 53

[5] siehe Abschnitt 4.5.1

[6] vgl. Rüssen: Krisenmanagement, S . 71f

me verleiten den Unternehmer noch dazu, auf wertvolle externe Hilfen zur Vermeidung von weiteren Kosten zu verzichten. Erst wenn sich wieder leichte Erfolge erkennen lassen oder eingeleitete Maßnahmen ihre Wirkung zeigen, setzt wieder eine Motivation ein und die Leistungs- und Vertrauenskurve steigt wieder an. Jedoch muss die Motivation für diesen Prozess aus externen Quellen kommen und es eröffnet sich somit ein Teufelskreis.

9.3   Turnaround Management und Sanierung

9.3.1   Wesen des Turnaround

Turnaround Management bedeutet, die Wende einzuleiten und eine **Sanierung des Unternehmens** zu erreichen. Es ist ein Management Prozess zur Beseitigung der Ursachen der Krise und Sicherung des Fortbestandes des Unternehmens.[1] Die Ziele im Turnaround Management sind:

- Wiederherstellung des Vermögens,
- Vermeidung weiterer Verluste,
- Schaffung gewinnbringender Umsätze,
- Schaffung ausreichender Liquidität.

Sanieren (lat. sanare: heilen) ist eine Aufgabe, die eigenen Erfolgsquellen im Unternehmen zu nutzen und die Stärken des Unternehmens zu mobilisieren. Aufgrund der Existenzgefährdung einer Krise sind potenzielle Kapitalgeber äußerst vorsichtig mit zusätzlichem Kapital. Die Strategiebildung ist vergleichbar mit dem Strategieprozess wie in Kapitel 2 dargestellt. In einem Sanierungskonzept sollten weiterhin die folgenden zusätzlichen Punkte mit aufgenommen werden:

- Ursachen der Krise
- Ausmaß der Krise
- Strategien für eine erfolgreiche Krise

In der **Konzeptionsphase** sind dabei zwei Ebenen zu berücksichtigen, die sich inhaltlich einander bedingen. Während das operative Sanierungskonzept den Erhalt der Handlungsfähigkeit zum Ziel hat, beschäftigt sich das strategische Sanierungskonzept mit dem Aufbau der zukünftigen Wettbewerbsfähigkeit und deren Einkunftsquellen. Dabei ist die Maßgabe zu berücksichtigen, dass eine Sanierungsfähigkeit immer nur dann vorliegt, wenn die Gläubiger des Unternehmens besser gestellt werden. Eine Sanierung kann grundsätzlich gerichtlich oder außergerichtlich durchgeführt werden. Außergerichtliche Sanierungsmaßnahmen setzen die Gleichbehandlung aller Gläubiger voraus sowie deren Freiwilligkeit. Im gerichtlichen Sanierungsverfahren bzw. Insolvenzverfahren hat der Gläubiger immer die Gewissheit, dass alle Vermögensteile zur Sanierung mit berücksichtigt werden.

---

[1] vgl. Hagemer/Wiecke: Turnaround, S. 76

9.3.2 Maßnahmen der Sanierung

Sanieren bedeutet nicht eine sinnlose Kostenreduktion um jeden Preis sondern verlangt ein Konzept über die Ziele des Unternehmens und die künftigen Erwerbsquellen des Unternehmens. Dabei wird bei den Maßnahmen zur Sanierung zwischen dem operativen und strategischen Bereich unterschieden.[1]

Der **operative Sanierungsbereich** ist gekennzeichnet durch eine Reihe von Maßnahmen, die kurzfristig die Liquidität und Wirtschaftlichkeit im Unternehmen verbessern sollen. Diese Maßnahmen sollen es ermöglichen, dass langfristige Maßnahmen ihren Wirkungsgrad erreichen. Bezogen auf die Gastronomie stellen sich mögliche operative Sanierungsmaßnahmen wie in der Tabelle 39dar:

Tabelle 39: Maßnahmen zur operativen Sanierung

	Schwerpunkt-bereich	Beispiele von möglichen Maßnahmen
Operative Sanierung	Ergebnis-verbesserung	Reduktion der Wareneinsatzquote durch gezielte Einkäufe, Preisvergleiche, Überarbeitung der Kalkulation und Speisenkarte
		Reduktion der Personalkostenquote durch Abbau von Personal oder Verbesserung der Personalkostenquote durch z. B. Austausch von Convienance Produkten durch Eigenproduktion, Flexibilisierung der Aufgabenverteilung durch Übernahme von stellenfremden Aufgaben, Reorganisation der Arbeitszeitmodelle
		Maßnahmen der Umsatzsteigerung durch Aktionen, Redekoration der Gasträume, Konzentration auf den Gast und die internen Prozesse, eigene direkte Vertriebsbemühungen an Busunternehmen, Tourismusorganisationen oder im Firmenkundengeschäft.
		Konzentration auf das Kerngeschäft des Hauses (Restauration, Familienfeiern) und Verzicht mögliche Nebengeschäfte, die das Kerngeschäft belasten.
	Liquiditäts-verbesserung	Abbau von Vorräten z. B. im Getränkebereich oder große TK-Vorratshaltung.
		Genaue Beschaffungsplanung und umsatzsynchrone Beschaffung
		Verzicht auf kostenintensive Marketingmaßnahmen
		Einhaltung von Fristen und Vermeidung von Kosten der Illiquidität (Verzugszinsen, Gebühren, Verspätungszuschläge).
		Steuerung der Zahlungspunkte von z. B. Versicherungsbeiträgen, Instandhaltungsmaßnahmen, in einzahlungsstarke Perioden oder Änderung der Zahlungsmodalitäten der Energiekosten und Steuervorauszahlungen.

Quelle: Hagemeier/Wiecke: Turnaround, S. 77 mit eigenen Änderungen

---

[1] vgl. Hagemeier/Wiecke: Turnaround, S. 77; Rüsen: Krisenmanagement, S. 199ff, Roland Berger: Restrukturierungsstudie Deutschland 2006

Mit dem Ziel, das Primat der Liquidität während der operativen Sanierung zu halten, ergeben sich weitere folgende **Möglichkeiten**:

- Steuerstundungen: Voraussetzung ist hier, dass alle Steuern angemeldet sind und besonders einbehaltene Steuern wie die Lohnsteuer und Umsatzsteuer gezahlt werden.
- Umfinanzierung: Lieferantenkredite in langfristige Kredite umzuwandeln, das Kontokorrent und ein langfristiges Darlehn umwandeln. Hier können Zinsersparnisse auftreten, ohne dass dabei das Kreditengagement für die Bank erhöht wird.
- Inanspruchnahme von öffentlichen Bürgschaften und Überbrückungskrediten. Hier ist die besondere Voraussetzung, dass eine Sanierungsfähigkeit und ein Sanierungskonzept vorliegt.
- Sale und Lease Back: Verkauf von Immobilien und deren Miete bzw. Mietkauf. Ein Liquiditätsgewinn wird aber immer nur dann geschaffen, sofern es sich hier um lastenfreies Eigentum handelt bzw. die Restverschuldung deutlich unter dem Finanzierungswunsch liegt.

Tabelle 40: Maßnahmen zur strategischen Sanierung

	Schwerpunkt-bereich	Beispiele von möglichen Maßnahmen
Strategische Sanierung	Steigerung der Wettbewerbs-fähigkeit	Bildung von Allianzen durch Kooperation mit z. B. Einkaufsgenossenschaften, Hotelkooperationen, regionalen Tourismus- und Freizeiteinrichtungen etc.
		Ausbau des Empfehlungsgeschäftes aufgrund eines implementierten Qualitätsmanagements.
		Analyse des Leistungsportfolios und evtl. Spezialisierung und Kompetenzbündelung auf Umsatzbereiche, wo ein Wettbewerbsvorteil bereits besteht oder möglich wird.
		Verbesserung der Küchen-und Servicetechnik sowie Lagertechnik
		Verbesserung des Energieverbrauches durch Einsatz von energiesparenden Maßnahmen und Umwelttechnik
		Verbesserung der Ausstattung des Hauses durch evtl. eigene Freizeitangebote im Hotelbereich, Kinderbetreuung oder behindertengerechte Einrichtungen.
	Strukturen und Prozesse	Aufbau einer Unternehmensplanung und Informationssysteme zur Steuerung und Kontrolle von Entscheidungen
		Prozessanalyse durch Optimierung von Abläufen und zur Einführung eines TQM - Managements
		Definition von klaren Führungsstrukturen und Entscheidungskompetenzen zur Reduktion von Konflikten, Beschleunigung von Entscheidungen, Erhöhung der Mitarbeitermotivation und Motivation der Geschäftsführung sowie als Grundlage zur Konzentration auf die Kernleistung.
		Flexibilisierung von organisatorischen Strukturen zur Optimierung des Personaleinsatzes und Erhöhung der Reaktionsfähigkeit im Unternehmen.
		Verbesserung der Kostenstrukturen anhand einer Verbesserung der Personaleinsatzplanung durch Springer, Optimierung der Beschaffungspolitik durch Rahmenverträge für eine umsatzsynchrone Beschaffung und gleichzeitiger Gewährung von Boni etc.

Der **strategische Bereich** hat zum Inhalt nachhaltig die Wettbewerbsfähigkeit herzustellen sowie die notwendigen Strukturen und Prozesse auf die zukünftigen Marktchancen zu definieren bzw. neu zu gestalten. Weiterhin gilt es Informationssysteme und Instrumente aufzubauen, um die Nachhaltigkeit der Strategie zu festigen und zu überwachen. In der Tabelle 40 werden für die Gastronomie einige **Beispiele** von strategischen Handlungsmaßnahmen aufgeführt.

Wie bereits erwähnt, sollte aber nicht davon ausgegangen werden, dass die operative und strategische Sanierung zwei Prozesse sind, die chronologisch abgearbeitet werden können. Ganz im Gegenteil, man muss die künftigen Ertragspotenziale und Marktchancen kennen, damit im operativen Bereich nicht Potenziale aus kurzfristigen Überlegungen heraus gestrichen werden und später wieder neu aufgebaut werden müssen.

9.3.3 Umgang mit Banken und Gläubigern

In der Krise ist der Umgang mit Banken und weiteren Gläubigern von einer Existenzangst gekennzeichnet, dass die Finanzmittel gekürzt werden oder die weitere Zusammenarbeit gekündigt wird. Aus Existenzängsten heraus sind dann viele geneigt, hier Versprechungen abzugeben, um die Konsequenz einer gegenwärtigen Situation zu entschärfen in der Hoffnung, dass die Zeit alles heilt. Jedoch sollten bereits durch Abschnitt 7.1.2 und den Informationen durch eine Bilanzanalyse deutlich werden, dass den Gläubigern anhand verschiedener Informationen die Situation durchaus bekannt sein wird. Weiterhin gelten Hinweise auf verspätete Zahlungen, Bekanntgabe von Informationen etc. besonders im Bankenbereich als weitere Warnhinweise, die auf Krisen im Unternehmen hindeuten.

Im Bezug auf den **Umgang mit Banken und Gläubigern** ist hier ein perspektivischer Wechsel hilfreich. Gläubiger fürchten bei einer Unternehmenskrise einen Vermögensverlust und weniger einen aktuellen Liquiditätsverlust ihrerseits. Weiterhin besteht auch für den Gläubiger die Gefahr, einen Kunden zu verlieren oder die Chance durch Kooperation loyale Absatzquellen zu sichern. Das Konzept im Umgang mit den Gläubigern sollte aus diesem Grunde auf folgenden Punkten aufbauen:

- **Konzept**: Wie bereits herausgestellt, sollte das Konzept eine klare Sanierungsstrategie unter Angabe der Gründe der Krise beinhalten. Entscheidend ist hier, dass die Maßnahme ein konsequentes Handeln erkennen lässt, die die Liquiditätslage und Erfolgslage des Unternehmens bessert. Weiterhin ist es von Bedeutung darzulegen, dass die laufenden Verbindlichkeiten nicht weiter anwachsen werden.
- **Kommunikation**: Die Mitarbeit der Gläubiger ist eine Grundvoraussetzung für eine erfolgreiche Sanierung des Unternehmens. Hierzu ist Offenheit mit den Gläubigern unabdingbar sowie eine vollständige Aufklärung der Situation. Das Sanierungskonzept bildet dabei die Grundlage für die Kommunikation, um die Altverbindlichkeiten durch angemessene Zahlungsmodalitäten zu regeln und gegebenen für außergerichtliche Vergleiche zu dienen. Weiterhin gibt dieses Konzept dem Unternehmer eine Sicherheit in den Verhandlungen. Gerade diese direkte Ansprache der Gläubiger ist für den Unternehmer persönlich eine große Herausforderung, da Familienunternehmen auch eine private

Beziehung zu den Gläubigern pflegen und somit diese Beziehung auf eine neue Ebene gestellt wird. Mit dem Ziel, dieses Vertrauen zu halten, ist es von Bedeutung, dass die Zahlungsversprechungen realistisch sind und die Absprachen eingehalten werden können. Diese Vorgehensweise stellt dann auch wieder das Vertrauen in die Kompetenz des Managements her und eröffnet neue Wege.

- **Externe Hilfen durch Beratung:** Diese Strategiebildung zwingt ein Unternehmen zur Selbstkritik und zur Suche nach Wegen aus der Krise. In diesem Punkt sollte das Unternehmen auf externe Hilfen zurückgreifen,[1] damit auch Kernprobleme, von denen sich das Unternehmen bisher abgekapselt hat, angegangen werden. Weiterhin ist der Einsatz von externen Beratern ein Beitrag zur Vertrauensbildung und dient dem Schutz vor eigenem hohen Ehrgeiz und sinnlosen Aktionismus.

Um das Commitment der Gläubiger zu bekommen, sollten weiter die eigenen Bedürfnisse in der Zeit der Sanierung zurückgestellt werden. Hier ist eine besondere Stärke in Familienunternehmen vorzufinden, aufgrund der schnellen Fähigkeit des teilweisen Lohnverzichts von mitarbeitenden Familienmitgliedern. Jedoch sollte an dieser Stelle angemerkt werden, dass **private Einlagen** von Familienmitgliedern oder aus dem privaten Bereich des Unternehmers nur dann sinnvoll sind, wenn ein klares Sanierungskonzept vorliegt.

9.4   Neustart durch Insolvenz

9.4.1   Insolvenz als Chance

Mit Einführung der Insolvenzrechtsreform 1999 wurde ermöglicht, dass eine Insolvenz nicht unbedingt das wirtschaftliche Ende eines Unternehmens und eines Unternehmers sein muss. Ziel der Reform bzw. neuen Insolvenzordnung nach § 1 InsO ist, in einem geordneten und gerichtlich kontrollierten Verfahren:

- die Schulden zu bereinigen,
- im Rahmen einer Gesamtvollstreckung alle Gläubiger des Unternehmens gleichmäßig zu befriedigen durch Sanierungs- oder Liquidationserlöse,
- im Gegensatz zum alten Konkursrecht, das Unternehmen und deren Arbeitsplätze durch Sanierung zu erhalten,
- die Restschuldbefreiung für den Unternehmer zu erreichen, um somit einen wirtschaftlichen Neuanfang zu ermöglichen.

Die Insolvenz wirkt heute wie eine **Schutzglocke** vor Einzelvollstreckungsmaßnahmen der Gläubiger und wird unter der Aufsicht und Verantwortung eines gerichtlich bestellten Insol-

---

[1] vgl. AHGZ: Förderung von Unternehmensberatungen vom 23.08.2008. Das Beraterportal der Kreditanstalt für Wiederaufbau und NBank verfügt über ein eigenen Beraterportal, siehe www.beraterboerse.kfw.de sowie auch auf www.sanierer.de

venzverwalters durchgeführt. Die Aufgabe des Insolvenzverwalters ist dabei, die Interessen zwischen dem Schuldner und Gläubiger auszugleichen unter Beachtung der Vermögensrechte der Gläubiger. Anhand des Schutzes vor Einzelvollstreckungsmaßnahmen hat der Schuldner die **Möglichkeiten Sanierungsmaßnahmen** einzuleiten, um so eine bestmögliche Befriedigung der Gläubiger zu erreichen.

Eine Forderung des Gesetzgebers ist, durch ein **frühzeitiges Einleiten** von Maßnahmen, die Sanierungsfähigkeit zu erhöhen und den Gläubigerschutz wirkungsvoller zu gestalten, indem der Schuldenberg nicht weiter anwächst. Der Schuldner erhält im Gegenzug eine Chance der Sanierung unter gerichtlicher Aufsicht wie in den folgenden Abschnitten dargestellt. Dieser Ausgangspunkt soll die dunkle Seite des unternehmerischen Scheitern reduzieren und helfen eine Kultur der zweiten Chance aufzubauen.

Zur Umsetzung dieser Forderungen hat der Gläubiger neue Instrumente der Kontrolle bekommen, indem die Insolvenzsituation gemäß § 16 ff InsO wie folgt genau definiert ist:

- Zahlungsunfähigkeit: wenn der Schuldner nicht mehr in der Lage ist, seine Zahlungsverpflichtungen nachzukommen.
- drohende Zahlungsunfähigkeit: wenn es für den Schuldner erkennbar ist, dass er nicht in der Lage ist, seine Schulden fristgerecht zu bezahlen.
- Überschuldung: wenn die Verbindlichkeiten nicht mehr durch ein Vermögen gedeckt sind bzw. eine Deckung durch die Fortführung des Unternehmens nicht erreicht werden kann. Dies gilt nur bei juristischen Personen (§19 InsO)

Um in den Genuss der Ziele zu kommen und um die Gläubiger vor Verlusten durch ein Sanierungs- und Restschuldverfahren zu schützen, wurde durch die Rechtsprechung der Zeitpunkt der Zahlungsunfähigkeit nach § 17 InsO genauer definiert.[1] Man spricht von einem Zeitraum von 3 Wochen, wo das Unternehmen zwischen der Kenntnis der Insolvenz und der Einleitung des Verfahrens Zeit hat. Hier greift eine neue Strenge des Gesetzes, das dem Gläubiger im Falle einer verspäteten Bekanntgabe der Zahlungsfähigkeit ermöglicht, den Schuldner aufgrund der Insolvenzverschleppung strafrechtlich zu verfolgen. Hier findet sich der Betrugsgedanke nach dem Kreditwesengesetz wieder und kann bei einer Verurteilung zur Versagung der Restschuldbefreiung führen.[2] Jedoch liegt die Beweislast in diesem Fall beim Gläubiger und die klare Definition der Zahlungsunfähigkeit lässt sich im laufenden Geschäftsbetrieb eines Unternehmens nicht so einfach bestimmen.

Der Schuldner bekommt nach dem neuen Insolvenzrecht somit weitgehende Möglichkeiten Rechte zum Schutz vor den Gläubigern und eine faire Chance zur Schuldenregulierung. Das derzeitige Problem in der Umsetzung dieses Gesetzes liegt weniger in den juristischen Grundlagen, sondern vielmehr in der Handhabung und Umsetzung des Gesetzes.[3]

---

[1] siehe Entscheidung des Bundesgerichtshofs (24.05.2005; - IX ZR 123/04) sowie auch die Vorschriften des § 53 Abs. 1 Satz 1 GmbhG

[2] Versagungsgrund nach § 290InsO

[3] siehe Meyer: Insolvenz und Neustart 2007

9.4.2 Das Insolvenzverfahren und Möglichkeiten der Sanierung

Die Insolvenz ist ein gerichtliches Verfahren und setzt auf die Sanierung und den Erhalt des Unternehmens. Innerhalb des Verfahrens gibt es verschiedene Möglichkeiten der inhaltlichen Gestaltung, die gemeinsam mit dem Schuldner, dem Insolvenzverwalter und den Gläubigern in einem gerichtlichen Verfahren entschieden werden. Zum besseren Verständnis des Verfahrens werden in der folgenden Tabelle die verschiedene Organe und Begriffe kurz erläutert.

Tabelle 41: Wichtige Begriffe im Insolvenzverfahren

Organe/Begriff	Erläuterungen
Schuldner	Personen, an die Vermögensansprüche gerichtet werden. Der Schuldner hat eine Auskunftspflicht und Mitwirkungspflicht im Insolvenzverfahren. Im Rahmen einer möglichen Restschuldbefreiung hat der Schuldner verschiedene Obliegenheiten nach § 295 InsO zu erfüllen, wie z.B. den pfändbaren Betrag des Einkommens an die Insolvenzmasse abzuführen, sich um eine Tätigkeit zu bemühen, keinem Insolvenzgläubiger Sondervorteile zu verschaffen etc. Ein Verstoß dieser Obliegenheiten kann auf Antrag eines Gläubigers zur Versagung der Restschuldbefreiung führen.
Gläubiger	Personen, die gegen den Schuldner einen Vermögensanspruch haben. Man unterscheidet in: • Insolvenzgläubiger § 38 InsO, Anspruch vor dem Insolvenzverfahren. Grundsätzlich sind alle Forderungen gleichrangig. Jedoch gibt es hier absonderungsberechtigte Forderungen aufgrund von Sicherungsübereignungen und nachrangigen Insolvenzgläubiger, § 39 InsO. • Massegläubiger: Vermögensforderungen, die aufgrund der Durchführung des Insolvenzverfahrens entstanden sind, § 53 InsO.
Insolvenz-verwalter	Durchführung des Insolvenzverfahrens und Berichtsführung gegenüber dem Insolvenzgericht und den Gläubigern. Es wird zwischen dem vorläufigen Insolvenzverwalter (§ 22 InsO) und dem Insolvenzverwalter (§ 80 InsO) unterschieden. Die Aufgaben des vorläufigen Insolvenzverwalters sind bis zum Eröffnungsbeschluss die Fortführung des Schuldnerunternehmens, Erstellung der Insolvenztabelle und ggf. Insolvenzanfechtung nach §§ 129 InsO ff, d.h. Vermögensverfügungen des Schuldners anzufechten, die die Position der Gläubiger benachteiligen. Seine Aufgabe ist mit dem Eröffnungsbeschluss, die Verfügungen oder Sanierungsmaßnahmen der Gläubigerversammlung umzusetzen, Rechtsgeschäfte für oder gegen die Masse zu schließen, Verwertungsmaßnahmen durchzuführen, evtl. das schuldnerische Unternehmen fortzuführen, Schadenersatzansprüche gelten zu machen sowie die Verteilung der Insolvenzmasse vorzunehmen.
Gläubiger-versammlung	Eine Verhandlung vor dem Insolvenzgericht, wo die Gläubiger bzw. deren Vertreter über den weiteren Verlauf des Insolvenzverfahrens beraten. Hierzu legt der Insolvenzverwalter einen Bericht vor. An diesem Termin nimmt auch der Schuldner teil.

Organe/Begriff	Erläuterungen
Insolvenz-anfechtung	Eine Maßnahme des Insolvenzverwalters, um Vermögensbewegungen vor der Insolvenz zu untersuchen und evtl. wieder zurückzufordern. Diese Maßnahme dient dem Gläubigerschutz, damit nicht vor der Insolvenz noch Vermögensteile an Dritte übertragen werden.
Insolvenzmasse	Die Insolvenzmasse ist das Vermögen, das den Gläubigern zur Verteilung steht. Von der Insolvenzmasse werden zunächst die Kosten des Insolvenzverwalters und die Verfahrenskosten bezahlt. Anschließend werden evtl. Massegläubiger befriedigt und zum Schluss die Insolvenzgläubiger.
Insolvenztabelle	Aufstellung der offenen Forderungen gegen den Schuldner. Mit dem Insolvenzantrag werden die Gläubiger aufgefordert, durch Anschreiben oder Veröffentlichung im Internet[1] ihre Forderungen anzumelden. Nach Prüfung wird die Forderung in die Insolvenztabelle mit aufgenommen. Die Insolvenztabelle ist die Grundlage zur Teilnahme an Abstimmungsverfahren, Anhörung zur Restschuldbefreiung und zur quotenmäßigen Verteilung der Insolvenzmasse.

Der **Prozess des Insolvenzverfahrens** beginnt mit dem Insolvenzantrag durch den Schuldner oder durch einen Gläubiger. Nach Prüfung des Antrags wird durch das Gericht ein vorläufiger Insolvenzverwalter bestellt, um die Vermögensteile vor unberechtigtem Zugriff zu schützen und die Rechte der Gläubiger zu sichern. Der Status der vorläufigen Insolvenzverwaltung stellt häufig das insolvente Unternehmen frei von der Abführung der Zahllast (Umsatzsteuerüberhang). Die Löhne/Gehälter können durch die Arbeitsagentur für max. 3 Monate übernommen werden.[2]

Neben der Aufgabe einer Bestandsaufnahme durch den Insolvenzwalter ist es vorrangiges Ziel dieser Phase, **die Sanierungsfähigkeit** des Unternehmens zu analysieren und ein operatives und strategisches Sanierungskonzept für die Gläubiger des Unternehmens zu entwickeln. Hier bekommt der Schuldner ein entscheidendes Mitgestaltungsrecht und kann frei von jeglichem Handlungsdruck der strategischen Neuausrichtung des Unternehmens mitarbeiten. Dieses Recht kann sich aufgrund der Vorbelastungen des Unternehmens teilweise als problematisch erweisen. Weiterhin wird mit der Eröffnung des Insolvenzverfahrens der Insolvenzverwalter zum Unternehmer und die Handlungsfreiheit des Unternehmers ist eingeschränkt. Die Entscheidungsstrukturen im Unternehmen verändern sich stark mit der Eröffnung und der Unternehmer findet sich teilweise in einer Randposition wieder.

---

[1] Die Insolvenzverfahren werden unter www.insolvenzbekanntmachungen.de veröffentlicht.

[2] Aufgrund des Ziels, die Arbeitsplätze zu erhalten kann der Arbeitnehmer Insolvenzgeld nach § 183 Absatz 1 SGB III beantragen. Dieses Geld wird für die letzten 3 Monate vor der Eröffnung der Insolvenz ausgezahlt und setzt ein bestehendes Arbeitsverhältnis voraus. Aus diesem Grunde wird mit dem Antrag in der Regel eine vorläufige Insolvenzverwaltung angeordnet und es gibt eine Prüfungszeit von 3 Monaten bis zur Eröffnung des Insolvenzverfahren.

Abbildung 79: Das Insolvenzverfahren

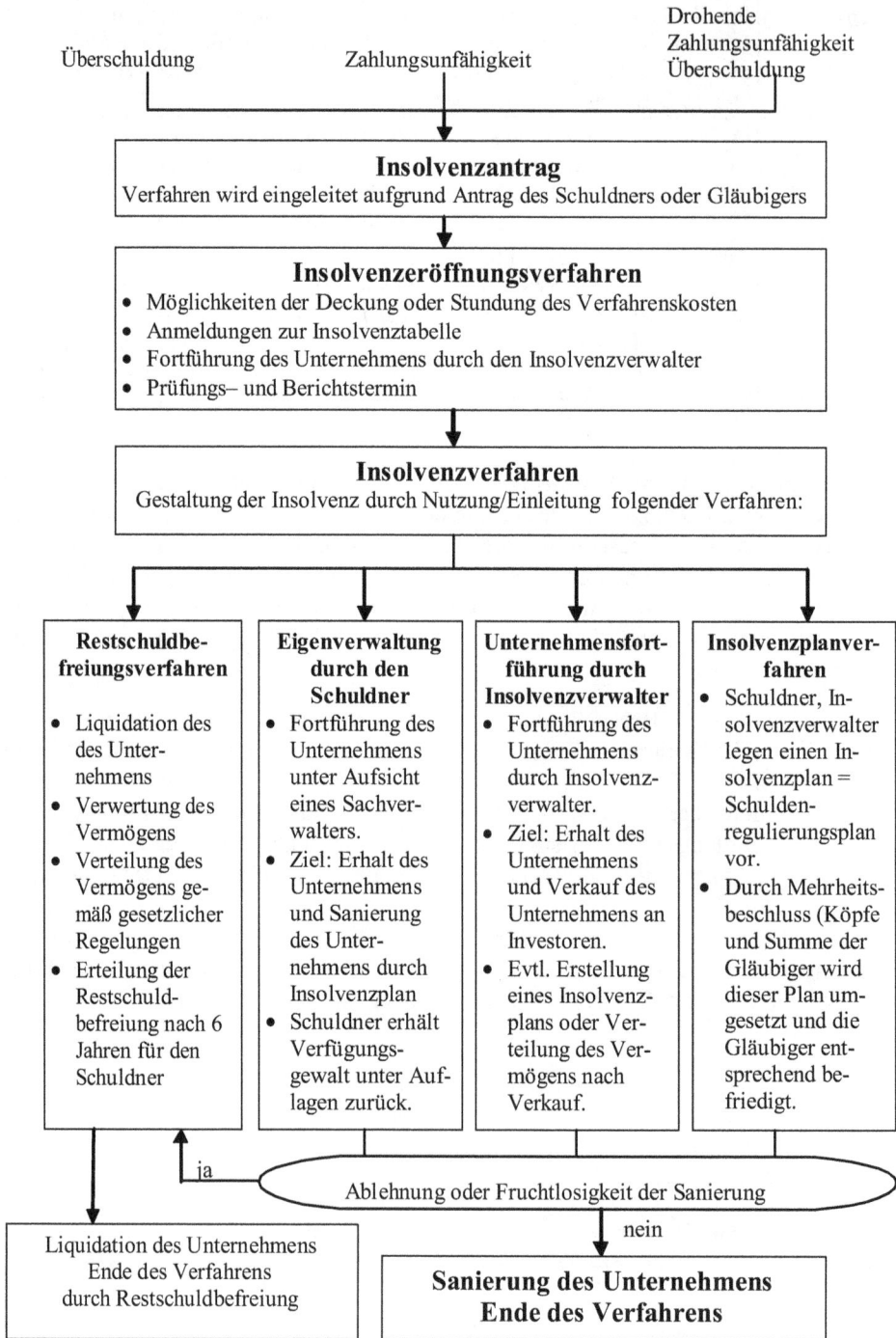

Das Ende der vorläufigen Insolvenzverwaltung ist die erste Gläubigerversammlung, die ca. 3 Monate nach Eröffnungsantrag stattfindet. Anhand des Berichtes des Insolvenzverwalters wird durch die Gläubiger über die Sanierung oder Zerschlagung des Unternehmers entschieden. Im Verfahren stehen die folgenden **4 Optionen für eine mögliche Sanierung** des Unternehmens zur Verfügung:

1. **Insolvenzplanverfahren:** gerichtlicher Schuldenregulierungsplan mit dem Ziel, eine gleichmäßige Befriedigungsquote zu erzielen und der Rückübertragung des Unternehmens an den Schuldner.
2. **Unternehmensfortführung** durch den Insolvenzverwalter mit dem Ziel, sanierungsfähige oder wirtschaftliche Teile an einen neuen Investor zu verkaufen.
3. **Eigenverwaltung** durch den Schuldner. In diesem Fall erhält der Schuldner die Verfügungsgewalt zurück und das Unternehmen wird unter Aufsicht des Insolvenzverwalters geführt. Ziel ist es dabei, die erwirtschafteten Gewinne und Vermögenszuwächse zur Befriedigung der Gläubiger zu nutzen.
4. **Restschuldbefreiungsverfahren:** Hier wird die Liquidation des Unternehmens angestrebt und das Vermögen des Schuldners wird verwertet. Im Anschluss setzt dann das Restschuldbefreiungsverfahren ein, d.h., dass der Schuldner nach einer Zeit von 6 Jahren nach Insolvenzantrag die Möglichkeit der Restschuldbefreiung bekommt.

Zwischen den verschiedenen Optionen kann je nach Verlauf gewechselt werden, um so die Entwicklungen in dem Sanierungsverfahren mit zu berücksichtigen. Hierzu dienen die jeweiligen Berichts- oder auch Gläubigerversammlungen innerhalb des Verfahrens. Das Insolvenzverfahren geht zu Ende, indem die Gläubiger durch eine gewünschte Quote befriedigt wurden oder das Verfahren geht nach der Verwertung des Vermögens des Schuldners in das Restschuldbefreiungsverfahren über. Nach 6 Jahren erfolgt dann nochmals eine Anhörung der Gläubiger zum Antrag auf Restschuldbefreiung.[1] Sofern diesem zugestimmt wird, erhält der Schuldner die Restschuldbefreiung für einen wirtschaftlichen Neuanfang. Dabei sind die Versagungsgründe klar festgelegt,[2] um einer Willkür vorzubeugen.

9.4.3 Der Insolvenzplan als Instrument der Sanierung im Insolvenzverfahren

Die Insolvenzordnung sieht nach §§ 217ff InsO vor, dass der Schuldner oder der Insolvenzverwalter einen Vorschlag unterbreitet, in welcher Form und in welchem Umfang die Verbindlichkeiten abgelöst werden sollen. Sofern dieser Plan angenommen wird, wird das Insolvenzverfahren aufgehoben und der Insolvenzverwalter wird mit der Kontrolle der Planerfüllung beauftragt.

---

[1] in § 295 InsO werden die Obliegenheiten des Schuldners klar definiert, wie z. B. die Ausübung einer angemessenen Tätigkeit, Informationspflichten gegenüber dem Insolvenzverwalter, Abtritt der Hälfte von Erbschaften etc. Weiterhin werden in §290 InsO eine abschließende Liste von Versagungsgründen ausgelistet. Hierzu zählt auch eine rechtskräftige Verurteilung einer Insolvenzstraftat wie z. B. Insolvenzverschleppung nach den §§ 283 bis 283c des Strafgesetzbuches.

[2] siehe § 290 InsO

In der Ausgestaltung des Plans ist es möglich, unterschiedliche Schuldnergruppen zu bilden, wie z. B. Gläubiger mit abgesicherten Forderungen und unabgesicherten Forderungen, Gesellschafter und Mitarbeiter, Insolvenz- und Massegläubiger. Entscheidend ist hier, dass die Gläubiger innerhalb jeder Gruppe gleich behandelt werden und eine wirtschaftliche Besserstellung der Gläubiger durch den Insolvenzplan im Vergleich zu einer Regelabwicklung (Verkauf oder Liquidation des Unternehmens) vorliegt. Bei der Abstimmung innerhalb der Gruppe sind sich folgende Abstimmungsergebnisse vorgeschrieben:

- Mehrheit pro Kopf und
- Mehrheit nach Schuldensumme.

Entscheidend sind hier die Transparenz innerhalb des Insolvenzplans und die Vertrauenswürdigkeit des Plans, was eine Sanierungsfähigkeit des Unternehmens voraussetzt. Der Insolvenzplan gilt als angenommen, wenn in beiden Fällen eine Mehrheit vorliegt.

Die Insolvenzordnung gibt dem Unternehmer und Schuldner einen hohen Gestaltungsraum und Möglichkeiten der Selbstverwaltung in Abstimmung mit den Gläubigern. Dieser Gestaltungsraum durch den Insolvenzplan wird derzeit noch im geringen Maße genutzt. Die Probleme im **mangelnden Einsatz** im Insolvenzverfahren liegen darin, dass das Wesen des Insolvenzplans derzeit noch in der Praxis nicht ausreichend erprobt ist, auch für Insolvenzverwalter und Gläubiger.[1] Weiterhin gibt es Probleme in der Finanzierung solcher Verfahren, da die Sanierungsstrategie wiederum finanziell abgesichert werden muss. Um dieses Vertrauen zu erreichen, ist das Verhalten vor und während der Insolvenz entscheidend. Ein angenommener Insolvenzplan bedeutet, dass die Gläubiger der Unternehmensführung das Vertrauen wieder zurückgeben.

9.4.4   Neustart und die Kultur der 2. Chance

Die Kultur der 2. Chance für Unternehmer beruht auf der Annahme, dass **Restarter[2] erfolgreichere Unternehmer** sind und folglich dass das Unternehmertum erlernt werden kann.[3] Diese Erkenntnis war das Ergebnis der Boston Studie[4], jedoch haben Folgestudien dieses Ergebnis nicht eindeutig belegen können, dass Restarter bessere Ergebnisse aufweisen können als absolute Erstgründer.[5] Berücksichtigt man aber die Tatsache, dass Restarter beim zweiten Anlauf auch „Altlasten" mit in die zweite Unternehmerschaft nehmen bzw. Schwie-

---

[1] Kay/Kranzusch/Suprinovic/Werner: Restart, S. 30

[2] Der Begriff Restarter wird genutzt für Unternehmer mit vorheriger Erfahrung, d.h. nach erfolgreichem Abschluss/Übergabe eines Unternehmens, Beendigung eines Unternehmens ohne Insolvenz und Beendigung eines Unternehmens mit Insolvenz. In diesem Kapitel wird aber Begriff Restarter in Sinne genutzt, dass ein Unternehmer erneut die Selbstständigkeit nach einer Insolvenz wählt.

[3] vgl. Pfaffenholz/Kranzusch: Insolvenzplanverfahren, S. 111ff

[4] In der Studie kam die Boston Consulting Group zur Erkenntnis, dass Unternehmen, die von Restarter geführt werden höhere Umsatzzuwächse und höhere Beschäftsigungszuwächse zu verzeichnen hatten wie Unternehmer ohne vorherige Erfahren. Joch wurde auch in der Studie angemerkt, dass Gründungen von Restarter vorrangig im Dienstleistungsbereich stattgefunden haben und somit personalintensiver sind. Siehe: Boston Consulting Group 2002: Setting the Phoenix free.

[5] eine Auflistung und Diskussion der Studien ist in Kay/Kranzusch/Suprinovic/Werner: Restart, S. 35ff

rigkeiten in dem Kapitalmarkt haben und trotzdem erfolgreich sind, findet diese Ergebnisse auch in Deutschland durchaus Unterstützung.

Das neue Insolvenzrecht hat zum Inhalt, die **Risiken des Unternehmertums zu reduzieren** und dass ein Scheitern des Unternehmers nicht zur lebenslangen wirtschaftlichen Strafe führt. Schon aus volkswirtschaftlicher Sicht ist es nicht sinnvoll, dass der Wirtschaft ein Verbraucher fehlt und noch ein Risiko von zusätzlichen Transferleistungen geschaffen. Nicht zuletzt hatte dies geänderte Gesetz zum Ziel, eine Unternehmerkultur und ein Unternehmertum in der Bundesrepublik zu stärken. Die Frage, die sich stellt, ist, ob dieses Gesetz ausreicht, eine Kultur der 2. Chance zu entwickeln.[1]

Bei einer Betrachtung der Voraussetzungen, die für die Wiederaufnahme einer unternehmerischen Tätigkeit notwendig sind, stellt man fest, dass das Gesetz nur die ersten **juristischen Voraussetzungen** schafft, um wirtschaftlich und gesellschaftlich eine 2. Chance zu bekommen. Sieht man sich aber diesen Prozess näher an und die Voraussetzungen für eine zweite unternehmerische Chance, so erkennt man, dass durch das Gesetz der Beginn eines langen gesellschaftlichen Prozesses erst angefangen hat. Die Voraussetzungen für eine erneute unternehmerische Tätigkeit stellen sich wie in der folgenden Abbildung dar:

Abbildung 80: Bedingungen für den Neustart als Unternehmer

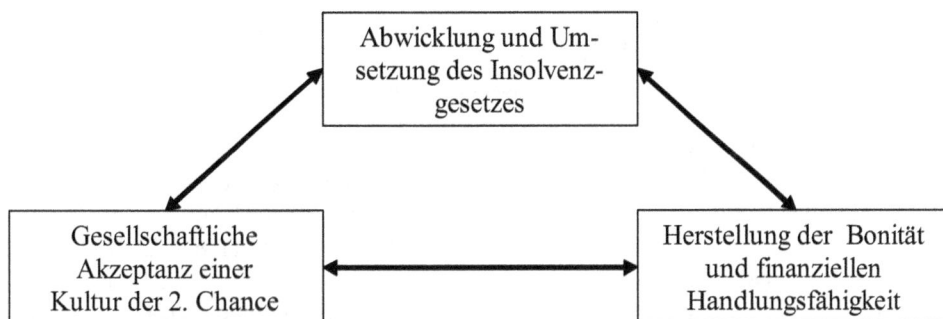

Hierzu sollen im folgenden die angesprochenen Aspekte näher betrachtet werden.

In der **Abwicklung eines Insolvenzverfahrens** wird ein Insolvenzverwalter, der von Hause aus ein Jurist ist, eingesetzt. Dieser Insolvenzverwalter wird somit zum Unternehmer im schuldnerischen Unternehmen. Die Qualität der Insolvenzverwaltung hängt konsequenter Weise von den unternehmerischen Qualitäten des Insolvenzverwalters und dessen Motivation und Risikobereitschaft ab.[2] Der Unternehmer als Schuldner hat z. B. zwar die Möglichkeit, einen Sanierungsvorschlag zu unterbreiten, ist aber im Insolvenzverfahren in seinem Handlungsspielraum eingeschränkt bzw. unterliegt einer Fremdbestimmung durch den Insol-

---

[1] vgl. Meyer: Insolvency and Restart 2007
[2] Haarmeyer: Die gute Insolvenzverwaltung 2007; kein Autor: Rating für Insolvenzverwalter. Auf der Internetseite wird ein Gespräch mit Prof. Haarmeyer, Institut für angewandtes Insolvenzrecht zitiert, der ein Rating-Verfahren für Insolvenzverwalter fordert. www.sanierungsberatung.gib-nrw.de vom 13.03.2007

venzverwalter. Der Insolvenzverwalter hingegen hat eine Reihe von haftungsrechtlichen
Ansprüchen zu berücksichtigen, sofern durch die Unternehmensfortführung Risiken für die
Insolvenzmasse entstehen In dieser Situation sind folglich Zielkonflikte vorgegeben, wo für
den Insolvenzverwalter die reine Abwicklung eines Verfahrens risikoärmer und wirtschaftlicher ist und die dafür vorgesehene Mindestvergütung durch die Vergütungsordnung garantiert. Eine erfolgsabhängige Vergütungsordnung, gemessen an der Vergleichsquote oder
erhaltenen Arbeitsplätzen, ist derzeit noch nicht der Regelfall. Somit erreichen derzeit viele
Insolvenzverfahren gar nicht die Sanierungsphase, da eine schnelle Abwicklung des Verfahrens für den Insolvenzverwalter risikoärmer ist und auch finanziell attraktiver ist.[1]

Der Insolvenzverwalter ist vom Gesetz her mit einer Reihe von durchschlagenden Rechten
ausgestattet und hat hohe Freiheitsräume. Diese Freiheitsräume unterliegen nur wenigen
Kontrollinstrumenten, die von den Gläubigern oder den Gerichten genutzt werden können.
Der Schuldner geht hingegen häufig unvorbereitet in die Insolvenz[2] und ist stark abhängig
vom Insolvenzverwalter. Dies kann zu einer Reihe von weiteren Konflikten führen, insbesondere dann, wenn die Chemie zur persönlichen Zusammenarbeit nicht stimmt. Die derzeitige Auswahl der Insolvenzverwalter erfolgt durch die Gerichte, um eine Unabhängigkeit
und Neutralität zwischen Schuldnern und Gläubigern zu gewährleisten. Dennoch kommt es
selten zum Wechsel des Insolvenzverwalters, wenn sich Probleme in der Zusammenarbeit
ergeben. Dies kann eher dazu führen, dass der Erfolg des Insolvenzverfahrens in Frage gestellt wird.

Im Verfahren ist es zwar möglich, für den Unternehmer während des Insolvenzverfahrens
wieder als Unternehmer tätig zu sein. In diesem Fall muss er aber Zahlungen an die Insolvenzmasse leisten, die teilweise unabhängig vom Ertrag der Neugründung sind. Weiterhin
erlaubt die Praxis der **Verfahrensdauer** dem Unternehmer derzeit keine schnelle Rückkehr
ins Unternehmertum. Teilweise geht sogar die Verfahrensdauer bei Regelinsolvenzen über
die angestrebten 6 Jahre eines Restschuldbefreiungsverfahren hinaus.[3] Aus diesem Grund ist
in Deutschland ein Insolvenztourismus nach Frankreich oder Großbritannien zu beobachten.
Ein Neustart innerhalb des Insolvenzverfahrens heißt in der Regel einen Neustart ohne
Fremdkapital, was selbst in der Gastronomie schwierig ist. Somit sind Neustarts vorrangig
im Dienstleistungsbereich zu finden oder im Falle der Gastronomie als Pächter eines Unternehmens.

Neben der juristischen Abwicklung ergeben sich für den Unternehmer im finanzwirtschaftlichen Bereich und in der **Wiederherstellung einer Bonität** Probleme. Aufgrund eines Ra-
tingprozesses[4] ist selbst nach einer Restschuldbefreiung nicht von einer sofortigen vollen
Bonität auszugehen. Viele Unternehmer berichten immer wieder von den Schwierigkeiten,

---

[1] In den veröffentlichten Insolvenzstatistiken des Statistischen Bundesamtes wird bisher von einer geringen Anzahl
an angenommenen Sanierungsplänen berichtet. Siehe Statistisches Jahrbuch 2008 und 2009.
[2] vgl. Kay/Kranzusch/Suprinovic/Werner: Restart, S. 90
[3] Kranzusch: Dauer von Insolvenzverfahren, S. 10. Kranzusch stellte in einer regionalen Studie fest, dass die Verfahrensdauer in nicht unerheblichen weit über das Restschuldbefreiungsverfahren hinaus gingen. Teilweise dauerte
es bis zu 10 Jahren.
[4] siehe Abschnitt 7.7

selbst ein Konto zu eröffnen, also fern ab davon, überhaupt Fremdkapital zu bekommen.[1] Somit wird weiterhin mehrfach eine Strohmannlösung genutzt, d. h.,dass in der Regel Familienmitglieder oder der Ehepartner nach außen den Neustart offiziell anstrebt.[2] In diesem Zusammenhang ist ferner die Einhaltung des Datenschutzes zu hinterfragen und ob, die Daten nicht länger gespeichert werden als gesetzlich vorgeschrieben. Mit dem Ziel Restartern eine finanzielle Hilfe zu geben, haben die ersten Landesbanken bereits öffentliche Förderprogramme aufgelegt.[3]

Der **Ausbau einer Kultur zweiten unternehmerischen Chance** hängt in erster Linie vom Verhalten der Gläubiger und der Schuldner ab. Der Gläubiger wird lernen müssen, dass der Verlust von Forderungen einen Teil seine wirtschaftlichen Risikos ist und er durch eine aktive Beteiligung im einem Insolvenzverfahren sich selbst am Besten vor größeren Verlusten schützen kann. Der Schuldner wird hingegen lernen müssen, das er seinen Schaden (Vermögen und Vertrauensverlust) am Besten reduzieren kann, indem er rechtzeitig Sanierungsmaßnahmen einleitet. Dies schließt ein gerichtliches Verfahren mit ein, wo er aber trotzdem auch eigene externe Beratung mit in Anspruch nehmen sollte.

9.5   Zusammenfassung und Schlussgedanke

Im Volksmund sagt man: Wem das Wasser zum Halse steht, sollte nicht den Kopf hängen lassen. Unternehmenskrisen sind zum größten Teil Vertrauenskrisen.[4] Eine unternehmerische Krise fordert große menschliche und unternehmerische Fähigkeiten vom Unternehmer und setzt einen offenen Umgang mit den Gläubigern sowie die Fähigkeit der Selbstkritik voraus. Losgelöst von seinen Ideen wird er aufgefordert, ein nachhaltiges Konzept für die Zukunft des Unternehmens zu entwickeln.

Der Schlüssel zum Erfolg in der Sanierung des Unternehmens, liegt in der Früherkennung sowie in der Kraft rechtzeitig Maßnahmen der Restrukturierung einzuleiten. Dieses vorzeitige Eingreifen bedeutet, dass das Einleiten von Sanierungsmaßnahmen für den Unternehmen nicht eine Bewertung von Fehlern bedeutet. Unternehmer sollten vielmehr die Chance in den möglichen Neustart legen und diesen als externe Quelle für ihre eigene Motivation nutzen. In der Entwicklung einer Restarter - Kultur benötigen viele Unternehmer noch Modelle, damit eine Insolvenz ihr negatives Image verliert. Wenn wir lernen, unternehmerisches Scheitern als Teil des Unternehmertums zu akzeptieren,[5] wird sich schneller eine Kultur der 2. Chance aufbauen.

---

[1] Kay/Kranzusch/Suprinovic/Werner: Restart, S. 100

[2] ebenda, S. 86

[3] vgl. Handelsblatt: Firmenretter, 28.05.2009. Weiter verfügt die Sächsische Landesbank (SAS) über ein Programm: Krisenbewältigung und Neustart. www.sab.sachsen.de vom 12.07.2007

[4] vgl. Hagemeier/Wiecke: Turnaround, S. 82

[5] Handelsblatt: Schumpeter lebt vom 29.12.2008

Die Zukunft hat viele Namen.
Für die Schwachen ist sie das Unerreichbare.
Für die Furchtsamen ist sie das Unbekannte.
Für die Tapferen ist sie die Chance.
Victor Hugo

Kapitel 10: Die Zukunft von gastronomischen Familienunternehmen

10.1   Einleitung und Übersicht

Im letzten Kapitel dieses Buches soll der Versuch unternommen werden, in die Zukunft von gastronomischen Familienunternehmen zu blicken. Dabei werden die folgenden Fragen diesen Blick leiten:

- Sind Familienunternehmen noch ein Zukunftsmodell für die Gastronomie?
- Von welchen künftigen Werten sollte das Image der familiengeführten Gastronomie getragen werden?
- Welche Aufgaben der Gegenwart haben gastronomische Familienunternehmen zu lösen, um eine Wettbewerbsfähigkeit herzustellen?

Welche Aufgaben zur Förderung der Wettbewerbsfähigkeit der Gastronomie haben der Staat, Berufsverbände und weitere Institutionen der Wirtschaft?

Die Beantwortung dieser Fragen soll auf Ausführungen in den vorangegangen Kapiteln aufbauen. Dabei wird hier nicht der Anspruch erhoben, diese Fragen abschließend und umfassend zu beantworten. Vielmehr sollen die Horizonte, Dimensionen und Gedanken aufgezeigt werden, um eine Diskussion über dieses Kapitel hinaus anzustreben. Die präsentierten Gedanken gehen zurück auf die verwendeten Materialien und Gespräche des Autors bei der Erstellung des Buches.

10.2   Das gastronomische Familienunternehmen: Ein Zukunftsmodel oder auslaufendes Modell?

In der deutschen Wirtschaft sind mittelständische Familienunternehmen das Herzstück der deutschen Wirtschaft. Sie gelten als der Garant für Stabilität und Wachstum in der Wirtschaftsgeschichte. Geprägt ist das Bild der mittelständischen Wirtschaft durch einen charismatischen Unternehmer, der mit Weitsicht, Disziplin, Innovationskraft und Ehrgeiz ein Unternehmen aufbaut und führt. Das unternehmerische Ziel ist, das Vermögen in der Familie weiterzugeben sowie einen Beitrag zum gesellschaftlichen, sozialen, künstlerischen und wirtschaftlichen Umfeld zu leisten. Die Entscheidungen und das Handeln werden dabei geprägt von dem Anspruch der Nachhaltigkeit sowie dem Wohlergehen und der wirtschaftlichen Sicherheit der Nachfolgegeneration. Dieser Anspruch wird weiter auf die Mitarbeiterführung übertragen und ist somit ein Grund für die hohe Ausbildungsbereitschaft von mittelständischen Familienbetrieben bzw. dem Streben nach langjährigen Mitarbeiterbeziehungen.

Die Stellung von Familienbetrieben in unserer Wirtschaft wird durch verschiedene Entwicklungen in der Gesellschaft und der Wirtschaft gefährdet. Sie lassen hinterfragen, ob das Modell des Familienunternehmens noch zukunftsfähig ist.[1] Die Kernpunkte in der Diskussion zur Beantwortung dieser Fragen liegen in den geänderten Anforderungen zur Unternehmensfinanzierung und im demografischen Wandel. Diese Aspekte sollen im Kontext von gastronomischen Familienunternehmen näher betrachtet werden.

Aufgrund der Tatsache, dass wir in einer medienüberfluteten Welt mit schnell ansteigendem Wissen leben sowie im Konsumgütermarkt, wo unternehmerisches Wachstum nur noch durch einen Verdrängungswettbewerb möglich ist,[2] ist die Innovationsrate für neue Produktideen stark angestiegen. Das Konsumverhalten wird gesteuert durch das Marketing und eine virtuelle Informationswelt. Zeit und Geschwindigkeit sind entscheidend im Wettbewerb mit der Folge, dass sich die Unternehmensstrukturen schnell verändern müssen und Produktlebenszyklen immer kürzer werden. Für die Unternehmensführung bedeutet dies, dass Markteinführungsphasen immer kürzer werden, jedoch die Erwartungshaltung der Nutzer der Dienstleistung an Perfektion und somit die Markteintrittsbarrieren immer höher werden. Die notwendigen Property-Investitionen und Finanzierung von Marketingmaßnahmen rufen einen ständig **wachsenden Kapitalbedarf** hervor.

Mit dem Ziel, diesen Kapitalbedarf zu befriedigen, stehen gastronomische Familienunternehmen in einem zweifachen Konflikt. Aufgrund der bisherigen schwachen finanzwirtschaftlichen Ergebnisse[3] aus dem Umsatzprozess heraus wird es schwierig werden, eine weitere Finanzierung durch Fremdkapital zu erreichen. Das Familienvermögen, hingegen, wird immer höheren Markt- und Finanzrisiken ausgesetzt, sodass die Kernziele eines Familienunternehmens infrage gestellt werden. Der weitere Konflikt für Familienbetriebe ist, dass durch eine Finanzierung mit externen Eigenkapital die Autonomität und Entscheidungsfreiheit der Unternehmerfamilie eingeschränkt wird.

Unabhängig davon, welcher künftige Weg in der Finanzierung für gastronomische Familienunternehmen gewählt wird, wird die alleinige Eigentümerschaft der Familie zukünftig zweifelhaft. Die künftigen Finanzstrukturen im Unternehmen werden die Entscheidungs- und Willensbildung im Unternehmer stark beeinflussen und die Einheit Unternehmen und Familie stärker trennen. Das klassische Model des Familienunternehmens kann nur dann erhalten

---

[1] vgl. weiter: Albach: Hat das Familienunternehmen Zukunft (2001)

[2] Abseits: Gastronomie als Käufermarkt vom 07.05.10

[3] siehe Abschnitt 1.4.3

bleiben, wenn es zu einer Verbesserung der Unternehmensrendite kommt oder wenn sich das Unternehmen auf Marktnischen konzentriert, die durch längere Produktlebenszyklen und stabile Markt- und Nachfragestrukturen gekennzeichnet sind.

In der Bundesrepublik wurde bisher ein strategisches Verhältnis mit Kapitalgebern angestrebt basierend auf dem Anspruch von Sicherheit und Wachstum. Familienunternehmen fanden diesen Partner durch die Banken, besonders durch die regionalen Geldinstitute der Sparkassen und Volksbanken. Somit ist es nicht überraschend, dass die Unternehmensfinanzierung in Deutschland stark durch den Bankensektor geprägt war.[1] Der starke Globalisierungsprozess und der dafür notwendige Kapitalbedarf in der Wirtschaft haben dazu geführt, dass ein immer stärker werdendes **kurzfristiges operatives Denken** in den Finanzentscheidungen Einzug hält. Dieses Denken wird durch die internationalen Finanzmärkte stark gefördert und zeigt u.a. seine Auswirkungen in der deutschen Rechnungslegung. Die bisherige Teilhabertheorie in der Rechnungslegung wird zunehmend durch den Investorgedanken ersetzt und beeinflusst so die Informationsanforderungen und –qualität für mögliche Finanzentscheidungen. In der Konsequenz wird die Ertragsfähigkeit und Fähigkeit der Ausschüttung einer Rendite für eine Investition ein zentrales Entscheidungskriterium und weniger die Nachhaltigkeit dieser unternehmerischen Entscheidungen.[2] Diese Entwicklungen stehen im Gegensatz zu den Strukturen und den Möglichkeiten von gastronomischen Unternehmen, die aufgrund der Anlagenlastigkeit langfristige Beziehungen zu Kapitalgebern benötigen und eher niedrige, aber stabile Renditen bieten können.

Der **demografische Wandel** wirkt sich auf die Zukunft von gastronomischen Familienunternehmen in vielfacher Form aus. Viele Familienunternehmen werden einen Nachfolger benötigen, der nicht immer in der eigenen Familie gefunden wird. Der Grund ist in den derzeit mangelnden Einkommensmöglichkeiten in der Gastronomie zu sehen, dem hohen Marktrisiko und dem hohen Arbeits- und Präsenzeinsatz. Somit wird sich für die Zukunft von gastronomischen Familienunternehmen eine natürliche Selektion ergeben und es ist zu erwarten, dass die Anzahl der gastronomischen Familienunternehmen deutlich zurückgehen wird. Auf der anderen Seite setzt dieser demografische Wandel die gastronomischen Familienunternehmen weiter unter Druck in der Gewinnung von Fachkräften. Da die Führungsposition in Familienunternehmen eher Familienmitgliedern vorbehalten ist, kann es in der Zukunft schwierig werden, „Talente" zu halten. Das Image und die Produkteigenschaften erschweren weiterhin die Personalrekrutierung für den operativen Bereich, da sich andere Branchen für das Personal öffnen werden, die bisher in der Gastronomie ihren Arbeitsplatz gefunden haben. Die Kommunikationstechnik eröffnet besonders für Frauen die Möglichkeit, stärker die Arbeitszeit und den Ort selbst zu bestimmen. Somit wird es aufgrund des virtuellen Arbeitsplatzes möglich sein, die Verträglichkeit zwischen Familie und Beruf zu erhöhen. Der erwartete Arbeitskräftemangel wird ferner zu höheren Löhnen führen und es ist fraglich, ob diese Kosten in der Gastronomie über den Markt refinanziert werden können.

---

[1] siehe Becker: IAS/US-Gaap, S. 11ff und 163ff

[2] Durch ein Einführung der IAS/IFRS Accounting and Reporting Standards, die auch durch das Bilmog angesprochen werden, wird befürchtet, dass in den Finanzierungsentscheidungen ein immer stärker werdendes operatives Denken eingeführt wird.

Der demografische Wandel, gekoppelt mit weiteren Einflussgrößen wie z. B. Formen von Lebenspartnerschaften, ändert **die Struktur der Haushaltsgrößen**, die wiederum die Struktur der Nachfrage ändern wird. Es wird weiter erwartet, dass die Haushaltsgrößen kleiner werden und es immer Einzelhaushalte, Haushalte mit alleinerziehenden Elternteilen sowie Partnerschaften in einem Haushalt leben. Das Thema Familie kann somit für gastronomische Familienunternehmen zu einer Marke im Wettbewerb werden und stellt für diese Unternehmensform eine besondere Marktchance dar. Diese potenzielle Marke kann dafür stehen, einen Ort der Familie zu bilden im Sinne von Beständigkeit, Rückzug aus einer immer stärkeren anonymisierenden Arbeitswelt mit hohem Leistungsdruck sowie einen Ort, zur Begegnung für die Familie, um Ereignisse im Lebenslauf zu feiern. Weiterhin haben sich die Werte der Frau in unserer Gesellschaft geändert, sodass die Aufgabe der Produktion von Speisen und besonders die Aufgabe der Bewirtung von Gästen immer stärker auf die Gastronomie übertragen werden. Diese „Marke" Familienunternehmen fordert eine Individualität anstelle einer Uniformität von Gastlichkeit, wie sie in gastronomischen Familienunternehmen vorzufinden ist.

Die Möglichkeit der Markenbildung für gastronomisches Familienunternehmen ist aber nur möglich, sofern das verfügbare Einkommen sich nicht verändert. Die sozialen Folgekosten des demografischen Wandels und weiterer Belastungen der öffentlichen Kassen lassen die öffentlichen Abgaben anwachsen und reduzieren das verfügbare Einkommen der Gäste. In diesem Punkt liegt ein großes Risikopotenzial für die Gastronomie, da die Ausgaben in der Gastronomie stark einkommenselastisch sind. Aus Gründen des demografischen Wandels ist aber davon auszugehen, dass sich der Arbeitsmarkt erholen wird und die Beschäftigung in der Bundesrepublik Deutschland auf ein hohes Niveau anwachsen kann. Für die Gastronomie sind die Einkommensverteilung und die Konsumneigung von entscheidender Bedeutung, da der Besuch der Gastronomie nicht zu den Grundbedürfnissen zählt. Folglich ist es in der Strategiewahl für ein familiengeführtes gastronomisches Unternehmen entscheidend zu analysieren, welches Marktsegment und welches Marktpotenzial in der Region vorliegt, um sich optimal darauf konzentrieren zu können.

Unsere Gesellschaft entwickelt sich mehr und mehr zu einer **multikulturellen Gesellschaft.** In der familiengeführten Gastronomie gibt eine hohe Anzahl von Betrieben unterschiedlicher Nationalität. Besonders Mitbürger mit Migrationshintergrund stellen einen hohen Anteil an Existenzgründung von gastronomischen Unternehmen dar. Im Umkehrschluss hat diese Entwicklung zur Folge, dass wenn deutsche familiengeführte Unternehmen eher abnehmen, die verbleibenden Unternehmen ein größeres Marktsegment bedienen können und zum Botschafter der deutschen Esskultur werden. Diese Entwicklung lässt die Zukunftsfähigkeit der bestehenden deutschen gastronomischen Familienunternehmen steigen, besonders für diejenigen Unternehmen, die noch einen Nachfolger finden.

Das Modell eines Familienunternehmens wird in der Zukunft jedoch stark davon abhängen, wie sehr sich die **Familie als Team** entwickelt und dass keine Hierarchien aufgrund des Alters bzw. Generationen gepflegt werden. Dies bedeutet, dass die Familie es künftig schaffen muss, familiäre Strukturen und unternehmerische Strukturen zu trennen. Eine Teamorganisation kann hier für die Zukunft ein Ausgangsmodell werden, um somit die bisherigen strategischen Stärken von Familienunternehmen weiterhin zu erhalten.

Zusammenfassend lässt sich sagen, dass es verschiedene Herausforderungen gibt, denen ein gastronomisches Familienunternehmen ausgesetzt sein wird. Diese Problembereiche sollten aber das Modell Familienunternehmen im Kern nicht infrage stellen. Besonders die Gastronomie hat vielmehr die Chancen, aus diesem Modell einen Wettbewerbsvorteil zu entwickeln, der dieses Unternehmensmodell zur Marke werden lässt.

10.3 Das Image der Gastronomie

In der Vergangenheit wurde das Image von familiengeführten gastronomischen Unternehmen von bürgerlichen Werten getragen. Dies galt besonders für die deutsche Gastronomie. Es bestand ein Image von Beständigkeit in der Ausgestaltung des Speisenangebotes, Serviceangebot und Property Management. Während noch bis zum 2. Weltkrieg ein Gastronom als ein wohlhabendes und angesehenes Mitglied der regionalen Wirtschaft galt,[1] so hat sich dieses Image aus der Vergangenheit heute eher negativ entwickelt.

Berichterstattung in den Medien und besonders im Fernsehen über gastronomische Unternehmen, die fachliche Unterstützung benötigen oder die Hygieneanforderungen vernachlässigen bis hin zu Berichten über den Wiederverkauf bereits zubereiteter Speisen, die Ausnutzung der Euro-Umstellung für Preiserhöhungen haben das Image der Gastronomie stark beschädigt. Durch weitere Publikation von hohen Insolvenzraten, dass Führungskräfte weder die betriebswirtschaftlichen und steuerlichen Anforderungen erfüllen, wird ein Bild mangelnder Professionalität in der Öffentlichkeit geschaffen. Ergänzende Berichte, dass z. B. ein Quereinsteiger erfolgreich eine Gastronomie führen kann, stärken ein Bild eines niedrigen Anforderungsprofils. Dieses Bild wird vorrangig auf Familienunternehmen übertragen, da in der System-/Kettengastronomie aufgrund eines zentralen Managements eine höhere Professionalität angenommen wird.

Für die Gastronomie und besonders für gastronomische Familienbetriebe ist es dringend erforderlich, eine stärkere Öffentlichkeitsarbeit zu leisten und das Image der Professionalität anzuheben. Gastronomie ist ein sehr komplexes Thema, das eine Reihe von Anforderungsprofilen zu erfüllen hat. Die Öffentlichkeit muss wieder zu einem Bild zurückkehren, dass die Gastronomie ein wertvolles Mitglied in der Wertschöpfungskette ist und keine Nebenbranche ist. Vielmehr ist die Gastronomie maßgeblich für den internationalen Erfolg anderer Branchen, da diese Dienstleistung aufgrund der Standortgebundenheit für andere Unternehmen einen wichtigen Faktor in der Infrastruktur darstellt. Die Abhängigkeit des Handels von der Gastronomie für den internationalen Erfolg ist sehr groß.

Im regionalen Wirtschaftskreislauf wird häufig verzichtet darzulegen, welchen Stellenwert die Gastronomie als Arbeitgeber hat. Besonders im ländlichen Raum ist die Gastronomie heute ein Hauptarbeitgeber und nimmt eine zentrale Rolle zur Pflege einer regionalen Kultur sowie des gesellschaftlichen Lebens ein. Dieser Stellenwert wird teilweise erst dann notiert, wenn das gastronomische Unternehmen schließt oder es sich kein Nachfolger finden lässt.

---

[1] siehe z.B. DEHOGA Stade: 100 Jahre Wirteverein Stade (2009)

Im zukünftigen Imagemarketing sollte die Gastronomie auf die Darstellung von erfolgreichen Unternehmen aufbauen, um so stärker dem Großteil der gastronomischen Betriebe gerecht zu werden. Die heutigen gastronomischen Familienunternehmen präsentieren ein hohes Maß an sozialer Verantwortung für Mitarbeiter und Umwelt sowie berücksichtigen sie die heutigen Ernährungsanforderungen. Angebote von Speisen mit regionalen Produkten, einer jungen deutschen Küche und ein Angebot unter Berücksichtigung verschiedener gesundheitlicher Aspekte sind heute im Angebot von gastronomischen Häusern.

Das notwendige Imagemarketing sollte weiter die Herausstellung der beruflichen Kompetenzen zum Inhalt haben. Zusätzlich zur Imagekampagne ist es auch von Bedeutung, die geforderten beruflichen Kompetenzen herauszustellen. Die gewerbliche Gastlichkeit ist ein Handwerk und die Ausführung dieses Handwerks bedarf einer Ausbildung und verschiedener Kompetenzen im Umgang mit verschiedenen Instrumenten wie in den vorangegangen Kapiteln dargestellt wurde. Dienen als Dienstleistung muss das Image eines niedrigen Anspruches verlieren.

Die Notwendigkeit eines Imagemarketings begründet sich weiter für die künftige Personalpolitik im Gastgewerbe. Im „War of talents" sind Arbeitnehmer immer mehr in der Lage ihren Arbeitsplatz unter mehreren Angeboten zu wählen. Die Gastronomie hat hier durchaus gute Chancen, Systeme für ein lebenslanges Arbeiten und Lernen, Wechsel zwischen Voll- und Teilzeitbeschäftigung und Freizeiten für Familienphasen (Kinder und Pflege) anzubieten. Diese Möglichkeiten können in anderen Branchen nicht so einfach umgesetzt werden. Dies gilt auch für die Beschäftigung von älteren Mitarbeitern. Die Planung von Erwerbsbiografien würde den Stellenwert der Mitarbeit in der Gastronomie unterstreichen.

In der Renaissance des Images von gastronomischen Familienunternehmen als wichtigen Wertschöpfungsfaktor in unserer Gesellschaft bedarf primär einer Presseberichterstattung durch die Medien, aber auch der Berichterstattung durch die Unternehmen selbst. Maßnahmen der betrieblichen Kommunikationspolitik könnten hierfür gut eingesetzt werden (wie z. B. eigene Newsletter, Darstellungen auf der eignen Homepage). Sie würden weiter die Betriebsbereitschaft des einzelnen Unternehmens stärker unterstreichen und sind Instrumente der Profilbildung, um sich individuell im Wettbewerb abzuheben. Dies schließt eine stärkere Öffentlichkeitsarbeit des einzelnen Unternehmens selbst mit ein und fördert nicht die Konsummentalität von öffentlichen Maßnahmen.

10.4   Aktuelle Aufgabe für gastronomische Familienunternehmen: Steigerung der Wirtschaftlichkeit

Wirtschaftlichkeit drückt sich in der einfachen Formel aus dem Quotienten zwischen Leistungen und Kosten oder der Gewinn aus der Differenz zwischen Umsatz und Kosten aus. Wie es bereits an mehreren Abschnitten immer wieder angesprochen wurde, muss das Ziel der Gegenwart sein, die Wirtschaftlichkeit und Rentabilität in der Individualgastronomie und der familiengeführten Gastronomie zu steigern.[1] Diese Steigerung der Wirtschaftlichkeit würde weiter:

- die Professionalität der Branche hervorheben.
- die Übergabefähigkeit an Folgeunternehmen steigern.
- die Chancen auf dem Kapitelmarkt steigern.

In Kapitel 2[2] wurde bereits eine Reihe von Möglichkeiten künftiger Einkommensquellen für die Gastronomie aufgeführt. Für gastronomische Familienbetriebe wird dabei das Stichwort **Regionalität** eine außerordentliche Bedeutung als Leistung oder Umsatzquelle bekommen. Die regionale Küche, die regionale Esskultur und die regionale Gastfreundschaft als Event sollten in der Produktpolitik der Individualgastronomie ihren Ausdruck finden. Besonders im Kontext der **Globalisierung** ist die Präsentierung der Region durch die Gastronomie eine große Chance. Aufgrund der Standortgebundenheit des gastronomischen Produktes hat die Globalisierung vermehrt positive Effekte auf die Auslastung der Gastronomie, da der Austausch der Leistungen die Servicebereitschaft der Gastronomie voraussetzt. Die Unverzichtbarkeit der Dienstleistung wirkt wie ein Garant für eine Chance in einer familiengeführten Gastronomie. Zusätzlich zu den aufgeführten Erwerbsquellen, sollte, wie bereits erwähnt, **Familie** zum Produkt bzw. Markt werden. Es öffnen sich hier mehrere Möglichkeiten, die im jeweiligen unternehmerischen Umfeld zu prüfen sind.

Die Zukunft von gastronomischen Familienunternehmen ist weiter abhängig von der Entwicklung des **regionalen Tourismus**. Der Deutschlandurlaub erfährt derzeit einen enormen Zuwachs, nicht zuletzt durch den Wunsch nach Sicherheit und geringeren Anreisekosten. Regionalität und Individualität entscheiden über die Nutzung des jeweiligen Angebotes. Die Kettengastronomie und –hotellerie bietet zwar ortsunabhängig die gleiche Qualität an, jedoch wird vorrangig Individualität gesucht und die Kreativität in der Umsetzung der regionalen Kultur und Esskultur. Dabei ist zu berücksichtigen, dass die Kaufentscheidung stark durch die Informationen im Internet beeinflusst wird. Auch wenn der Gast nicht immer wieder in die Region zurückkehrt, ist der potenzielle Gast durch die Bewertungen und Berichte im Internet vorab über die Qualität und Dienstleistungsbereitschaft des einzelnen Hauses gut informiert.

Auf der Kostenseite ergeben sich die folgenden Schwerpunkte, die auch schon an anderer Stelle dieses Buches näher behandelt wurden und sind im Folgenden nur zusammenfassend aufgeführt.

1. **Synchronität Umsatz – Personal**: Reduktion von Leerkosten des Personals durch Bildung von Kern- und Randteams, Mitarbeitermotivation, gezielte Wahl der Öffnungszeiten und Schwerpunktbildung im Serviceangebot. Weiterhin Nutzung von Konservierungstechniken im Küchenbereich und vorbereitenden Maßnahmen im Servicebereich. Spezielle Angebote in umsatzschwachen Zeiten, teilweise unter Berücksichtigung des Target - Costing, Prozesskostenrechnung und der kurzfristigen Preisuntergrenze.

---

[1] Diese Forderung wird in zahlreichen Beiträgen immer wieder hervorgehoben wie z.B. AHGZ: Gastronomieerfolg lässt sich lernen vom 20.06.2009; Albach: Hat das Familienunternehmen Zukunft, S. 172; Sölter: BWL (2009); Gastlichkeit & Co: Zehn Thesen zur Zukunft vom 07.05.2010; Hauser: Zukunft Gastronomie (2010)

[2] vgl. Abschnitt 2.2.5

2. **Wareneinsatz:** Gezielte Auswahl von Lieferanten, die noch stärker eine umsatzsynchrone Lieferbereitschaft erlauben, um so weiter die Risiken der Vorratshaltung zu reduzieren. Lagerungstechniken und gezieltes Serviceangebot erlauben hier weitere Rationalisierungspotenziale.

3. **Energie:** Zur Herstellung der Betriebsbereitschaft ist ein hoher Energiebedarf notwendig, der sich aufgrund der zunehmenden Technisierung sich noch weiter erhöhen wird. Die Gastronomie bietet aber auch hier verschiedene Möglichkeiten für den Einsatz von regenerativen Energien und Wärmerückgewinnung. Weiterhin sind durch eine intensive Wärmedämmung Reserven der Reduktion der Raumkosten möglich.

4. **Umwelt:** Die Abfallwirtschaft, Trennung der Abfälle und besonders das Abwasser, Fettabscheider etc. fordern eine Planung und Steuerung der Abfallwirtschaft im Unternehmen.

Finanzierungskosten: Durch ein besseres Rating sind noch weitere Zinsbelastungen zu vermeiden sowie durch eine gezielte Finanzplanung. Das Gefühl der finanziellen Freiheit bringt teilweise einen hohen Grad an unternehmerischer Kraft hervor.

Mit dem Ziel der Umsetzung von Maßnahmen der Wirtschaftlichkeit und Umsatzmaximierung sollten sich gastronomische Familienunternehmen folgender Instrumente bedienen:

- Unternehmenskooperationen
- Networking

Beide Formen tragen den Charakter von Familienunternehmen Rechnung, da sie die materielle Unabhängigkeit von Unternehmen nicht angreifen, jedoch punktuell die wirtschaftliche Unabhängigkeit zugunsten einer höheren Wirtschaftlichkeit im Unternehmen freiwillig eingeschränkt wird.

Für die Gastronomie gibt es schon eine Reihe von **Unternehmenskooperationen** im Bereich des Marketings,[1] im Absatz durch Reservierungssysteme und in der Beschaffung durch Einkaufsgenossenschaften. Unter einer gemeinsamen Dachmarke unterstreichen diese Hotelkooperationen im Absatzbereich die jeweilige Regionalität, erweitern jedoch die Marketingaktivitäten um ein Vielfaches. Gegenüber dem Gast dokumentieren sie die Vorteile einer Systemhotellerie bzw. Gastronomie. Dabei ergeben sich für das Marketing hohe Fixkostendegressionseffekte. Einkaufsverbände[2], auf der Beschaffungsseite, erlauben die Bündelung einer Einkaufsmacht und geben dem einzelnen Gastronomen eine bessere Verhandlungsbasis.

Unternehmenskooperationen sind aber auch im regionalen Bereich denkbar. So könnten sich z. B. Personaldienstleistungsunternehmen entwickeln, die gemeinsam die Personalverwaltung durchführen und Mitarbeiter entsprechend der individuellen betrieblichen Auslastung einsetzen. Weiterhin wäre es auch möglich, eine eigenständige Personalentwicklung durchzuführen und die Servicestandards zu garantieren. Diese Kooperationen sind ferner für Pro-

---

[1] siehe hier z. B. Kiek In Hotels auf www.kiekin-Hotels.de; Akzent Hotels auf www.akzent.de oder Romantik Hotels auf www.romantikhotels.com.

[2] siehe hier z. B. Hogast als Einkaufsgenossenschaft für das Hotel- und Gaststättengewerbe. www.hogast.de

perty Investments oder Investitionen im Catering-Bereich möglich. Diese Zusammenarbeit setzt aber voraus, dass in der Zukunft der Wettbewerbsgedanke zwischen direkten Nachbarn sinkt und durch die Kooperationen der Wettbewerbsvorteil erkannt wird.

Weiterhin ist das **Networking** für das Unternehmen wichtig, da aufgrund des Verzichtes eines Managementteams teilweise auf die Sichtweise eines neutralen Dritten verzichtet wird. Somit kann ein entsprechendes Networking dafür Sorge tragen, dass durch den Erfahrungsaustausch, durch den Austausch von Ideen und Erfahrungen, ein Unternehmen neue Impulse findet. Die Gastronomie hat hier die besondere Chance des überregionalen Austausches zur Stärkung der gesamten Branche. Da gastronomische Leistungen nicht transportfähig sind, ist davon auszugehen, dass die Bekanntgabe von geschäftlichen Konzepten nicht den eigenen Umsatz gefährdet.

Networking ist aber auch wichtig zur Schaffung und Pflege von Geschäftskontakten. Es soll helfen, eine Empfehlung für das Unternehmen zu bekommen bei anstehenden Geschäften. Gerade in der Gastronomie ist es sinnvoll, dass wenn eine Entscheidung über Veranstaltungen getroffen wird, eine Person anwesend ist, die das Haus weiterempfiehlt, aber auch bei Kritik reagiert. Aus diesem Grunde ist die Pflege von Kontakten bedeutsam wichtig, die nur dann entstehen, wenn sich Gastronomen aktiv einbringen.

10.5 Leistungsforderungen an die Partner der Gastronomie und den Staat

Auf dem Weg zu einer stärkeren Wettbewerbsfähigkeit und Wirtschaftlichkeit in der Gastronomie ergeben sich eine Reihe von Forderungen an die Institutionen der Wirtschaft und den Staat. Im Kern richten sich diese Forderungen in der Unterstützung zum Imagemarketing für die Gastronomie, in der Bereitstellung von gastronomischen und betriebswirtschaftlichen Know-how sowie Hilfestellungen im Aufbau von Unternehmenskooperationen/ Networking.

Die deutsche Gastronomie benötigt vom **Staat** keine Steuergeschenke, jedoch benötigt sie einen fairen Wettbewerb und Chancengleichheit nach dem Bild der Sozialen Marktwirtschaft auf nationaler und besonders auf europäischer Ebene. Ein gesunder Wettbewerb ist das Rückrad der Wirtschaft. Unterschiedliche Besteuerungssätze, unterschiedliche bauliche Anforderungen und Abgabenordnungen verzerren den Wettbewerb und die Kostensituationen im Unternehmen. Diese Defizite beeinflussen die Wettbewerbsfähigkeit negativ.

Die **Institutionen der Wirtschaft** wie IHK, Wirtschaftsfördergesellschaften, die verschiedenen **Berufs- und Branchenverbände** und die **Tourismusverbände** sollten die Gastronomie z. B. in den folgenden Bereichen unterstützen:

- Ausbildung: Unternehmerausbildung, Nachwuchsausbildung, Hilfen zur Finanzierung der Ausbildung, Lebenslanges Lernen, Coachingleistungen bei Entscheidungen in Familienunternehmen

- Informations- und Wissenstransfer: Marktforschungsergebnisse, Trendanalysen,
                                        Implikationen von politischen Entscheidungen,
                                        Schaffung einer Transparenz der öffentlichen
                                        Förderung
- Networking/Förderung von
  Kooperationen: Vermittlung von Kooperationen für den
                                        gemeinsamen Vertrieb von gastronomischen
                                        Leistungen, Hilfen zur Bündelung einer Ein
                                        kaufsmacht

Diese Forderungen an die Institutionen sind grundsätzlich nicht neu, jedoch besteht hier vielmehr auch die Aufgabe, das Beratungsnetz zu verdichten und die gastronomischen Familienunternehmen stärker dafür zu gewinnen, dass diese Leistungen in Anspruch genommen werden. Dazu gehört auch, Hilfestellungen anzubieten, zur Finanzierung von betrieblicher
Beratung. Steuerberater, Unternehmensberater aber auch freie Finanzberater oder Berater der
Banken sind aufgerufen, stärker ihre Dienstleistungen in gastronomische Familienunternehmen einzubringen. Ob noch weiterhin eine Beratungsresistenz bei mittelständischen Familienunternehmen vorliegt oder nicht, kann an dieser Stelle nicht geklärt werden. Jedoch werden individuelle Hilfen zur Planung von Investitionen und deren Finanzierung, Durchführung
von Betriebsübergängen, Kalkulationen und betriebswirtschaftlichen Analysen, Umgang mit
Wachstum notwendig sowie Hilfen zum Aufbau eines Controllings. Besonders Steuerbera-
tern aber auch Banken kommt noch weiter die Aufgabe hinzu, Unternehmen bei aufkommenden Krisen zu beraten und somit rechtzeitig ein Turnaround Management einzuleiten.

10.6   Schlusssatz des Autors

Vorschläge zur Ergreifung von Maßnahmen der Förderung der Gastronomie oder ein Anfor-
derungskatalog an das Management eines familiengeführten Unternehmens in der Gastronomie zu erstellen, ist in Worten einfach zu schreiben. Die Schwierigkeit liegt darin, diese
Ideen und Vorschläge in die Tat umzusetzen und somit wird der Leser, besonders der Gastronom eines Familienunternehmens, zum Handelnden dieses Buches. Das Gastgewerbe
begleitet einen Menschen wie kein anderes Gewerbe durch das Leben. Ein gesellschaftliches
Leben ohne die Gastronomie ist wie eine lange Reise ohne Rast. Ohne Gastronomie findet in
der Gesellschaft kein kulturelles Leben statt, es wird aber auch keine Globalisierung in
Deutschland ohne das Gastgewerbe geben.

Familienbetriebe sind für unser Wirtschaftssystem unverzichtbar und gastronomische Familienunternehmen benötigen den fairen Wettbewerb. Die Gastronomie ist ein Teil unseres
Alltags, aber es ist ein anderer Alltag, so wie es der Slogan des deutschen Hotel- und Gast-
stättenverbandes so treffend beschrieben hat.

In der Zukunft wird eine Marktselektion in der Gastronomie stattfinden, schon allein aus demografischen Gründen. Die Übergabe des Familienvermögens sollte immer unter dem Blick-

winkel der Zukunftsfähigkeit des Unternehmens betrachtet werden. Das inhabergeführte Unternehmen bleibt aber – wenn auch in geänderter und reduzierter Form - ein Zukunftsmodell.

Die Gastronomie selbst sollte weiter mehr Vielfalt wagen in einer Balance zwischen der jeweiligen regionalen Tradition und den Anforderungen einer globalisierten Welt. Dies wird am besten gelingen, sofern man sich klar ist, über seine eigenen Stärken und Ressourcen sowie indem man seine betriebliche Individualität bewahrt.

Literaturverzeichnis

1. Monografien, Sammelbände, Zeitschriften- und Zeitungsartikel

Albach, Horst
Familienunternehmen
Hat das Familienunternehmen eine Zukunft? In ZfB
Ergänzungsheft 5/2002, S. 163 - 173

AHGZ
Artikel der Allgemeinen Hotel- und Gaststättenzeitung:

- *Ältere Mitarbeiter sind sexy* - Drohender Fachkräftemangel führt zum Umdenken in AHGZ vom 21.07.2007 Nr. 29, S. 1
- *Aufschwung geht an vielen vorbei*, AHGZ vom 05.01.2008 Nr. 1, S. 3
- *Billigpreise ruinieren die Hotellerie* - Überkapazitäten und Konzentration auf dem deutschen Hotelmarkt halten die Zimmerpreise niedrig. AHGZ vom 08.04.2006 Nr. 14, S. 5
- *Das Buhlen um die Silberlocken*, AHGZ vom 01.04.2006 Nr. 13, Seite 18
- *Der Nächste bitte!*, AHGZ vom 09.08.2008 Nr. 32, S. 17
- *Die Verbotskultur ist unerträglich* in AHGZ vom 26.08.2008 Nr. 30, S. 3
- *Der Erfolg liegt in Dir selbst* in AHGZ vom 08.12.2007, S. 21
- *Erfolgsrezept Regionalküche* in AHGZ vom 28.01.06 Nr. 4 S. 18
- *Erlebnis wird immer wichtiger*, AHGZ vom 14.02.2009 Nr. 7, S. 11
- *Fehlerangst ist Gift fürs Geschäft*, AHGZ vom 04.07.2009 Nr. 27, S. 17
- *Fördermittel statt Bankkredit*, AHGZ vom 22. Juli 2006 Nr. 29, S. 22
- Förderungen von Unternehmensberatung, AHGZ vom 23.08.2008, Nr.34, S. 18
- Gastronomieerfolg lässt sich lernen in AHGZ vom 20. Juni 2009, S. 3
- *Gäste verändern sich*, AHGZ vom 20. Dezember 2008 Nr. 41, S. 15

- *Geht's ein bisschen preiswerter?* Plädoyer für eine selbstbewusstere Preispolitik in der Hotellerie, AHGZ vom 08.04.2006, S. 8
- *Geschichtenerzähler im Netz fangen Gäste* - Hoteliers gehen mit Blogs oder Podcasts neue Kommunikationswege, AHGZ vom 27.06.2009, Nr. 26, S. 5
- *Hotelpackages müssen stimmig sein* - Wie wirken sich Angebotspauschale eines Hotels auf die Wahrnehmung durch die Gäste aus?, AHGZ vom 01.07.2006 Nr. 26, S. 15
- *Ist Basel II schon am Ende?,* AHGZ vom 01.Dezember 2007 Nr. 48, S. 17
- *Kühlen Kopf bewahren,* AHGZ Nr. 3 vom 05.08.2009, S. 41
- *Landgasthöfe auf dem Vormarsch* - Mit innovativen gastronomischen Konzepten trotzen die Betriebe der schleppenden Konjunktur. Spezialitäten sind gefragt. AHGZ vom 20.06.2009, Nr. 25, S. 1
- *Man isst wieder deutsch* - Gastronomie verzeichnet wieder leichtes Plus in AHGZ vom 18.03.2006 Nr. 11, S. 3
- *Minijobber sind unverzichtbar* - Gastgewerbe kritisiert steigende finanzielle Belastungen in AHGZ 01.07.2006 Nr. 26, S. 2
- *Mut zum eigenen Medium* - Gäste Magazine werden zunehmend als Werbe- und Marketing-Instrument genutzt in AHGZ vom 10.06.2006, Nr. 23, S. 3
- *Mutig rechnen, mehr verdienen:* Psychologische Preisschwellen in AHGZ vom 10.05.2008, Nr. 19, S. 6
- *Nicht kopflos werden,* AHGZ NR. 4 vom 24.01.2009, S. 16
- *Objekte bedürfen der Aktualisierung,* AHGZ vom 26. August 2006 Nr. 34, S. 18
- Ohne Businessplan und Konzept winkt die Bank nur lustlos ab in AHGZ vom 16.09.2006 Nr. 27, S. 19
- *Personalplanung bleibt ein Nadelöhr* - Mit Aushilfen oder aber der Auslagerung versucht die Hotellerie das Problem in den Griff zu bekommen in AHGZ vom 11.05.2008 Nr. 19, S. 23
- *Persönliche Daten sind tabu* - Datenschutz ist Bedingung für erfolgreiches Gäste-Marketing, AHGZ 08.09.2007 Nr. 36, S. 17
- *Professioneller verkaufen* - Mehr Umsatz durch optimierten elektronischen Vertrieb, maßgeschneiderte Vertriebskonzepte und Yield Management in AHGZ vom 23.08.2008, Nr. 34, S. 17

- *Profitipps zum Pricing* - Zimmerpreise richten sich zunehmend nach dem Markt in AHGZ vom 17.05.2008, Nr. 20, S. 17
- *Schwere Zeiten für feine Küche*, Bericht des deutschen Kongresses für Individualgastronomie, AHGZ vom 04.07.2009 Nr. 27, S. 3
- *Seniorenteller aufs Altenteil*, AHGZ vom 13.06.2009 Nr. 24, Seite 7
- *So schreibt man gute Werbebriefe* in AHGZ 17.05.2007 Nr. 20, S. 19
- *Softdrinks sind Renditebringer* in AHGZ vom 17.05.2008 Nr. 20, S. 7
- *Treffsicheres Marketing* - Planlose Werbung führt ins Nichts. AHGZ vom 06.06.2009 Nr. 23, S. 17
- *Systemer legen erneut zu* -Restaurantketten in Deutschland wachsen kontinuierlich in AHGZ vom 18.03.2006 Nr. 11, S. 1
- *Über Umwege zum Erfolg*, AHGZ vom 22.07.2006 Nr. 29, S. 5
- *Veränderung als Chance nutzen* - Demografischer Wandel: Mitarbeiter und Gäste werden immer älter in AHGZ vom 19.01.2008 Nr. 3, S. 5
- *Viele Mails sind Müll* - Wer die elektronische Post in seinem Marketing-Mix aufnehmen will, muss sich an bestimmte Regeln halten. AHGZ vom 19.07.2008 Nr. 29, S. 19
- *Von der Gastfreundschaft zur Hotellerie* - Dienstleistung gegen Bares: Eine Branche im kontinuierlichen Umbruch in AHGZ vom 16.10.2010 Nr. 42, Sonderteil 110 Jahre AHGZ
- *Weniger Zahlensalat - dafür deutlich mehr Gewinn*: Eine korrekte Kalkulation beginnt mit der Trennung von Eigentum und Betriebsvermögen - vor allem in Familienunternehmen in AHGZ vom 05.08.2006 Nr. 31, S. 17
- Wie sich Kreditgeber überzeugen lassen in AHGZ vom 23. August 2008, S. 34
- *Wofür die Deutschen Geld ausgegeben* - Studie des BAT Freizeit Forschungsinstituts, AHGZ vom 02.09.2006 Nr. 35, S. 12
- *Zweitreisen fallen weg* - BAT Tourismusanalyse: Deutschland bleibt beliebt, doch die Aufenthalte werden kürzer in AHGZ vom 14.02.2009 Nr. 7, S. 7
- werden kürzer in AHGZ vom 14.02.2009 Nr. 7, S. 7

Argyris, Chris/Schön, Donald A.   *Organisatorisches Lernen*
                                   Die lernende Organisation, Klett Cotta Verlag,
                                   Stuttgart 1999
Baus, Josef   *Controlling*
                                   Controlling, Cornelsen Verlag, 3. Auflage, Berlin 2003
BBG Treugast (Hrsg)   *Hotellerie & Gastronomie Betriebsvergleich 2009*
                                   BBG Treugast Hotellerie & Gastronomie Betriebsver-
                                   gleich (Update 2009), BBG Consulting und Treugast So-
                                   lutions Group
BBG Treugast (Hrsg)   *Betriebsvergleich 2008*
                                   Hotellerie & Gastronomie Betriebsvergleich 2008, Herg.
                                   BBG Consulting und Treugast Solutions Group
Becker, Harald; Grothues, Ulrich   *Catering-Management*
                                   Catering-Management: Porträt einer Wachstumsbranche
                                   in Theorie und Praxis, Behrs's Verlag, 1. Auflage , Ham-
                                   burg 2007
Becker, Max   *IAS/US-Gaap*
                                   IAS/US-Gaap leicht gemacht, Wie realistisch sind
                                   unrealisierte Gewinne, Redline Wirtschaft bei Ueberreu-
                                   ter 2002, Frankfurt/Wien 2002
Becker, Wolfgang; Ulrich, Patrick *Controlling*
                                   Controlling in mittelständischen Unternehmen, Der Be-
                                   trieb, Heft 6 vom 11.02.2011, S. 309 - 313
Bensch, Jörg,
Wachholz, Christiane   *Rechnungswesen*
                                   Praktische Fälle aus dem Rechnungswesen, 3. völlig neue
                                   Auflage, Kiehl Verlag, Ludwigshafen 2007
Bleicher, K.   *Organisation*
                                   Organisation, 2. Auflage, Gabler Verlag, Wiesbaden
                                   1991
Bless, Teresa Johanna   *Erfolgreich in der Gastronomie*
                                   Erfolgreich in der Gastronomie. Entwicklungen und
                                   Trends in der deutschen Esskultur, Diplomica Verlag
                                   Hamburg 2008
Bontrup, Heinz-J.   *Volkswirtschaftslehre*
                                   Volkswirtschaftslehre, Grundlagen der Mikro- und Mak-
                                   roökonomie, 2. Auflage, Oldenbourg Verlag, München
                                   2004
Bork, Reinhard   *Insolvenzrecht*
                                   Einführung in das Insolvenzrecht
                                   Verlag Mohr Siebeck, 5. Auflage, Tübingen 2009
Bornhofen, Manfred/Bornhofen
Martin C.   *Steuerlehre 2*
                                   Steuerlehre 2, Rechtslage 2010, 31. Auflage, Gabler
                                   Verlag, Springer Fachmedien, Wiesbaden 2011

Boston Consulting Group	Setting the Phoenix Free Setting the Phoenix Free, A Report on Entrepreneurial Restarts, München 2002
Bröcker, Gerhard	*Tagebuch einer Insolvenz* Nicht nur ein böser Traum - Tagebuch einer Insolvenz, Ebalol Verlag Hamburg 2010
Brockmann, Malte; Hommel, Ulrich	*Family Ownership* Family Ownership and International Investment Decisions - Influence of Country Risks and Experience, ZFB - Special Issue 2/2009, S. 31 – 61
Bruhn, M.	*Qualitätsmanagement* Qualitätsmanagement für Dienstleistungen. Grundlagen, Konzepte, Methoden, Springer Verlag, 3. Auflage, Berlin 1986
Bundesministerium für Ernährung, Landwirtschaft und Verbraucherschutz	*Nationaler Strategieplan der Bundesrepublik Deutschland* für die Entwicklung ländlicher Räume 2007 – 2013, Fassung vom 5. November 2009
Busse, Franz Joseph	*Finanzwirtschaft* Grundzüge der betrieblichen Finanzwirtschaft, 4. Auflage, Oldenbourg Verlag München 1996
Carnell, Colin A.	*Change* Change in Organization, Prentice Hall Int. Hempel Hempstead 1990
Chell, Elizabeth	The Entrepreneurial Personality: A few Ghost laid to rest, International Small Business Journal, Vol. 3, No 3, Spring 1985, pp. 43-54
Cooper, Robin	*Prozesskostenrechnung* Prozesskostenrechnung als Managementinstrument, Frankfurt/Main 1999
Crone, Andreas, Werner, Henning (Hrsg)	*Sanierungsmanagement* Handbuch für modernes Sanierungsmanagement Vahlen Verlag, 1. Auflage, München 2007
DEHOGA Niedersachsen	*Partyservice* Partyservice: Ein Leitfaden für Einsteiger im Partyservicegeschäft, erarbeitet und herausgegeben vom Arbeitskreis „Junger DEHOGA Niedersachsen" Hannover
DEHOGA Stade	*Wirteverein* 100 Jahre Wirteverein Stade Festschrift anlässlich des 100jährigen Bestehens DEHOGA Stade 2009

Demleitner, Klaus   *Projektcontrolling*
                                     Projekt-Controlling – Die kaufmännische Sicht der
                                     Projekte, 2. Auflage
                                     Expert Verlag, Renningen 2009

Dettmer, Harald;
Hausmann, Thomas;
Kaufner, Michaela;
Wilde, Harald   *Controlling im Food & Beverage Bereich*
                                     Controlling im Food & Beverage - Management, 2. Auf-
                                     lage, Oldenbourg Verlag, München 1998

Drucker, Peter   Management, Tasks, Responsibilities, Practies, Harper &
                                     Row, New York 1985

Fiedler, Rudolf   Projektcontrolling
                                     Controlling von Projekten, Vieweg und Teubner Verlag,
                                     Wiesbaden 2010

Füermann, Tino; Dammasch,
Carsten   *Prozessmanagement*
                                     Prozessmanagement: Anleitung zur Steigerung der Wert-
                                     schöpfung, 2. Auflage, Hauser Verlag, München 2002

Gälweiler, Aloys   *Strategische Unternehmensführung*
                                     Strategische Unternehmensführung, 2. Auflage, Campus
                                     Verlag, Frankfurt 19990

Gardini, Marco A.   *Marketing Management*
                                     Marketing-Management in der Hotellerie, 1. Auflage
                                     2004, Oldenbourg Wissenschaftsverlag, München

Gewald, Stefan   *Hotelcontrolling*
                                     Hotelcontrolling, 2. Auflage, Oldenbourg Verlag
                                     München 2001

Gleich, Ronald; Hofmann, Stefan;
Shaffu, Marc   *Innovation und Controlling*
                                     Innovation und Controlling in: Handbuch für Familien-
                                     und Mittelstandsunternehmen, Gerhard Piscot (Hrsg),
                                     Schäffer-Poeschel Verlag 2008

Greiner, Larry E.   Patterns of Organization Change, Harvard Business
                                     Review, Vol. 45 No 3 June 1967, pp. 119-130

Grill, Perczynski   *Kreditwesen*
                                     Wirtschaftslehre des Kreditwesen, 36. Auflage, Gehlen
                                     Verlag, Bad Homburg 2002

Grothues, Ulrich; Schmitz, Rolf   *Erlebnismarketing*
                                     Erlebnismarketing für Hotellerie und Gastronomie, 2.
                                     Auflage, Verlag U. Grothues, Dortmund 2001

Grumbach, M; Pauker, H.;
Günter F.   *Krisenfinanzierung*
                                     Krisenfinanzierung - Wenn der Wind sich dreht in
                                     Finance 10/2006, S. 32-34

Gutenberg, E.   *Grundlagen der Betriebswirtschaftslehre*
                                 Grundlagen der Betriebswirtschaftslehre, Band 1: Die
                                 Produktion, 24. Auflage, Springer Verlag, Berlin 1983

Gutenberg, E.   *Organisation*
                                 Unternehmensführung, Organisation und Entscheidung,
                                 Gabler Verlag, Wiesbaden 1962

Haak, Andreas   *Familienunternehmen*
                                 Sind Familienunternehmen anders? Eine kritische Be-
                                 standsaufnahme des aktuellen Forschungsstands, ZFB -
                                 Special Issue 2/2009, S. 1 – 29

Hagemeier, Walter;
Wiecke, Ulrich   *Turnaround*
                                 Tournaround/Restrukturierung von Unternehmen in Kri-
                                 sensituationen in Strategtische Unternehmensberatung,
                                 Hrsg. Insolf Bamberger, Gabler Verlag 1998

Hahn, Dietger, Taylor
Bernhard   *Strategische Unternehmensführung*
                                 Strategische Unternehmensplanung/Strategische
                                 Unternehmensführung, 6. Auflage, Physica Verlag,
                                 Heideberg 1992

Handelsblatt   *Banken schauen genauer hin*
                                 Banken schauen genauer hin in: Das Handelsblatt vom
                                 26.03.2009 Sonderbeilage Mittelstandsfinanzierung
                                 Firmenretter
                                 Gestatten, Firmenretter in: Das Handelsblatt vom 28. Mai
                                 2009, Nr. 101, S. 10

Hänssler, Karl-Heinz (Hrg)   *Management*
                                 Management in der Hotellerie und Gastronomie, 7. Auf-
                                 lage, Oldenbourg Wissenschaftsverlag, München 2008

Hardes, Heinz-Dieter,
Uhly, Alexandra   *Volkswirtschaftslehre*
                                 Grundzüge der Volkswirtschaftslehre, 9. Auflage, Olden-
                                 bourg Verlag, München 2007

Hartmann, Michael-W.   *Strategische Perspektiven*
                                 Strategische Perspektiven für die Hotelbranche in Real-
                                 Time Enterprise in der Praxis, Hrsg. Bernd Kühlin, Heinz
                                 Thielmann, Springer Verlag 2005

Harz, Michael   *Sanierungsmanagement*
                                 Sanierungs-Management: Unternehmen aus der Krise
                                 führen, 3. Auflage, Verlag Wirtschaft und Finanzen,
                                 Düsseldorf 2006

Hauser, Mirjam   *Zukunft Gastronomie* in Salz & Pfeffer 9/2009 S. 76 - 80
Hauschildt, Jürgen; Grape,
Christian; Schindler, Marc   *Typologien von Unternehmenskrisen*
                                 Typologien von Unternehmenskrisen im Wandel in Deut-
                                 sche Betriebswirtschaft 66/2006, S. 7-25

Hausmann, Thomas   *Rechnungswesen*
                                  Rechnungswesen/Controlling in Hotellerie und Gastro-
                                  nomie, 2. aktualisierte Auflage, Verband Handwerk und
                                  Technik, Hamburg 2005
Hausschild, Jürgen   *Finanzplanung und Finanzkontrolle*
                                  Finanzplanung und Finanzkontrolle, Vahlen Verlag,
                                  München 1988
Heilbroner, Robert L.   *Die Denker der Wirtschaft*
                                  Die Denker der Wirtschaft, Financial Times Deutschland,
                                  Ideen und Konzepte der großen Wirtschaftsphilosphen,
                                  Finanzbuch Verlag, 1. Auflage, München 2006
Hennerkes, Brun-Hagen;
Hund, Thomas   *Familienunternehmen*
                                  Familienunternehmen - quo vadis? Aus Praxishandbuch
                                  Mittelstandsfinanzierung, Hrsg. Manfred
                                  Goeke, 1. Auflage, Gabler Verlag Wiesbaden 2008
Henschel, Karla   *Hotelmanagement*
                                  Hotelmanagement, 2. Auflage 2005, Oldenbourg Verlag
                                  München
Henselek, Hilmer   *Hotelmanagement*
                                  Hotelmanagement, Planung und Kontrolle, München
                                  1999, Oldenbourg Verlag
Hess, Rolf   *Private Equity*
                                  Private Equity - Finanzierungsalternative für den Mit-
                                  telstand, BWV - Berliner Wissenschaftsverlag, 2007
Hilse, Heiko; Wimmer, Rudolf   *Familienunternehmen*
                                  Führung von Familienunternehmen in ZfO (Zeitschrift
                                  für Organisation) Heft 1/2001, S. 20 - 38
Hinterhuber, Hans, H.   *Strategische Unternehmensführung*
                                  Strategische Unternehmensführung, 6. Auflage, de
                                  Gruyter Verlag, Berlin 1996
Hopfenbeck, W.   *Allgemeine Betriebswirtschaftslehre*
                                  Allgemeine Betriebswirtschafts- und Managementlehre,
                                  13. Auflage, Verlag moderne Industrie, Landsberg/Lech
                                  2000
Horvath, Peter   *Controlling*
                                  Controlling, Vahlen Verlag, München 1996
Hungenberg, Harald; Meffert
Jürgen   *Handbuch Strategisches Management*
                                  Handbuch Strategisches Management, 1. Auflage,
                                  Gabler Verlag, Wiesbaden 2003
ICSB (Hrsg)   *Conference Papers*
                                  ICSB 52nd World Conference, Turku 2007, Abstracts of
                                  the 52nd World Conference, Conference Proceedings
Jansen, Thomas   *Personalcontrolling*
                                  Personalcontrolling, Kiehl Verlag, Ludwigshafen 2008

Jung, Rüder H.; Bruck, Jürgen
Quarg, Sabine   *Managementlehre*
                                   Allgemeine Managementlehre, 3. Auflage, Erich Schmidt
                                   Verlag, Berlin 2008

Kaplan, R.; Norton D.   *Balanced Score Card*
                                   Balanced Score Card, Stuttgart 1997

Kay, Rosemarie; Kranzusch,
Peter; Suprinovič; Werner Arndt   *Restart*
                                   Restart: eine zweite Chance für gescheiterte Unterneh-
                                   mer?, Schriften zur Mittelstandsforschung, Deutscher
                                   Universitäts-Verlag, Wiesbaden 2004

kein Autor   *Homo oeconomicus*
                                   Den Homo oeconomicus gibt es nicht, Hamburger
                                   Abendblatt vom 21.08.2006

kein Autor   *Statistik kurz gefasst* in Industrie, Handel und
                                   Dienstleistungen Nr. 38, 2004

kein Autor   *Rede*
                                   Rede von Bundespräsident Horst Köhler: Ökonomie ist
                                   mehr als Zahlen und Tabellen", der Redeauszug wurde
                                   veröffentlicht im Hamburger Abendblatt vom 18.08.2006

Kieser. A. (Hrsg)   *Organisationstheorien*
                                   Organisationstheorien 3. Auflage, Kohlhammer Verlag,
                                   Stuttgart 1999

Klein, Sabine   *Familienunternehmen*
                                   Familienunternehmen, Theoretische und empirische
                                   Grundlagen, 3. Auflage, Josef Eul Verlag, Lohmar - Köln
                                   2010

Klein, Sabine   *Familienunternehmen*
                                   Corporate Goverance in Familienunternehmen, in Zeit-
                                   schrift für KMU und Entrepreneurship, 56. Jahrgang,
                                   2008, Heft 1/2 S. 18 - 36, Duncker & Humblot, Berlin

Klein, Sabine   *Corporate Governance*
                                   Komplexitätstheorem der Corporate Governance in Fami-
                                   lienunternehmen, ZFB - Special Issue 2/2009, S. 63 – 81

Klimecki, Rüdiger G.;
Thomae, Markus: *Organisationales Lernen* – Eine Bestandsaufnahme der
                                   Forschung. Forschungspapier der Universität Konstanz,
                                   Nr. 18, 1997

Koark, Anne   *Insolvent*
                                   Insolvent und trotzdem erfolgreich, Business Village
                                   2004

Koeberle-Schmid, Alexander;
Brockhoff, Klaus; Witt, Peter   *Performanceimplikationen*
                                   Performanceimplikationen von Aufsichtsgremien in deut-
                                   schen Familienunternehmen, ZfB-Special Issue 2/2009,
                                   S. 83-111

Kolter, Philip   *Marketing-Management*
                                        Marketing – Management, 9th Edition, Prentice Hall, New
                                        York 1997

Korf, Mara   *Strategieentwicklung*
                                        Der Prozess der Strategieentwicklung in Familienunter-
                                        nehmen, INTES Zentrum für Familienunternehmen, For-
                                        schungspapier Nr. 3, Otto Beisheim School of Manage-
                                        ment 2006

Kosiol, E.   *Organisation*
                                        Organisation der Unternehmung, 2. Auflage, Kohlham-
                                        mer Verlag, Stuttgart/Berlin/Köln 1993

Kreutzer, Markus;
Lechner, Christoph   *Implementierung von Strategien*
                                        Implementierung von Strategien - Bestandsaufnahme und
                                        Ausblick in Organisationsentwicklung Nr. 1/2009, S. 4 –
                                        13

Kupper, Hand Ulrich   *Controlling*
                                        Controlling, 3. Auflage, Schäffer-Poeschel Verlag,
                                        Stuttgart 2001

Lewin, Kurt   Group Decision and Social Change in: T.Newcom und E.
                                        Hartley Reading in Social Pschology, New York, Holt,
                                        Rinehard &Winston Inc. 1958

Lewin, Kurt   Feldtheorie,
                                        Herausgegeben von Carl Friedrich Graumann, Huber
                                        Verlag, Bern 1982

Malorny, Christian   *TQM*
                                        Total Quality Management umsetzen, 1. Auflage
                                        Schäffer-Poeschel Verlag, Stuttgart 1996

Marner, Bernd   Controlling in mittelständischen Betrieben, Schriftreihe
                                        der IPP Unternehmensberatung Osnabrück 1987

Maslow, Peter
(Kruntorad, Paul)   *Motivation*
                                        Motivation und Persönlichkeit (Motivation and
                                        Personal ity) , 10. Auflage, Rowohlt Verlag,
                                        Hamburg 2005

May, Peter   *Strategie*
                                        Familienunternehmen erfolgreich führen - Von der Inha-
                                        ber Strategie zur Unternehmensstrategie, in ZFB - Special
                                        Issue 2/2009, S. 63 – 81

Meffert, Heribert;
Bruhn, Manfred   *Dienstleistungsmarketing*
                                        Dienstleistungsmarketing, 5. Auflage, Wiesbaden, Gabler
                                        Verlag 2006

Meffert, Heribert   *Marketing*
                                        Marketing, 8. Auflage, Gabler Verlag Wiesbaden 1998

Meyer, Anna   *Unternehmerfamilie*
                                Unternehmerfamilie und Familienunternehmen erfolg-
                                reich führen, Gabler Verlag, Wiesbaden 2007

Meyer, Hartmut   *Management Consultancy*
                                Management Consultancy in Small and Medium sized
                                Companies. Master of Philosophy Thesis 1999, Univer-
                                sity of Glamorgan, Wales

Meyer, Hartmut   *Insolvency and Restart*
                                Insolvency and Restart in the Federal Republic of Ger-
                                many
                                Conference to be presented on the 37th ICSB World Con-
                                ference in Turku, Finnland 2007

Meyer-Timpe, Ulricke   *Migration*
                                Alles Glücksache sowie der Begleitartikel: Investition
                                fürs Leben: Eine Studie der Boston Group weist nach:
                                Wenn Deutschland Migrantenkinder fördert, rentiert sich
                                das für alle in: Die Zeit vom 25. Juni 2009 Nr. 37, S. 22

Moog, Petra; Felden, Birgit   *Humankapital*
                                Humankapital als Zugangsfaktor zur Finanzierung von
                                Unternehmensnachfolgen, in ZFB - Special Issue 2/2009,
                                S. 127 – 151

Mundt, Jörn, W.   *Tourismus*
                                Tourismus, Oldenbourg Wissenschaftsverlag, München
                                2006

Nesshöver, Christoph;
Slodczyk, Katharina   *Schumpeter lebt*
                                Schumpeter lebt in: Das Handelsblatt vom 29. Dezember
                                2008, Nr. 250, S. 10

Nierhaus, Pierre; Ploner
Jean-Georges   *Reich in der Gastronomie*: Strategien für die Zukunft,
                                Erfolgsfaktoren, Konzept und Opening, Management,
                                Marketing, Leading, 2. Auflage, Matthaes Verlag
                                Stuttgart 2008

NHGZ   *Förderung von Unternehmensberatungen*
                                Gastgewerbe profitiert von veränderten Regelungen -
                                Programm zur Förderung von Unternehmensberatungen
                                und Schulungsveranstaltungen neu aufgelegt. NHGZ Nr.
                                13 vom 23.08.2008, S. 3
                                Altersverteilung
                                Über 60% der Gastronomie-Gäste im 40+ Segment,
                                NHGZ vom 6. August 2008 Nr. 14, S. 3

Nordqvist, Mattias   *Familienunternehmen*
                                Unternehmerische Ausrichtung in Familienunternehmen,
                                in Zeitschrift für KMU und Entrepreneurship, 56. Jahr-
                                gang, 2008, Heft 1/2 S. 62-78, Duncker & Humblot, Ber-
                                lin

Olfert, Klaus; Reichel,
Christopher   *Finanzierung*
                              Finanzierung. Kompendium der praktischen Betriebswirt-
                              schaft, 13. Auflage, Kiehl Verlag 2005

Parsuraman, A.; Zeithaml,
Valarie A.; Berry, Leonard   *Service Quality*
                              A conceptual Model of Service Quality and its Implica-
                              tions for future Research, Journal of Marketing, 49/3,
                              1985, S. 41-50

Peridon L.; Steiner, M.   *Finanzwirtschaft*
                              Finanzwirtschaft der Unternehmung, 11. Auflage, Gabler
                              Verlag, München 2002

Peters, Mike   *Succession*
                              Succession in Tourism Family Business: The Motivation
                              of succeeding Family Member, Tourism Review, Vol. 60,
                              No 4/2005, S. 12-18

Peters, J. Thomas;
Waterman, Robert H.   *Excellence*
                              In Search of Excellence, Lessons from America's best-
                              run Companies, Harper & Row Publishers, London 2.
                              Auflage 1989

Pfaffenholz, Guido;
Kranzusch, Peter   *Insolvenzplanverfahren*
                              Insolvenzplanverfahren, Schriften zum Mittelstand 114F,
                              IFM Bonn, Deutscher Universitätsverlag, Wiesbaden
                              2007

Picot, Gerhard (Hrsg); Brockmann
Malte   Handbuch Familienunternehmen
                              Handbuch für Familien- und Mittelstandsunternehmen
                              Schäffer-Poeschel Verlag, Stuttgart 2008,

Pleitner, Hans Jobst   *Entrepreneurship*
                              Entrepreneurship - Mode oder Motor?, Zeitschrift für Be-
                              triebswirtschaft, 71.Jg, Heft 10/2001, S. 1145-1159

Poluschny, Peter   *Kostenrechnung*
                              Kostenrechnung für die Gastronomie, 2. Auflage, Olden-
                              bourg Verlag, München 2004

Pohl, Hans Joachim (Hrsg)   *Betriebswirtschaftslehre*
                              Betriebswirtschaftslehre in Klein- und Mittelbetrieben, 4.
                              Auflage, Erich Schmidt Verlag, Berlin 2006

Porter, Michael E.   *Wettbewerbsvorteile*
                              Wettbewerbsvorteile (dt. Übersetzung von Competitive
                              Edge) Campus Verlag, Frankfurt 1989

Puhani, Josef   *Volkswirtschaftslehre*
                              Volkswirtschaftslehre, 2. Auflage, Oldenbourg Verlag,
                              München 2003

Ranzinger, Alexandra   *Erfolgsfaktoren*
                                Erfolgsfaktoren in der Gastronomie - eine marktorientier-
                                te Analyse am Standort München, Dissertation an der
                                Universität Lüneburg, Fachbereich Wirtschaft, 2000
Rehkugler, Heinz;
Pohl, Hans-Joachim   *Erfolgsfaktoren*
                                Erfolgsfaktoren im Gastgewerbe, Verlag René W. Wilfer,
                                1989

Rogge, Hans-Jürgen   *Marktforschung*
                                Marktforschung, Elemente nd Methoden betrieblicher In-
                                formationsgewinnung, Hanser Verlag, München 1981
Rosenstiel, Lutz, Regnet, Erika;
Domsch, Michel   *Führung von Mitarbeitern*
                                Führung von Mitarbeitern, Handbuch für erfolgreiches
                                Personalmanagement, 3. Auflage, Schäffer-Poeschel Ver-
                                lag, Stuttgart 1995
Rüegg-Sturm, Johannes   St. Galler Management Modell
                                Das neue St. Galler Management Modell,
                                Grundkategorien einer integrierten Managementlehre,
                                Der HSG Ansatz, 2. Auflage, Haupt Verlag, Bern 2003
Rüsen, Tom, A.   *Krisenmanagement*
                                Krisen und Krisenmanagement in Familienunternehmer.
                                1. Auflage, Gabler-Verlag, Wiesbaden 2009
Schäfer, Annette   Das war ein Fehler! Na und? in Psychologie Heute, Heft
                                3/2011 S. 20 – 25
Schäfer, Björn; Ringlstetter, Max *Managementschwächen*
                                Die Managementschwächen von KMU in Krisen
                                situationen in ZFO – Zeitschrift Führung und
                                Organisation, Heft 4/2009 S. 206-211
Schätzing, Edgar E.   *Food Management*
                                Food Management - Beverage Management - Bankette,
                                Handbuch Food & Beverage Management, 3. Auflage,
                                Deutscher Fachverlag 1997
Schätzing, Edgar E.   *F & B Administration*
                                Personaleinsatz - Training - Food & Beverage Admini-
                                stration, Handbuch Food & Beverage Management Band
                                2, 2. Auflage, Deutscher Fachverlag 1994
Schätzing, Edgar E.   *Management*
                                Management in der Hotellerie und Gastronomie, 8. Auf-
                                lage, Deutscher Fachverlag, Frankfurt 2009
Schierenbeck, H.   *Betriebswirtschaftslehre*
                                Grundzüge der Betriebswirtschaftslehre, 11. Auflage,
                                Oldenbourg Verlag, München 1993

Schiffer, Penny   *Wen Insolvenz droht*
                                     Wenn Insolvenz droht - zur Rolle von Entscheidungsträ-
                                     gern in Unternehmenssanierungen in Wirtschaftspsycho-
                                     logie aktuell 2/2005, S. 6 – 9

Schlembach, Claudia;
Schlembach Hans-Günther   *Familienunternehmen*
                                     Wie Familienunternehmen die Zukunft meistern können,
                                     Cornelsen Verlag, Berlin 2004

Schneider, Christine R .   *Erfolgsfaktoren*
                                     Erfolgsfaktoren in kleinen Dienstleistungsunternehmen,
                                     Eine Analyse am Beispiel der Gastronomie, Gabler Ver-
                                     lag, Wiesbaden 2008

Scholz, Christian; Stein,
Volker; Bechtel, Roman   Human Capital Management
                                     Human Capital Management, Wege aus der
                                     Unverbindlichkeit, 2. Auflage, Luchterhand in Wolters
                                     Deutschland, Neuwied 2006

Schulz von Thun, Friedmann   Miteinander reden
                                     Miteinander reden, Band 1: Störungen und Klärungen:
                                     allgemeine Psychologie der Kommunikation,
                                     40. Auflage, Rowolt Taschenbuch Verlag, Reinbeck 2004

Schumpeter, J.A.   The Fundamental Phenomenon of Economic
                                     Development in: Entrepreneurship and Economic
                                     Development, Peter Kilby (Ed), Collier-Mac Millan Ltd,
                                     London 1971

Schweitzer, Marcel; Küpper,
Hans-Ulrich   *Kostenrechnung*
                                     Systeme der Kostenrechnung, 5. Auflage, Verlag
                                     Moderne Industrie, Landsberg 1991

Sieger, Gert   *Finanzierung*
                                     Finanzierung in: Handbuch für Familien- und Mit-
                                     telstandsunternehmen, Gerhard Piscot (Hrsg), Schäffer-
                                     Poeschel Verlag 2008

Sobik, Helge   *Hotelgäste suchen Superlative*
                                     Hotelgäste suchen Superlative - von der kleinsten Her-
                                     berge der Welt über den längsten Bartresen und den teu-
                                     ersten Whisky bis zum größten Türsteher: Warum Urlau-
                                     ber auf Rekorde stehen. Welt am Sonntag Nr. 4,
                                     27.01.2008, S. 79

Soller, Jörg (Hrsg)   *Mittelstandshotellerie*
                                     Finanzierungsleitfaden Mittelstandshotellerie, Strategien
                                     und Konzepte für dauerhaften Erfolg, Erich Schmidt Ver-
                                     lag, Berlin 2008

Sölter, Marc   *Grundlagen der Tourismuslehre*
                                     Grundlagen der Tourismuslehre, unveröffentlichtes
                                     Buchmanuskript verfügbar über www.dr-
                                     schnaggels2000.surfino.info.de

Gastgewerbe
Management im Gastgewerbe
Buchmanuskript zur Verfügung gestellt durch den Autor
BWL
BWL in der Gastronomie und Hotellerie,
unveröffentlichtes Buchmanuskript verfügbar über
www.dr-schnaggels2000.surfino.info.de

Staehle; W.H.
Management
Management: Eine verhaltenswissenschaftliche Perspektive, 8. Auflage, Vahlen Verlag, München 1999

Stelling, Johannes N.
Kostenmanagement und Controlling
Kostenmanagement und Controlling, Oldenbourg Verlag
München 2003

Steinmann, Horst/Schreyögg, Georg
Management
Management, Grundlagen der Unternehmensführung, 5.
Auflage, Gabler Verlag, Wiesbaden 2000

Stöger, Roman
Strategieentwicklung
Strategieentwicklung für die Praxis, Schäffer-Poeschel
Verlag, Stuttgart 2007

Stolpmann, Markus
In Szene setzen
Wie setzen wir uns wirkungsvoll in Szene? Durch die
richtige Inszenierung zu Aufmerksamkeit und Profilierung in Hotellerie, Gastronomie und Tourismus, Verlag
Redline Wirtschaft, München 2008

Strunz, Herbert
Umsetzung strategischer Entscheidungen, Studienheft der
Diploma, Private Hochschulgesellschaft mbh/
Fachhochschule Nordhessen, Bückeburg 2006

Tannenbau, Robert/
Schmidt, Warren H.
Leadership
How to Choose a Leadership Pattern in Harvard Business
Review, 36 (1958),
S. 95-101

Taylor, Frederil W.:
Die Grundsätze wissenschaftlicher Betriebsführung,
München 1913 (deutsche Übersetzung von: The Principles of Scientific Management, New York 1911)

Timmreck, Christian
Strategisches Investitions- und Finanzmanagement
Strategisches Investitions- und Finanzmanagement in:
Handbuch für Familien- und Mittelstandsunternehmen,
Gerhard Piscot (Hrsg), Schäffer-Poeschel Verlag 2008

Uhlich, Klaus-Dieter
Qualitätsmanagement
Qualitätsmanagement, Teil 1 und 2, Studienhefte der
Diploma, Private Hochschulgesellschaft mbh/
Fachhochschule Nordhessen, Bückeburg 2002

Weber, J.
Controlling
Controlling, Gabler Verlag, Wiesbaden 1994

Wegerich, Christine   *Personalentwicklung*
                              Strategische Personalentwicklung, Instrumente, Erfolgs-
                              modelle, Checklisten, Wiley-VCH Verlag Weinheim
                              2007

Weibler, Jürgen   *Personalführung*
                              Personalführung, Vahlen Verlag, München 2001

Weissmann, Arnold;
Schultheiss, Björn   *Familienunternehmen*
                              Familienunternehmen - Auslaufmodelle oder Hoffnungs-
                              träger in Praxishandbuch fes Mittelstands, Hrsg. Wolfang
                              Kruse, Gerhard Klippstein, Richard Merk und Volker
                              Wittberg, Gabler Verlag 2006, Wiesbaden

Westhead, P.;
Cowling, H.   *Family Firm Research*
                              Family Firm Research: The Need for a Methodological
                              Rethink. In: Entrepreneurship: Theory & Practice No 23,
                              1998, pp. 31-56

Wimmer, R.   *Familienunternehmen: Erfolgstyp oder Auslaufmodell?,*
                              Wiesbaden 2009
                              Wirtschaftskammer Österreich

Witt, Claus-Dieter   Konzeption strategischer Entscheidungen
                              Grundlagen des strategischen Managements
                              Studienhefte der Diploma, Private Hochschulgesellschaft
                              mbh/ Fachhochschule Nordhessen, Bückeburg 2001/2002

Witt, Peter;
Rosenkranz, Stephanie   *Netzwerkbildung*
                              Netzwerkbildung und Gründungserfolg: in ZFB Er-
                              gänzungsheft 5/2002, S. 85-106

Witt, Peter (Hrsg)   *Management*
                              Management von Familienunternehmen, ZfB Special Is-
                              sue 2/2009, Gabler Verlag

Wöhe, Günter   *Betriebswirtschaftslehre*
                              Einführung in die Betriebswirtschaftslehre, 16. Auflage,
                              Vahlen Verlag, München 1986

Wolf, Kurt
Heckmann, Roland   *Marketing*
                              Marketing für Hotellerie und Gastronomie, Matthaes Ver
                              lag, Stuttgart 2008

Woywode, Michael   *Determinanten des Wachstums und des Scheiterns*
                              Determinanten des Wachstums und Scheiterns von Un-
                              ternehmen. Eine
                              lerntheoretische Erklärung der Unternehmensentwicklung
                              und ihre empirische Überprüfung, Zeitschrift für Be-
                              triebswirtschaft, 74.Jg, Heft 10/2004, S. 1009-1046

Wuppertaler Kreise e.V.   *Generationswechsel*
                              Generationswechsel in Familienunternehmen, Wupperta-
                              ler Kreis e.V., Deutscher Wirtschaftsdienst, Köln 1998

Zdrowomyslow, Nobert	*Personalcontrolling* Personalcontrolling, Der Mensch im Mittelpunkt, Deutscher Betriebswirte Verlag, Gernsbach 2007
Zeithaml, V.A.; Barry, L.L,: Parasuraman, A.	*Communication and Control Processes* in the Delivery of Service Quality in Journal of Marketing, Vol 52, No 4, S. 35 - 48
Ziegenbein, Klaus	*Controlling* Controlling, Hrsg. K. Olfert, Kiel Verlag, Ludwigshafen 1992
Zingel, Harry	Skripte der BWL- Datei: Grundgedanken der Unternehmensorganisation, Version 2.0, 2002 *Betriebliches Personalwesen*, Version 1.2, 2005 *Qualitätsmanagement* und die ISO 9000er Normenfamilie, Version 3.1, 2007; Marketing; Rating, Bonität und (kein Kredit, Vers. 2.0, 2006; Grundzüge der Kennzahlenrechnung Vers. 1,6, 2003; *Kalkulation Hotel und Vermietung*, 2002
Zucker, B.	*Zukunft für Familienunternehmen* "Zukunft für Familienunternehmen? Perspektiven für die Unternehmenskontinuität" Tagungsband des GDO-Gottlieb Duttweiler Institut, Rüschlikon 1990

2. Gesetzestexte

Handelsgesetzbuch, Beck Texte 48. Auflage 2009
Bürgerliches Gesetzbuch, Beck Texte, 63. Auflage 2009
Insolvenzordnung, Beck Texte 8. Auflage 2003
Sozialgesetzbuch, Beck Texte, 30. Auflage 2010
Gewerbeordnung, Beck-Texte, 37. Auflage 2010

3. Internet (Downloads von Homepages)

Abseits	*Bierlieferungsverträge* Vor- und Nachteile von Bierbezugsverpflichtungen für die Gastronomie, entnommen aus www.abseits.de/bierlieferungsvertrag.html, 24.02.2010 Gastronomie als Käufermarkt, entnommen aus www.abseits.de/kaeufermarkt.htm am 07.05.2010
Arbeitsgemeinschaft Mittelstand	*Mittelstandsbericht 2007* Jahres Mittelstandsbericht 2007, Arbeitsgemeinschaft Mittelstand, www.Arbeitsgemeinschaft - Mittelstand 2007

Berger, Roland   *Restrukturierungs-Survey, Deutschland 2010*
                                        Restrukturierungs-Survey, Deutschland 2009
                                        Restrukturierungs-Survey, Deutschland 2006
                                        entnommen: www.rolandberger.com/publications am
                                        15.01.2011

Bundesanstalt für
Finanzdienstleistungsaufsicht   Rating-Kennzahlen
                                        Liste der für die aufsichtliche Risikogewichtung an
                                        erkannten Ratingagenturen samt Mapping, entnommen
                                        von wwww.bafin.de/cln_161/nn_722552/
                                        sid_DCED609A =BF28A4F3DD2B7FADC vom
                                        12.02.2010

Bundesministerium für
Wirtschaft und Technologie   *Förderung*
                                        Wirtschaftliche Förderung, Hilfen für Investitionen und
                                        Innovationen, Berlin März 2009, http:/bmwi.de

Bundesverband Kapital für
den Mittelstand e.V.   *Finanzierungskompass*
                                        KMU-Finanzierungskompasse, Wegweiser für kleine und
                                        mittelständische Unternehmen bei der Kapitalsuche,
                                        München 2007, http://dnb.ddb.de

Controllingportal   *Rating*
                                        Rating: internes und externes Rating, Basel II,
                                        www.controllingportal.de; entnommen 11.02.2010

Creditreform   *Jahresberichte 2007, 2008 und 2009*
                                        Die Krise als Stresstest
                                        Die Krise als Stresstest - zur Bonität deutscher Unter-
                                        nehmen Jahr 2010,Creditreform 2010
                                        Am Vorabend der Insolvenz, Creditreform Nr. 04 vom
                                        02.04.2009

Deutsche Bank   *Deutschland im Jahr 2020*: Neue Herausforderungen für
                                        ein Land auf Expedition von Prof. Dr. Novert Walter,
                                        Deutsche Bank Research, www.dbresearch.de am
                                        27.09.2008

Dehoga   *Verdienst 2002*
                                        Was verdient ein Wirt? http://www.dehoga/hogainf.nsf,
                                        entnommen am 18.02.2008
                                        RDA Workshop, entnommen auf www.dehoga.de am
                                        23.10.2009
                                        Schwarzgastronomie
                                        Schwarzgastronomie in Deutschland, Vorfahrt für fairen
                                        Wettbewerb, Dehoga 2004, www.dehoga.de am
                                        23.10.2007

Domayer, Ernst;
Vater, Gudrung   *Familienunternehmen*
                                            Familienunternehmen - Erfolgstyp
                                            Das Familienunternehmen - Erfolgstyp oder Auslaufmo-
                                            dell: OSB Systemische Organisationsberatung,1994,
                                            www.osb-i.com am 28.03.2008

Gastlichkeit   *Zehn Thesen zur Zukunft der Gastronomie* in Deutschland,   entnommen:
                                            www.gastlichkeit.at/zukunftsgastronomie.htm am
                                            07.052010

Gastronomie-Report   *Mehrwertsteuer*
                                            Frankreich reduziert Mehrwertsteuer für Restaurants,
                                            www.gastronomie-
                                            report.de/gastroindes.php?storyID=4613, entnommen am
                                            09.03.2010

GFK-Verein   *Europäische Konsumenten sparen in der Krise ganz
                                            unterschiedlich.* Ergebnisse der GFK-Studie: "Sparen im
                                            Alltag in Europa". Pressemitteilung Februar 2010, Ge-
                                            sellschaft für Konsumforschung, www.gfk-verein.org,
                                            entnommen am 23. Oktober 2010

GIB (Gesellschaft für   *Rating für Insolvenzverwalter*
innovative Beschäftigungs-   Rating für Insolvenzverwalter, entnommen:
                                            www.sanierungsberatung.gib-
                                            förderung)nrw.de/nutzungshinweise/ am 13.03.2007

Focus-Online   Aus welchen Grund kündigen die Deutschen?
                                            www.focus.de/finanz/karriere/diveres/statistik.did9814.
                                            html entnommen am 20.08.2010

Haarmeyer, Hans   *Die gute Insolvenzverwaltung*
                                            Die "gute" Insolvenzverwaltung. Aufsatz von Prof. Dr.
                                            Hans Haarmeyer, entnommen: www.insoforum.de am
                                            12.03.2007

Hermes Versicherungen   *Finanzkommunikation*
                                            Wirtschaft Konkret Nr. 425: Schwungrad Finanzkommu-
                                            nikation, Euler Hermes Kreditversicherung AG Hamburg
                                            2010

ÖGZ   *Wie werden wir in Zukunft essen?* entnommen aus
                                            www.gast.at/ireds-5160.html am 07.05.2010

Restaurant-Berater   *Speisenkartengestaltung*
                                            Speisenkartengestaltung www.restraurant-
                                            berater.de/forum-thread-378-Speisekartengestaltung.html,
                                            entnommen am 09.02.2010

Sächsische Landesbank (SAB)   *Programm Krisenbewältigung und Neustart*
                                            Programm "Krisenbewältigung und Neustart", Sächsische
                                            Landesbankentnommen:www.sab.sachsen.de/servlet/PB/
                                            menü/1032070_11_pprint/indes.html am 12.07.2007

4. Statistisches Material

Creditreform   Jahresbericht 2007, 2008, 2009
                                       Untersuchung zur Analyse der Konkursakten 2004
                                       (internes Papier, Email an den Autor)
Deutsche Bundesbank   Analyse der Jahresabschlüsse von 2003 – 2008 deutscher
Unternehmen

Deutscher Industrie- und
Handelstag   Ausbildungsstatistik 2008

Statistisches Bundesamt   Pressemittelung 207 vom 06.06.3007: Rauchverbote und
                                       Umsätze im Gastgewerbe
                                       Pressemitteilung Nr. 60: vom 14.02.2011 Mobile
                                       Internetnutzung über das Handy 2010 stark gesteigen
                                       Statistisches Jahrbuch 2006, 2007, 2008, 2009, 2010
                                       Fachserie 6, Reihe 7.3 Gastgewerbe und Tourismus für
                                       die Jahre 2006 – 2009
                                       Wirtschaft und Statistik 2006 - 2009

NRW   Konjunkturbericht 2008

5. Besuchte Internetseiten

www.2ask.de   Portal für Online-Umfragen
www.3managers.de   Management- und Beraterportal
www.abseits.de   Online-Fachzeitschrift für die Hotellerie und
                                       Gastronomie
www.ahgz.de   Allgemeine Hotel- und Gaststättenzeitung
www.akzent.de   Homepage der Akzent Hotels
www.arbeitsgemeinschaft-
        mittelstand.de   Arbeitsgemeinschaft Mittelstand
www.bafin.de   Bundesamt für Finanzdienstleistungen
www.beratungsförderung.net   Beratungsförderung, Bundesamt für Wirtschaft und
                                       Technologie
www.bmwi.bund.de   Bundesministerium für Wirtschaft und Technologie
www.controllingportal.de   Fachforum für Controller
www.dehoga.de   Deutscher Hotel- und Gaststättenverband
www.diai.de   Deutsches Institut für angewandte Insolvenzforschung
www.diht.de   Deutscher Industrie- und Handelstag
www.dr-schnaggels2000.
surfino.info.de   Homepage Marc Sölter
www.dgq.de   Deutsche Gesellschaft für Qualität
www.existenzgründer.de   Fachportal für Existenzgründer

www.förderdatenbank.de	Förderdatenbank, Bundesministerium für Wirtschaft und Technologie
www.förderland.de	Fachportal für öffentliche Fördermittel
www.gast.at	Homepage der Österreichischen Gastronomie Zeitung
www.gastlichkeit.at	Homepage Gastlichkeit & Co, Beratungsgesellschaft
www.gastronomie-profit-check.de	Homepage Harmen Heymann
www.gastronomie-report.de	Fachzeitschrift für die Gastronomie
www.gfk.de	Gesellschaft für Konsumforschung
www.gib.nrw.de	Gesellschaft für innovative Beschäftigungsförderung
www.gründerportal.de	Fachportal für Existenzgründer
www.hogast.de	Homepage der Einkaufsgenossenschaft für das Hotel- und Gaststättengewerbe (HOGAST)
www.hotellerie.de	Hotelverband Deutschland e.V.
www.interhoga.de	Interhoga Gesellschaft zur Förderung des deutschen Hotel- und Gaststättengewerbes
www.insoforum.de	Norddeutsches Insolvenzforum Hamburg e.V.
www.kfw-mittelstandsbank.de	Kreditanstalt für Wiederaufbau
www.kiekin-hotels.de	Homepage der Kiek In Hotels
www.romantik-hotels.com	Homepage der Romantik Hotels
www.sab.sachsen.de	Sächsische Landesbank
www.schlemmenundsparen.de	Gutscheinheft für die Gastronomie in Norddeutschland
www.statista.de	Portal für statistische Informationen
www.tophotel.de	Fachzeitschrift für das Hotel-Management
www.wikipedia.org	Online Lexikon
www.zdh.de	Zentralverband des deutschen Handwerks

Stichwortverzeichnis

www.ingramcontent.com/pod-product-compliance
Lightning Source LLC
Chambersburg PA
CBHW081528190326
41458CB00015B/5491